MARCAS E PATENTES

* Verbetes
* Jurisprudência

2ª edição

IRINEU STRENGER

Professor Titular de Direito Internacional Privado e de Direito do Comércio Internacional da Faculdade de Direito da USP — Professor da Academia de Direito Internacional da Haia (1991) — Doutor "Honoris Causa" da Universidade Argentina John Fitzgerald Kennedy — Membro Correspondente do "Institut du Droit et des Pratiques des Affaires Internationales" da Câmara de Comércio Internacional de Paris — Árbitro do Brasil junto ao MERCOSUL —Árbitro da Câmara de Comércio Brasil-Canadá

MARCAS E PATENTES

* Verbetes
* Jurisprudência

2ª edição

EDITORA
LTr®
SÃO PAULO

Dados Internacionais de Catalogação na Publicação (CIP)
(Câmara Brasileira do Livro, SP, Brasil)

Strenger, Irineu, 1923-
Marcas e patentes / Irineu Strenger. — 2. ed. — São Paulo : LTr, 2004.

Conteúdo: Verbete — Jurispruidência
Bibliografia.
ISBN 85-361-0502-X

1. Marca comercial — Leis e legislação — Brasil 2. Patentes — Leis e legislação — Brasil I. Titulo.

03-6092 CDU-347.77(81)(094)

Índices para catálogo sistemático:

1. Brasil : Leis : Marcas e patentes : Direito comercial 347.77(81)(094)
2. Leis : Marcas e patentes : Brasil : Direito comercial 347.77(81)(094)

Produção Gráfica: **IRENE STUBBER PEINADO**
Editoração Eletrônica: **IMOS LASER**
Capa: **ELIANA C. COSTA**
Impressão: **BOOK**

(Cód. 2826.0)

EDITORA LTDA.

Rua Apa, 165 — CEP 01201-904 — Fone (11) 3826-2788 — Fax (11) 3826-9180
São Paulo, SP — Brasil — www.ltr.com.br

Abril, 2004

Ao meu neto, Guilherme Strenger,
já na órbita do Direito e, certamente,
futuro eminente jurista.

Índice

Apresentação da 2ª edição

Atualmente o direito brasileiro da Propriedade Intelectual evolui de maneira forçosa de um direito essencialmente nacional, mas caminhando para um direito europeu, até mesmo para uma verdade planetária, como a OMC (Organização Mundial do Comércio).

Esta transição não está totalmente acabada, pois a diretiva e o regulamento sobre os desenhos e modelos estão ainda em estado de projetos, pois a Convenção de Luxemburgo sobre patentes ainda não entrou em vigor.

Com a intensificação das atividades industriais e comerciais já temos um segmento da prática empresarial oferecendo produtos e serviços nos mercados nacionais e internacionais.

A investigação acerca da chamada natureza jurídica das instituições ou figuras reconhecidas pelo Direito tem indubitavelmente valor e interesse, pois dela derivam importantes conseqüências, em especial quando chega o momento de complementar as lacunas da regulação legal específica sobre as mesmas, ou quando se deve interpretar os preceitos em que esta regulação se baseia.

O direito sobre marcas e patentes tem uma dimensão territorial nacional. A chamada territorialidade das marcas oferece problemas notórios ao incrementar os intercâmbios de mercadorias entre os países, e ao proliferar os pressupostos de marcas exploradas em cada país por empresas conectadas direta ou indiretamente entre si. Nesses casos, a questão colocada é a da eventual livre circulação das mercadorias marcadas licitamente em seu país de origem, ainda quando a marca pertença, no país de destino, a outro.

Um tema importante que merece destaque é a conexão entre o registro internacional e o registro nacional que lhe serve de base.

No estágio atual da evolução social, a proteção da marca não se limita apenas a assegurar direitos, mas a resguardar a própria comunidade, por proteger o grande público, o consumidor, o tomador de serviços, o usuário, o povo em geral, que melhores elementos terão na aferição da origem do produto e do serviço prestado.

A formação da clientela, a fama da empresa e a qualidade de seus produtos, como resultados de longa atividade mercantil, são fatores reveladores do "índice da prosperidade", na expressão de *Carvalho de Mendonça*, "motivo pelo qual deve ser preservada a imagem de cada companheiro, no mundo dos negócios, respeitando a reputação e preferência, o renome do estabelecimento que constituem o elemento moral, no qual se inclui o complexo dos meios materiais na exploração do comércio".

A atividade de uma empresa se torna notória e coerente, e ganha força e penetração no mercado com o emprego dos elementos de relação, que destacam, unificam e individualizam a presença dessa atividade entre os consumidores. Entre os possíveis elementos de relação utilizáveis figuram, no lugar preferente, os chamados sinais distintivos da empresa, isto é, alguns sinais — meios de relação por definição — são distintivos enquanto não são em si mesmos de uso geral e comum, pelo menos na forma nas quais são adotados. Estes sinais distintivos das empresas se revestem de grande importância na esfera econômica, somente por serem os principais depositários de grau de presença ou introdução já alcançados por uma empresa no mercado.

Como bem observa o Prof. *Newton Silveira*, "as relações jurídico-comerciais não podem ser contraídas nos binômios vendedor-comprador, produtor-consumidor, prestador-recebedor de serviços. Há um elenco mais amplo de implicações relacionais a serem preservadas e que ultrapassam a classe correspondente à atividade e funcionalidade da marca, apenas direcionada a respeitar a licitude das concorrências, protegendo a clientela do titular do registro. Outras questões de direito, de obrigação, de risco, de preservação, entram em jogo, não devendo a garantia ser interpretada, simplesmente, como o quinhão de clientes a não serem desviados desta para aquela empresa, deste ou daquele ramo de atividades".

Ao mesmo tempo, o leitor encontrará respaldo para a solução dos inúmeros problemas ocorrentes na área em questão nos "verbetes", facilitando a obtenção de melhores resultados e compreensão possível das disposições mandamentais do ordenamento comentado.

Apresentação

Depois de muitas tratativas e muitos ensaios, finalmente, com data de 14 de maio de 1996, surge devidamente e formalizada a lei que "regula direitos e obrigações relativos à propriedade industrial".

É acontecimento que merece ser festejado. Embora estivéssemos amparados pelo Código de Propriedade Industrial, ora revogado, muitas lacunas operavam em sentido contrário aos interesses econômicos do comércio e da indústria.

A nova lei, embora distante, em alguns aspectos, do desejável, sistematicamente responde às ansiedades gerais daqueles que, em grande número, militam em função das patentes, marcas, modelos de utilidade e desenhos industriais, além do adequado resguardo contra atos delituosos, tanto na esfera dos eventos que molduram as atividades profissionais, como da tutela em defesa dos desmandos decorrentes da concorrência desleal.

Naturalmente, como toda criação legislativa, passaremos pela inevitável fase de adaptação e compreensão de muitos preceitos introdutórios de novas modalidades institucionais, mas, igualmente, ficamos dotados de modernos suportes técnicos que permitem enfrentar as complexas vicissitudes ínsitas aos procedimentos que orientam a patenteabilidade das invenções e da criação das marcas e sinais distintivos que diariamente enriquecem o ramo promocional do comércio e o *marketing* dos produtos.

O direito da propriedade industrial está imerso nos atos de comércio, pois surge como conseqüência da necessidade de tutelar e regulamentar a competência entre concorrentes, de normatizar os procedimentos entre as mesmas empresas ou sujeitos que intervêm no mercado doméstico ou internacional.

O âmbito que a propriedade industrial abrange é muito amplo; daí a importância da disciplinação decorrente desse campo de atividade, que vai desde a criação puramente industrial, como a das patentes, até os modelos, desenhos, marcas de agricultura, marcas de comércio e desenho ou mesmo identificação de gado.

Compreende-se, assim, dentro do conceito industrial, toda ação do homem que, aplicando sua energia e conhecimento, transforma a natureza. Em conseqüência abarca desde a indústria propriamente dita, até a agricultura, a pecuária e o comércio em sentido lato. Ocorre que essa novíssima instituição do direito nasce depois da segunda Revolução Industrial e dela toma sua denominação.

Todas as questões sobre patentes e marcas estão intimamente relacionadas com o produto, contribuindo, destarte, para a satisfação das necessidades do consumidor.

O esforço das marcas, por seu turno, está, pois, orientado a informar aos consumidores que, primeiro, existe o bem para satisfazer suas necessidades e, segundo, fazer-lhes sentir que, dentro da generalidade, é melhor para eles, como etapa final de persuasão, pois as marcas são necessárias para protegê-los contra o engano e a fraude.

Se os produtores fossem livres para imitar as marcas, etiquetas, envolturas e produtos, ninguém teria incentivo para manter a qualidade de seus bens, visto que estes inevitavelmente se veriam limitados por produtos inferiores a preços menores, que, sem dúvida, teriam idêntica aparência. É evidente que, nos campos em que a diferenciação é possível, os consumidores necessitam proteção jurídica contra a qualidade inferior.

Por outro lado, a patente tem grande conotação econômica, pois, na realidade, é o direito da propriedade que se reconhece ao inventor de algo para que possa atuar usando, desfrutando e dispondo desse bem.

Assinale-se, ainda, que o contrato de licença de uso de marca e o de franquia (*franchising*) participam de zonas comuns, pois a técnica de comercialização e sistema de vendas está sempre unida a uma marca identificadora do serviço e da técnica comercial.

A leitura atenta da lei dará aos leitores suficiente cognição de suas finalidades, mas a interpretação de suas normas fertilizará, necessariamente, as controvérsias que sempre permitem a fecundação de noções cristalizantes dos que, por dever de ofício, tenham de submeter-se aos seus ditames.

Sem a intenção de chegar a profundidades hermenêuticas, procedemos a uma análise sucinta dos principais temas abordados pela nova lei, acreditando poder oferecer alguns elementos que facilitem eventual exegese aos interessados.

Os comentários referem-se a grupos de artigos que compõem os capítulos do ordenamento em questão e a análise sobre o conjunto ordenador do sistema como um todo, acreditando, assim, poder abordar, com mais precisão teleológica, as principais regras que edificaram a presente regulação dos direitos e obrigações relacionados com a propriedade industrial, além de algumas considerações de natureza doutrinária.

"Marcas e Patentes" se propõe sobretudo ser um guia para os interessados.

Concluímos, pois, ser importante, para melhor compreensão do assunto, acrescentar verbetes que serão de utilidade para o maior esclarecimento dos profissionais.

O Autor

Parte Primeira

Considerações Introdutórias

1. Função econômica das marcas

A atividade de uma empresa se torna notória e penetrante no mercado que opera com o emprego de elementos de relação que destaquem, unifiquem e individualizem a presença dessa atividade diante dos consumidores. Entre os possíveis elementos utilizáveis, figuram, preferencialmente, os sinais distintivos, como meios de relação, mas que são distintivos enquanto não são em si mesmos de uso geral e comum, pelo menos na forma em que são adotados.

Os aludidos sinais distintivos se revestem de grande importância na esfera econômica, não somente pela influência e significação de seu objeto, como, também, pela introdução já alcançada pela empresa no mercado em que opera, constituindo, assim, o eixo principal, sobre o qual se apóia em um dos meios modernamente mais eficazes e poderosos de promoção dessa presença — a publicidade comercial.

Convém preservar, nessa linha de entendimento, a constatação de que os denominados sinais distintivos abrangem as empresas quando constatados os seguintes elementos:

a) A empresa em si mesma, enquanto sujeito atrativo da atividade empresarial, o que resulta nos chamados *nomes comerciais*.

b) Os locais onde a atividade empresarial se desenvolve, o que resulta nos *rótulos do estabelecimento*.

c) Os produtos ou serviços oferecidos ao mercado, o que resulta nas *marcas*.

A trilogia exposta, tradicionalmente admitida, em que pesem algumas controvérsias, tem seus reflexos a partir de numerosos textos legislativos implantados em vários Estados.

Nesse particular, é muito expressivo o art. 1º da Lei das Marcas da República Popular da China, de 23 de agosto de 1982, nos seguintes termos:

Em vernáculo: "Esta lei é promulgada para melhorar a administração das marcas de comércio, proteger o direito exclusivo de utilizar determinada marca, incentivar os produtores a garantir a qualidade de suas mercadorias, bem como manter a boa reputação de suas marcas, tendo em vista a proteção dos interesses do consumidor e a promoção do desenvolvimento de uma economia socialista de mercadorias."

Embora a função econômica dos sinais distintivos, em geral, se aplique, fundamentalmente, aos pressupostos da economia livre ou de mercado, as marcas têm, também, papel reconhecido dentro de países de economia planificada, como demonstra o exemplo anterior, pois, embora a circulação de produtos dentro da economia socialista esteja integrada em uma planificação igual a outras esferas do processo de produção, do que deriva o livre curso das vendas, estas são metodicamente organizadas, constituindo as marcas excelente meio de contribuição para o cumprimento desse desiderato.

Contudo, não se deve considerar a marca como único sinal distintivo da empresa, mas um tipo específico, de grande importância e o mais desenvolvido, que se manifesta tanto no aspecto econômico como no jurídico e no histórico.

2. Fontes históricas

Os sinais distintivos são objeto da Convenção de Paris de 1883, que instituiu a União da propriedade industrial. A Convenção de Paris foi revista em Bruxelas (1900), Washington (1911), Haia (1925), Londres (1934), Lisboa (1958) e Estocolmo (1967). Em 1º de janeiro de 1975 faziam parte da União 81 Estados. Atualmente, o número de Estados-membros ultrapassa uma centena. O art. 15 da Convenção prevê *"Repartição Internacional"* para a criação de Uniões restritas.

O art. 8º da Convenção de Paris estabelece que o nome comercial deve ser protegido em todos os países da União, sem a obrigação de depósito ou registro, faça ou não parte da marca de fábrica ou de comércio.

O Brasil promulgou a Convenção de Paris, segundo a revisão de Estocolmo de 1967 (vide Anexo 2).

O direito convencional e o direito emanado da legislação brasileira são grandemente concordantes relativamente aos direitos sobre sinais distintivos, e, em espécie, sobre as marcas de fábrica, tanto na questão da conexão na base da qual vem acordada a proteção, como a lei competente que determina os limites e os modos dessa proteção, hoje englobada na Lei n. 9.279, de 14 de maio de 1996, que "regula direitos e obrigações relativos à propriedade industrial", a cuja análise procederemos.

Ao que tudo indica, a questão das marcas é preocupação há bastante tempo, pois há referências à ordenação de 1445, referente aos tecelões de mantas, estabelecendo que cada mestre deveria ter seu sinal próprio para marcar suas obras (cf. *R. Pella,* "Tratado teórico-pratico de *las marcas de fábrica e de comercio en España*", Madri, Vallardi, 1912).

Esse mesmo consagrado autor acentua que sua afirmação se funda em um Tratado de Marcas, de *Bártolo de Sasoferrato*, aparecido em 1550 com o título *De insignis etarmis*. Daí poder-se concluir que o uso das marcas já era uma realidade mercantil corrente no século XVI, encontrando-se mencionados, por exemplo, contratos de companhias mercantis da época, onde se estipulava que as mercadorias fossem e viessem assinaladas pelas marcas que as caracterizassem.

Não obstante todos esses inegáveis antecedentes da instituição, a origem certa da marca, em sua concepção atual, deve ser atribuída à expansão da Revolução Industrial, iniciada na Inglaterra nos fins do século XVIII, com o aparecimento das novas máquinas, fontes de energia, matérias-primas, procedimentos de trabalho, etc., o que deu ensejo à fabricação em série e contínua de produtos padronizados, sobre os quais a marca era chamada a atuar com toda força (cf. *R. Franceschelli*, "Sui marchi d'imprensa", Milão, Hoepli, 1971).

Confirma o exposto a iniciação, depois da aludida época, da geral floração de textos legais, regulando especificamente as marcas, sendo o primeiro exemplo a lei francesa de 12 de abril de 1803 (22 de germinal do ano XI) concernente a manufaturas e fábricas.

Conforme relata *Juan B. Sanches Perez* ("La propriedad industrial en España, Bosquejo histórico, Legislación", Madri, 1945), a primeira legislação especial espanhola reguladora das marcas aparece com a promulgação do decreto real de 27 de novembro de 1850, em cujo preâmbulo se manifesta que, quando a indústria espanhola recebe poderoso impulso, não mais se podia tolerar por maior tempo a usurpação das marcas com que os fabricantes de boa-fé distinguem seus produtos, para o que, a fim de obter adequada proteção, seria necessário estabelecer meios de legitimar o uso da propriedade desses sinais distintivos. Em conseqüência, o art. 1º do citado decreto real estabelecia que, para possibilitar aos fabricantes tornar efetivas as responsabilidades dos usurpadores de marcas e distintivos de suas fábricas, deveriam solicitar o correspondente certificado de marca, que se concederia mediante prévia informação do Conservatório de Artes sobre se a marca já havia sido usada em artefatos da mesma classe, tudo isso de acordo com um rudimentar sistema de inscrição ou arquivo, que a cargo do dito Conservatório se desenvolvia nos poucos artigos que integravam aquele texto legal.

Legislativamente no Brasil, em tempos recentes, deve-se mencionar o Decreto-lei n. 7.903, de 27 de agosto de 1945 (Código de Propriedade Industrial, Lei n. 5.772, de 21 dezembro de 1972, que institui o Código de Propriedade Industrial, e Resolução n. 20, do Instituto Nacional da Propriedade Industrial, de 27 de fevereiro de 1991, que "expede normas para orientar o processo de averbação de atos e contratos de transferência de tecnologia").

3. Conceito de marca

Para efeito de caracterização do significado essencial da marca, devem-se apontar dois elementos determinantes:

a) Elementos subjetivos: se a marca é sinal distintivo da empresa, parece natural que somente as empresas possam ser titulares de marcas. Porém, assim não é, dado que a conexão entre marca e empresa somente é necessária no aspecto funcional, não no de sua titularidade. As marcas, como qualquer outro elemento do ativo de uma empresa, podem pertencer a esta com plena propriedade ou estar à disposição da mesma por vínculos diversos. Por isso, as marcas podem pertencer a qualquer pessoa, tenha esta ou não caráter empresarial.

Indubitavelmente, se se admite a possibilidade alternativa de adquirir a propriedade sobre as marcas mediante uso ou registro, a situação de titularidade não empresarial será menos corrente para as marcas não registradas, pois nelas a titularidade e uso se identificarão e confundirão normalmente.

Por outro lado, para as marcas registradas, ao não existir dita confusão entre titularidade e uso, a perspectiva de titularidade a favor de qualquer pessoa, seja ou não empresa, se apresenta com aparência de mais normalidade, tendo em vista que somente o uso vem naturalmente vinculado à idéia de empresa, ainda que se conceba esta em sentido amplo.

O uso de marcas, apesar de, em sua notória maioria, estar a cargo de empresas privadas, também se realiza pelas empresas públicas. Mais esporádico, porém também corrente, é o uso ou o registro de marcas por parte de entidades, que dificilmente se encaixam dentro do conceito estrito de empresa, como as entidades culturais, desportivas, religiosas, etc. Essa perspectiva se amplia ao admitir-se a marca de serviços, entre os quais expressamente se incluem educação, lazer, etc.

Existem marcas, porém, coletivas que, por definição, pertencem, quanto à sua titularidade, a pessoas distintas que poderão usá-las.

Apesar de ser a marca, por natureza, um sinal distintivo da empresa, não o é no aspecto da titularidade patrimonial, mas somente no aspecto funcional, vale dizer, a marca é um dos sinais distintivos usados pelas empresas.

Questão diversa é a manutenção de conexão entre marca e empresa, no sentido de que marca usada para distinguir produtos ou serviços de uma empresa deve permanecer vinculada a esses produtos, serviços ou a esta empresa, sem poder ser cedida isoladamente a terceiros.

b) Elementos objetivos: dois são os elementos objetivos a considerar, como configuradores do conceito de marca: a) sinal distintivo e b) produtos e serviços.

No que concerne ao primeiro, tem-se que toda marca consiste em um sinal que deverá, para existir como tal, ser determinado, fixo ou constante, além de reproduzível.

A determinação do sinal e sua constância implica dizer que o mesmo não pode variar substancialmente, nem pode ter uso não reiterado, pois somente a reiteração no emprego de um mesmo sinal permite dar vida real a uma marca. Isto, porém, não significa negar que a marca juridicamente exista desde o momento inicial de seu uso efetivo, nem excluir a possibilidade de mudanças acidentais que não alterem a identidade substancial do sinal, como o traçado das letras de certo vocábulo, colorido de um desenho, enfeites, etc.

Segundo *R. Corrado* ("I marchi dei prodotti e dei servizi", Turim, Giuffrè, 1972), a reprodutividade do sinal é condição necessária para o emprego reiterado da marca.

O sinal deve, por conseguinte, possuir algumas condições, que são idoneidade, licitude e disponibilidade. Essas condições têm paralelo com três motivos que o art. 6º, *quinquies*, do Convênio da União de

Paris, para a proteção da propriedade industrial, assinala como justificadores para não admitir a proteção de uma marca, com o desenvolvimento fundamental seguinte:

1º) Marcas que por sua natureza podem afetar direitos adquiridos por terceiros, no país em que se reclama a proteção.

2º) As marcas desprovidas de caráter distintivo, ou compostas exclusivamente de sinais ou de indicações que possam servir no comércio para designar a espécie, a qualidade, a quantidade, o destino, o valor, o lugar de origem dos produtos ou a época de sua produção, ou que tenham passado a ser termos usuais na linguagem corrente ou nos costumes constantes do país.

3º) As marcas que sejam contrárias à moral ou à ordem pública e especialmente as que por sua natureza possam servir para enganar o público.

Esses três elementos refletem: o primeiro, o requisito de disponibilidade; o segundo, o de idoneidade; e o terceiro, o de licitude.

Relativamente ao item *b*, o elemento objetivo determinante do conceito de marca, enquanto sinal distintivo das empresas, é individualizado por sua relação direta com os produtos e serviços. Significa que uma marca não é um sinal determinado, destinado a distinguir produtos ou serviços indeterminados, mas um sinal determinado destinado a distinguir produtos ou serviços também determinados, de modo que, quando há sinais suficientemente distintos entre si, há marcas distintas, mesmo quando os sinais sejam idênticos.

O exposto constitui a base do chamado princípio de especialidade, em razão do qual se exige que toda marca permaneça referida a alguns produtos ou serviços, assim como se admite a coexistência de um mesmo sinal como marca para produtos díspares de diferentes indústrias.

Aspectos funcionais

Tradicionalmente se tem considerado as marcas como o meio pelo qual o empresário podia diferenciar seus produtos ou seus serviços dos competidores, diante do público consumidor, o qual poderia, assim, obter garantia de procedência, qualidade e características do produto.

Daí resultaram definições de marca com a idéia de ser esta um sinal com que um fabricante ou comerciante diferencia seus produtos, dotados de função identificadora da empresa. Também se aludia reiteradamente ao crédito e à reputação alcançados pelos produtos de uma empresa no mercado, com a função de garantia. A estas facetas vieram aditar-se a de notoriedade, ou divulgação do sinal no mercado, com função de reclame.

Certamente todas as marcas não identificadoras, desprovidas de prestígio, publicidade etc., nem por isso deixarão de ser economicamente marcas e muito menos deixarão de ostentar tal condição jurídica.

A marca juridicamente considerada não exerce outra função que a de individualizar, em um ou outro aspecto, produtos ou serviços. A presença de uma marca significa somente que todas as coisas que ostentam aquele sinal têm em comum determinado caráter, determinada propriedade, certo elemento estrutural ou funcional, ou que ao mesmo tenha sido comum certo fato, ato, evento ou operação que possua algum significado social, técnico ou jurídico.

4. Questão das Patentes

Esta matéria tem muita similitude com a doutrina versada, a respeito dos sinais distintivos. Tanto isso é verdade que a fonte das normas convencionais que a disciplinam se encontra na citada Convenção de Paris de 1883, sobre a proteção da propriedade industrial, bem assim no texto revisado de Estocolmo, do qual o Brasil é signatário e aderente.

Tanto na norma convencional como na legislação interna encontramos, para as invenções, os modelos e desenhos industriais regras de coordenação, de atuação e ainda de unificação.

Nesta última se preserva o direito moral do inventor, assegurando-lhe a menção de seu nome na patente, e também direitos dos quais goze o titular da invenção.

As regras de coordenação têm o efeito de disciplinar os direitos sobre esse tipo de bens materiais nas relações entre cidadãos dos Estados-partes da Convenção. As regras de coordenação se fundam nos princípios da prioridade e independência.

O princípio de prioridade, fundamental nessa matéria, decorre do fato de que aquele que deposita pedido de patente por uma invenção, modelo ou desenho junto ao órgão administrativo competente — no caso brasileiro, o INPI — goza de relativos direitos a partir da formulação do pedido, com prioridade sobre os que sucessivamente apresentem pedido análogo.

Quanto ao princípio de independência, este tem o efeito de atribuir ao titular da patente de invenção, ou modelos e desenhos industriais, os direitos derivantes das patentes de que se trata.

O princípio de independência e da territorialidade das patentes encontra eco não só nas disposições de ordem convencional, como em nossa legislação.

Tendo em vista essa abordagem sucinta a respeito das marcas e patentes, como matéria substancial da nova regulação da propriedade industrial, passaremos a formular, em termos sintéticos, análise dos tópicos principais que compõem a recente Lei n. 9.279 de 14 de maio de 1996, sem a preocupação de uma exegese ortodoxa, mas obedecendo à ordem das disposições, a fim de aparelhar o leitor ou interessado de uma suficiente compreensão do contexto técnico desse ordenamento, com as mudanças e suas vantagens ou desvantagens em relação ao Código de Propriedade Industrial revogado (Lei n. 5.772, de 21 de dezembro de 1971) (vide Anexo 3).

Parte Segunda

A Lei Nova de Marcas e Patentes

5. Disposições preliminares

Os arts. 1º, 2º, incs. I, II, III, IV e V, enunciam com preocupada precisão o alcance da lei, considerando como fundamento básico o "interesse social e o desenvolvimento tecnológico e econômico do País", por meio de instrumentos que alinham os veículos de proteção da lei revogada, mas cuja explicitação é de melhor compreensão. O mesmo ocorre com os arts. 3º e 4º ao abordarem as mesmas questões na perspectiva extraterritorial.

Há, porém, como acréscimo importante, o constante do art. 5º, que estabelece serem os direitos da propriedade industrial considerados como bens móveis, vale dizer, que essa qualificação traça o vetor relativo à aplicação, quando viável, do direito estrangeiro e também direciona o tratamento da matéria de acordo com a disciplinação dos bens no Código Civil vigente.

6. Das patentes

Os arts. 6º, §§ 1º, 2º, 3º, 4º, e 7º, parágrafo único tratando da titularidade, o fazem com o mesmo posicionamento assentado pela lei anterior, com modificações meramente esquemáticas, mas, de modo explícito, se ressalva ao requerente da patente sua legitimação pelo simples ingresso do pedido, valendo dizer que está, a partir desse momento, absolutamente a salvo das usurpações, a não ser que existam elementos cabais provando o contrário.

O registro de patente não tem caráter personalista, ou seja, restrito à pessoa de seu inventor, podendo os direitos daí decorrentes beneficiar todos aqueles que entram na vocação hereditária, de acordo com o Código Civil (arts. 1.603 a 1.619).

Contudo, a disposição estende o mesmo direito "ao cessionário ou àquele a quem a lei ou o contrato de trabalho ou de prestação de serviços determinar que pertença a titularidade".

Essa extensão, entretanto, pode gerar conflitos, na medida em que eventuais sucessores se intitulem legitimários dessa prerrogativa em face da vaguidade das expressões subseqüentes, pois não se tem idéia precisa de como a "prestação de serviços", por exemplo, poderá determinar a titularidade.

7. Da patenteabilidade

No plano das invenções e dos modelos de utilidade patenteáveis, os arts. 8º, 9º, 10 e seus incisos, 11 e seus parágrafos e 12 traçam os critérios de avaliação possibilitantes do registro pretendido.

Não basta alguém considerar-se inventor ou autor de algum modelo de utilidade. É necessário que sejam preenchidos três fatores: *a)* novidade; *b)* atividade inventiva; e *c)* aplicação industrial.

Naturalmente, todos os bens apresentados para esse fim deverão ser submetidos a prévio julgamento, cabendo ao interessado demonstrar que foram atingidos os requisitos impostos pela lei. Não poucas vezes, porém, surgem controvérsias a respeito dos meios empregados para essa avaliação, levando os interessados a promover perante o judiciário a tutela de seus pretensos direitos.

Contudo, segundo o art. 10 da lei em análise, existe a possibilidade de imediato indeferimento, quando se trata de descobertas, teorias científicas, métodos matemáticos, princípios ou métodos comerciais, contábeis, financeiros, educativos, publicitários, de sorteios e de fiscalização, obras literárias, arquitetônicas, artísticas e científicas ou qualquer criação estética, programas de computador em si, apresentação de informações, regras de jogo e técnicas e métodos operatórios ou cirúrgicos, bem como métodos terapêuticos ou de diagnóstico, para aplicação no corpo humano e animal.

Não são ainda, de acordo com a lei, patenteáveis o todo ou parte de seres vivos naturais e materiais biológicos encontrados na natureza, ou ainda que dela isolados, inclusive o genoma ou germoplasma de qualquer ser vivo natural e os processos biológicos naturais.

Nosso ponto de vista é de que esse elenco não pode ser conclusivo, porquanto na cadeia desses acontecimentos há situações tão peculiares que não fica excluída a sua patenteabilidade.

A lei anterior, tratando do mesmo assunto, pareceu-nos mais explícita nas suas formulações, ao abordar as "invenções não privilegiáveis" (art. 9º e seus incisos), como é exemplo, na exclusão das técnicas operatórias ou cirúrgicas, a ressalva dos dispositivos, aparelhos ou máquinas. Enfim, não consideramos o elenco como tendo efetividade absoluta.

O art. 11, com acerto, dá grande relace ao conceito de novo, como característica possibilitante da patente. Para que assim se qualifique, a invenção e o modelo de utilidade não podem estar compreendidos no estado da técnica, isto é, não devem previamente estar exteriorizados para acesso ao público, seja por descrição escrita ou oral, por uso ou qualquer outro meio no Brasil e no exterior. Nesse passo atribui-se larga extensão e força à novidade como requisito de patenteabilidade. Contudo, tais impedimentos não ocorrerão se a divulgação da invenção ou modelo de utilidade preceder 12 meses da data do depósito da prioridade do pedido, mas desde que promovida pelo inventor, pelo INPI por meio de publicação oficial, por terceiros com base em informações obtidas direta ou indiretamente do inventor, ou mesmo em decorrência de atos por este realizados.

Nesse particular a lei é bastante protetora e possibilita expedientes que garantam sem imediatidade os direitos relativos às invenções ou modelos de utilidade, mas, evidentemente, tudo pode depender de provas cabais exigíveis pela autoridade competente.

Em seguida, preocupa-se o legislador em definir o que sejam atividade inventiva, ato inventivo e aplicação industrial, que são elementos identificadores da invenção suscetível de obter registro de patente.

Entretanto, a determinação dessas qualidades depende sempre da manifestação de um técnico no assunto, que emitirá parecer sobre os casos pertinentes. Essa invocação é um elemento complicador e não ajuda a desburocratizar o processo, pois, *mutatis mutandi*, trata-se de verdadeira perícia prévia, que vai se constituir em um *placet* desnecessário.

8. Da prioridade

A prioridade é fator muito importante no processo de obtenção da patente, pois os seus efeitos não se limitam ao território brasileiro, havendo possibilidade de se efetivar o depósito em país estrangeiro, desde que exista direito convencional, isto é, acordo com o Brasil ou em organização internacional, que produza efeito de depósito nacional, o que sempre acontece em caso de promulgação, como ocorreu com a Convenção de Paris para a proteção da propriedade industrial, tornada lei interna segundo a revisão de Estocolmo (1967) pelo Decreto n. 75.572, de 8 de abril de 1975. Nessa hipótese, pedidos de patente oriundos de países que acompanham o bloco desse tratado têm efeitos equivalentes aos nacionais, ficando, portanto, assegurado o direito de prioridade nos prazos da Convenção, não sendo, como diz o art. 13, o depósito invalidado nem prejudicado por fatos ocorridos nesses prazos.

Verifica-se, assim, que a lei consagra o princípio da *lex causae* ou da extraterritorialidade, o que merece encômios.

As prioridades, contudo, não podem ser obtidas mediante atos que sejam desobedientes às condições estabelecidas nos §§ 1º a 8º, como explicitantes do *caput*, porque o não cumprimento dessas disposições levará o interessado a perder seus direitos, sendo taxativos os prazos ali estabelecidos.

A reivindicação de prioridade é sempre indispensável, com a única exceção admitida quando o pedido for originalmente depositado no Brasil, pois fica a mesma assegurada se o requerente o renovar sobre a mesma matéria, por si ou sucessores.

Não se admitirá, por outro lado, a inserção de matéria nova, nem divisão de pedido anterior, como bases da reivindicação de prioridade.

9. Das invenções e dos modelos de utilidade não patenteáveis

Obviamente, nem tudo o que for novidade é patenteável, não bastando que algo original seja idealizado e transformado em objeto ou produto que o inventor imagine ser criatividade sua, de caráter inviolável.

Genericamente, a lei veda o ingresso de invenções que sejam atentatórias à moral, aos bons constumes e à segurança, à ordem e à saúde públicas.

Constitui essa proibição matéria que entra no conceito genérico de ordem pública interna, mas que não elenca, e nem o pode fazer, o que ofende a moral, os bons costumes, etc., ficando-se, então, à mercê de juízos subjetivos da autoridade administrativa e quiçá judiciária.

A seqüência dos impedimentos à patenteabilidade também não prima pela objetividade, parecendo mais uma retórica legal sem grande proveito, porquanto matérias resultantes de "transformação do núcleo atômico" como transgressão da patenteabilidade têm significado altamente complexo, não para os leigos, o que seria normal, mas mesmo para técnicos e cientistas especializados que sabem quantos e quão diversificados são os recursos e métodos para obter as modificações ou transformações mencionadas.

Na seqüência, o inc. III do art. 18 fecha a possibilidade de patentes em relação "ao todo ou parte de seres vivos", mas excepciona os microorganismos transgênicos que atendam os três requisitos de patenteabilidade, quais sejam, a novidade, atividade inventiva e aplicaçãoindustrial, e assim que não sejam mera descoberta. Contudo, ainda aí, estamos em face de alguns imponderáveis, pois, sendo esses microorganismos transgênicos, como expressa a lei corretamente, o resultado de manipulações de laboratório, para obter soluções que em condições naturais a espécie não alcança, será muito difícil julgar esses resultados com uma simples descrição do pretendente inventor.

10. Do pedido de patente

O art. 19 sem qualquer dificuldade interpretativa enumera as condições do pedido impondo ao interessado apresentação de requerimento, relatório descritivo, reivindicações, desenhos, se for o caso, resumo e comprovante do pagamento de retribuição relativa ao depósito. Essa é exigência burocrática imprescindível, porque impõe-se prévio exame formal, para obtenção da protocolização, que não é automática, a fim de se determinar, pela importância que tem, a data de depósito e sua apresentação.

Não estando conforme o pedido em relação ao elenco do art. 19, isto não quer dizer que a pretensão será indeferida, porque, se os dados relativos ao depositante e ao inventor estiverem presentes, poderá o interessado obter recibo datado do INPI, que concederá prazo de 30 dias para satisfação do que faltar, sob pena de devolução ou arquivamento de documentação.

11. Do processo e do exame do pedido

A formulação do pedido é procedimento fundamental para a obtenção da patente, tendo em vista que a partir desse momento terá o interessado obtido prioridade, além de garantir-se pelo prazo de 18 meses do sigilo administrativo quanto ao teor da solicitação. Somente após esse período ocorrerá a divulgação, a não ser que a invenção se refira à defesa nacional, com interesse a respeiro, revelado pelo Estado, por meio do Poder Executivo. Neste caso, a exploração e a cessão do pedido estarão sujeitas à autorização do órgão competente, garantindo-se ao titular, eventualmente, a necessária indenização.

O indeferimento do pedido de patente estará sujeito, como parece lógico e constitucional, a recurso do pretendente, que objetará, segundo melhor lhe parecer, o resultado do exame técnico impeditivo do enquadramento. Nessas circunstâncias, haverá novo exame que concluirá pelo deferimento ou indeferimento do pedido de patente.

12. Da concessão e da vigência da patente

Tanto a patente como o modelo de invenção terão garantidos prazos de vigência que serão, respectivamente, de 20 e 15 anos, devidamente registrados, conforme a hipótese, em carta patente, da qual constarão todos os dados necessários à sua identificação e autoria. Seja, porém, qual for a hipótese, o prazo de vigência nunca poderá ser inferior a 10 anos para a patente de modelo de utilidade, sempre a contar da data da concessão, salvo — diz a lei — se o INPI estiver impedido de proceder ao exame de mérito do pedido, por pendência judicial comprovada ou por motivo de força maior. Este último, porém, terá de ser plenamente justificado.

13. Da proteção conferida pela patente

O principal direito que a patente confere ao seu titular é o de impedir terceiro, sem seu consentimento, de produzir, usar, colocar à venda, vender ou importar com estes propósitos o produto objeto de patente ou o processo ou produto obtido diretamente por processo patenteado.

Ressalte-se, porém, que no caso de alegação por parte de terceiro, de que o processo patenteado não corresponde àquele com o qual obteve o seu produto, não haverá possibilidade de dirimir essa questão por meio administrativo. A explicação somente se convalidará se provier de sentença judicial específica à determinação. Vale dizer que para o INPI a concessão da patente ao seu pretendente é imutável administrativamente para satisfazer interesses de terceiros que queiram sustentar eventuais direitos em relação à invenção de processo já patenteado.

Há, entretanto, exceções para essa regra, enumeradas no art. 43, incs. I a VI.

A lei assegura ao titular da patente o direito de obter indenização, no caso de haver exploração indevida de seu objeto, traçando as condições e modalidades que ensejam ao titular demandar reparação, constando as hipóteses dos §§ 1º, 2º e 3º do art. 44, ressalvadas, naturalmente, as situações nas quais a boa-fé possa ser comprovada.

14. Da nulidade da patente

Nesse particular a lei contém disposições de direito material e formal, valendo dizer que, em se tratando de norma especial, prevalecerá em face dos Códigos subtanciais de direito privado (Civil e Comercial) e do Código de Processo Civil, naquilo que colidirem. Contudo, não ocorrida esta hipótese, aplicam-se subsidiariamente as disposições supramencionadas, particularmente aquelas que se referem às nulidades dos atos jurídicos.

As nulidades poderão ser totais ou parciais, dependendo da abrangência sofrida pelas reivindicações e desde que estas, quando subsistirem, contenham matéria patenteável, por si mesmas.

A expressão "por si mesmas" significa que, no rol das reivindicações, as que sobrarem sem qualquer inquinação devem ter os requisitos da individualização, ou seja, constituírem partes autônomas, passíveis de produzir os efeitos desejados, apesar de desvinculadas do todo.

Havendo qualquer questão que atinja a titularidade do inventor, segundo o art. 49 poderá este reivindicar em ação judicial a adjudicação da patente. Essa permissividade, contudo, é tautológica, pois versa desnecessariamente o implícito, desde que afirmação contrária colidiria com a norma constitucional.

Descritas taxativamente, as nulidades administrativamente declaráveis são aquelas que resultarem do elenco contido no art. 50, incs. I a IV, mas que, na verdade, nada mais são do que o desatendimento de qualquer dos requisitos legais.

Tem validade para instaurar o processo de nulidade qualquer interessado com legitimidade para esse exercício, indicando-se o próprio INP! de oficio.

Esse exercício está sujeito ao prazo decadencial de seis meses, contados da concessão da patente, significando que nesta hipótese encerram-se tanto a instância administrativa como a judiciária, compreendido o próprio INPI.

Os certificados de adição também ficam submetidos ao mesmo regime.

É preciso, porém, ressaltar que nesse passo encontra-se grave contradição, pois o art. 56 expressamente admite que "a ação de nulidade poderá ser proposta a qualquer tempo da vigência da patente, pelo INPI ou qualquer pessoa com legítimo interesse".

Acontece que a lei com impropriedade técnica diferencia o processo de nulidade e ação de nulidade, querendo separar a instância administrativa da judicial, mas é óbvio que, tendo o interessado prazo de seis meses para o procedimento na esfera da administração, esse obstáculo ou se estende para quaisquer situações, ou, então, o prazo de seis meses é inócuo.

Entendemos que, tendo em vista os efeitos da nulidade, segundo as normas de aplicação do direito, são os mesmos insujeitos a regras de temporalidade, prevalecendo neste caso, para a instância administrativa, as disposições que a lei circunscreve à instância judicial.

A competência será sempre da Justiça Federal.

15. Da cessão e das anotações

A negociabilidade das patentes está explicitamente assegurada pela lei no todo ou parcialmente, cabendo ao INPI registrar por meio de anotações o evento da cessão, as limitações ou ônus que recaiam sobre o pedido ou a patente e as alterações de nome, sede ou endereço do depositante ou titular, procedendo destarte à publicização dos fatos para produzir efeitos em relação a terceiros.

16. Das licenças

Todo aquele que se tornar titular de uma patente poderá *ipso facto* obter licença para contratar a exploração de seu invento, impondo-se para esse fim as formalidades da averbação, salvo quando se tratar de prova de uso.

Expressamente consigna a lei direitos àquele que introduzir aperfeiçoamento em patente licenciada.

O INPI, a pedido do interessado titular da patente, poderá intermediar a oferta para fins de exploração mediante publicação, mas essa investidura obstará averbação de qualquer contrato voluntário de licença enquanto o titular da patente não desistir da oferta, a qual, em nenhuma hipótese, prevalecerá, em se tratando de patente sob licença voluntária com caráter de exclusividade.

Caberá também ao INPI arbitrar a remuneração da licença contratada quando não houver acordo entre as partes. Persistindo o desentendimento, poderá o INPI realizar diligências, bem como designar comissão formada por especialistas não integrantes dos quadros da autarquia, para proceder ao arbitramento da remuneração a ser paga ao titular.

Nem todos os procedimentos, porém, são facultados ao titular pelo exercício da vontade, que, se usar de seus direitos de forma abusiva, ou praticar abuso de poder econômico, poderá ter sua patente licenciada compulsoriamente.

Igualmente sujeita-se ao mesmo impasse:

I — a não exploração do objeto da patente no território brasileiro por falta de fabricação ou fabricação incompleta do produto, ou, ainda, a falta de uso integral do processo patenteado, ressalvados os casos de inviabilidade econômica, quando será admitida a importação; ou

II — a comercialização que não satisfizer às necessidades do mercado.

Todas essas providências não são de escopo simples, na prática, porquanto a sua comprovação depende de apuração complexa e sujeita ao tropeço do contraditório, quando objetivamente forem atingidos interesses que possam sofrer os impactos danosos de conclusões imperfeitas ou irregulares.

A licença compulsória ocupa ampla preocupação do legislador e de modo geral todas as justificativas que possibilitam tal tratamento são de difícil apuração, porque muitas são as vicissitudes que envolvem a extensa gama de comercialização e utilização das patentes, principalmente quando se defere à administração pública o poder de conduzir as tratativas e soluções, bastando, para confirmar o que foi dito, a leitura dos arts. 69, 70, 71, 72 e 73.

17. Da patente de interesse da defesa nacional

Sob o império da ordem pública interna, sempre que a patente pleiteada envolver interesse relativo à defesa nacional, obrigatoriamente o pedido será processado em caráter sigiloso, e insujeito a publicações ou quaisquer medidas formais que a tornem de conhecimento geral. Contudo, a decisão sobre a necessidade de ser ou não mantido o sigilo dependerá de avaliação técnica de órgão competente do Poder Executivo. Não sendo o caso, o processamento será efetuado de modo normal. Também a ausência de manifestação pelo prazo de 60 dias acarretará a mesma conduta administrativa.

Como é óbvio, patentes desse gênero não podem ser divulgadas e o seu depósito somente pode efetivar-se no Brasil, quebrando-se essa proibição unicamente pela autorização do órgão competente. Em todas as circunstâncias será assegurada indenização ao depositante ou titular, se houver restrições aos seus direitos.

A indenização aludida pela lei não será estimada segundo o arbítrio do Poder competente, mas, eventualmente, criando-se qualquer pendência entre as partes, a questão somente poderá ser dirimida no Judiciário federal, correndo o processo em segredo de justiça.

18. Do certificado de adição de invenção

Qualquer acessoriedade ao invento, que se amolde às suas características, seja no plano da utilidade ou da produção industrial, recebe na esfera legal o nome de "adição de invenção".

Os direitos decorrentes dessa adição, relacionados com o aperfeiçoamento ou desenvolvimento posterior da invenção, mesmo que destituído de atividade inventiva, gozarão de proteção, cabendo ao titular originário, ou cessionário, requerer tal garantia, mediante parâmetro de retribuição específica.

O processo e o exame do pedido seguirão os mesmos trâmites do pedido de patente, sendo condição indispensável que o objeto do pedido de adição tenha o mesmo conceito inventivo da solicitação inicial.

Sendo acessório da patente, o certificado de adição tem o mesmo tempo de vigência daquela, mas, se houver processo de nulidade, a matéria do certificado de adição será analisada "para verificar a possibilidade de sua subsistência sem prejuízo do prazo de vigência da patente".

19. Da extinção da patente

As patentes estão sujeitas à caducidade, isto é, podem ser extintas e cair no domínio público.

A caducidade ocorre quando no prazo de dois anos, a partir da concessão da primeira licença compulsória, não houver sido sanado o abuso ou desuso, ou seja iniciada a exploração.

O processo de caducidade não depende exclusivamente de qualquer interessado, permitido ao INPI conduzi-lo de ofício. Contudo, sempre se permitirá ao prejudicado o direito de defesa, cabendo-lhe para esse fim atender o prazo de 60 dias que a lei estabelece como tempo preclusivo desse exercício.

Além da caducidade, a patente se extinguirá pela expiração do prazo de vigência, pela renúncia de seu titular, reservado o direito de terceiros, e pela falta de pagamento da retribuição anual, que é impositiva, a partir do terceiro ano da data do depósito. O pagamento, segundo dispõe o § 2º do art. 84, deverá ser efetuado dentro dos primeiros três meses de cada período anual, podendo, ainda, ser feito, independente de notificação, dentro de seis meses subseqüentes, mediante pagamento de retribuição adicional.

É muito importante lembrar que a falta de pagamento pode resultar na extinção da patente.

A prática tem demonstrado que muitos titulares de patente têm perdido esse direito por falta de pagamento da retribuição anual, gerando essa circunstância acirradas controvérsias. Contudo, o titular tem sempre três meses contados da notificação do arquivamento do pedido, ou extinção da patente, para restaurar seus direitos, mediante pagamento da retribuição específica.

20. Da invenção e do modelo de utilidade realizado por empregado ou prestador de serviço

Na esfera das relações de trabalho, praticamente, as disposições não diferem daquelas contidas na Lei n. 5.772, de 21 de dezembro de 1971, anterior Código de Propriedade Industrial, em que a nomenclatura utilizada é mais consentânea com a realidade. Veja-se, desde logo, pelo título atribuído à espécie de que trata, como "invento ocorrido na vigência do contrato de trabalho", trazendo noção bem mais adequada aos problemas envolvidos.

Contudo, esse detalhe não desmerece a formulação dos preceitos, os quais, de modo bastante claro, indicam quando e se um trabalhador tem direito a pleitear em seu benefício registro de patente.

A teleologia da lei ora em vigor, como já o era, revela que não basta ser empregado, simplesmente, mas é preciso que tenha sido contratado para exercer a pesquisa e atividade inventiva, cuja execução ocorra no Brasil, sem retribuição especial, limitando-se ao salário convencionado.

O empregado ou prestador de serviços terá faculdade de requerer patente, nessas curcunstâncias, até um ano depois de extinto o vínculo empregatício.

O empregador, titular da patente, tem, como é óbvio, e desnecessário dizer, o direito de partilhar com o empregado essas vantagens econômicas da exploração, sem que o resultado pecuniário se incorpore ao salário, vale dizer, que esses benefícios são autônomos e podem perdurar, mesmo fora da vigência do contrato de trabalho, se assim for ajustado.

Se o empregado, entretanto, desenvolver atividade inventiva, com seus próprios recursos, meios e dados, o resultado obtido não se comunica ao empregador, mas, havendo contribuição de ambas as partes, a propriedade de invenção ou modelo de utilidade será comum em metades iguais, sempre com a ressalva de estipulação em contrário.

Quando houver licença de exploração que pertence ao empregador, obrigatoriamente se assegurará "ao empregado justa remuneração".

Não iniciando o empregador a exploração do objeto da patente no prazo de um ano, perderá, mas não necessariamente, a titularidade da patente em favor do empregado.

As mesmas regras serão aplicadas às relações entre trabalhador autônomo ou estagiário e a empresa contratante e entre empresas contratantes e contratadas (art. 92), incluindo-se as entidades da Administração Pública, direta, indireta, fundacional, federal, estadual ou municipal (art. 93).

O art. 93 contém um parágrafo único que está tecnicamente mal localizado, mas que assegura ao inventor, "na forma do estatuto e regimento da entidade, premiação de parcela no valor das vantagens auferidas com o pedido ou com a patente, a título de incentivo".

21. Dos desenhos industriais e sua registrabilidade

Os desenhos industriais também são registráveis, desde que preencham os requisitos impostos pelo art. 95, nestes termos:

> "Considera-se desenho industrial a forma plástica ornamental de um objeto ou conjunto ornamental de linhas e cores que possa ser apli-

cado a um produto, proporcionando resultado visual novo e original na sua configuração externa e que possa servir de tipo de fabricação industrial."

Evidentemente, impõe-se demonstrar o preenchimento dessas condições, mas sempre prevalece o parâmetro do que a lei intitula o estado da técnica, isto é, aquilo que já se tornou acessível ao público.

Apresentado desenho industrial para registro, este será incluído no estado da técnica, quando se tratar tão-somente de averiguar a novidade, vale dizer, que a partir do depósito ou reivindicação de prioridade, o pedido pode ser usurpado, seja com publicação anterior ou posterior. Essa condição não se estende para desenhos que tenham sido divulgados até 180 dias que precederem a data do depósito ou reivindicação de prioridade.

Contudo, os §§ 2º e 3º do art. 95, que trata dessa matéria, estão confusamente redigidos e podem dar margem a dúbias interpretações. Basta a leitura atenta dos mesmos para se chegar a essa conclusão.

A originalidade do desenho é imprescindível e, portanto, sua configuração deverá distinguir-se de outros objetos anteriores. Serão também considerados aptos para registro os desenhos que combinem elementos conhecidos, mas com exclusão daquele que tenha caráter puramente artístico.

Ofendendo a moral e os bons costumes, o desenho industrial não será registrável, compreendidas nessa expressão a ofensa à honra ou imagem de pessoas ou atentado contra a liberdade de consciência, crença, culto religioso ou idéia e sentimentos dignos de respeito e admiração. Igualmente a forma do desenho comum e vulgar, bem como aquela determinada essencialmente por considerações técnicas ou funcionais, não serão registráveis.

22. Da concessão e da vigência do registro e sua proteção

O registro, uma vez obtido, vigorará pelo prazo de 10 anos a partir do depósito, prorrogável por três períodos sucessivos de cinco anos cada.

O principal benefício no plano da proteção é a segurança de quem explorava o objeto ou registro, antes do depósito ou da prioridade do pedido, de continuar essa atividade, sem ônus e na forma e condições anteriores.

Não se aplica essa vantagem às pessoas que tenham tido conhecimento do objeto do registro por meio de divulgação, nos termos do § 3º do art. 96.

23. Da nulidade de registro

Especificamente, o registro de desenho industrial será declarado nulo se infringir o disposto nos arts. 94 a 98, que são as hipóteses tratadas no tema anterior relativamente às condições que possibilitem o deferimento da pretensão.

A ação de nulidade, no caso de tratar-se de registro de desenhos industriais, é exatamente análoga aos procedimentos que habilitam tal desiderato em relação às patentes e modelos de utilidade.

Há, porém, prazo decadencial de cinco anos contados da concessão do registro, para intentar a ação de nulidade.

24. Das marcas

Considerando as disposição dos arts. 122 e 123, e como resumo do já exposto, pode-se definir a marca como todo sinal distintivo, determinado e reproduzível, usado com certa constância pelas empresas em relação a certos produtos concretos ou serviços oferecidos ao mercado, para individualizar-lhes e tornar possível sua seleção com base em uma motivação qualquer.

Há sinais, entretanto, não registráveis como marcas, conforme enumera o art. 124 da lei:

"I — brasão, armas, medalha, bandeira, emblema, distintivo e monumentos oficiais, públicos, nacionais, estrangeiros ou internacionais, bem como a respectiva designação, figura ou imitação;

II — letra, algarismo e data, isoladamente, salvo quando revestidos de suficiente forma distintiva;

III — expressão, figura, desenho ou qualquer outro sinal contrário à moral e aos bons costumes ou que ofenda a honra ou a imagem de pessoas ou atente contra liberdade de consciência, crença, culto religioso ou idéia e sentimento dignos de respeito e veneração;

IV — designação ou sigla de entidade ou órgão público, quando não requerido o registro pela própria entidade ou órgão público;

V — reprodução ou imitação de elemento característico ou diferenciador de título de estabelecimento ou nome de empresa de terceiros suscetível de causar confusão ou associação com estes sinais distintivos;

VI — sinal de caráter genérico, necessário, comum, vulgar ou simplesmente descritivo, quando tiver relação com o produto ou serviço a distinguir, ou aquele empregado comumente para designar uma característica do produto ou serviço, quanto à natureza, nacionalidade, peso, valor, qualidade e época de produção ou de prestação do serviço, salvo quando revestidos de suficiente forma distintiva;

VII — sinal ou expressão empregada apenas como meio de propaganda;

VIII — cores e suas denominações, salvo se dispostas ou combinadas de modo peculiar e distintivo;

IX — indicação geográfica, sua imitação suscetível de causar confusão ou sinal que possa falsamente induzir indicação geográfica;

X — sinal que induza a falsa indicação quanto à origem, procedência, natureza, qualidade ou utilidade do produto ou serviço a que a marca se destina;

XI — reprodução ou imitação de cunho oficial, regularmente adotada para garantia de padrão de qualquer gênero ou natureza;

XII — reprodução ou imitação de sinal que tenha sido registrado como marca coletiva ou de certificação por terceiro, observado o disposto no art. 154;

XIII — nome, prêmio ou símbolo de evento esportivo, artístico, cultural, social, político, econômico ou técnico, oficial ou oficialmente reconhecido, bem como a imitação suscetível de criar confusão, salvo quando autorizado por autoridade competente ou entidade promotora do evento;

XIV — reprodução ou imitação do título, apólice, moeda e cédula da União, dos Estados, do Distrito Federal, dos Territórios, dos Municípios, ou de país;

XV — nome civil ou sua assinatura, nome de família ou patronímico e imagem de terceiros, salvo com consentimento do titular, herdeiros ou sucessores;

XVI — pseudônimo ou apelidos notoriamente conhecidos, nome artístico singular ou coletivo, salvo com o consentimento do titular, herdeiros ou sucessores;

XVII — obra literária, artística ou científica, assim como os títulos que estejam protegidos pelo direito autoral e sejam suscetíveis de causar confusão ou associação, salvo com o consentimento do autor ou titular;

XVIII — termo técnico usado na indústria, na ciência e na arte, que tenha relação com o produto ou serviço a distinguir;

XIX — reprodução ou imitação, no todo ou em parte, ainda que com acréscimo, de marca alheia registrada, para distinguir ou certificar produto ou serviço idêntico;

XX — dualidade de marcas de um só titular para o mesmo produto ou serviço, quando, no caso de marcas de mesma natureza, se revestirem de suficiente forma distintiva;

XXI — a forma necessária, comum, ou vulgar do produto ou do acondicionamento, ou, ainda, aquela que não possa ser dissociada de efeito técnico;

XXII — objeto que estiver protegido por registro de desenho industrial de terceiro; e

XXIII — sinal que imite ou reproduza, no todo ou em parte, marca que o requerente evidentemente não poderia desconhecer em razão de sua atividade, cujo titular seja sediado ou domiciliado em território nacional ou em país com o qual o Brasil mantenha acordo ou que assegure reciprocidade de tratamento, se a marca se destinar a distinguir produto ou serviço idêntico, semelhante ou afim, suscetível de causar confusão ou associação com aquela marca alheia."

O elenco é fundamental, daí porque literalmente reproduzido.

Definitivamente, a marca juridicamente considerada não exerce outra função que a de individualizar em um ou outro aspecto produtos ou serviços, porém, podendo afetar essa individualização ou singularização a diferentes fatores, sem assegurar a persistência destes, pelo que, na realidade, a presença de uma marca em alguns produtos ou serviços somente significa que todos eles têm algo em comum que pode ser tanto uma fabricação única, uma distribuição uniforme, uma qualidade controlada, uma matéria-prima coincidente, uma determinada característica física, um idêntico estímulo publicitário, etc.

Em outras palavras: a presença de uma marca significa somente que todas as coisas que ostentam aquele sinal têm em comum determinado caráter, determinada propriedade, certo elemento estrutural, ou funcional, ou que aos mesmos foi comum certo ato ou fato ou evento ou operação que tem certo significado social ou técnico ou jurídico.

A marca homogeniza certos produtos — os produtos com igual marca — e os individualiza diante dos demais, porém, com isto, esgota sua função própria, que é a única protegida juridicamente de modo efetivo, como tal, sem que tenha acesso a esta proteção e, portanto, se eleve à categoria de elemento definidor de marca, sem constituir qualquer favor de garantia diante do consumidor.

Por isso, é certo que a marca não se dá a conhecer a nenhuma empresa, nem cria uma clientela para esta, mas somente uma clientela para o produto.

Esse é pressuposto que levou o legislador a proteger a marca registrada no Brasil, considerada de alto renome.

Contudo, a lei distingue a marca de alto renome da marca notoriamente conhecida, atribuindo a esta também proteção especial, independentemente de estar previamente registrada ou depositada no Brasil, em obediência ao art. 6º *bis* (I) da Convenção da União de Paris, ratificada pelo Brasil, segundo a revisão de Estocolmo, que diz:

> "Os países da União comprometem-se a recusar ou invalidar o registro, quer administrativamente, se a lei do país o permitir, quer a pedido do interessado, e a proibir o uso de marca de fábrica ou de comércio que constitua reprodução, imitação ou tradução, suscetíveis de estabelecer confusão, de uma marca que a autoridade competente do país do registro ou do uso considere que nele é notoriamente conhecida como sendo já marca de uma pessoa amparada pela presente Convenção e utilizada para produtos idênticos ou similares. O mesmo sucederá quando a parte essencial da marca constitui reprodução de marca notoriamente conhecida ou imitação suscetível de estabelecer confusão com esta."

A prioridade de uso e a de registro são modos originários de aquisição da propriedade, fatores esses, uso e registro, que constituem certamente o binômio sobre o qual se desenvolvem os sitemas de aquisição em praticamente todas as legislações.

Como se pode facilmente notar, o reconhecimento da prioridade de uso como um dos modos originários de aquisição de propriedade sobre as marcas oferece sabor jusnaturalístico, no qual as idéias de proteção ao detentor, o criador do sinal, encontram plena satisfação. É o sistema que se poderia denominar da objetividade e boa-fé, com predomínio nítido do substancial sobre o formal.

Sentido contrário tem a consagração da prioridade do registro como ato de apropriação eficaz das marcas, pois esta apropriação formal pode ir de encontro às realidades de uso já operantes e inclusive facilitar apropriações de má-fé. Contudo, o princípio do registro oferece algo muito importante, como é a segurança e a determinação dos direitos, possibilidade de publicização de sua origem, extensão, titularidade e subsistência, o que justifica a imposição do registro como realidade em todos os países, inclusive nas legislações mais enraizadas com a idéia da prioridade de uso, para evitar valor meramente declaratório desse direito.

Por isto, não existem, praticamente, sistemas legislativos sem registro, pois este é norma constante, variando apenas os seus efeitos.

A prioridade é de índole internacional, pois respeita-se na hipótese aquilo que for determinado por eventual acordo com o Brasil ou em organização internacional, desde que produza efeito de depósito nacional, o que sempre acontecerá após as formalizações impostas pela Constituição. Nessas circunstâncias, os prazos serão aqueles constantes dos ajustes externos (art. 127).

A faculdade de requerer registro é ampla, deferido a pessoas físicas e jurídicas de direito privado ou de direito público (art. 128).

Contudo, as pessoas de direito privado obtêm registro de marca se esta for relacionada com a atividade exercida efetivamente e licitamente, por empresa sobre a qual tenham controle. A comprovação dessa condição se fará mediante declaração do interessado, que ficará sujeito a penalidades no caso de faltar com a verdade (art. 128, § 1º).

25. Dos direitos sobre a marca

Nossa legislação estabelece expressamente a possibilidade de adquirir a propriedade da marca, desde que seja registrada, assegurando-se, assim, ao titular seu uso exclusivo em todo o território nacional.

Esta orientação vem solidamente respaldada, cada dia com maior força, pelo fato de ser o registro o único instrumento que permite dar às marcas a garantia de proteção legal e de segurança jurídica que o tráfico mercantil moderno requer.

Contudo, a notoriedade da marca, como já vimos, poderá entrar nesse circuito, pois admite a transcendência de certos usos sem registro, ou seja, admite que, em determinadas circunstâncias, ainda que limitadas, a prioridade notória de uso possa ter prevalência.

O efeito constitutivo do registro é revelado no art. 130, que assegura ao titular da marca o direito de:

"I — ceder seu registro ou pedido de registro;

II — licenciar seu uso;

III — zelar pela sua integridade material ou reputação."

Assinale-se que essa proteção se estende ao uso da marca em papéis impressos, propagandas e documentos relativos à atividade do titular.

A concessão da inscrição de marca no registro da propriedade industrial situa seu titular na condição de proprietário da mesma ou, pelo menos, de proprietário segundo uma presunção *juris tantum* de propriedade, cujos efeitos montam à data do pedido ou de prioridade da inscrição.

Se antes de solicitar e obter a inscrição, o mesmo titular já vinha usando a marca sem tê-la registrado, os direitos, que como proprietário por uso lhe correspondiam, terão continuidade e ampliação nos direitos derivados do registro.

A propriedade indicada se produz com a obtenção do registro, automaticamente. Essa propriedade, contudo, não é inatacável e como qualquer outra propriedade pode ser impugnada legalmente, quando para isso concorram motivos.

O primeiro e principal motivo é o que deriva do fato de existir sobre a marca registrada um uso prioritário sem registro a favor de terceiro.

Se uma marca se registra, porém, ocorrendo que outro a vinha usando com anterioridade e, que, portanto, adquiriu-a para si mediante simples uso, o conflito de propriedades se resolverá a favor de quem adquiriu primeiro, no caso o usuário prioritário, sempre e quando pleiteie dentro do prazo de seis meses mencionado no art. 129, § 1º da lei em exame. Se o adquirente por registro ultrapassa o prazo, sua propriedade estará consolidada e não poderá ser atacada com base em uso anterior por terceiro. Este direito de terceiro adquirido por uso perecerá se quem registra consolidar sua propriedade pelo registro da marca.

A marca, entretanto, não tem uso absoluto depois de adquirida a propriedade. Impõe-se sempre permitir aos fabricantes de acessórios que utilizem a marca, aos comerciantes e distribuidores que façam uso de sinais distintivos que lhe sejam próprios, não impedir a livre circulação do produto colocado em mercado, bem assim impedir a citação da marca em discurso, obra científica ou literária, ou qualquer outra publicação sem conotação comercial e sem prejuízo para seu caráter distintivo (art. 132 e incisos).

26. Da vigência, da cessão e das anotações de marcas

O registro de marca vigora pelo prazo de 10 anos, tendo como termo inicial a data da concessão, com possíveis prorrogações por períodos iguais e sucessivos (art. 133).

Uma vez efetivado o registro, seu titular poderá cedê-lo, o mesmo acontecendo em relação ao pedido. Estes terão de ser, contudo, globais, isto é, imperativamente, "a cessão deverá compreender todos os registros ou pedidos, em nome do cedente, de marcas iguais ou semelhantes, relativas a produto ou serviço idêntico, semelhante ou afim, sob pena de cancelamento dos registros ou arquivamento dos pedidos não cedidos" (art. 135).

As anotações são necessárias, para que se consume formalmente a cessão e para que esta produza efeito em relação a terceiros, a partir da data de sua publicação. Dessas medidas, os interessados poderão recorrer se houver indeferimento da anotação da cessão ou se o registro for cancelado ou o pedido arquivado nos termos do anteriormente exposto.

27. Da perda dos direitos

Há quatro hipóteses determinantes da extinção da marca. São elas:

I — *expiração do prazo de vigência* — Não obstante a anotada possibilidade natural de duração indefinida das inscrições de marca, mediante suas sucessivas renovações, ficam sem efeito ou extintas, em caso de não haver esse exercício;

II — *renúncia, que poderá ser total ou parcial em relação aos produtos ou serviços assinados pela marca* — Significa que, não havendo a correlação entre a marca e seu objeto, deixa de haver eficácia para a sua prevalência sem finalidade, o que acertadamente também acarreta extinção, embora nesse particular caiba indagar por que não pode subsistir a marca se existe a garanti-la o direito de propriedade;

III — *caducidade* — Esta se produz segundo o estatuto legal pelas seguintes razões:

a) por transcurso do prazo de vigência sem solicitar-se renovação;

b) por falta de pagamentos das retribuições;

c) por extinção da personalidade do titular da marca, sem substituição legal;

d) por vontade do interessado;

e) por falta de uso da marca durante período superior a cinco anos consecutivos, salvo justificação do desuso por razões legítimas;

IV — pela inobservância do disposto no art. 217-A, pessoa domiciliada no exterior deverá constituir e manter procurador qualificado e domiciliado no País, com poderes para representá-la administrativa e judicialmente, inclusive para receber citações.

28. Das marcas coletivas e de certificação

Marcas coletivas são aquelas que, pela sua própria natureza, se destinam ao emprego conjunto e de acordo com determinadas condições por um grupo indefinido de pessoas ou empresas (arts. 147 *usque* 154).

As marcas coletivas servem especialmente para arbitrar proteção de registro para as chamadas denominações de origem, isto é, aqueles nomes geográficos com os quais se designam produtos conhecidos, como fabricados, elaborados, colhidos ou extraídos em determinado lugar e que reúnem determinadas características de qualidade (ex.: Roquefort, Camenbert, etc.), nomes que, sem pertencer com exclusividade a qualquer industrial, podem ser usados por quantos se ajustem às normas e regulamento para esse efeito estabelecidos, com o fim de garantir emprego adequado e próprio, que mantenha o valor e o prestígio alcançados por tal denominação.

Modernamente, adverte-se que as marcas coletivas podem ter utilidade mais ampla e servir não só para amparar denominação de origem propriamente ditas, mas também para estabelecer sinais que garantam uma origem dos produtos e um nível de qualidade destes. Esse o motivo pelo qual as marcas coletivas tiveram, na Convenção da União de Paris em 1911, guarida, generalizando-se logo o tratamento especial e separado na maioria das legislações nacionais, como é o caso brasileiro.

Ainda que nessa matéria existam controvérsias, considera-se característica constante das marcas coletivas uma diferenciação entre sujeito titular e sujeitos usuários, com determinação dos primeiros e indeterminação dos segundos, sendo estes variáveis e múltiplos, em número ilimitado, com possibilidade de acesso ao uso de quantos sujeitos reúnam determinadas condições objetivamente estabelecidas.

Outra característica própria dessas marcas é que o uso das mesmas não possa efetivar-se livremente por quem tenha direito a esse desfrute, mas somente sujeitando-se à lei que com esse fim se edita, com fixação de limites que afetam tanto usuários como produtos e forma de usar a marca. Daí por que se exige no registro da marca coletiva regulamento de sua utilização (art. 147).

29. Da nulidade do registro de marca

Especialmente para ventilar as pretensões de nulidade de registros de marcas estabelece o Estatuto da Propriedade Industrial procedimentos especiais. Contudo, interessa destacar que nesse processo não cabe formular senão a validade do registro impugnado, se admitir-se a extensão da controvérsia a outras conseqüências relacionadas com dita nulidade, como ocorre com as reivindicações por dano e prejuízo.

Nesses processos de nulidade tem intervenção o Instituto Nacional da Propriedade Industrial para ditar, por meio de sua representação, decisões apenas pró ou contra o demandado, não envolvendo, portanto, o órgão em questão como parte no processo.

Entretanto, como em outras circunstâncias, o prazo de cinco anos preclui por prescrição o direito de demandar a nulidade do registro.

No caso da lei brasileira, o INPI obrigatoriamente intervirá no feito, quando não for autor.

30. Das indicações geográficas

Ao abordarmos a matéria relativa às marcas coletivas tratamos do assunto, mas o Estatuto da Propriedade Industrial cuida do tema especialmente nos arts. 176 *usque* 182, para tornar bem evidente quando advém essa possibilidade, isto é, considerando indicação geográfica aquela que assinala a procedência ou a denominação de origem (art. 176).

A questão se delineia segundo dupla perspectiva: a) indicação de procedência e b) denominação de origem.

Na primeira hipótese prevalece como indicação de procedência "o nome geográfico de país, cidade, região ou localidade de seu território, que se tenha tornado conhecido como centro de extração, produção ou fabricação de determinado produto ou de prestação de determinado serviço".

Na segunda hipótese, denominação de origem equivale ao "nome geográfico de país, cidade, região ou localidade de seu território, que designe produto ou serviço cujas qualidades ou características se devam exclusivamente ou essencialmente ao meio geográfico, incluindo fatores naturais e humanos".

Certas exigências são, porém, utópicas quando inadmitem indução à falsa procedência ou exigem, em relação às denominações de origem, o atendimento de requisitos de qualidade.

As condições de registro das indicações geográficas dependem, ainda, de regulamentação a ser estabelecida pelo INPI.

31. Dos crimes contra a propriedade industrial

O Estatuto *sub-examen* tipifica crimes contra as patentes, contra os desenhos industriais, contra as marcas, contra indicações geográficas e demais indicações, passando, finalmente, aos crimes de concorrência desleal.

A proteção penal dos direitos sobre patentes e marcas diante de possíveis atos ilícitos, à semelhança de todo regime criminal nessa dimensão, oferece notória complexidade.

A complexidade deriva não só da especialidade da matéria, com a conseqüente dificuldade, que às vezes supõe o alcance dos direitos eventualmente vulnerados e dos limites da atuação lícita, mas, também, a ampla gama das atuações ilícitas possíveis e sua diversificação e a difícil concreção do elemento intencional ou malicioso exigível em qualquer juízo incriminatório.

Por outro lado, a falta de adequado desenvolvimento legal e jurisprudência da figura genérica da conduta ilícita, onde poderia encontrar resposta toda uma série de atos rechaçáveis, capazes de afetar direta ou indiretamente as marcas, patentes e outros bens de propriedade industrial, existem enquadramentos de infrações diretas de direito, cujos fatos aparecem pouco tipificados como tais.

A tipificação penal se estabelece com base em um conceito jurídico e não fático, como é o caso da infração de direitos da propriedade industrial, o que obriga a completar a figura delitiva com a investigação sobre a existência da infração apontada.

No caso dos crimes contra as patentes e modelos de utilidade (arts. 183 *usque* 186), a preocupação de esgotar todas as possibilidades delituais tornou as normas correspondentes verdadeira utopia, pois sua abrangência ampla e genérica praticamente destipifica o eventual crime.

O Código de Propriedade Industrial de 1945 (Decreto-lei n. 7.903) teve a parte penal enfocada nos arts. 169 a 189, a qual foi mantida pela Lei n. 5.772, de 21 de dezembro de 1971, até que entrasse em vigor o Código Penal de 1969, que, porém, foi revogado pela Lei n. 6.578, de 11 de outubro de 1978.

Entretanto, tomando-se aquelas disposições como paradigmas, teremos presente modelo muito mais prático e lúcido do que o ordenamento atual, que criou disposições com caráter de norma penal em branco.

Ressalvando-se, portanto, algumas tipificações que são nítidas, como as contidas nos arts. 183, 187, 189 e 190, as demais, com algumas gradações aceitáveis, no conjunto, mereceriam bom saneamento para se tornarem mais eficazes e menos retóricas.

O art. 193, relacionado com os crimes que foram chamados "contra indicações geográficas e demais indicações" é exemplo exuberante de inocuidade, bastando para convencimento dessa afirmação lembrar visualmente do que existe no mercado de laticínios, onde, levada a rigor a caracterização penal da lei vigente, muita gente boa teria de ser detida.

Tomemos como digressão exemplificativa o problema tão comum da falsificação de marcas.

Sua definição tipificadora demonstra que sancionável é a falsificação enquanto mutação da verdade, não enquanto lesão de um direito de exclusividade sobre o uso de um sinal. Vale dizer, protege-se fundamentalmente a fé pública mercantil, contra as mutações da verdade, em relação a determinados sinais distintivos, com independência de qualquer consideração a respeito da propriedade.

Para que a falsificação ocorra, não basta a mera apropriação da marca usada por outra empresa, mas será preciso que se reproduza essa marca de forma idônea para dar lugar a uma autêntica alteração da verdade, isto é, incidindo naquilo que é nota genérica em todas as falsidades.

Questão importante, e que deriva da própria identidade do bem penalmente protegido e do texto legal tipificador, é a de que a falsificação de marcas pode afetar tanto as registradas como as não registradas, pois, inclusive, cabe cometê-la em relação a marcas usadas por quem não ostente nenhuma propriedade sobre as mesmas. Assim, um medicamento posto regularmente no mercado por uma empresa, de determinada marca, poderá ser objeto de falsificação punível, mesmo que a marca pertença a um terceiro e a empresa usuária da mesma a venha usando sem ter direito a isto, posto que a lesão da verdade mercantil, como fato básico de delito, se consumou independentemente das questões civis que subsistam sobre a propriedade da marca.

Por outro lado, é correto o entendimento de que não será suficiente a simples reprodução servil da marca, pois esta deverá estar acompanhada da introdução do falsificado no mercado, dado que, somente assim, poderá ter operatividade a alteração da verdade mercantil. Faltando essa oferta pública do falsificado, o delito só poderá ser entendido como tentativa.

Muitos outros exemplos existem para tornar evidente a opinião que expendemos a propósito da inocuidade de regras penais eivadas de prolixidade, com a intenção de não abrir brechas no campo das infrações delituais possíveis.

32. Concorrência desleal

A concorrência desleal também merece tratamento especial no plano criminal. Este é precisamente o caso do comerciante ou industrial que, no exercício normal de sua atividade profissional, causa danos aos seus concorrentes e encontra justificação de sua conduta no direito da livre concorrência, que é a base das economias de mercado, e que as "regras de concorrência" do Tratado de Roma, assim como as disposições de certas legislações nacionais sobre liberdade da concorrência, têm por objeto salvaguardar.

Em toda economia não inteiramente planificada, com efeito, onde cada industrial ou comerciante não se vê atribuído de poderes públicos, de uma área de atividade nitidamente delimitada e de uma clientela, o desenvolvimento da clientela de uma empresa se realiza normalmente às expensas de outra, o que desponta em nossos dias claramente, se tivermos em mira a incidência da atividade dos supermercados sobre a situação dos pequenos e médios comerciantes. É certo que a prática de novos métodos de publicidade ou de distribuição de produtos não seria considerada como juridicamente repreensível sob o único pretexto de que ela visa situações adquiridas pelos concorrentes que permanecem no quadro do exercício normal do direito de livre concorrência.

Nesse plano, a lei vigente comete os mesmos equívocos conceituais anteriormente expostos. Entrega-se a uma volúpia vocabular, sem atentar para que muitas circunstâncias do mercado atual propiciam, por sua natureza inerente, situações que são e não são tipificáveis com tanta facilidade como acreditou o legislador. Para bom entendimento dessa afirmativa, leia-se com atenção o art. 195 e seus incisos (veja-se a íntegra da lei nos Anexos).

Na verdade, a ação em concorrência desleal aparece com uma aplicação particular da ação ordinária na responsabilidade civil.

As diversas leis especiais sobre a concorrência desleal que existem em nossos dias são, no conjunto, compostas sobre um mesmo plano. Elas comportam antes uma disposição qualificada de *generalklausel* nos países germânicos, enunciando a interdição de princípio na concorrência de todo ato contrário aos usos honestos em matéria industrial e comercial, seguida da enumeração, em outros artigos, de certos atos ou comportamentos dessa natureza, como, por exemplo, os atos suscetíveis de criar confusão no público, de desacreditar um concorrente, a publicidade enganosa, o desvio de empregados ou operários. No estado atual da maioria dessas leis, a usurpação ou a divulgação ilícita de marcas ou patentes ainda não atingiu o nível desejado de elucidação capaz de legitimar a relação de causa e efeito.

Não é nossa pretensão desfazer o sentido e utilidade das disposições que compõem o plano da concorrência desleal para situações em que marcas, patentes, desenhos industriais formem o evento imputável de delituoso, mas é inegável que muitas das disposições contrastam com a realidade prática. Tome-se como exemplo paradigmático o inc. XIV do art. 195:

> "Comete crime de concorrência desleal quem:
>
> ....
>
> XIV — divulga, explora ou utiliza-se, sem autorização, de testes ou outros dados não divulgados, cuja elaboração envolva esforço considerável e que tenham sido apresentados a entidades governamentais como condição para aprovar a comercialização de produtos."

As disposições contidas a partir do Título VI são de apreensão direta, pela simples leitura das respectivas disposições, e dispensam maiores comentários dentro do escopo deste trabalho, elaborado com o propósito tão-somente de oferecer análise sucinta do novo importante ordenamento legal.

Contudo, dada a grande incidência na prática da atividade industrial de relações que facultam o uso de marcas e patentes, teceremos algumas rápidas considerações a propósito dos *contratos de licença*.

Qualificam-se geralmente como contratos de licença, dentro do tráfico industrial e mercantil, aqueles pelos quais o possuidor de técnicas especiais industrialmente aplicáveis ou de meios de promoção comercial determinados coloca-os à disposição de um terceiro, para que este os utilize em benefício próprio, sob certas condições ou contraprestações.

Esses contratos se desenvolvem originariamente de modo amplo como meio utilizado por titulares de patentes para dar acesso a terceiros à exploração de suas invenções contra a percepção de compensações econômicas, estendendo-se sua aplicação às demais modalidades da propriedade industrial, incluídas também as marcas ou sinais distintivos próprios da promoção comercial.

Mediante tais contratos de licença, o titular de direitos da propriedade industrial, conservando seu domínio sobre os mesmos, faculta ao licenciado o usufruto das criações industriais ou os sinais distintivos correspondentes, cujo emprego lhe estaria vedado em razão da exclusividade legal de exploração que ao dito titular é concedida.

Aos contratos de licença atuais, ao lado das autorizações para o desfrute de concretos direitos de propriedade industrial, outras prestações são acrescentadas, como as de assistência técnica ou de cessão de *know-how*, não sendo raro que sob o nome, também, de contrato de licença se estabeleçam prestações, exclusivamente desses dois últimos tipos, sem incluir qualquer licença propriamente dita de direitos da propriedade industrial.

Contratos de licença propriamente ditos, porém, são os que incluem autorização de uso e desfrute de direitos da propriedade industrial, como marcas, patentes e outros, mas, geralmente, estendendo-se a denominação àqueles contratos que, além da licença, incluem prestações de assistência técnica ou transferência de tecnologia.

Em princípio, os contratos de licença, qualquer que seja seu conteúdo específico, são de tipo volitivo, derivando do livre ajuste entre licenciante e licenciado. Ao lado dessa situação normal, porém, se produzem concretamente, em matéria de propriedade industrial, certos pressupostos nos quais a concessão da licença deriva de imperativo legal, o que dá passagem aos contratos imperativos de licença.

No campo da propriedade industrial, como já vimos em análise anterior, e concretamente em matéria de patentes de invenções e modalidades análogas, a existência de um direito de exclusiva exploração, legalmente amparada, supõe a administração de um monopólio de produção em função do qual somente titular com registro, ou quem por este seja autorizado, poderá fabricar, utilizar ou vender o patenteado.

33. Proteção internacional das marcas e patentes

Como não poderia deixar de ser, o grande incremento do comércio internacional, nas suas diferentes derivações, impôs também sua presença no plano da propriedade industrial, valendo como demonstração significativa dessa repercussão a recente ratificação pelo Brasil da Convenção da União de Paris de 20 de março de 1883, pela revisão de Estocolmo de 1967, tornando-a lei interna, que subsiste imperativamente ao lado do novo Código de Propriedade Industrial, a cujo exame procedemos.

A Convenção agrupa atualmente mais de 100 países, e o leitor que se interessar pelo quadro completo dos Estados-membros pode consultar a revista "La proprieté industrielle", da OMPI (Organização Mundial da Propriedade Intelectual), onde se encontram informações pormenorizadas.

O reconhecimento pela via legislativa e a conseqüente regulamentação especial do conjunto de instituições que englobam o conceito de propriedade industrial foram produzidos historicamente dentro do âmbito de cada país em particular, não obstante afetar uma realidade comercial e industrial amplamente internacionalizada há séculos.

Esse fato significa que, apesar de, desde tempos imemoriais, os produtos se apresentarem individualizados com marcas particulares, como objeto de tráfico internacional, regulamentos de tais marcas não se iniciaram sobre base analogamente internacional, mas a partir das legislações nacionais concretas, com o conseqüente parcelamento jurídico dessa realidade supranacional. Assim, a proteção jurídica das marcas se iniciou e subsiste, ainda, substancialmente graças à justaposição de uma série de legislações nacionais, cada uma operante dentro de seus limites territoriais próprios, e sem que essas legislações refletissem orientações excessivamente coincidentes.

A propriedade industrial, entretanto, está afetada por forte influência internacionalizadora, uma vez que a tecnologia industrial e o intercâmbio comercial de produtos ou serviços quase nunca são fenômenos locais, mas de âmbito mundial.

Em nossos dias nem se pode cogitar de cingir a matéria da propriedade industrial ao plano territorial, como é óbvio, e justamente por isso cada vez maior se torna a penetração de regramentos internacionalmente elaborados, sempre com o escopo de alcançar uma harmonização das legislações vigentes ou mesmo uma unificação do direito respectivo.

Entre as convenções internacionais, a primeira que se destaca, como já acentuamos, é a Convenção da União de Paris para a proteção da propriedade industrial.

No articulado dessa Convenção (vide texto integral nos Anexos) se encontram normas que afetam de modo direto as marcas, sem abandono de outras modalidades, consagrando garantias de direito para todos os súditos de cada um dos países contratantes, bem como o regime de proteção àqueles prejudicados pela concorrência desleal.

Como direito específico e da maior importância é a disposição do art. 4º a respeito do *direito da prioridade*, em razão do qual quem fizer de forma regular o depósito de uma solicitação de marca – um dos países da União ou seu sucessor – gozará do aludido direito da prioridade durante certo prazo, a contar da data do depósito, de maneira que aquele que assim proceda tenha nos demais países da União, antes do término do prazo, garantido seu valor em face de atos realizados durante o intervalo. Isto é, havendo outro depósito ou emprego da marca por parte de terceiro, esses fatos não darão origem a qualquer direito a quem não esteja beneficiado pela anterioridade formal.

Para gozar da garantia decorrente da prioridade deve ser feita declaração correspondente, podendo exigir-se apresentação da documentação que confirma a existência do depósito anterior.

No que respeita aos acordos referentes ao regime de proteção das marcas, o art. 6º *quinquies* estabelece o princípio de que toda marca regularmente registrada no país de origem poderá ser depositada e garantida nos demais países da União (proteção *telle quelle*), sem prejuízo de que possam repetir-se ou invalidar-se as marcas que por sua natureza afetem direitos adquiridos por terceiros e estejam desprovidas de caráter distintivo ou compostas exclusivamente de sinais ou de indicações genéricas ou usuais na linguagem corrente, ou ainda, sejam contrárias à moral ou à ordem pública ou possam servir para enganar o público.

Como decorrência do art. 6º *ter*, os membros da União se comprometem a recusar ou deixar sem vigor o registro de marcas, de armas, brasões ou outros emblemas nacionais dos países da União.

Por outro lado, o art. 7º estabelece que a natureza do produto ao qual deva aplicar-se a marca não será, em nenhum caso, obstáculo para o registro da marca, enquanto o art. 6º *sexies* impõe proteção às marcas de serviço.

Norma de interesse especial é a do art.6º *bis*, consignando em relação às chamadas *marcas notórias* o compromisso de rechaçar ou invalidar de ofício, se a legislação do país o permite, ou à instância do interessado, o registro de qualquer marca que constitua reprodução, imitação ou tradução, capaz de criar confusão com marca que a autoridade competente do país do registro considere notoriamente conhecida como marca de pessoa com direito a gozar dos benefícios da Convenção e utilizada para produtos idênticos ou similares.

O art. 7º *bis* impõe a proteção das *marcas coletivas*, admitida expressamente em nossa lei nova, e o art. 6º *quater* limita os efeitos da proibição da *cessão de marcas* sem correlativa transferência da casa de comércio, limitação inoperante no caso do Brasil, dado que nossa legislação nacional adota o princípio da cessão livre das marcas.

Enfim, limitamo-nos nessa apreciação a alguns aspectos incidentais, que demonstram ter a nossa lei seguido nos passos essenciais o regime internacional, o que constitui procedimento de especial grandeza para o progresso das relações universalizantes do Brasil com outros países.

Em nossos dias, falar em propriedade industrial, marginalizando o intercâmbio internacional, é o mesmo que tornar inócuo o diploma legal de competência local, pois a realidade inexoravelmente nos conduz para rumos extraterritoriais, dos quais não poderemos no afastar sem causar insanáveis males aos interesses nacionais, com afetação de toda a comunidade comercial, hoje absolutamente consciente de que os nacionalismos estéreis são estigmas do passado, sem condições de retorno.

Parte Terceira

Marcas e Patentes — Verbetes

1. **Marca notória** — O direito marcário brasileiro vincula-se ao princípio da especificidade, segundo o qual a marca produz efeitos somente em relação a produtos ou serviços da respectiva classe de registro. Entretanto, a própria lei de regência traz exceção à regra, disciplinando que a marca notória, declarada em registro próprio, goza de proteção em todas as classes.

2. **Proteção legal** — A proteção legal tem por escopo resguardar o consumidor adquirente do produto, crédulo da procedência comum dos bens, sobretudo em razão do grande potencial econômico das empresas que detêm a titularidade da marca notória.

3. **Nome-fantasia** — Em se tratando de nome-fantasia há de ser reconhecido a quem primeiro o registrou.

4. **Homofonia** — Para a constatação da homofonia, capaz de gerar confusão entre as denominações das empresas, é preciso considerar a totalidade do nome, não bastando a identidade na primeira sílaba. Inexiste similitude entre insígnias de cores diversas, uma com emblema e a outra apenas nominativa.

5. **Nome comercial e insígnia** — Para caracterizar a contrafação do nome comercial é insuficiente a meia homofonia e igualmente de uma sílaba numa palavra, devendo a semelhança geradora de concorrência desleal caracterizar-se pelo uso de denominação como um todo que induza o público a erro; quanto à insígnia, deve ter características que gerem identificação de uma com a outra.

6. **Nula de registro** — É nulo o registro obtido no INPI, se ao tempo de sua realização, o nome ou "marca" já se encontra registrado no Cartório de Registro das Pessoas Jurídicas.

7. Marca — Registros — Litispendência — Para que se verifique litispendência, é necessário que ocorra identidade de partes (CPC, art. 301, §§ 1º e 2º).

A existência de processo entre particular e autarquia (INPI) não induz litispendência em relação a Mandado de Segurança versando matéria coesa contra ato de Ministro de Estado.

A orientação que recomenda a inércia da Administração, quanto a tema sob exame do Judiciário, deve ser acatada: se existe a convicção de que a pretensão de uma das partes é procedente, tudo recomenda que a Administração a declare como tal.

8. Marca parcial — Se a marca pleiteada reproduz parcialmente outra já registrada, para assinalar produtos na mesma classe (roupas e produtos de vestuário), a pretensão encontra óbice no art. 124, inciso XIX (Lei n. 9.279 de 14 de maio de 1996).

9. Vocábulo descritivo — Não podem ser objeto de registro vocábulos descritivos do produto, bem como aqueles de uso necessário ou comum.

10. Marca estrangeira — A não utilização de marca estrangeira, em razão de proibição quanto à importação de produtos por ela identificados, constitui motivo de força maior a que alude o art. 94 do CPI.

11. Marcas fracas — Para que haja garantia do uso exclusivo de determinada marca, é necessário que o proprietário crie novidade, isto é, estabeleça modo diferenciativo no produto de sua indústria ou comércio.

A garantia só é concedida a quem constitui marca que exprima novidade e veracidade.

O critério de apreciação da colidência das chamadas marcas fracas, dado seu caráter evocativo, é menos rígido do que o empregado nas hipóteses em que a anterioridade se reveste de suficiente cunho de originalidade, elemento fundamental nas marcas.

12. Coexistência de marcas — Não se mostra registrável como marca um nome comercial se a empresa titular deste puder utilizá-lo para os mesmos fins identificatórios pretendidos pela empresa solicitante do registro da marca.

Possível é a coexistência de duas marcas no universo mercantil, mesmo que a mais recente contenha reprodução parcial da mais antiga e que ambas se destinem à utilização em um mesmo ramo de atividade.

13. Registro de patente — Deve ser mantida a patente quando se tratar de processo ou invento que encerre novidade.

14. Patente de invenção — Confere ao autor de invenção o direito de obter patente que lhe garanta a propriedade e o uso exclusivo. Dessa forma, enquanto não anulada a patente de invenção, o seu autor gozará de todos os direitos legalmente garantidos.

Ao autor da invenção, de modelo de utilidade, de modelo industrial e de desenho industrial, será assegurado o direito de obter patente que lhe garanta a propriedade e o uso exclusivo, nas condições estabelecidas neste Código.

15. Marca estrangeira notória — O art. 6º *bis* da Convenção de Paris permanece vigente em nosso direito interno.

> "Os países da União comprometem-se a recusar ou invalidar o registro, quer administrativamente, se a lei do país o permitir, quer o pedido do interessado, e a proibir o uso de marca de fábrica ou de comércio que constitua reprodução, imitação ou tradução, suscetíveis de estabelecer confusão, de uma marca que a autoridade competente do país do registro ou do uso considere que nele é notoriamente conhecida como sendo já marca de uma pessoa amparada pela presente Convenção, e utilizada para produtos idênticos ou similares. O mesmo sucederá quando a parte essencial da marca constitui reprodução de marca notoriamente conhecida ou imitação suscetível de estabelecer confusão com esta."

16. Titularidade de marca nominativa — A titularidade de marca nominativa não garante o direito líquido e certo à marca mista, em colidência com outra já deferida.

17. Uso exclusivo de marca — O direito de exclusividade ao uso de marca, em decorrência de seu registro no INPI, é limitado à classe para a qual foi deferido, não abrangendo pois produtos outros não similares, enquadrados em outras classes, excetuadas as hipóteses de marcas notórias.

18. Proteção da marca — A proteção da marca tem por objetivo a repressão à concorrência desleal, buscando evitar a possibilidade de confusão do consumidor que adquire determinado produto ou serviço, pensando ser outro, bem como o locupletamento com o esforço alheio.

19. Monopólio —Trata-se de um monopólio que permite à patente controlar a produção e demais procedimentos, dentro das margens que concedem às leis do mercado, fixar e manejar o preço dos produtos patenteados.

O direito das patentes nasceu do fundamento de um pacto social. Concedendo monopólio temporário de exploração aos inventores, o Estado encoraja a pesquisa em benefício de todos, já que ao término desse monopólio a invenção é colocada à disposição do público. A expressão desse pacto social está materializada no art. L. 613-25-a do *Code de la proprieté intellectuelle* da França, que permite anular por decisão da Justiça a patente que não exponha a invenção de maneira suficientemente clara e completa para que um homem da profissão possa executá-la.

20. Patente econômica — A patente tem conotação econômica, pois em realidade é o direito de propriedade que reconhece ao inventor de algo a possibilidade de atuar usando, desfrutando e dispondo desse bem. O proprietário da patente exerce controle absoluto, não somente sobre seu invento, mas também sobre a exploração do mesmo por parte de terceiros, exceto sob determinadas condições que ele estabelecer.

21. Por que se usa a expressão "nome comercial"? — O nome comercial serve para identificar a empresa comercial, mas uma empresa que exerça atividade em domínios distintos pode ter vários "nomes comerciais".

O nome comercial é a denominação pela qual ele é conhecido e explora um estabelecimento comercial, e designa a empresa na qual existe e tem sua atividade.

22. Convênios internacionais — Os três mais importantes convênios internacionais são: OMPI (Organização Mundial da Propriedade Intelectual); Convênio de Paris; União de Berna.

OMPI é uma das 15 agências especializadas das Nações Unidas, com seus escritórios em Gênova e Genebra. Seus objetivos básicos são: promover a proteção da propriedade intelectual em todo o mundo pela cooperação entre os Estados e, onde seja apropriado, em colaboração administrativa entre os diferentes organismos nacionais de propriedade industrial. Assim também edições das publicações periódicas mensais, uma especializada em propriedade industrial e outra em direitos de propriedade literária.

O Convênio de Paris, cujo nome oficial é "Convênio Internacional para a Proteção da Propriedade Industrial", foi criado por uma Convenção assinada em Paris em 1883 e depois revisada em 1967. Segundo a Convenção, cada Estado-membro deve conceder a mesma proteção às invenções, marcas de fábrica e outros assuntos de propriedade industrial aos nacionais ou aos cidadãos de outros Estados-membros, como acordos desses com seus próprios nacionais. A Convenção também possibilita certas facilidades para estrangeiros, por exemplo, permitir-lhes, sem perder seu direito de inovação, acumular suas aplicações para patentear depois de um ano de registro no país de origem. Contém disposições concernentes às condições sobre as quais um Estado pode autorizar o uso de uma patente em seu próprio território; por exemplo: se o desenho da patente não é explorado em dito território.

A União de Berna, cujo nome oficial é "União Internacional para a Proteção de Trabalhos Artísticos e Literários", foi criada por uma convenção formada em Berna em 1886 e finalmente revisada em 1971.

23. Produto — Tanto a patente como a marca estão intimamente ligadas ao produto, pois àqueles são seus aspectos componentes que individualizam e facilitam a seleção por parte do consumidor.

24. Identificadora dos produtos — O nome se identifica com o trabalho de tal maneira que a marca para sempre os diferenciará dos demais. Todo produto é suscetível de ser diferenciado de outro similar mediante uma marca que o individualize.

25. Registro internacional — Em princípio, o registro internacional estende seus efeitos à totalidade dos países contratantes.

O direito de prioridade tem sua origem no registro internacional, sempre que este se efetue dentro de um determinado prazo, a partir da data da apresentação da solicitude de base no país de origem.

26. Transmissão internacional — De acordo com a legislação de um país da União (Convenção de Paris), a cessão de uma marca não será válida sem a transmissão simultânea da empresa ou estabelecimento comercial a que a marca pertence; bastará, para essa validade ser admitida, que a parte da empresa ou do estabelecimento comercial situado nesse país seja transmitida ao cessionário com o direito exclusivo de aí fabricar ou vender os produtos assinalados com a marca cedida.

Esta disposição não impõe aos países da União a obrigação de considerar válida a transmissão de qualquer marca cujo uso pelo cessionário for, de fato, de natureza a induzir o público em erro, particularmente no que se refere à proveniência, à natureza ou às qualidades ou substâncias dos produtos a que a marca se aplique.

27. Duração do registro internacional — O prazo de duração de vinte anos deve ser computado a partir da data do registro internacional.

28. Origem das patentes — Considera-se, geralmente, que o direito moderno das patentes surgiu em torno do ano 1400, quando a República de Veneza começou a reconhecer aos inventores direito exclusivo de exploração de suas novas máquinas. Esse direito de exploração era reservado somente aos venezianos, mas em 1443 um cidadão francês conseguiu a concessão de um monopólio para construir moinhos em Veneza e em sua região, o que foi consagrado publicamente por uma lei da República de Veneza em 19 de março de 1474 que concedia monopólio de exploração de dez anos a todo "inventor de um novo procedimento engenhoso" (*nuovo ed ingegnoso artificio*).

Em 1614 a Inglaterra adotou o *Statute of monopolies* que reconhecia um monopólio de quatorze anos a todo verdadeiro inventor de um novo modo de fabricação. Alguns anos mais tarde, um certo número de Estados americanos seguiram o exemplo da Inglaterra. O primeiro desses Estados foi o de Massachusetts que, em 1641, reconheceu a Samuel Winslow uma patente no processo de fabricação de sal. Na mesma época, a Alemanha já tinha adotado um sistema bastante sofisticado para o reconhecimento de patentes.

29. Formação do contrato — A licença da patente se caracteriza por uma ausência de formalismo. A lei dispõe simplesmente que ela seja redigida por escrito, mas que esta exigência atenda aos requisitos de novidade, atividade inventiva e aplicação industrial.

30. Concessão de patente — Não poderá ser recusada a concessão de uma patente, e não poderá ser uma patente invalidada em virtude de estar à venda o produto patenteado ou obtido por um processo patenteado, sujeito a restrições ou limitações resultantes da legislação nacional.

31. Como se admite uma patente — O país importador que concede ou admite uma patente a uma empresa estrangeira, e logo importa ditos bens, é o que assume o custo total das patentes estrangeiras. Com efeito, o custo das patentes para um país importador é o excesso de preço que obtém uma empresa estrangeira, ao vender um bem patenteado, se este não estiver patenteado no país comprador.

32. Técnica da contratação — Em qualquer operação do comércio exterior vende-se o produto e o consumidor final o adquire como tal, mas não se vende a marca nem o processo pelo qual foi produzido, já que de outra maneira existiria tantos proprietários de marcas quanto consumidores, e igual número de licenciados (possuidores de patentes).

33. Contrato de *know-how* — Podemos apreciar três tipos: desenho industrial, transferência tecnológica e assistência técnica. Concorrem sobre uso e exploração de marcas, o contrato de *franchising* e de licenciamento. Por outro lado, o contrato de licenças de uso de marca e o de *franchising* participam de zonas comuns, pois a técnica de comercialização e sistema de vendas vão unidos quase sempre a uma marca identificadora do serviço e da técnica comercial.

Não há ao contrato de *know-how* um equivalente idiomático para determinar este tipo. Sua dicção é abreviação de uma velha expressão norte-americana: "to know how to do it". Que traduzido equivaleria a "saber como se faz alguma coisa", em que a palavra saber está referida ao conhecimento, mas não no sentido do conhecimento universal das coisas, senão ao conhecimento especializado, técnico.

"Tecnicamente pode-se conceituar o *'know-how'* como uma arte de fabricação, o que não chega a ser um conceito exato, mas sugere que ele seja dentro dos padrões técnicos de aplicações" (*Roberto de Oliveira Murta*).

Entende-se, também, como todo conhecimento técnico transmissível e não imediatamente acessível ao público. O *know-how* se distingue do "segredo de fábrica" nos planos:

1 — jurídico, em um campo muito mais amplo que pode ultrapassar o processo de fabricação, englobando informações ou conhecimentos aplicáveis à gestão, ao *marketing*, à venda, etc.

2 — lingüístico, na medida em que a expressão "segredo de fábrica" designa o segredo que a empresa procura conservar com a manutenção da confidencialidade para se preservar o benefício, enquanto o *know-how* designa o segredo ou o conhecimento que a empresa pretenda comunicar a terceiros (geralmente a título oneroso).

34. Segredo de fábrica — Aquele que, por corrupção ou qualquer outro motivo, e inclusive por amizade, livre para terceiros os segredos de fábrica por seu empregado ou seu antigo funcionário, sofrerá punição.

35. Papel da assistência técnica — A Assistência Técnica tem um papel preponderante na gestão de qualquer empresa, e no sistema econômico do país receptor, pois os fluxos de tecnologia não se realizam isolados nem no vazio, senão que se vinculam com os sistemas gerais de produção e com as capacidades concretas das empresas.

36. Preço — O pagamento ou preço do contrato se denomina *royalty*. O *royalty* pode consistir numa quantidade fixa mensal, anual ou em uma parte proporcional ao uso ou exploração que se faça de dita patente, quando se trata de um percentual das vendas totais, um percentual sobre cada mercadoria produzida e inclusive um percentual sobre certo tipo de unidade de medida que saia da fábrica licenciada.

Este percentual, como é óbvio, é inteiramente arbitrário e sujeito ao que determinem as partes em cada caso e período.

Contudo, muitas legislações, como é o caso brasileiro, estabelecem um limite máximo desse percentual para precisar não somente os preços no mercado internacional e de exportações mas também para assegurar sua balança de pagamentos.

37. Marca de fábrica — A marca de fábrica, de comércio ou de serviço é um sinal suscetível de representação gráfica servindo para distinguir os produtos ou serviços de uma pessoa física ou jurídica.

38. Ordem pública e bons costumes — Uma marca não é contrária à ordem pública e aos bons costumes unicamente porque ela designa produtos ou serviços contrários à moral.

Na França (*Code de la propriété intellectuelle*) no art. L. 711-3:

"Não pode ser adotada como marca ou elemento de marca um sinal:

a) (...)

b) Contrário à ordem pública ou aos bons costumes cuja utilização é interdita.

c) De natureza a enganar o público, notadamente sobre a natureza, a qualidade ou a proveniência geográfica do produto ou do serviço."

39. Concorrência desleal — A usurpação atinge um nome comercial por reprodução ou por imitação, o que constitui, em princípio, um ato de concorrência desleal.

Um conflito entre

— duas denominações ou razões sociais;

— dois nomes comerciais;

— dois letreiros;

— uma denominação social e um nome comercial ou um letreiro;

é, em princípio, um assunto de concorrência desleal.

40. Recusa de concessão — Não poderá ser recusada a concessão de uma patente, e não poderá ser uma patente invalidada em virtude de estar a venda do produto, patenteado ou obtido por um processo patenteado, sujeita a restrições ou limitações resultantes da legislação nacional.

41. Caso de má-fé — Em caso de má-fé, os países terão a faculdade de cancelar o registro das marcas que contenham emblemas de Estado, sinais e timbres, quando já tenham sido registrados anteriormente.

42. Caducidade da patente — A caducidade da patente só poderá ser prevista para os casos em que a concessão de licenças obrigatórias não tenha sido suficiente para prevenir tais abusos. Não poderá ser interposta ação de declaração de caducidade ou de anulação de uma patente antes de expirar o prazo de dois anos, a contar da concessão da primeira licença obrigatória.

43. Desenhos e modelos — A proteção dos desenhos e modelos industriais não caducará por falta de exploração nem por introdução de objetos semelhantes aos que estão protegidos.

Para reconhecimento do direito não será exigido do produto qualquer sinal ou menção da patente, do modelo de utilidade ou do registro da marca de fábrica ou de comércio, ou do depósito do desenho ou modelo industrial.

44. Certificados de autor de invenção — Os pedidos de certificados de autor de invenção depositados num país em que os requerentes têm o direito de pedir, à sua escolha, quer uma patente, quer um certificado de autor de invenção, darão origem ao direito de prioridade instituído pelo presente nas mesmas condições e com os mesmos efeitos que os pedidos de patentes de invenção.

45. *Grant back* — Mediante esta cláusula, o proprietário da tecnologia torna-se proprietário dos benefícios e inovações produzidos pelo licenciado, sem necessidade de indenização alguma.

46. Arbitragem — Resulta de uma decisão dos contratantes de submeter suas diferenças ou litígios a uma arbitragem. A Câmara de Comércio Internacional de Paris oferece os serviços de arbitragem para todo litígio de índole comercial que tenha caráter internacional.

47. A novidade de desenhos e modelos — Um desenho é considerado novidade se, na data do pedido de registro ou de prioridade, nenhuma prioridade foi reivindicada ou nenhum desenho ou modelo idêntico tiver sido divulgado ao público. Desenhos e modelos são considerados como idênticos desde que suas características específicas não difiram sequer por detalhes insignificantes.

48. Imitações — São consideradas como contrafatores as pessoas que:

— reproduzem e/ou fabricam ilicitamente desenhos ou modelos protegidos;

— importam, distribuem e comercializam desenhos ou modelos contrafatores.

49. Vítima de contrafação — A vítima de ato de contrafação pode demandar a cessação deste assim que ocorrer a reparação do prejuízo sofrido bem como proceder a medidas anexas, como a publicação do julgamento.

50. Títulos de desenhos e modelos — Por uma protegida unicamente quanto ao título de desenhos e modelos no país de origem, não se pode reclamar em outro país da União a proteção especial concedida dentro do mesmo país aos desenhos e modelos.

51. Várias pessoas realizam uma mesma invenção — Se várias pessoas realizam uma invenção independentemente de outra, o direito ao título de propriedade industrial pertence àquela que justificar a data mais antiga de depósito.

52. Da patenteabilidade — É patenteável a invenção que atenda aos requisitos de novidade, atividade inventiva e aplicação industrial.

Atualmente, pode ser patenteável uma invenção capaz de satisfazer a quatro condições:

— ser uma invenção suscetível de ser patenteável;

— ter uma aplicação industrial;

— ser novidade;

— apresentar um caráter inventivo.

As condições enunciadas correspondem àquelas dadas pelas legislações da maioria dos países industrializados, e mais particularmente os Estados Unidos e o Japão, assim como para a obtenção de uma patente européia ou por um pedido PCT (*Patent Cooperation Treaty*, de 18 de junho de 1970, Washington).

A convenção de Munique (7 de outubro de 1977), chamada "Convenção sobre a Patente Européia", não possui nenhuma definição de invenção. De uma maneira geral:

— não constituem invenções as regras intelectuais abstratas e os princípios matemáticos;

— as invenções se caracterizam por um resultado, um efeito ou uma aplicação que pode ser um produto novo ou um procedimento novo.

O art. 52 da Convenção de Munique reza:

"Não são considerados como invenções no sentido da lei notadamente:

a) As descobertas como as teorias científicas e os métodos matemáticos;

b) As criações estéticas;

c) Os planos, princípios e métodos do exercício de atividade intelectuais, em matéria de jogo ou no domínio de atividades econômicas, assim como os programas de computadores;

d) As apresentações de informações."

53. Contrato de *Franchising* — A *franchising,* ao que tudo indica, foi criada com a configuração contemporânea em 1930, desenvolvendo-se nos Estados Unidos, após a Segunda Guerra Mundial, principalmente na área automobilística, irradiando-se rapidamente para múltiplos setores de atividades e serviços.

Segundo noticiam os autores especializados, a *franchising* acabou gerando nos Estados Unidos inúmeros problemas em decorrência de abusos de toda ordem, a ponto de obrigar o governo a tomar providências para disciplinar a matéria e pôr fim aos crescentes desentendimentos provocados por franqueadores menos escrupulosos, editando-se em 21 de outubro de 1979 uma lei federal conhecida como *Full Disclosure* Act, que estabeleceu uma série de restrições impostas ao *franchisor.* Este tinha, a partir da vigência da referida lei, o dever de, antes da formalização do contrato, informar e esclarecer o candidato à franquia quais os seus métodos, seu *know-how* e sua experiência profissional, além de fornecer dados quanto aos precedentes judiciais no seu domínio, tanto no plano civil como no penal e comercial.

Muitos países, entretanto, apesar de praticarem a *franchising* com grande intensidade, ainda não possuem leis especiais disciplinadoras dessa atividade.

No seu sentido mais simples, a *franchise* é uma licença do proprietário de uma marca de comércio, de nome, permitindo a um outro o direito de vender produto ou serviço com o mesmo nome ou marca.

A *Federation Française de la Franchise* define a franquia como "um método de colaboração entre uma empresa, o franqueador, de um lado, e uma ou várias empresas, as franqueadas, de outro lado".

A franquia implica para o franqueador:

— a propriedade ou o direito de uso de sinais de arregimentação do cliente: marca de fábrica, de comércio ou de serviço; insígnia, razão social, nome comercial, sinais e símbolos;

— o uso de uma experiência, de um *know-how*;

— uma coleção de produtos e/ou de serviços.

A conjugação original desses três elementos forma o conceito de *franchising*.

A franquia tem sido tipificada de acordo com a atividade do franqueador.

Claude Nègre (La Franchise Aujourd'hui — Realité Économique — Pratique. Prospective, Paris, 1988), nos oferece quatro grandes tipos em sua classificação:

a) franquia do produtor, nas quais o franqueador é um industrial, tendo como preocupação maior o escoamento de seus produtos. O aspecto matriz do sistema de distribuição domina. Encontram-se geralmente nessa categoria os negociantes de lã, que foram os pioneiros da fórmula (Pingouin, Philcar, Rhodier...)

Contudo, um produtor pode perfeitamente montar uma franquia de serviço na qual vai incorporar seus produtos. É o caso da reparação automotiva, ou nas agroalimentares com nutrição rápida (Burger-Kind, Mc Donald's, etc.).

b) franquias de distribuidor, em que o franqueador tem a função de atacadista.

c) franquias de serviços, em que o franqueador não vende ou vende pouco seus produtos, caracterizando-se pelo seu *know-how* de prestação de serviços. O franqueador pode neste caso ser também um produtor.

Essas franquias, em grande desenvolvimento, apresentam a particularidade de renovar certos setores de atividade marcados pelo envelhecimento ou corporativismo.

São as oficinas de consertos de automóveis, as impressoras rápidas, os agentes mobiliários, os hotéis.

d) franquias industriais, que integram a transferência de tecnologia, os processos de fabricação e freqüentemente têm atividade mundial.

Os seguintes pontos devem ser bem avaliados:

1. A notoriedade da marca.
2. A importância da cadeia.
3. A qualidade de produtos ou do serviço fornecido, cifra dos negócios realizados nos diversos pontos-de-venda, a rentabilidade e o desaparecimento dos pontos-de-venda.
4. A experiência, *know-how* e formação.

5. A publicidade, sua importância, seu custo, suas taxas.

6. Outros serviços fornecidos no curso do contrato, ajuda de entidades ou departamentos ligados à *franchising*.

7. Aspectos tributários.

As informações devem ser completadas, se possível, com vista às unidades piloto, às sucursais, aos pontos-de-venda franqueados, cuja lista integral deverá ser oferecida pelo franqueador, ao apresentar sua minuta de contrato, que o franqueado submeterá, necessariamente, ao exame de um advogado ou consultor jurídico.

54. Direito Internacional de proteção do inventor — Os direitos do inventor têm necessariamente projeção internacional. Não se compreende, atualmente, essa matéria discutida sem derivações extraterritoriais, visto que o âmbito da propriedade industrial compreende o conjunto dos institutos disciplinados usualmente pelos acordos internacionais, que fazem parte das convenções de união vigentes em dado momento.

Historicamente as invenções sempre foram reconhecidas como uma das atividades mais importantes, por se constituirem em permanentes fatores do desenvolvimento econômico e do progresso técnico.

Na perpectiva do tempo os exemplos são significativos, pois, já em 1474 se editava lei em Veneza objetivando garantir a utilização dos inventos e ao mesmo tempo proteger o inventor. No mesmo sentido encontramos o *Statute of monopolies* de 1623 e o Ato Legislativo de Luiz XV de 1762, além de duas importantes leis do final do século XVIII; o *Patent Act*, norte-americano, de 1970, com várias alterações posteriores e o Estatuto francês de 1791, modificado em 1844. Esta última fase caracteriza-se pelo abandono do direito de privilégio e estabelece o direito subjetivo, do inventor, a obter patente da autoridade governamental.

É, porém, no século XIX que se acentua, no campo internacional, a tendência para unificação de disciplina do direito sobre invenções. Este movimento iniciou-se na Exposição Internacional de Viena em 1873 e continuou por ocasião da Exposição Internacional de Paris, para proteção da Propriedade Industrial, em 20 de março de 1883, data do fundamental Tratado com o mesmo fim, que congregou inúmeros países, não só originariamente, como pelas revisões de Bruxelas, a 14 de dezembro de 1990, de Washington, a 2 de junho de 1911, de Haia, a 6 de novembro de 1925, de Londres, a 2 de junho de 1934, de Lisboa, a 31 de outubro de 1958 e de Estocolmo, a 14 de julho de 1967; esta última, subscrita e adotada pelo Brasil, com algumas reservas, pela promulgação do Decreto n. 75.572 de 8 de abril de 1975.

No direito interno brasileiro o Código de Propriedade Industrial rege a matéria de acordo com a Lei n. 9.279 de 14 de maio de 1996, estabelecendo expressamente o mesmo regime de proteção para pedidos de privilégio depositados em país com o qual o Brasil mantenha acordo internacional, projetando, assim, supranacionalmente as regras de tutela do inventor e das invenções.

A despeito, porém, de a Convenção de Paris constituir-se em União para proteção da Propriedade Industrial, inúmeros são os problemas com que se desfrontam os inventores e seus beneficiários no plano internacional e, particularmente, no Brasil.

Não existe propriamente uma coordenada dos processos administrativos de tutela, ao lado da subsistência de alguns conflitos de leis, criados pelas próprias revisões de que foi alvo a Convenção de 1883 firmada em Paris.

O motivo principal de tais dissidências reside ainda na desuniformidade de alguns conceitos básicos, especialmente aqueles ligados à natureza jurídica da invenção e da tipificação do direito do inventor, bem assim os limites de sua abrangência técnica.

As teorias a respeito se sucedem, inexistindo da parte dos autores unanimidade de pontos de vista. Para alguns sera necessário distinguir entre os interesses morais e econômicos do inventor, salientando a titularidade, unicamente, de um direito de personalidade, tendo por objeto um *quid* separado do homem e com autônoma individualidade, isto é, como bem imaterial. Coloca-se a questão econômica como mero complemento. Haveria, assim, dois direitos: um de natureza pessoal e outro de natureza patrimonial, sob a tutela da utilização econômica da invenção. É a chamada teoria dualística.

Ao lado dessa orientação desenvolve-se a teoria monística, segundo a qual há uma integração dos aspectos moral e patrimonial do inventor, colocados em referibilidade com o direito do autor.

Há também os que vêem na atividade somente direito patrimonial.

A diversidade dos princípios doutrinários revela a complexidade da elaboração legal, se tivermos em conta que a internacionalidade do instituto impõe conduta uniformizante, a fim de que não se crie situação de injustiça para o inventor, com graves reflexos na tutela efetiva de seus direitos.

Com esse espírito e baseada nesses pressupostos, a Organização Mundial da Propriedade Intelectual (OMPI), sediada em Genebra, vem desenvolvendo intensa atividade, que culminou com a constituição de um Grupo de Trabalho, incumbido de elaborar, especialmente para os países em desenvolvimento, projeto de uma lei tipo sobre invenções e conhecimentos técnicos (*know-how*).

Alguns resultados já foram colhidos na 7ª Reunião realizada em maio de 1997 em Genebra, notadamente no que concerne à figura do inventor e patentes de invenção, devendo-se destacar alguns aspectos de capital importância.

Em primeiro lugar, quanto à conceituação da invenção ligada à figura do inventor, entende por invenção a idéia de um inventor que permita, na prática, a solução de problema determinado na esfera da técnica, podendo a invenção ser um produto ou um procedimento. Nesse sentido o dispositivo legal brasileiro não é suficientemente explícito, gerando muita controvérsia nas perpectivas fática e teórica, como no campo da atividade administrativa e jurisdicional.

Outro aspecto se refere ao problema da invenção, que deve ser intrinsicamente tida como novidade ou não, explicitando-se melhor quando deve a invenção ser considerada nova e qual a amplitude da expressão "estado da técnica" para a caracterização da originalidade.

Essa matéria foi desenvolvida pelo Grupo de Trabalho com o propósito de fixar o princípio de que a invenção não só deve ser idéia de um inventor, isto é, subjetivamente nova, mas deve ser também nova objetivamente.

A invenção é objetivamente nova se não compreendida no estado da técnica, quer dizer, se não há "anterioridade no estado da técnica". A definição de novidade é, assim, negativa, dado que sua prova se faz por negação da anterioridade do invento. Por exemplo, se a invenção já foi descrita numa publicação impressa, esta publicação constitui anterioridade e a invenção não é nova.

A novidade pode ser universal e nacional. No primeiro caso, um fato que se produza em qualquer parte do mundo destrói a novidade. No segundo caso, um fato não destrói a novidade a não ser que se produza internamente no País. O sistema de novidade internacional parece mais consentâneo com as exigências de nossa época, num mundo onde as vias de comunicação possibilitam intercâmbio mais efetivo.

Ressalte-se que, muito recentemente, entrou em operação o Tratado de Cooperação em Matéria de Patentes Patent Cooperation Treaty — PCT, estabelecendo normas para depósito de pedido de patente, "em forma padronizada, válido automática e simultaneamente para vários ou todos os países que dele participam, por escolha do depositante". Prevê o referido Tratado o pedido internacional; a busca internacional; publicação internacional; e o exame preliminar internacional (Cf. "RT informa" n. 205, 1978, comentário de *Newton Silveira*).

Como se vê os processos de internacionalização tendem a crescer em rápida progressão para atender às exigências decorrentes das relações comerciais e a cooperação técnica interempresarial.

No que concerne, contudo, à novidade universal, a lei tipo, ora em elaboração, encaminha-se para um entendimento mais restritivo em relação ao "estado da técnica", entendendo quanto à noção de publicação que esta deve conter um texto que tenha pelo menos um exemplar à disposição do público numa biblioteca, não podendo referida publicação operar-se por meio da oralidade ou outros meios de divulgação que não seja a escrita.

A lei tipo preconiza a adoção do sistema denominado *whole contents* que possibilita seja a solicitação posterior impugnada por algo que não é estritamente a invenção reivindicada no pedido anterior, ao contrário do sistema usual do *prior claim,* no qual a solicitação anterior somente obstaculizará a concessão de uma patente por motivo de pedido posterior se se reivindica a mesma invenção nas duas solicitações.

Importante passo dado no projeto da lei tipo foi o da aplicação industrial do invento, cuja disposição está redigida nos seguintes termos: "uma invenção será considerada suscetível de aplicação industrial quando seu objeto possa ser produzido ou utilizado em todo tipo de indústria".

Aparentemente nenhuma inovação. Mas, atentando-se para a expressão "todo tipo de indústria", verifica-se que o termo "indústria" é compreendido em seu sentido mais amplo: trata-se de qualquer tipo de indústria no qual a invenção possa produzir-se (no caso de um produto) ou utilizar-se (no caso de um procedimento). Isto inclui a produção ou utilização da invenção não somente nas atividades de fabricação, mas também nas atividades relacionadas concretamente com a agricultura, a pesca, os serviços, etc. A palavra indústria contém largo aspecto conceitual, podendo ter significações muito mais amplificadas, não sendo somente a esfera de utilização ou finalidade do produto constitutivo da invenção ou fabricado a partir desta, o que determina se a invenção é suscetivel de aplicação industrial.

Assim sendo, a expressão tecnologia estrangeira passa a ter sentido mais lato, incluindo as tecnologias de vanguarda, que permitem ao país seguir o progresso tecnológico, assim como outras tecnologias que também possam ser úteis por sua adaptação mais fácil às necessidades do país.

E como bem assinala o preâmbulo do projeto da lei tipo mencionada, os princípios estabelecidos permitem não somente que o público compreenda melhor a legislação que regula a matéria, mas, também, que as autoridades encarregadas de sua aplicação, interpretem suas disposições com o mesmo espírito do legislador.

A proteção do inventor somente será efetivamente concreta se aplicada em escala internacional, a partir de um direito o mais possível uniforme, pois, os direitos concedidos em matéria de proteção das invenções ou de remuneração das inovações têm uma contrapartida de obrigações, antes de tudo para servir o público e, especialmente, os objetivos de natureza social e econômica do país.

Atualmente, porém, a focalização problemática do sistema de patentes se traduz pela contestação da eficácia das funções que esse sistema desempenha, tanto no que concerne ao regime jurídico nacional, como ao regime internacional.

Parte Quarta

Jurisprudência Especializada

1. Acórdãos Integrais

ACÓRDÃO

Ementa oficial:

Ação visando abstenção de uso de expressão que integra marca em nome de domínio. Sentença de extinção. Marca registrada que confere ao seu titular a propriedade e o uso exclusivo do símbolo em todo o território nacional. Recurso provido, com julgamento do mérito, à vista da incidência da regra do disposto no art. 515, parágrafo terceiro do C.P.C., com a redação da Lei 10.352 de 26 de dezembro de 2001.

Vistos, relatados e discutidos estes autos de APELAÇÃO CÍVEL n. 122.748-4/8-00, da Comarca de SÃO PAULO, em que é apelante UNIBANCO UNIÃO DE BANCOS BRASILEIROS S/A, sendo apelados FERNANDO POLITI ASSUNÇÃO e OUTRO: (Voto n. 13.744)

ACORDAM, em Décima Câmara de Direito Privado do Tribunal de Justiça do Estado de São Paulo, proferir a seguinte decisão: "deram provimento ao recurso, v.u.", de conformidade com o relatório e voto do Relator, que integram este acórdão.

O julgamento teve a participação dos Desembargadores MARCONDES MACHADO (Presidente) e ROBERTO STUCCHI.

São Paulo, 16 de abril de 2002.

RUY CAMILO, Relator.

VOTO

Ação ordinária movida por Unibanco — União de Bancos Brasileiros S.A., proprietário da marca mista "Unibanco 30 Horas", objetivando a condenação da ré a desistir do registro da expressão "30 horas" efetuado na Internet, sob pena de pagarem ao autor a multa diária de R$ 5.000,00, bem como a absterem-se de usar a qualquer título e por qualquer modo a referida marca, além de compor perdas e danos.

Adotado no mais o relatório da r. sentença de fls. 96/101, acrescenta-se que a ação foi julgada extinta sem julgamento do mérito, com fundamento no art. 267, VI, do C.P.C., respondendo a autora pelas custas e honorários de advogado de 10%.

Daí o apelo da vencida visando à reforma.

Recurso respondido.

Inicialmente à luz do disposto no art. 515, parágrafo terceiro, do C.P.C., com a nova redação que lhe foi dada pela Lei n. 10.352, de 26 de dezembro de 2001, que por se tratar de norma de caráter processual incide desde logo, com o provimento do recurso, é de se proceder desde logo ao julgamento da lide, na medida em que a causa versa sobre questão exclusivamente de direito.

Na verdade, ao assim decidir proferiu o magistrado julgamento de improcedência, pois julgou o próprio mérito da causa.

Com efeito, houve por bem o digno magistrado em dar pela extinção do processo sem julgamento do mérito, por entender ser possível o autor, titular da marca Unibanco — 30 Horas, lograr registro junto à Internet de tal marca de domínio, sendo vedado a ele apenas a utilização da expressão "30 Horas", de forma isolada, já que tal registro é da ré Lengnet, junto à Fapesp.

Sem embargo da respeitabilidade de tal posição, dela se diverge:

O tema ainda é polêmico em nosso país. A propósito assinala Walter Douglas Stuber, em artigo publicado na R.T. 749/68: "No Brasil, mesmo ainda sem regras avançadas no que se refere às condições para concessão de nome de domínio, é de se acreditar que, no caso de um eventual conflito envolvendo o direito de uso de marcas, a legislação específica sobre este assunto poderia ser aplicada para dirimir o litígio. O uso não autorizado de um nome, de acordo com o tipo de atividade exercida pela empresa ou usuário que dele se 'apoderou' poderia configurar em uso indevido de marca ou mesmo concorrência desleal.

"Para evitar que tal problema ocorra nos Estados Unidos o Comitê da Internet, encarregado de fornecer os nomes de domínio aos usuários, tem adotado um procedimento que envolve a declaração, por parte do interessado em adquirir seu endereço na Internet, de que tem o direito de utilizar o nome escolhido, sem que isso implique ofensa aos direitos de propriedade intelectual de outra pessoa."

A doutrina, em regra, identifica varias funções na marca, basicamente uma função de origem dos produtos e uma função de qualidade. Em obra coordenada por Newton de Lucca e Adalberto Simão Filho (*Direito & Internet — Aspectos Jurídicos Relevantes)* se assinala que a doutrina reconhece a função e importância econômica da marca como sinal distintivo, de suma importância para o funcionamento do mercado e das empresas em geral. A marca registrada confere ao seu titular a propriedade e o uso exclusivo do símbolo em todo o território nacional. Trata-se de proteção constitucional (art. 5º, XXIX, da CF) e infraconstitucional (art. 129 da Lei n. 9.279/96).

Dispõe o mencionado dispositivo: "A propriedade da marca adquire-se com o registro validamente expedido, conforme as disposições desta Lei, sendo assegurado ao titular seu uso exclusivo em todo o território nacional".

A reprodução, no todo ou em parte, sem autorização do titular da marca, de modo que possa induzir confusão, configura crime contra registro da marca (art. 189).

E conclui-se na referida obra: a apropriação de marca alheia como nome de domínio, mesmo para identificar atividade diferente, também poderá causar dano ao titular da marca.

É a hipótese dos autos.

A utilização do nome de domínio da expressão "30 horas" pela ré, empresa que obviamente não é ligada a atividade bancária ou financeira, pode ensejar ao mercado alguma perplexidade ou equívocos como, por exemplo, suposições de estar a ré de qualquer forma ligada ao grupo empresarial que tem o controle acionário do autor, o que se afiguraria suficiente para conduzir à procedência da ação. Ainda que assim não fosse, sendo pretérito o registro da marca da qual a autora é titular, merece ele ser preservado.

Daí porque fica provido o recurso para julgar procedente a ação, condenada a ré, no prazo de 30 dias do trânsito em julgado, de se abster de usar a expressão "30 horas" como nome de domínio, diligenciando junto à Fapesp seu cancelamento, sob pena de pagamento de multa diária de R$ 5.000,00, por dia de atraso, invertidos os ônus da sucumbência.

ACÓRDÃO

Ementa oficial:

Agravo de instrumento. Interposição contra decisão que indeferiu pedido de liminar em ação possessória. Bem público de uso especial. Esbulho praticado por particular há mais de ano. Cabimento de liminar. Recurso provido.

Vistos, relatados e discutidos estes autos de AGRAVO DE INSTRUMENTO n. 249.399-5/4-00, da Comarca de PARAIBUNA, em que é agravante CESP — CIA. ENERGÉTICA DE SÃO PAULO, sendo agravados RENATO BATISTA VITOR e OUTRA: (Voto n. 10.970)

ACORDAM, em Terceira Câmara de Direito Público do Tribunal de Justiça do Estado de São Paulo, proferir a seguinte decisão: "deram provimento ao recurso, v.u.", de conformidade com o relatório e voto do Relator, que integram este acórdão.

O julgamento teve a participação dos Desembargadores LAERTE SAMPAIO (Presidente) e ANTONIO CARLOS MALHEIROS.

São Paulo, 19 de março de 2002.

JOSÉ CARDINALE, Relator.

VOTO

1. Cuida-se de agravo de instrumento interposto contra a decisão que, em ação de reiteração de posse cumulada com pedidos de demolição de construções, perdas e danos e cominação de pena pecuniária, indeferiu o pedido liminar (fls. 23).

Alega a agravante, em síntese, que é legítima possuidora de uma área de terras com 69.200 m² localizada em Natividade da Serra, adquirida mediante escritura pública de desapropriação amigável, tendo, outrossim, amplos poderes para promover as medidas de defesa do patrimônio correspondente ao reservatório da Usina Hidrelétrica de Paraibuna concedidas pela ELETROBRÁS e que os agravados ocuparam uma parcela de 0,1 ha. da referida área, nela construindo um rancho. Sustenta, outrossim, que, praticado o esbulho contra bem público, o fato de datar a ocupação de mais de ano e dia não impede a reintegração liminar (fls. 2/13).

Prestadas as informações de fls. 35/36 pela MMª Juíza da causa, o Egrégio Primeiro Tribunal de Alçada Civil, pelo acórdão de fls. 45, remeteu os autos a esta Corte.

O recurso foi processado sem efeito suspensivo (fl. 50).

É o relatório.

2. Extrai-se dos autos que a ocupação, ocorrida em setembro de 1998, se deu em parte de área maior declarada de utilidade pública para a formação do reservatório da Usina Hidrelétrica de Paraibuna e adquirida pela agravante mediante desapropriação amigável. Instados para desocupar a área por notificação datada de 01.02.01, os agravados deixaram de fazê-lo ensejando a propositura da presente ação.

O recurso comporta provimento.

Embora seja de propriedade de pessoa jurídica de direito privado, o imóvel em questão, adquirido mediante desapropriação e afetado à prestação de serviço público, caracteriza-se como bem público de uso especial.

Com efeito, Celso Antônio Bandeira de Mello, após conceituar como bens públicos os pertencentes às pessoas jurídicas de direito público, inclui, entre aqueles, "*os que, embora não pertencentes a tais pessoas, estejam afetados à prestação de um serviço público*" ("Curso de Direito Administrativo", Malheiros, 11ª ed., p. 611). Também Hely Lopes Meirelles arrola, entre os bens públicos, "os de prioridade de sociedades de economia mista com destinação especial" ("Direito administrativo Brasileiro, Malheiros, 24ª ed., p. 459).

Ora, sendo os bens públicos de uso comum ou especial inalienáveis e impenhoráveis, não podem ser eles objetos de posse — tomado o termo em seu exato sentido jurídico — pelo particular, razão pela qual tem a jurisprudência entendido não ser aplicável a distinção entre posse nova e posse velha, com vistas à reintegração liminar.

Neste sentido, anota Theotonio Negrão que *"é cabível a liminar, ainda que a moléstia à posse tenha ocorrido há mais de ano e dia, se foi praticada por particular contra bem público de uso comum.* (Lex-JTA 147/45)" ("Código de Processo Civil e Legislação Processual em Vigor", Saraiva, 32ª ed., nota 1ª ao art. 924, p. 877). E igual entendimento foi sufragado por este Tribunal nos Agravos de Instrumento ns. 103.212-5/7 e 163.391-5 (JTJ 238/221).

Daí o provimento do recurso para deferir o pedido de expedição de mandado liminar de reintegração de posse.

ACÓRDÃO

Ementa oficial:

LIMINAR — Pedido de suspensão de uso de endereço virtual registrado nos EUA, sob alegação de que ferem direito de marca da agravada, concedida pelo juízo — Medida tomada pela agravada após liminar indeferindo seu registro perante a Fapesp — Tentativa de contornar obstáculo criado por liminar deferida em processo anterior, gerando inovação de fato — Manutenção da tutela antecipada concedida pelo Julgador — Continência entre o presente feito e o anterior, autorizando a distribuição por dependência — Agravo improvido.

Vistos, relatados e discutidos estes autos de AGRAVO DE INSTRUMENTO n. 200.700-4/8-00, da Comarca de SÃO PAULO, em que é agravante SOCIEDADE BRASILEIRA DE CULTURA INGLESA, sendo agravada SOCIEDADE BRASILEIRA DE CULTURA INGLESA — SÃO PAULO: (Voto n. 7.749)

ACORDAM, em Oitava Câmara de Direito Privado do Tribunal de Justiça do Estado de São Paulo, proferir a seguinte decisão: "negar provimento ao recurso, v.u.", de conformidade com o relatório e voto do Relator, que integram este acórdão.

O julgamento teve a participação dos Desembargadores SILVIO MARQUES e ASSUMPÇÃO NEVES.

São Paulo, 8 de agosto de 2001.

RIBEIRO DOS SANTOS, Presidente e Relator.

VOTO

Trata-se de Agravo de Instrumento interposto pela SOCIEDADE BRASILEIRA DE CULTURA INGLESA contra SOCIEDADE BRASILEIRA DE CULTURA INGLESA — SÃO PAULO, pretendendo a reforma das r. decisões de fls. 183 e 187, que concederam tutela antecipada para sustar os endereços virtuais registrados pela agravante nos Estados Unidos, tudo em ação de obrigação de fazer movida pela agravada, a qual visa ao afastamento dos endereços elencados.

Deferida, em parte, a liminar (fls. 454) e prestadas informações (fls. 462/464), a parte contrária manifestou-se (fls. 504/520), argüindo preliminar de descumprimento da liminar.

É o relatório.

Trata-se, como visto, de irresignação tirada pela "Cultura Rio" contra r. decisão prolatada nos autos da ação ordinária que lhe é promovida pela "Cultura São Paulo" que visa impedir a utilização dos endereçamentos registrados nos Estados Unidos, *www.culturainglesaonline.com, www.culturainglesa.org e www.culturainglesa.net*, tida como conexa à anterior que trata daqueles realizados junto à Fapesp, recebida desta forma pelo magistrado, e concedida tutela antecipada, determinando a reclamante que se abstenha de assim proceder.

A preliminar de não cumprimento da liminar restou prejudicada frente a petição da agravante (fls. 529/530) que noticia o cumprimento da decisão, trazendo prova documental do mesmo.

No mais, salvo a argüição de incompetência do magistrado, todas as demais questões elencadas pela reclamante foram apreciadas no agravo acostado às fls. 540/551 tirado exatamente da demanda indicada, no qual se deu provimento em parte, permitindo-se a ela utilizar os endereçamentos mediante a inclusão da unidade da federação de origem, isto é, naquelas cuja exploração lhe foi concedida pela convenção da ABCI, ou seja, *v.g., www.culturainglesarjonline.com.br e www.culturainglesarj.org.br.*

Resta, portanto, a apreciação de duas questões: a) incompetência do Magistrado. Contestada, como referida pela agravante; b) a correção do ato, fincado em tutela antecipada, que impediu a utilização do endereço virtual anotado nos Estados Unidos.

Evidentemente, a pretensão da Cultura-São Paulo, que visa impedir tal ato, isto é, o uso da denominação americana, vincula-se à ação anterior, que pretendia, e obteve sucesso em parte, com a tutela antecipada restringida em segundo grau, coactar o uso dos nacionais registrados junto à Fapesp com esta em enfoque.

É claro que os pedidos se vinculam, pouco importando que no segundo, ora em exame e objeto desse agravo, no pólo passivo não se apresente a Fapesp. Estamos frente ao princípio da continência, abrigado no artigo 104 do Código de Processo Civil, frente à identidade entre as partes e a causa de pedir, sendo certo que a pretensão alinhavada na primeira, cujo debate se prende ao registro exclusivo do endereçamento do mundo virtual por uma das partes, abrange este.

Aliás, tanto é assim, que a própria agravante reconhece, pelo menos, a ocorrência da conexão firmada pelo Magistrado, pois, apesar de se opor a ele, requereu que viesse o agravo distribuído a esta E. Câmara, em função da anterior, tirado da ação referida e já julgado. Se ela existe em segunda instância, faz-se presente igualmente na primeira.

Não está aqui em discussão a vinculação com a ação promovida contra a Cultura Inglesa de Jaboatão ou outras, não objeto deste recurso, mas só a disputa entre a de São Paulo e a do Rio. Se o Juiz recebeu esta segunda, isto é, a *accio* objeto do primitivo agravo em função de outra demanda, como a mencionada, sem a presença de qualquer circunstância que firmasse sua prevenção para dela conhecer, é fato estranho aos limites deste recurso, porque não foi tirado do ato do Julgador que a acolheu.

Como ficou claro, mas só para espancar qualquer dúvida, no agravo 194.468.4/1-00, fls. 540/551, permitiu-se à agravante o uso de seus *sites* registrados na Fapesp, desde que acrescidos da sigla do Estado de origem, que lhe foram reservados pelo estatuto da ABCI.

Ora, em verdade, com o uso do nome estrangeiro, está a agravante alterando, no curso do processo, uma novação no estado de fato (artigo 879, inciso III, do Código de Processo Civil), nada impedindo que a reclamação venha, abrigada numa nova demanda, objetivando a cessação dessa prática.

Permitiu-se, no despacho inicial prolatado neste agravo, o uso da denominação estrangeira, da mesma forma que a nacional. Isto até a apreciação do litígio em causa pela E. Turma Julgadora e, resolvendo ela, como resolveu, restringir a tutela antecipada concedida no outro processo, como o fez, deferido à agravante o uso de seu endereçamento nacional, na forma desenhada, deve ela ser impedida de usar o estrangeiro, conforme declinado acima, exatamente nos termos imprimidos na interlocutória ora acatada, cujo teor deve prevalecer; vale dizer, fica obstada a Cultura Rio de utilizar os nomes do mundo virtual depositados nos Estados Unidos.

Nega-se provimento.

ACÓRDÃO

Ementa oficial:

Propriedade Industrial — INPI — Hipótese em que a ré também obteve o registro para uso da marca questionada pela autora — Aplicação do art. 462 do CPC e improcedência da demanda — O registro dá direito ao uso da marca e só a sua nulidade, no juízo federal competente, pode impedir a continuidade do uso — Os registros, enquanto subsistirem, não podem deixar de produzir o seu principal efeito, que é o direito de uso — Jurisprudência do TJSP e do STJ — Recurso Improvido.

Vistos, relatados e discutidos estes autos de APELAÇÃO CÍVEL n. 125.238-4/2, da Comarca de SÃO PAULO, em que é apelante UNIBRÁS AGRO QUÍMICA LTDA., sendo apelada ATTA KILL INDÚSTRIA E COMÉRCIO DE DEFENSIVOS AGRÍCOLAS LTDA.: (Voto n. 5.942)

ACORDAM, em Segunda Câmara de Direito Privado do Tribunal de Justiça do Estado de São Paulo, por votação unânime, negar provimento ao apelo.

Trata-se de apelação interposta contra a r. sentença, cujo relatório se adota, que julgou improcedente a ação de abstenção da marca ATTA ou ATTA-KILL, como nome, marca ou denominação social, sustentando a autora apelante, em síntese, que a r. sentença é nula por ter infringido o disposto nos arts. 129/131 da Lei 9.279/96, deixar de reconhecer o direito de exclusividade sobre a marca ATTA e ATTA-MEX, cuja desconstituição somente poderia ser feita através de ação na Justiça Federal, mencionando, ainda, que, se a expressão ATTA não é passível de exclusividade, também não é a expressão KILL. Pretende a inversão do resultado.

Este é o relatório do essencial.

Impõe-se fixar, antes de mais nada, que o recurso só versa sobre a nulidade da sentença, tanto por ter desconhecido o seu registro quanto por ter invadido esfera de competência da Justiça Federal, não contendo nenhuma sustentação acerca dos motivos pelos quais, no mérito, o resultado deveria ser invertido.

O recurso não comporta provimento.

A r. sentença julgou improcedente a demanda por entender, basicamente, que a ré conseguiu o registro da marca ATTA-KILL, no INPI, de onde não se pode mais afirmar qualquer contrafação ou uso indevido de marca. Se a ré tornou-se detentora do registro da marca que contém a expressão questionada pela autora, por concessão do INPI, não pode mais ser compelida à abstenção do seu uso nos produtos que fabrica e vende. Não há como impedi-la de nada em relação à marca ATTA-KILL se é detentora do seu registro no órgão competente.

A desconstituição do registro somente poderá ser feita mediante ação direta no Juízo Federal competente. Entretanto, enquanto não desconstituída, administrativa ou judicialmente, tem a ré o direito de usar a marca ATTA-KILL, devidamente registrada. Esta Colenda 2ª Câmara de Direito Privado já decidiu, em caso semelhante, que *"vigendo dois registros de marcas tidas por assemelhadas, pertencentes a pessoas diversas, há pois direito de uso simultâneo"*, concluindo que *"não tem a Justiça Estadual, em sede civil, competência para negar validez e eficácia a registro validamente existente"* (Apelação Cível n. 226.194-1/6, 2ª Câmara de Direito Privado, Rel. Des. Cezar Peluso, em 29.04.1997 — fls. 326).

Não há nulidade alguma na r. sentença que, com fundamentação adequada, resolveu a lide segundo o entendimento de que, verificados os fatos no ato da sua prolação, nos termos do art. 462 do Código de Processo Civil, não havia como acolher o pedido da autora pela simples e boa razão de que a ré é detentora, no INPI, do registro da marca cuja abstenção se pretendia ver reconhecida.

A realidade é que o registro da marca obtido pela ré no INPI, tornou insustentável o pedido inicial. Não há como negar vigência ao registro concedido não tendo a Justiça Estadual competência para declarar a sua nulidade. Resta à autora, diante de tal situação de fato e de direito, obter, em sede administrativa ou perante o juízo competente, a desconstituição do registro obtido pela ré para a marca ATTA-KILL.

Confira-se, do Colendo Superior Tribunal de Justiça:

"Marca. Enquanto subsistir o registro há de ser respeitado o direito de seu titular. Eventual declaração de nulidade deverá ser demandada em ação direta" (Rec. Esp. n. 60.090/SP, 3ª Turma do STJ, Rel. Min. Eduardo Ribeiro, em 21.5.96, "in" DJ 17.6.1996, p. 21.485).

De tudo se extrai a seguinte conclusão: possuindo a ré o direito de uso da marca ATTA-KILL, por força do seu registro no INPI, é inviável a pretensão destinada a que se abstenha de usá-la, devendo a autora obter a nulidade do registro em ação direta contra o INPI e no Juízo Federal competente.

Este entendimento afasta a necessidade de apreciar a questão sob o prisma de ser a expressão "ATTA" comum e não registrável, a teor do art. 124, VI e XVIII, da Lei n. 9.279/96 (Lei que regula direitos e obrigações relativos à propriedade industrial). O argumento deverá ser utilizado se eventualmente houver ação tendente a anular o registro obtido pela ré, não sendo, aqui, diante da posição adotada quanto à validade dos dois registros, enquanto subsistirem, relevante para o deslinde da ação.

Finalmente, para que o tema não fique sem observação expressa, não houve negativa de proteção ao direito da autora oriundo do registro da sua marca. O que houve foi o reconhecimento de que também o direito da ré, decorrente do registro da marca questionada, deveria ser protegido enquanto não anulado em ação própria e no juízo competente para tal fim.

E mais não se mostra necessário afirmar para a integral confirmação da r. sentença de primeiro grau, inclusive pelos seus próprios e acertados fundamentos.

Pelo exposto é que se nega provimento ao recurso e se mantém a r. sentença de primeiro grau.

Participaram do julgamento os Desembargadores THEODORO GUIMARÃES (Presidente) e PAULO HUNGRIA.

São Paulo, 23 de maio de 2002.

MAIA DA CUNHA, Relator.

ACÓRDÃO

Ementa oficial:

Agravo de instrumento — Execução fiscal — Prisão civil de depositário infiel — Deterioração do bem penhorado atribuída à desídia do depositário — Infidelidade não caracterizada — Constrangimento ilegal do agravante — Revogação do ato constritivo — Agravo provido.

Vistos, relatados e discutidos estes autos de AGRAVO DE INSTRUMENTO n. 209.953-5/0-00, da Comarca de SÃO PAULO, em que é agravante ERMELINDA DE FREITAS ROQUE, sendo agravada FAZENDA DO ESTADO DE SÃO PAULO: (Voto n. 3.360)

ACORDAM, em Sétima Câmara de Direito Público do Tribunal de Justiça do Estado de São Paulo, proferir a seguinte decisão: "deram provimento ao recurso, v.u.", de conformidade com o relatório e o voto do Relator, que integram este acórdão.

O julgamento teve a participação dos Desembargadores WALTER SWENSSON (Presidente, sem voto), PRADO PEREIRA e BARRETO FONSECA.

São Paulo, 13 de agosto de 2001.

JOVINO DE SYLOS NETO, Relator.

VOTO

Trata-se de agravo de instrumento contra o r. ato decisório de fls. 34 que, em execução fiscal por débito de ICM declarado e não pago, manteve a prisão civil da depositária judicial, ora agravante, cuja infidelidade foi reconhecida pelo fato de que ela mudou de residência sem comunicação ao Juízo.

Outrossim, deve-se a manutenção do decreto prisional a que os bens penhorados e conservados sob a sua guarda foram certificados "estar completamente deteriorados, não mais possuindo valor econômico".

Formado o instrumento, concedida liminar para a expedição de contramandado de prisão, o agravo foi processado e respondido, achando-se os autos prontos para julgamento.

É o relatório.

Configura-se no caso verdadeiro pedido de "habeas corpus", objetivando a cassação da ordem de prisão decretada em execução fiscal contra a empresa PILOT EXPRESS, da qual a agravante era funcionária, designada depositária judicial por ocasião da constrição de fls. 14, quando foram penhorados 13 pneus da marca Firestone, de tamanho diferenciado, no valor de R$ 600,00, perfazendo um total de R$ 7.800,00, encontrando-se os bens livres de ônus e dívidas, nada mais constando do respectivo auto.

Aduz a recorrente que a prisão é ilegal e arbitrária, uma vez que, tornando conhecido o paradeiro dos bens que lhe foram confiados, apresentou-os regularmente em Juízo, não tendo nenhuma responsabilidade quanto à sua péssima conservação, nada mostrando que o estado precário dos pneus já não existisse à época do auto de penhora mencionado. Argumenta que se passaram mais de cinco anos da constrição e que não concorreu para a desvalorização dos bens, não podendo ser punida com a medida prisional, admitindo-se no máximo que a controvérsia se resolva em perdas e danos.

De fato, a conduta da depositária, por si só, não exsurge como infidelidade a merecer a manutenção da ordem de prisão, servindo tão-só como retardamento da execução fiscal em detrimento da Fazenda Pública. As características de constrangimento ilegal contra a liberdade de locomoção da agravante levam, sem sombra de dúvida, ao levantamento da prisão decretada, mormente que não satisfatoriamente delineada, neste instrumento, a imputada culpa da recorrente.

A prisão civil do depositário infiel, prevista pelo CC no art. 1.287 e permitida pela Constituição da República no art. 5º, inciso LXVII, não tem natureza punitiva, afigurando-se como meio de forçar o depositário à restituição dos bens. Portanto, a evidente exibição dos bens na espécie, tenha ou não culpa o depositário pela sua deterioração, de qualquer maneira impede a prisão, dada a sua ineficácia para o fim a que se destina. Decerto que não se exime a depositária de ressarcir os prejuízos causados aos bens confiados à sua guarda (CC, arts.1.287 e 1.273).

Confirma-se pois o decisório concessivo da liminar, reformando-se a decisão de 1º grau para a liberação definitiva da depositária, não se apreciando aqui a questão de sua substituição visto que, sem que nada nesse sentido tenha sido resolvido perante o Juízo monocrático, estar-se-ia na hipótese suprimindo um grau de jurisdição.

Com esses fundamentos, dá-se provimento ao recurso, para os propósitos da recorrente interessada.

ACÓRDÃO

Ementas oficiais:

Internet. Registro de nome de domínio. Registro posterior por outra empresa, com eliminação de apenas uma letra, capaz de levar o usuário a erro. Empresas que se dedicam à mesma atividade. Possível typosquatting *revelador do risco de dano irreparável.*

Processual civil. Ação cautelar. Concessão da medida liminarmente. Indeferimento. Presença, todavia, da probabilidade, em alto grau, de concessão a final, bem como do risco de prejuízo irreparável. Medida liminarmente concedida.

Recurso provido.

Vistos, relatados e discutidos estes autos de AGRAVO DE INSTRUMENTO n. 243.603-4/0-00, da Comarca de SÃO PAULO, em que é agravante FASTHOST TECNOLOGIA E COMUNICAÇÕES LTDA., sendo agravada FUNDAÇÃO DE AMPARO À PESQUISA DO ESTADO DE SÃO PAULO — FAPESP: (Voto n. 8.866)

ACORDAM, em Quinta Câmara de Direito Privado do Tribunal de Justiça do Estado de São Paulo, proferir a seguinte decisão: "deram provimento ao recurso. v.u.", de conformidade com o relatório e voto do Relator, que integram este acórdão.

O julgamento teve a participação dos Desembargadores SILVEIRA NETTO (Presidente, sem voto), RODRIGUES DE CARVALHO e CARLOS RENATO.

São Paulo, 23 de maio de 2002.

BORIS KAUFFMANN, Relator.

VOTO

1. Cuido de recurso de agravo de instrumento interposto pela autora de ação cautelar inominada e objetivando a reforma da decisão que indeferiu pedido para concessão liminar da medida, sem oitiva da parte contrária.

Esclarece que se dedica a produzir e hospedar *sites* da *internet,* obtendo junto à FAPESP, em 20 de dezembro de 1999, o registro do seu domínio — *www.locasite.com.br.* Ocorre que a co-agravada, Meraldo Banks Leite ME, vem utilizando nome, marca e domínio praticamente idênticos — *www.locsite.com.br* —, em flagrante violação do art. 124, incisos V e XIX, da Lei n. 9.279/96, o que tem levado a erro os usuários, mormente porque referida empresa desenvolve a mesma atividade.

Acrescenta que, como providência preparatória da ação visando ao cancelamento do respectivo registro feito pela co-agravada, ingressou com medida cautelar reclamando, *inaudita altera parte,* providências no sentido de se determinar à FAPESP que redirecione os acessos destinados ao endereço da co-agravada para o da agravante. Todavia, confundindo domínio com nome comercial, o pedido foi indeferido.

Sustenta que enquanto pendura essa situação, provocada pelo indevido registro do domínio da co-agravada, os seus clientes potenciais acabam direcionados para empresa diferente, situação que deve cessar. Formulou, ao final, pedido de antecipação dos efeitos da tutela recursal (fls. 2/17).

Ainda não ocorrida a citação, os autos foram imediatamente encaminhados à Mesa (fls. 56).

2. Tanto a agravante Fasthost Tecnologia e Comunicação Ltda. como a co-agravada Meraldo Banks Leite ME dedicam-se à produção e hospeda-

gem de *sites* da *internet*. A primeira obteve o registro do seu nome de domínio — *www.locasite.com.br* — em 20 de dezembro de 1999 (fls. 28), ao passo que a outra obteve o registro do seu nome de domínio — *www.locsite.com.br* e não *www.localsites.com.br,* como menciona a petição do agravo em 28 de fevereiro de 2001(fls. 29).

É necessário lembrar a finalidade do nome de domínio. Os computadores ligados à rede mundial são identificados através de um código numérico denominado *Internet Protocol* (IP), cuja memorização é facilitada por um sistema de nomes — *Domain Name System* (DNS) —, conhecidos como "nomes de domínio". No Brasil, a Portaria Interministerial MC/MCT n. 147, de 31 de maio de 1995, criou o "Comitê Gestor da Internet do Brasil", com a incumbência de, entre outras, "coordenar a atribuição de endereços IP (INTERNET PROTOCOL) e o registro de nome de domínios" (Diário Oficial da União de 1º.6.95 — Seção I, p. 7.875). Esse Comitê estabeleceu, por meio da Resolução n. 001, de 15 de abril de 1998, as exigências para o registro dos nomes de domínio, e, por meio da Resolução n. 002, da mesma data, delegou a competência à FAPESP — Fundação de Amparo à Pesquisa do Estado de São Paulo — "para realizar as atividades de registro de nomes de domínio, distribuição de endereços IPs e sua manutenção na rede eletrônica Internet".

Com relação ao nome de domínio a ser registrado, entre as exigências de tamanho e características, estabeleceu-se que "não pode tipificar nome não registrável", acrescentando: "Entende-se por nome não registrável, entre outros, palavras de baixo calão, os que pertençam a nomes reservados mantidos pelo CG e pela FAPESP com essa condição, por representarem conceitos predefinidos na rede Internet, como é o caso do nome "internet" em si, os que possam induzir terceiros a erro, como no caso de nomes que representam marcas de alto renome ou notoriamente conhecidas, quando não requeridos pelo respectivo titular, siglas de Estados, de Ministérios, etc.". (Anexo I da Resolução n. 001/98, do CG). Estes documentos encontram-se em *http://www.cg.org.br.*

Como se vê, as vedações ao registro do *Domain Name* são bastante genéricas, o que permite várias formas de pirataria. Na obra "Propriedade Intelectual no Brasil", do escritório Dannemann, Siemsen, Bigler & Ipanema Moreira, apontam-se dois tipos de pirataria: a "cybersquatting", denominação usada quando determinada pessoa física ou jurídica obtém inúmeros registros de nomes de domínio compostos de marcas reconhecidamente famosas, se antecipando aos titulares dessas marcas, com o mero intuito de auferir lucros posteriormente através da venda desses domínios aos próprios titulares das marcas". Já a "typosquatting", é aquela que utiliza meios fraudulentos para desviar o usuário da rede para outro *site* através da simples troca de letras. Qualquer descuido por parte do usuário ao digitar o nome de domínio pode levá-lo não ao *site* de sua preferência mas, sim, ao *site* pirata" (p. 538).

3. Segundo o relato feito na petição inicial da ação cautelar, a lide principal objetivará o cancelamento do registro do nome de domínio "locasite.com.br" sob o fundamento de constituir um *typosquatting,* desviando para ele os usuários que tentam acessar o *site* com o nome de domínio "locasite.com.br", anotando que as empresas titulares de ambos os nomes disputam o mesmo mercado — produção e hospedagem de *sites.*

O exame da *home page* de ambas comprova que dedicam-se à mesma atividade empresarial (fls. 26/27 e 32). Por outro lado, os documentos de fls. 28 e 29 revelam a anterioridade do registro do nome de domínio da agravante, anterioridade que, segundo o art. 1º da Resolução n. 001/98, do Comitê Gestor Internet do Brasil, resguarda o direito ao seu uso.

O exame do *fumus boni iuris* e do *periculum in mora* deve, a rigor, ser feito por ocasião da sentença a ser proferida na ação cautelar, cujo procedimento tem prazos abreviados. A antecipação da medida cautelar, com sua concessão antes mesmo da citação do requerido, é providência excepcional (CPC, art. 797), somente admissível quando o juiz verificar que, com a citação, o requerido pode tomar a medida ineficaz, hipótese que permite a exigência de caução real ou fidejussória para ressarcimento dos danos que a medida ocasionar (CPC, art. 804).

Mas, se o juiz verificar que, numa avaliação preliminar, estão demonstrados os requisitos da medida cautelar, e que a demora na concessão, pela sentença, da tutela cautelar poderá importar em prejuízo, deve conceder liminarmente a tutela (cf. Revista do Superior Tribunal de Justiça n. 47, p. 517).

Ora, no exame provisório, a probabilidade de concessão, a final, da tutela cautelar é em alto grau. Assim como as marcas — e o nome de domínio com elas se identifica por distinguir um prestador de serviço, de outro prestador de serviço idêntico —, também o *Domain Name* a ser registrado não pode causar confusão a terceiros (Lei 9.279, art. 124, V e XIX). Por outro lado, a manutenção de ambos os *sites,* na rede, traz grande probabilidade de prejuízos àquele que primeiro registrou o seu nome de domínio.

Disto resulta que a liminar deveria ter sido, desde logo, concedida.

O recurso é provido para se deferir a medida liminar reclamada, determinando-se à FAPESP que redirecione os acessos do *site http://www.locsite.com.br* para o *site http://www.locasite.com.br.*

4. Dou provimento ao recurso.

ACÓRDÃO

Ementa oficial:

Marca e nome comercial — Expressão que é nome de família do fundador de empresa alemã em 1945 — Nome usado por esta nos produtos e vias da internet — Denominação registrada e usada por empresa nacional com registro no INPI — Evidente possibilidade de confusão — Liminar deferida em ação da multinacional para que a nacional se abstenha do uso — CDC e Lei 9.279/96, arts. 124 e 126 — Agravo de instrumento improvido.

Vistos, relatados e discutidos estes autos de AGRAVO DE INSTRUMENTO n. 233.613/4/7 da Comarca de TABOÃO DA SERRA, em que é agravante VAN LEISTER DO BRASIL INDUSTRIAL e COMERCIAL LTDA., sendo agravada LEISTER PROCESS TECNOLOGIES (ATUAL DENOMINAÇÃO): (Voto n. 12.675)

ACORDAM, em 8ª Câmara de Direito Privado do Tribunal de Justiça do Estado de São Paulo, por votação unânime, proferir a seguinte decisão: negaram provimento, de conformidade com o voto do Relator Sorteado, que fica fazendo parte do presente julgado.

O julgamento teve a participação dos Srs. Desembargadores NIVALDO BALZANO e MATTOS FARIA, com votos vencedores.

São Paulo, 15 de abril de 2002.

SILVIO MARQUES NETO, Relator.

RELATÓRIO.

Trata-se de Agravo de Instrumento contra a decisão de fls. 47 que liminarmente deferiu o pedido da autora agravada para determinar que a requerida agravante se abstivesse de usar a expressão "LEISTER", em documentos, letreiros, ou qualquer meio de divulgação sob pena de multa diária.

Processou-se o recurso sem efeito suspensivo (fls. 336). Foram juntadas as informações (fls. 342). A agravada respondeu às fls. 352.

FUNDAMENTOS.

Muito embora a recorrente tenha levantado questões como de má-fé processual, prescrição, caducidade, procedência no registro e uso da marca, nada disso será discutido e decidido. Tais matérias estão ligadas ao mérito e com ele deverão ser apreciadas. Aqui importa apenas saber se a liminar que determinou à agravante suspender o uso da expressão "LEISTER" está correta ou não.

O Professor P. R. Tavares Paes, conceituado especialista em questões de marcas e propriedade industrial, assim distingue nome e marca: *"O nome comercial é o nome sob o qual o comerciante ou industrial gira os seus negócios. A marca, por sua vez, é o sinal ou expressão, ou conjunto deles, que têm por escopo distinguir os produtos ou ainda os serviços de uma empresa".*[1]

A agravante diz ser empresa antiga e genuinamente brasileira e que é seu o direito de usar a marca "VANA LEISTER".

Dos seus argumentos extrai-se que foi constituída em *24.8.77* (fls. 81) com o nome de "*VANA* Aparelhos e Soldas Termoplásticas Ltda., tendo como dirigentes e únicos sócios Carlos *Vana* e Petra *Vana*. Após o falecimento de Carlos Vana a outra sócia transferiu a propriedade. Os novos sócios alteraram a denominação para "Van Leister do Brasil Comercial Ltda.", isso em 15.12.99 (fls. 85). Explicam na fundamentação que houve um erro de grafia, pois a intenção era estabelecer a expressão "Vana Leister".

A agravante por força dos documentos de fls. 91/4 detinha os direitos sobre a *marca VANA LEISTER desde 10.12.79* e a transferiu para o nome da empresa em *1999* (fls. 85).

De outro lado, verifica-se que Karl *Leister* iniciou sua empresa na Alemanha do pós-guerra em *1º.12.45* já usando seu nome. Em 1º.8.62 a empresa foi transferida para Helga *Leister* e o fundador foi criar nova empresa na Suíça com o nome de "Karl *Leister* Elektro Gerätebau". Posteriormente, com o falecimento do fundador, foi tudo transferido para a empresa "*Leister* Elektro Gerätebau" passando a pertencer a Christiane *Leister* em 21.9.93 (fls. 95/103).

O uso da *marca LEISTER* nos produtos da empresa encontra reconhecimento *desde 01.01.59* (fls. 177). O documento pode não ser tradução juramentada, mas é questão a ser sanada ou decidida na ação principal. O que importa é que está em consonância com os demais documentos.

Com base nesses registros, segue-se a sua análise para efeito de decisão.

A agravante que não tem mais nenhum sócio com o nome VANA, não explica como, por que e quando resolveu usar o nome LEISTER. Já a agravada sempre pertenceu a alguém da família do fundador Karl LEISTER.

A autora tem um correio eletrônico e o próprio provedor com seu nome leister@leister.com e uma página www.leister.com. O uso desse nome pela agravante também pode gerar confusão na "web".

A recorrente também não explica por que adota o sistema de empresas multinacionais com sede no estrangeiro de denominar-se DO BRASIL. Como é intuitivo, com isso estaria indicando que é a própria empresa Leister estrangeira instalada no Brasil e não uma firma tradicional e genuinamente brasileira como argumentou.

---

(1) *Propriedade industrial*, Saraiva, 1982, p. 17.

Esse tipo de indicação pode gerar confusão e problemas em face do Código de Defesa do Consumidor.

O inciso XXIII do artigo 124, combinado com o 126 da Lei 9.279, de 14.5.96, Código da Propriedade Industrial traça a forma de respeito a marcas e sinais distintivos de empresas estrangeiras.

Diante de todos esses argumentos, no conflito entre as duas empresas, mas de modo sumário como muito bem colocado na bem lançada decisão do ilustre Juiz Leonardo Aigner Ribeiro, é preferível manter o uso da marca para a empresa da família que tem esse nome, até que a final seja tomada uma decisão definitiva. Não se pode esquecer que as liminares e medidas cautelares em geral estão dentro da esfera de discricionariedade e prudente arbítrio do juiz que sempre merece prestígio salvo teratologia ou fortes argumentos e provas em contrário.

Destarte, pelo meu voto, *nego provimento ao recurso.*

PROPRIEDADE INDUSTRIAL — Marca e nome comercial — Expressão "Real" — Exclusividade de uso pretendida — Tutela antecipada — Concessão *initio litis* — Inadmissibilidade — Questão a ser dirimida sob o crivo do contraditório — Ausência da verossimilhança bem como do risco de dano grave ou de difícil reparação — Insubsistência da decisão — Recurso provido.

Agravo de instrumento n. 206.382-4 — São Paulo — Agravantes: Real Media Inc. e outra — Agravado: Banco ABN Amro Real S/A.

ACÓRDÃO

Ementa oficial:

Tutela antecipada — Uso da expressão "Real", quer no tocante ao nome de empresa, quer em relação a marcas — Pretensão de exclusividade da parte autora de ação visando condenação em obrigações de fazer e de não fazer, cumulado pedido indenizatório — Concessão parcial, ab initio litis, *para proibir às rés o emprego de tal expressão como identificação no mercado, seja em nome, seja em marca, pena de multa diária — Agravo de instrumento provido para tornar insubsistente o deferimento — Exame dos requisitos do instituto.*

ACORDAM, em 9ª Câmara de Direito Privado do Tribunal de Justiça do Estado de São Paulo, por votação unânime, dar provimento ao recurso.

O Banco ABN Amro Real S/A propôs ação de rito ordinário contra Real Media Brasil Ltda. e Real Media Inc., cuja petição inicial, na redação originária, está às fls. 20 *usque* 47 do presente instrumento, sustentando que o uso da expressão "Real", quer no tocante ao nome de empresa, quer em relação a marcas, era de sua exclusividade, e pedindo tutela antecipada para ficar vedado às rés seu emprego, inclusive oficiando-se à Junta Comercial para promover a alteração da razão social da segunda, retirando dela a expressão "Real", a final condenando-se a primeira a abster-se do uso da marca "Real", e a segunda de empregar tal expressão em seu nome, devendo ambas ser condenadas em indenizar danos morais e materiais.

Na decisão aqui às fls. 159/60, o nobre Juízo concedeu em parte a antecipação de tutela, para proibir o emprego da expressão "Real" como identificação no mercado, seja em nome, seja em marca, pena de multa diária de R$ 2.500,00 (dois mil e quinhentos reais).

Não obstante, mandou aditar a petição inicial, pena de indeferimento, a fim de aclarar os postulados indenizatórios, e acertar o valor da causa.

Daí, o aditamento à vestibular, de fls. 163/9 deste instrumento, elevando o valor da causa, complementando o recolhimento da taxa judiciária, e cumprindo o mais que fora determinado.

Com a redação complementada, foi ordenada a citação (fl. 171), e as rés, oportunamente, trouxeram o presente recurso, insurgindo-se contra a antecipação de tutela.

Argumentaram com a não exclusividade ao autor do emprego da expressão "Real", ademais de operarem as partes em ramos bem distintos. Salientaram que outros bancos, no Brasil, possuíam marcas registradas ostentando a expressão "Real". E desenvolveram argumentação específica aos requisitos da tutela antecipada, expondo que não havia perigo na mora para o autor, mas que a aplicação do instituto *in casu*, trazia risco de prejuízos graves e de difícil reparação para as rés, a par da ausência do requisito da verossimilhança, que amparasse a concessão da providência.

Foi pedido efeito suspensivo ao agravo de instrumento, e concedido (fl. 770).

O autor trouxe agravo regimental contra tal decisão, ocorrendo sua manutenção singular às fls. 1.593/4, improvido o recurso às fls. 1.599/1.600, após o que veio a contraminuta do agravo de instrumentos.

A antecipação de tutela é instituto consagrado nos artigos 273 e 461, do Código de Processo Civil, desde a redação que lhes foi trazida pela Lei n. 8.952/94, quanto ao último inspirada no artigo 84, da Lei n. 8.078/90 (Código de Defesa do Consumidor).

Não cuida o caso presente, bem de ver, de relação de consumo.

Resulta que o exame da antecipação de tutela se faz ao prisma da aplicação da lei processual geral.

É seu primeiro requisito o da verossimilhança do postulado.

A antecipação de tutela, ainda que sempre traga forte carga cautelar, exige mais do que as cautelas *stricto sensu* reclamam.

Estas contentam-se, além da presença do risco na demora, com a fumaça de bom direito em prol de quem as reclama — aí basta para sua concessão que o postulado tenha aspectos que indiquem boa possibilidade de procedência da demanda principal (ou quando a processualística as preveja independentemente de processo cautelar específico, a boa possibilidade de acolhimento da própria demanda em que se conceda a cautelar).

Mas, a verossimilhança, que se impõe para a concessão da antecipação de tutela, se define como a quase certeza da procedência da ação.

Com efeito, trata-se de antecipar a prestação de direito subjetivo material que é objeto do pedido. Então, é preciso atentar a que o regular contraditório, conhecendo o Juiz das alegações das partes e examinando as provas que tenha, a produzir dentro do processo para comprová-las, para conceder a prestação estatal satisfativa, é axiomático.

Resulta que para haver a verossimilhança, deverá o julgador atentar estarem presentes os requisitos de regularidade de constituição da relação processual (pressupostos processuais), e examinará se, ademais disso, comparecem as condições do direito de agir.

Constatando que a demanda firmemente supera tais pontos, então deverá debruçar-se sobre o *meritum causae*, e somente quando brilhe forte a probabilidade de procedência da ação, é que seguirá adiante, aí para ver se estão presentes as hipóteses dos incisos I ou II, do *caput* do artigo 273, e se está ausente a hipótese de seu § 2º, bem como se não irá criar, a tutela antecipada, a situação do inciso I, do *caput*, para a parte contra a qual concedida — no ponto, de lembrar que se desqualifica, e é juridicamente inútil, a prestação jurisdicional que para reparar o risco de um, gera risco para outro.

In casu, já se vê que a tutela antecipada foi concedida quando nem mesmo comparecia pressuposto processual, haja vista que mandava o v. Juízo, naquela oportunidade, aditar a petição inicial, o que o autor fez, aceitando portanto o determinado.

Este aspecto, bem de ver, na medida em que a parte autora supriu a inépcia, perdeu alcance.

Entretanto, o encaminhamento da tutela antecipada esbarrava certamente na existência de risco de danos graves e de difícil reparação para as partes rés, conforme se salientou no despacho de sustentação havido no agravo regimental (fl. 1.593/4), o que serviu para dar efeito suspensivo ao agravo de instrumento, e interessava, em enfoque do artigo 273, do Código de Processo Civil, ao disposto por seu § 2º, bem assim à interpretação lógica do inciso I, do *caput*, porque não se pode garantir uma parte do receio de dano irreparável ou de difícil reparação criando para a outra risco da mesma ordem.

Ali se frisou:

"A fundamentação do recurso revela-se densamente relevante, e o risco de danos graves e de difícil reparação, igualmente presente, haja vista que a r. decisão de primeiro grau atingia amplamente a possibilidade de prosseguimento dos negócios das rés no Brasil e, acrescente-se, para tanto obter a parte autora nem mesmo ofertara caução."

Ademais, e até antes disso, o exame do *meritum cause* estava a exigir a plena instrução do feito (e veja-se que se tratou da antecipação de tutela concedida *ab initio litis*, vale dizer, *inaudita altera parte*).

Indagações sobre a exclusividade do uso da expressão "Real", quer pelo direito marcário, quer no tocante ao direito de nome das pessoas jurídicas, estavam a reclamar o contraditório todo, para serem decididas, então se firmando se ela, que define o padrão monetário nacional, empresas e objetos da propriedade industrial, pode ser tirada do uso das rés, e permaneça usada por outros, entre eles o ora agravado.

Na conformidade do exposto, dão provimento ao recurso, para tornar insubsistente a tutela antecipada parcial concedida na r. decisão de fls. 159/60 deste instrumento (fls. 145/6 dos autos principais).

O julgamento teve a participação dos Desembargadores SILVA RICO (Presidente, sem voto), ALDO MAGALHÃES e RUITER OLIVA.

São Paulo, 25 de setembro de 2001.

MARCO CÉSAR, Relator.

ACÓRDÃO

Ementas oficiais:

Rescisória — Julgamento antecipado da lide — Matéria de teor exclusivamente jurídico e insuscetível de dilação probatória.

Rescisória — Legitimidade de parte passiva — Co-ré excluída antes do término do proc. anterior — Preliminar rejeitada.

Rescisória — Art. 485, inc. VII, do CPC — Documento novo — Caracterização — Documentos de teores ignorados pelos rescindentes suscetíveis de obtenção de pronunciamento favorável no proc. originário, caso lhes tivesse sido possível anterior acesso — Ação procedente.

Rescisória — Art. 485, inc. IX, do CPC — Erro de fato — Não caracterização — Juízo rescindente que decorre de existência de documentos novos e não do recolhimento de erro em face do conjunto probatório que compunha os autos do proc. anterior.

Propriedade Industrial — Marca — Rescisão contratual e indenização por contrafação — Hipótese em que documentos novos comprovaram a improcedência do pedido — Autor no proc. originário que nunca deteve a titularidade sobre a marca — Ação rescisória procedente.

ACORDAM, em Segundo Grupo de Câmaras de Direito Privado do Tribunal de Justiça do Estado de São Paulo, proferir a seguinte decisão: "Rejeitaram a preliminar e julgaram procedente a ação, v.u.", de conformidade com o relatório e voto do Relator, que integram este acórdão.

O julgamento teve a participação dos Desembargadores OLAVO SILVEIRA (PRESIDENTE, SEM VOTO), J. JACOBINA RABELLO, BORIS KAUFFMANN, LUZIA GALVÃO LOPES, RODRIGUES DE CARVALHO, CARLOS RENATO, SEBASTIÃO CARLOS GARCIA e OCTÁVIO HELENE.

São Paulo, 28 de fevereiro de 2002.

MUNHOZ SOARES, Relator.

VOTO

I. Edmar Gonçalves da Rocha Filho e Edmar Gonçalves da Rocha Filho Ltda., firma individual, qualificados, ajuizaram ação rescisória contra Waldemar Covizzi e Siamar Indústria Alimentícia Ltda. (massa falida) em face de V. acórdão (E. 4ª Câm. de Direito Privado — Ap. Cív. n. 076.615.4/2); fundamentaram-na na lei adjetiva (art. 485, VII e IX), asseverando a necessidade de sua rescisão, fulcrando-a em *documentos novos* (*fls. 279/306*) agora obtidos e aos quais não tiveram acesso para uso judicial, à época própria, para assegurar-lhes pronunciamento favorável no proc. originário; ademais, o V. aresto rescindendo teria incidido em *erro*, ao admitir *fato inexistente*, refletindo no resultado do julgamento anterior.

Com efeito, o proc. originário cuidará de *contrafação em propriedade industrial e rescisão de contrato*, ambas promovidas pelos requeridos, acarretando condenação pecuniária aos rescindentes no valor de mil (1.000) salários mínimos. Com a inicial, série documental (fls. 22/201 — 1º vol. e 202/363, inclusive V. acórdão — AI n. 326.155 — fls. 358/360 — do E. Superior Tribunal de Justiça — 2º vol.) e mais o depósito necessário (fl. 363).

II. Citados os requeridos ofertaram resposta, abordando, preliminarmente, a ilegitimidade de parte passiva de Siamar Ltda. e, no mérito, asseveraram que a firma individual se confunde com a pessoa física, e a Ltda. sucedera a ambas, além de que a cognição originária cuidara de violação contratual e não titularidade da marca.

A massa falida de Siamar Ltda., por seu síndico, ofereceu resposta afirmando nada opor à pretensão dos rescindentes, ressaltando, inclusive, a erronia do V. acórdão ao atribuir à pessoa física (Waldemar Covizzi) direitos que lhe pertenceram.

III. A douta Procuradoria Geral de Justiça, historiando o proc. originário, em face da pretensão rescisória e sua resposta, entendeu que a empresa Siamar não poderia ter sido excluída do processo. Por isso, acrescenta, uma vez afastada da discussão, não pode produzir provas, o que culminou em reconhecimento de direitos apenas em favor da pessoa física de Waldemar Covizzi. Assim, o parecer é pelo prosseguimento da rescisória, nos termos do art. 492 do Código de Processo Civil, instaurando-se a fase probatória.

É o relatório.

IV. A co-ré nesta rescisória, Siamar Ind. Alimentícia Ltda., fora excluída da relação processual pelo V. acórdão rescindendo, circunstância que não lhe retira a legitimidade *ad causam* para a presente demanda. É que, para a rescisória, o Cód. de Proc. Civ. confere legitimidade para *"quem foi parte no processo"* ainda que tenha sido excluída antes do término deste, como bem o demonstraram NERY e NERY (v. *Código de Processo Civil Comentado*, RT, 5ª ed., SP/2001, p. 942).

Ademais, SÉRGIO GILBERTO PORTO, em lúcido e recente comentário ao art. 485, inc. VII, da lei adjetiva, referindo-se à *legitimidade*, de modo oportuno, esclareceu quanto à posição daqueles que, figurando no proc. anterior, ainda que dele excluídos, vêm a integrar a cognição rescisória, remarcando que *"... àquele que em qualquer fase do processado tenha ostentado a condição de parte, embora até mesmo excluído antes do final da causa, está legitimado à ação rescisória, na medida em que a* mens legis *estabelece, exatamente, esta hipótese. Com efeito, basta ter sido parte em algum momento processual, e não necessariamente, até o final da causa, para adquirir a condição de legitimado à propositura da ação rescisória"*. Tendo completado que, mesmo em respeito à coisa julgada, ainda assim não se encontra a parte fora do alcance de ser citada para a *actio* em exame, *in verbis*: *"... portanto, se vinculados pela coisa julgada, também são legitimados à ação rescisória"* (v. *Coment. ao Código de Processo Civil*, RT, 2000, pp. 298/9).

V. Meritoriamente e, em síntese, a questão é a seguinte:

Waldemar Covizzi, como pessoa física e jurídica (firma individual), celebrou com os rescindentes Edmar Gonçalves da Rocha Filho e E. G. Rocha Filho Ltda., em 12.6.75, dois contratos, ficando acertada a cessão do direito de uso da marca Siamar, a qual estaria registrada através do depósito correspondente junto ao INPI, sob o n. 717.891.

Ocorreu que, em 20.10.78, foi constituída por Waldemar Covizzi uma sociedade por quotas com o nome de Siamar Indústria Alimentícia Ltda., tendo esta sucedido a firma individual Waldemar Covizzi, que, por sua vez, foi extinta na Junta Comercial do Estado de São Paulo (JUCESP), mediante requerimento daquele (fls. 273), com a conseqüente transferência dos registros que a firma individual mantinha no INPI para a nova sociedade (fls. 274).

VI. Ressalta-se que a pessoa física Waldemar Covizzi nunca deteve registros de marca no INPI (fls. 279/306 — docs. novos), mas nada obstante, o V. acórdão rescindendo aceitou o prosseguimento da demanda apenas em relação ao autor, Waldemar Covizzi, pessoa física.

Tem cabimento considerar que a regular constituição de uma firma individual e sua conseqüente personalização jurídica acarretam a formação de um patrimônio próprio, inconfundível e incomunicável com o patrimônio individual dos sócios (ou sócio) que a compõe, de modo que não tem fundamento jurídico a assertiva do requerido de que se confundem os patrimônios da pessoa física de Waldemar Covizzi e da firma individual por ele constituída (contestação — fls. 398).

O V. acórdão afastou a Siamar Ltda. em face de coisa julgada anterior (fls. 308/319 — proc. n. 757/93), o que restou confirmado pelos VV. Acórdãos (fls. 230/241 e 253/256), ao dar provimento parcial aos recursos dos rescindentes e Wanda Alimentos Ltda., dita sucessora de Asteca Alimentos e Plásticos Ltda., figurando como apelados os ora requeridos, sendo Waldemar Covizzi (ME), sucessora de Siamar Ind. Alimentícia Ltda., fê-lo para reconhecer a sucessão entre estas últimas e "*...excluir da relação processual a autora pessoa jurídica em razão da coisa julgada relativa a sua ilegitimidade processual ativa*" (fls. 241, *in fine*), circunstância esta de caráter definitivo, pois, à ocasião dos embargos declaratórios opostos, o E. Relator asseverou o seguinte: "*Quanto à exclusão da Siamar da relação processual, foi claro e sem contradição alguma o acórdão ao dizer que não implica ilegitimidade ativa do co-autor Waldemar Covizzi, 'que, por sua vez, tem legitimidade para a ação, como pessoa física e firma individual sucedida pela própria Siamar'*" (fl. 255).

VII. Bem de ver, contudo, que o V. acórdão rescindendo se equivocou ao atribuir a titularidade dos direitos versados à pessoa física de Waldemar Covizzi. E mais. Os documentos novos apresentados nesta sede comprovaram que a firma individual Covizzi não tinha, à época dos contratos, direitos sobre a marca Siamar, visto que, na data de sua celebração, nada constava em seu nome no INPI, sob o n. 717.891, indicado pela própria firma individual, sendo certo que somente haveria pedidos de registros posteriores à assinatura dos contratos protocolados após 1977.

Tem propósito observar que o co-requerido, na sucinta contestação apresentada (fls. 396/398), nada opôs, de concreto, quanto à veracidade das asserções contidas nos documentos novos, ditos sustentantes da inicial, razão por que, se o fizesse, estaria deduzindo argumentos em sua própria torpeza, o que contravém às sistemáticas substantiva e adjetiva civis.

VIII. O *petitum*, na rescisória, é para que seja excluída do pólo ativo a pessoa física de Waldemar Covizzi; o fato, contudo, é que este, como pessoa física, tinha legitimidade para propor a demanda, *por ter participado do contrato,* mas não lhe socorria o direito correspondente, na medida em que postulara acerca de objetivo que não poderia ter cedido, restando comprovado o fato da arrecadação dos direitos sobre a marca sob a titularidade de Siamar Ltda., por ocasião da r. sentença de decretação de sua quebra (auto de arrecadação — fls. 326).

A matéria fulcral do pedido, ou seja, descoberta de documentos novos, e ensejadora de nova decisão da causa originária, é suscetível de exame entrosado ao *meritum causae,* permitindo imediato conhecimento, razão por que, de pronto, se procede ao julgamento da espécie, pois todos os elementos essenciais ao seu exame conduzem ao desate antecipado desta lide rescisória (cf. STJ-3ª Turma, Ag. 4.826-SP-Ag. Rg., rel. Min. Waldemar Zveiter, j. 10.9.90, negaram provimento, v.u., DJU 9.10.90, p. 10.898, 1ª col., em., in THEOTONIO NEGRÃO, *Cód. de Proc. Civ. e Leg. Proc. em vigor,* 32ª ed., Saraiva, atualizada até 09.01.2001, comentos ao art. 493, nota 1, p. 521).

IX. Aliás, como posta a cognição rescisória, nem há de decidir-se doutra forma, pois a jurisprudência, como preconizado na lei adjetiva (art. 130), recomenda seu imediato conhecimento, evidenciando-se, por isso, a desnecessidade de produção probatória; nesse sentido a jurisprudência, igualmente colacionada por THEOTONIO NEGRÃO (Rev. STJ 48/405; v. tb. *Comentários ao Cód. de Proc. Civ. e Legislação Processual em vigor,* 32ª ed., Saraiva rev. e atualiz., 2001, comentos ao art. 130, n. 6, p. 226).

A conclusão opinativa da douta Procuradoria Geral de Justiça assinalou ser parte ilegítima a empresa Siamar, apesar de ser a única detentora dos direitos sobre a marca, tendo completado que: "*Em o tendo sido, ficou afastada da discussão, não podendo produzir provas e influir na decisão, o que culminou com o reconhecimento de direitos em favor do autor" (fl. 427).* Mas, da análise dos instrumentos de alteração social dessa empresas (fls. 259-272 — cláusula 1ª — especif. fl. 261), força é convir, da total desnecessidade de colher, em audiência, qualquer testemunho para fins instrutórios; daí o entendimento do teor exclusivamente jurídico da *quaestio,* razão por que se descoaduna à hipótese a aplicação do art. 492 da lei adjetiva. Afasta-se, assim, o que, a tal título, preconizou a douta Procuradoria Geral de Justiça (fls. 423/427).

X. Destarte, os documentos em apreço, face a sua origem, podem ser qualificados como novos, pois o *"documento novo cuja existência ignorava",* referido no inciso VII do artigo 485, é aquele, cujo teor já preexistia à sentença rescindenda, bem como sua existência a parte ignorava ou que dele não pôde fazer uso oportuno e adequado. Ademais, se os rescindentes participaram do proc. originário, e se deste não constavam tais documentos, é absolutamente correta a assertiva de que eles não eram de seu conhecimento.

É a lição de BARBOSA MOREIRA: *"Por 'documento novo' não se deve entender aqui o constituído posteriormente. O adjetivo 'novo' expressa o fato de só agora ser ele utilizado, não a ocasião em que veio a formar-se. Ao contrário: em princípio, para admitir-se a rescisória, é preciso que o documento já existisse ao tempo do processo em que se proferiu a sentença. Documento cuja existência a parte ignorava é, obviamente, documento que existia; documento que, noutras circunstâncias, poderia ter sido utilizado, e portanto existia"* (cf. *Jurisprudência Brasileira,* ed. Juruá, vol. 28, p. 293).

XI. Ademais, ante esses adminículos, e se os documentos apontados como novos, capazes de modificar as conclusões das VV. Decisões rescindendas (fls. 187/201 e 230/241), não se integram à origem, é certo que, por igual, nelas não repercutiram e, concludentemente, outras teriam sido aquelas VV. Decisões, se delas constassem em suas integralidades. Mas Waldemar Covizzi os omitira desde o proc. anterior.

Constitui lição de conhecido monografista da ação rescisória que *"O último fundamento ligado às provas diz respeito ao documento novo. O que vem a ser um documento novo? Não é um documento constituído após o processo. Documento novo é aquele já existente ao tempo em que tramitou o processo anterior, mas que até então não fora exibido em Juízo, daí o seu adjetivo 'novo'. Não há possibilidade de se trazer um fato novo para ser demonstrado como um documento novo. O fato a ser demonstrado deve ter sido invocado no processo findo. Se alguém, ao ser demandado, alega que pagou mas não consegue trazer o recibo, por desconhecer esse recibo, ou por não saber onde o recibo se encontrava, ao ficar de posse desse documento poderá certamente promover ação rescisória a partir desse pressuposto de que o fato estava alegado e de que, com o documento novo, o conjunto probatório vai sofrer uma alteração tal que poderá transformar aquele decreto de procedência em decreto de improcedência, ainda que parcialmente"* (v. SÉRGIO RIZZI, "Da ação rescisória", *in Rev. de Processo,* n. 26, p. 190).

XII. Por isso, em razão de ter-se utilizado deles, somente agora restou essa situação processual como suscetível de repercutir nesta sede.

Entendida a lide rescisória nos termos ora postos, resulta a certeza de que, mesmo com a invocação de desconhecimento dos rescindentes em face desses documentos, é possível adentrar-se tal disceptação, pois subsiste a condição ínsita exigida para o teor de documento novo (art. 485, VII), os lançamentos constantes do INPI preexistiam, faltando apenas as certidões com os seus teores.

Há que distinguir-se entre o teor do documento, por si só subsistente, e sua obtenção, ou seja, extremar-se sua existência de seu desconhecimento por parte dos rescindentes, razão por que também já se decidiu que *"Novo, para legitimar a Ação Rescisória, não deve ser o documento, mas sua obtenção, uma vez que, nos termos do art. 486, VII, do CPC, assim pode ser caracterizado somente o já existente, mas de existência ignorada pelo autor, ou do qual ele não pôde fazer uso e capaz, 'por si só', de lhe assegurar pronunciamento favorável"* (AR 858/PB — Rel. Min. Gueiros Leite — TRF — 1ª Seção —

DJU 22.9.82, p. 10.679; AR 195/DF — Rel. Min. Geraldo Sobral — STJ — 1ª Seção — m.v. — *DJU* 10.6.91, p. 7.284, *apud Rev. de Proc.* n. 74/267).

XIII. Outro fundamento primacial do pedido centra-se no art. 485 da lei adjetiva (inc. IX e § 1º), ou se, *erro de fato*, consistente em que o V. acórdão rescindendo admitira *fato inexistente*, quando julgara a espécie originária, ao admiti-lo (fl. 09).

Sobre erro de fato, alvitrou o insigne Min. SIDNEY SANCHES: *"que a sentença nele seja fundada, ou seja, que os atos da causa induziram o juiz a erro. Há o nexo de causalidade. Sem erro, outra seria a sentença, posto que por ela não apreciado"*, aduzindo-se mais, e outrossim, "*que o erro seja apurável por simples exame dos documentos e peças dos autos, sem a produção de quaisquer outras provas; que não tenha havido controvérsia sobre o fato (§ 2º do art. 485). Se houve controvérsia sobre o fato, o erro do juiz será* in iudicando, *que não serve à ação rescisória"* (cf. Ação Rescisória por Erro de Fato, *in Rev. de Proc.*, vol. 44/44-68, especif. p. 57).

XIV. De par com esses raciocínios, o Em. Magistrado paulista do Pretório Excelso, ensina que "*A evidência do erro deve emergir, à primeira vista, do simples confronto entre as declarações da sentença e os atos e documentos da causa. Não se pode admitir, na rescisória, a produção de novos títulos ou documentos para fornecer a prova do erro em que o juiz caiu. A não ser assim, o remédio extraordinário da rescisória se converteria em um juízo ordinário de apelação"* (v. repert. cit., p. 57), ocasião em que se colacionou comento de LUÍS EULÁLIO BUENO VIDIGAL (v. *Comentários ao CPC*, RT, p. 151, n. 3).

Na esteira de todo o asseverado, no sentir dos autores, seria certa a consideração de subsistência de um juízo interpretativo, relativamente à repercussão do fato essencial decorrente dos novos documentos e que, por suas ausências, implicaram exames equivocados, e que, se não o fossem, alterariam o julgamento da apelação havido nesta sede. Então, os autores, inconformados com o alcance, ou mesmo com a abrangência dos efeitos da V. decisão rescindenda, cuja natureza é condenatória, ao ajuizarem a rescisória, não se deram conta das limitações conceituais do erro de fato, como preconizado pelas doutas lições transcritas. É o que se depreende da inicial, pois, de logo, *id est*, da sua descrição fático-jurídica, é possível deduzir-se o fundo de sua pretensão: *narra mihi factum dabo tibi jus.*

XV. Em ação rescisória julgada no Eg. 2º Grupo de Câmaras de Direito Privado, desta C. Corte a douta Procuradoria Geral de Justiça, dissertando sobre idêntica *quaestio*, perfeitamente coadunável à espécie, preconizou que "*O erro de fato acontece quando o juiz deixou de atentar para a prova e não quando o juiz a interpreta, ou seja, quando o fato essencial deixou de ser examinado ou considerado, e que, no entanto, se considerado, teria* *larga influência no julgamento, suportando resultado diverso daquele alcançado (*fl. 1.295)" (v. Ação Rescisória n. 118.428.1/2).

Ora, na espécie vertente, nem o r. juízo monocrático, nem este E. Tribunal poderiam fazê-lo, pois nada lhes ensejaria qualquer exame, consideração ou interpretação, pois aqueles documentos não se encontravam nos autos, razão por que não se consolidou aquilo que, conceitualmente, a doutrina e a jurisprudência entendem como caracteres do *error facti.*

XVI. Conclui-se, então, da inocorrência de erro de fato palmilhado pelos dignos magistrados que, anteriormente, conheceram e julgaram essas controvérsias. É que, em verdade, não poderiam mesmo ter incorrido nele, pois tais documentos novos, à obviedade, não se fizeram presentes na cognição anterior.

À evidência, é o que se constata destes autos, inocorrendo, pois, o erro de fato, como tal colhível, de logo, ante toda a série documental anexada ao pedido, em que a ínclita Turma Julgadora esgotou o exame em torno das circunstâncias jurídicas sobre a espécie, mas, por certo, desconhecendo o teor dos novos documentos aqui encartados.

XVII. A jurisprudência paulista, em uníssono, já estabeleceu a exegese sobre tal fundamento do pedido esclarecendo "*Para as ações rescisórias que se fundam em erro de fato é essencial que não tenha havido pronunciamento judicial sobre a referida matéria"*, secundando-se, mais, que *"O erro de fato a que se refere o inc. IX do art. 485 do CPC não se configura apenas com a alegada injustiça da decisão, por ter o Juiz apreciado mal as provas. Exige-se que o Juiz não tenha atentado para a prova existente nos autos, evidenciando que, do contrário, a decisão seria diferente"*, e mais, *"o erro de fato suficiente para estribar a ação rescisória deve transparecer imediatamente do simples exame dos autos, não cabendo produzir na rescisória novas provas que tendam a demonstrá-lo"* e, finalmente, "*É incabível a ação rescisória com base no artigo 485, IX, do CPC, quando o acórdão rescindendo já examinou longamente a questão de fato e sobre ela emitiu decisão"* (cf. Ação Rescisória, *Repert. de Jurisprudência e Doutrina,* de ARRUDA ALVIM e TERESA ARRUDA ALVIM PINTO, 1ª ed., RT, SP, 1998, pp. 122 *usque* 129).

XVIII. Nessas condições, força é convir, encontraram-se presentes, como supedâneos da rescisória ajuizada, não só as condições processuais pertinentes ao interesse jurídico, o que, às escâncaras, se demonstrou à exaustão, a par do seu fulcro doutrinário e jurisprudencial, como também o que restou compaginado como suporte argumentativo válido, útil e apto ao acolhimento do desiderato almejado pelos rescindentes.

Do exposto, rejeitada a preliminar de exclusão de Siamar Indústria Alimentícia Ltda. (*massa falida)*, julga-se procedente a presente rescisória, com fundamento no art. 485, inc. VII, do Cód. de Proc. Civ., alterando-se o dispositivo do V. acórdão rescindendo, para, canceladas as multas impostas e demais consectários legais, condenar os requeridos nas custas e verba honorária, orçada esta em 10% do valor atribuído à causa na inicial desta rescisória, restituído aos rescindentes o depósito necessário (fls. 363).

PROPRIEDADE INDUSTRIAL — Marca e nome comercial — Conflito — Medida cautelar de busca e apreensão de material — Empresas que se dedicam ao mesmo ramo de atividade — Expressão integrante do nome empresarial da ré — Anterioridade do registro deste — Prevalência, pelo menos em sede de cognição superficial — Liminar cassada — Recurso provido.

Agravo de Instrumento n. 133.351-4 — São Paulo — Agravante: Sociedade Civil de Educação das Américas — Agravado: Flamingo 2001 — Curso Fundamental. (Voto n. 11.793)

ACÓRDÃO

Ementa oficial:

Agravo de Instrumento — Inconformismo contra concessão de liminar em medida cautelar de busca e apreensão de material, sob o fundamento de violação a direito que deriva de marca registrada — Registro anterior do ato constitutivo da empresa recorrente junto a Cartório de Registro Civil de Pessoas Jurídicas — Conflito entre o referido registro e a marca "das Américas", objeto de registro posterior — Prevalência do registro mais antigo, pelo menos em sede de cognição superficial — Recurso provido.

ACORDAM, em Décima Câmara de Direito Privado do Tribunal de Justiça do Estado de São Paulo, por votação unânime, dar provimento ao recurso, de conformidade com o relatório e voto do Relator, que ficam fazendo parte do acórdão.

O julgamento teve a participação dos Desembargadores MAURÍCIO VIDIGAL (Presidente, sem voto), ROBERTO STUCCHI e MARCONDES MACHADO.

São Paulo, 23 de novembro de 1999.

RUY CAMILO, Relator.

VOTO

Cuida-se de agravo de instrumento interposto contra decisão que nos autos de medida cautelar de busca e apreensão ajuizada por Flamingo 2001 — Curso Fundamental contra o ora agravante, concedeu liminar com fundamento em suposta violação de direito marcário.

Sustenta a ora agravante seu inconformismo, na argüição de vício consistente na não menção na inicial da ação principal a ser proposta e seu fundamento.

Aduziu que fundada no fato de ser titular de registro da marca "*das Américas*" para identificação dos serviços previstos na classe 41.10 (serviços de ensino e educação de qualquer natureza e grau), classificação estabelecida pelo Ato Normativo n. 51/81 do INPI, conforme certificado 817.967.095, a ora agravada, dizendo-se vítima de concorrência desleal por parte da recorrente, requereu, em procedimento cautelar, a apreensão de material identificado com o sinal distintivo "*das Américas*".

Deferida a medida em sede liminar, manifestou a ora recorrente seu inconformismo. Admite a recorrente, que também dedica-se a atividades de ensino, fazer uso da expressão "*das Américas*", em decorrência de direito oriundo de pretérito arquivamento de seus atos constitutivos e do seu nome empresarial junto ao órgão competente.

Acrescentou que foi constituída em 14 de outubro de 1993, com o nome empresarial de Sociedade Civil de Educação das Américas, arquivando seus atos constitutivos perante o 4º Cartório de Registro Civil de Pessoas Jurídicas da Comarca da Capital, em 17 de novembro 1993, estando em pleno gozo da proteção advinda deste ato jurídico. A marca da agravada, em contrapartida, foi depositada em 29 de julho de 1994 e concedida em 15 de outubro de 1996.

Assim, entende fazer jus à expressão supramencionada, que integra seu nome empresarial.

Processado o recurso sem efeito suspensivo, houve resposta.

É o relatório.

O recurso comporta provimento.

Sustenta a recorrente seu inconformismo no fato de ter sido constituída em data pretérita ao registro da marca da agravada, "*das Américas*", expressão que integra seu nome empresarial.

Como observa *Fábio Ulhoa Coelho*, "O nome empresarial e a marca se reportam a diferentes 'objetos semânticos'. O primeiro identifica o sujeito de direito (o empresário, pessoa física ou jurídica), enquanto a marca identifica, direta ou indiretamente, produtos ou serviços. Sob o ponto de vista econômico e mercadológico, é oportuno e vantajoso adotar-se, nos dois designativos, o mesmo núcleo lingüístico. Assim, o *Banco Itaú S/A* é o nome empresarial que identifica o sujeito de direito titular da marca de serviços bancários *Itaú*. Para o direito, no entanto, é irrelevante se há ou não identidade lingüística. A proteção dispensada a cada designativo será a prevista no correspondente regime jurídico. São quatro as diferenças entre esses regimes: *a)* órgão registrado; *b)* âmbito territorial da tutela; *c)* âmbito material; *d)* âmbito temporal. O primeiro elemento distintivo entre a proteção do nome e da marca diz respeito ao órgão em que são registrados. A proteção ao nome empresarial deriva da inscrição da firma individual, ou do arquivamento do ato constitutivo da sociedade, na Junta Comercial, ao passo que a da marca decorre do registro no Instituto Nacional de Propriedade Industrial. Um não substitui o outro, em nenhuma hipótese. Só têm proteção o nome empresarial arquivado ou registrado na Junta e a marca registrada no INPI. A segunda diferença é uma conseqüência da primeira: a proteção conferida pela Junta Comercial ao nome se exaure nos limites do Estado a que ela pertence, enquanto que os efeitos do registro de marca são nacionais. Ou seja, o empresário sediado em Santa Catarina tem, a partir do arquivamento de seu ato constitutivo no registro de empresas, protegido o seu nome empresarial em todo o Estado catarinense. Se abrir filiais no Paraná e no Rio Grande do Sul, terá neles a mesma proteção. Nenhum outro empresário poderá se estabelecer, ou abrir filial, com nome idêntico ou semelhante, nestes três Estados. Tais arquivamentos, contudo, não impedem que, em outro Estado da Federação (Rio de Janeiro, suponha-se), seja arquivado ato constitutivo com nome empresarial colidente. Ressalte-se, para precisar, que tanto o empresário catarinense pode vender seus produtos ou serviços no Rio de Janeiro, como o carioca pode fazê-lo em Santa Catarina, Paraná ou Rio Grande do Sul (desde que não abram filiais). Um, contudo, não poderá impedir que outro se utilize do nome registrado na respectiva Junta. Como o registro do nome empresarial tem abrangência estadual, e não nacional, os seus efeitos estão restritos aos Estados em que o empresário tem sede ou filial. Para estender a tutela ao país todo, ele deve providenciar o arquivamento de *pedido de proteção ao nome empresarial,* nas Juntas dos demais Estados (IN-DNRC n. 53, art. 13, §§ 1º e 2º). O mesmo não ocorre com a marca, que, registrada no INPI, estará protegida em todo o território brasileiro (e, até mesmo, nos demais países unionistas, se presentes as condições da Convenção de Paris). A terceira diferença está relacionada ao âmbito material da tutela. A marca tem a sua proteção restrita à classe dos produtos ou serviços em que se encontra registrada pelo INPI (salvo no caso excepcional da marca de alto renome, cuja proteção é especial e abrange todas as classes), enquanto o nome empresarial é protegido independentemente do ramo de atividade econômica a que se dedica o empresário. Como visto acima, a proteção liberada ao nome empresarial não visa apenas impedir confusão entre os consumidores, mas principalmente preservar a reputação do titular da empresa, junto aos fornecedores e financiadores. O protesto de títulos em nome de um pode prejudicar o crédito de outro empresário, como nome igual ou semelhante. E este prejuízo independe do específico ramo de negócio explorado por eles. Por tal razão, aquele que primeiro registrar o nome na Junta Comercial pode impedir que outro adote, no Estado correspondente, nome igual ou semelhante, ainda que as atividades não sejam concorrentes. Finalmente, a quarta diferença é ligada ao prazo de duração da proteção. Enquanto o direito de utilização exclusiva da marca extingue-se em dez anos, se não for solicitada pelo interessado a prorrogação, o do nome empresarial vigora por prazo indeterminado. Enquanto a sociedade estiver em funcionamento regular, ela terá tutelado o interesse em relação ao nome empresarial. Apenas a declaração da inatividade da empresa pode importar a extinção do direito ao nome empresarial contra a vontade de seu titular (Lei n. 8.934/94, art. 60, § 1º, *in fine*). O regime protetivo do nome empresarial, assim, difere-se do da marca, nos aspectos assinalados. Quando colidem nomes, portanto, o critério da anterioridade no Estado ampara o empresário, em relação a todos os ramos de atividade econômica. Mas, cabe a indagação: e se o conflito for entre nome empresarial e marca? Imagine-se, com efeito, que o fabricante de produtos de higiene, chamado *Souza & Irmãos Ltda.*, titular da marca registrada *Sol,* resolva impedir que o comerciante de utensílios de banheiro, denominado *Comércio e Representação Sol Ltda.*, seja proibido de utilizar o seu nome empresarial, em vista da possibilidade de confusão entre os consumidores. Complemente-se a hipótese, cogitando que o registro do nome na Junta Comercial é anterior ao da marca no INPI. Como solucionar este conflito? Na lei, não se encontra dispositivo regulando a matéria, mas a jurisprudência tem normalmente prestigiado a tutela da marca, em detrimento da do nome empresarial, mesmo quando o registro deste é anterior. Exige-se, contudo, em função do princípio da especialidade, que o titular da marca e o nome colidentes operem no mesmo segmento do mercado (salvo se a marca for de alto renome, quando o empresário goza de proteção em todos os segmentos)."[1]

Nesse diapasão, já decidiu o Colendo Superior Tribunal de Justiça: "I — Não há confundir-se marca e nome comercial. A primeira, cujo registro é feito junto ao INPI, destina-se a identificar produtos, mercadorias e serviços. O nome comercial, por seu turno, identifica a própria empresa, sendo bastante para legitimá-lo e protegê-lo, em âmbito nacional e internacional, o arquivamento dos atos constitutivos no Registro do Comércio. II — Sobre eventual conflito entre uma e outro, tem incidência, por raciocínio integrativo, o princípio da especificidade, corolário do nosso Direito marcário. Fundamental, assim, a determinação dos ramos de atividade das empresas litigantes. Se distintos, de molde a não importar confusão, nada obsta possam conviver concomitantemente no universo mercantil. III — No sistema jurídico nacional, tanto a marca, pelo Código de Propriedade Industrial, quanto o nome comercial, pela Convenção de Paris, ratificada pelo Brasil por meio do Decreto n. 75.572/75, são protegidos juridicamente, conferindo ao titular respectivo o direito de sua utilização. IV — Havendo colidência entre marca e parte do nome comercial, sendo distintas as atividades das duas empresas, a fim de garantir a proteção jurídica tanto a uma quanto a outro, determina-se ao proprietário do nome que se abstenha de

(1) *Curso de Direito Comercial,* SP, Saraiva, 1999, vol. I, pp. 175/177.

utilizar isoladamente a expressão que constitui a marca registrada pelo outro, terceiro, de propriedade desse, sem prejuízo da utilização do seu nome comercial por inteiro."(2)

Na hipótese dos autos, agravante e agravada são empresas que se dedicam ao ramo do ensino e educação e ambas fazem uso da expressão "*das Américas*" em seu material, a agravante porque tal expressão integra seu nome empresarial, que constituiu em data anterior, é agravada por ser titular da marca.

Apreciando hipótese similar, deixou assentado o Superior Tribunal de Justiça que, "da mesma forma como nos conflitos entre marca e nome comercial, prevalece o princípio da especialidade (art. 59 da Lei n. 5.772/71), também na solução de tais conflitos possuem relevo as exigências de originalidade e novidade a que alude o art. 64 do mesmo diploma, ..." (Resp. n. 30.636-3 SC). Vale dizer: decidiu-se que *o registro na Junta Comercial confere ao seu titular o direito de exclusividade sobre a expressão adotada como nome comercial,* quando em confronto com marca com registro posterior. A ementa do julgamento está lançada nos seguintes termos: "Direito Comercial. Colidência de expressão ("pé quente") utilizada como título de estabelecimento por empresas de mesma área de atuação (revenda de loterias). Registro anterior na Junta Comercial de Santa Catarina. Prevalência sobre registro de marca, posterior, no INPI. Novidade e originalidade como fatores determinantes. Arts. 59 e 64, da Lei 5.772/71. Recurso desacolhido. 1. Tanto o registro realizado nas juntas comerciais (denominação social ou nome de fantasia), quanto o levado a efeito junto ao INPI (marca), conferem à empresa que os tenha obtido o direito de utilizar, com exclusividade, em todo o território nacional, a expressão que lhes constitui o objeto como título de estabelecimento, como sinal externo capaz de distingui-la, perante a generalidade das pessoas, de outras que operam no mesmo ramo de atividade. 2. Havendo conflito entre referidos registros, prevalece o mais antigo, em respeito aos critérios da originalidade e novidade."(3)

Assim, superada a argüição relacionada à inépcia da inicial, tem-se que em sede de cognição superficial, nada autorizava a concessão de liminar, pelo que se dá provimento ao recurso, para tornar insubsistente o despacho atacado.

PROPRIEDADE INDUSTRIAL — Carta patente — Nulidade — Reconhecimento incidental — Inadmissibilidade — Ação que visa a verificação de violação ao privilégio, da ocorrência de prejuízos à titular da patente e da existência da concorrência desleal — INPI, ademais, não participante da causa, sendo litisconsorte passivo necessário em ação declaratória em curso na Justiça Federal — Sentença confirmada.

(2) *RSTJ* 117/424.
(3) *RSTJ* 53/220.

PROPRIEDADE INDUSTRIAL — Contrafação — Indenização — Insuficiência da contabilidade do autor — Fator que não inviabiliza a condenação — Ato ilícito — Liquidação por artigo bem eleita — Sentença confirmada.

PROPRIEDADE INDUSTRIAL — Carta patente — Violação — Término do prazo de validade da carta no curso da ação — Existência de informação a respeito na petição inicial — Procedência parcial da demanda, em razão de parte do pedido restar prejudicada — Sucumbência recíproca, no entanto, não configurada — Sentença confirmada.

PROPRIEDADE INDUSTRIAL — Carta patente — Violação — Indenização — Apuração do *quantum debeatur* — Limitação ao período em que se iniciou a comercialização do produto patenteado até o término da validade da patente — Recurso provido para esse fim.

PROVA — Perícia — Quesitos suplementares não respondidos pelo perito — Cerceamento de defesa caracterizada — Parte, no entanto, que não postulou nulidade, que seria relativa, mas a aceitação, em razão do ocorrido, do laudo de seu assistente técnico — Preliminar rejeitada.

HONORÁRIOS DE ADVOGADO — Majoração — Incidência do percentual, no entanto, sobre o valor da condenação, sem incidir sobre o valor da reconvenção, julgada improcedente — Recurso provido para esse fim.

Apelação Cível n. 102.573-4 — São Paulo — Apelantes e reciprocamente Apelados: Xilotécnica S/A e Real Indústria e Comércio de Ferragens Ltda. (Voto n. 12.625)

ACÓRDÃO

Ementa oficial:

Marcas e patentes — Contrafação — Concorrência desleal — Pedido procedente — Indenização devida, limitada, porém, ao início da fabricação do produto pela ré até o término da carta da patente da autora — Honorários majorados para 20% sem incidência sobre a reconvenção — Quantum debeatur *a ser apurado na fase de liquidação por artigos — Preliminares rejeitadas, recursos providos em parte.*

ACORDAM, em Primeira Câmara de Direito Privado do Tribunal de Justiça do Estado de São Paulo, proferir a seguinte decisão: "Rejeitada a matéria preliminar e deram provimento parcial aos recursos, v.u.", de conformidade com o relatório e voto do Relator, que integram este acórdão.

O julgamento teve a participação dos Desembargadores ALEXANDRE GERMANO (Presidente) e GUIMARÃES E SOUZA.

São Paulo, 12 de dezembro de 2000.

GILDO DOS SANTOS, Relator.

RELATÓRIO

1. Ação de rito ordinário visando à abstenção de produzir, vender ou expor à venda o objeto de carta patente, de propriedade da autora, até o termo final da vigência do privilégio, cumulada com perdas e danos, e pedido de condenação da ré por prática de atos de concorrência desleal.

A sentença de fls. 1.020/1.029, integrada pela proferida em grau de embargos de declaração bilaterais (fl. 1.048), com relatório adotado, acolheu a pretensão inicial, julgou improcedente a reconvenção, condenando a ré a compor as perdas e danos emergentes e os lucros cessantes devidos à autora no período mencionado na exordial até o termo final de vigência da carta patente, o que será apurado em liquidação por artigos. Já o pedido de abstenção de produção e venda do produto ficou prejudicado, porque expirado o prazo do privilégio. Impôs os ônus sucumbenciais à demandada, expedindo-se ofícios à Delegacia da Receita e à Secretaria da Fazenda do Estado, "*para a verificação de possível irregularidade na contabilidade da autora, até o constatado pelo perito do juízo*".

2. As partes apelaram, tempestivamente.

I) A ré (fls. 1.064/1.074), alegando, em síntese, que: a) há "*absoluta identidade entre o produto protegido pela patente da apelada e aquele comercializado pela apelante, daí se caracterizando a alegada contrafação*", como reconheceu a sentença, com apoio no laudo do perito e do seu próprio assistente técnico. Assim, nesse ponto, nada há para ser discutido; b) o laudo do perito também concluiu que o produto patenteado já era de domínio público, antes do pedido de patente, conclusão essa que tem apoio em documentos e em vários testemunhos; c) a patente foi concedida indevidamente, sendo, pois, nula, pois o produto carecia do requisito *novidade*; d) apesar disso, a sentença considerou que a nulidade do privilégio somente poderá ser reconhecida na ação declaratória, que move contra a apelada e o INPI (18ª Vara Federal desta Capital — Proc. n. 95.0041206-3), ainda não julgada; e) embora a decisão nessa declaratória tenha efeito *erga omnes,* nada impedia que, nos presentes autos, fosse reconhecida a nulidade da patente, restritos os efeitos dessa decisão a estes autos (C.P. Civil, artigos 468, 472 e 469, inc. I); f) na pior das hipóteses, deveria ter sido ordenada a suspensão do presente feito (C.P. Civil, art. 265, inc. IV, letra a); g) houve cerceamento de sua defesa, uma vez que o Magistrado "*não reconheceu ao réu o direito de se defender com base em tal argumento*", isto é, da nulidade da patente; h) se a apelada tiver alguma razão, não há como se apurar eventual *quantum debeatur*, por culpa da própria autora, uma vez que a perícia contábil não conseguiu apurar valores, em face da inidoneidade e ilegalidade da contabilidade da demandante, estando ademais preclusa essa prova, nos termos do art. 473 do C.P Civil; i) assim, não há que se provar fatos novos em liquidação, porque a contabilidade da autora "*padece de incapacidade instrumental*", e o alegado desvio de clientela e prejuízo no incremento do aviamento da autora, "*tais fatos ocorreram no passado, quando a carta patente estava em vigor, tendo a sua validade expirado em 21.7.96, conforme assinalou a própria sentença"*, sendo, portanto, fatos velhos.

Quer a total improcedência da demanda principal e da medida cautelar apensada, e a procedência da ação reconvencional.

Por fim, como parte do pedido inicial ficou prejudicado (aquele atinente à abstenção da produção, comercialização e publicidade do bem), a demanda tinha que ser julgada parcialmente procedente, do que resulta sucumbência recíproca e proporcional (C.P. Civil, art. 21).

Em caráter alternativo, pede: a) a suspensão do julgamento até que seja decidida a ação declaratória na Justiça Federal; b) a apuração do *quantum debeatur* limitada ao período compreendido entre 12.4.1991 e 21.7.1996, isto é, de quando iniciou a comercialização do produto até expirar-se a patente. Preparo anotado (fl. 1.075). Juntou documento (fls. 1.078/1.080).

II) A autora (fls. 1.082/1.096), sustentando, em resumo, que: a) ao contrário do que diz a sentença, o laudo do perito é totalmente inconclusivo e equivocado, apesar das várias petições feitas por ela demandante, quanto aos quesitos suplementares (fls. 659/660), ofertados no prazo legal (C.P. Civil, art. 425); b) assim, a fase probatória ficou incompleta, por isso que a sentença condenou a ré pela contrafação, mas não levou *"a termo o cálculo da indenização devida"*, que deverá ser fixada adotando-se *"a única peça conclusiva existente nos autos, o laudo crítico ofertado"* pelo seu assistente técnico que *"engloba todos os valores de produção das abraçadeiras elásticas, bem como do próprio produto acabado, no caso, a Maçaneta Persona desenho n. 600"*, apontando o lucro real, já descontado o custo de produção, de R$ 627.473,29 (seiscentos e vinte e sete mil, quatrocentos e setenta e três reais e vinte e nove centavos), salientando que esse é o valor devido pela ré à autora, *"em virtude de perdas e danos e lucros cessantes"*.

Em caráter sucessivo, quer que a indenização seja apurada por meio do critério de *royalty*, utilizável quando existe grande complexidade no cálculo da indenização, o qual deve ser adotado para o arbitramento, com apoio no volume de peças vendidas, tomando-se em conta as quantidades do laudo de seu assistente.

Argumenta, ainda, que há também indenização referente à concorrência desleal, distinta da anterior por perdas e danos e lucros cessantes decorrentes da contrafação. Nesse ponto, o laudo pericial é claro no demonstrar que houve redução do volume de vendas da autora, conforme resposta ao quesito n. 8, pelo qual se verifica que essa queda foi de 79,86% em 1992, e, em 1993, vendeu somente 816 unidades, enquanto a ré vendeu 4.718.

De qualquer modo, a fixação dessa indenização pode ser feita desde logo por este Tribunal, porque *"deriva mais do ato delituoso do que do pró-*

prio prejuízo, não podendo o perpetrador da concorrência deixar de ser punido em virtude de dificuldade de prova do prejuízo", invocando, nesse ponto, a Lei n. 9.279/96 (art. 195, inc. XIII, e art. 207).

Insurge-se quanto à expedição dos ofícios determinados pela sentença, o que acabou por afastar o efeito suspensivo do recurso (C.P. Civil, art. 520), dizendo, ademais, que já passou por fiscalização contábil em maio de 1998. De toda a sorte, deve aguardar-se o trânsito em julgado da sentença, para essa providência.

Finalmente, postula majoração da honorária advocatícia para 20% do valor da condenação na causa principal, mais 20% do valor atualizado da reconvenção, ou, então, o que for arbitrado por esta Corte. Preparo anotado (fl. 1.097). Juntou documentos (fls. 1.098/1.112).

3. Apenas a ré respondeu ao recurso contrário (fls. 1.120/1.125), silenciando a autora (cf. certidão de fl. 1.126).

VOTO

4. Examino, antes, o recurso da ré, até porque interposto em primeiro lugar.

Ela quer a suspensão deste feito até que, na Justiça Federal, seja decidida a ação declaratória de nulidade da carta patente, em que se funda a petição inicial.

Anoto, desde logo, que esse pleito de suspensão do processo não pode sequer ser examinado aqui, porque já foi decidido de há muito por esta Colenda Câmara, em 04.6.1996, no julgamento do Agravo de Instrumento n. 9.179-4/5, de que fui Relator (meu Voto n. 8.992), recurso esse tirado contra a decisão que, no saneador, rejeitou esse mesmo pedido, conforme se vê do respectivo acórdão que, por cópia, está às fls. 572/578, cuja ementa está assim redigida: *"Processo — Suspensão — Inadmissibilidade — A causa prejudicial externa prevista no Código de Processo Civil (Artigo 265, inciso IV, a) há de ser anterior ao feito que se pretende suspender — Ademais, pedido de suspensão até o julgamento da causa prejudicial, contraria o parágrafo 5º daquele artigo — Recurso improvido"*.

Por outro lado, a ré diz que houve cerceamento de sua defesa, na medida em que o ilustre Juiz de Direito *"não reconheceu ao* réu [sic] *o direito de se defender com base em tal argumento"*, referindo-se à nulidade da patente.

Em verdade, essa defesa foi deduzida na contestação (fls. 98/99, itens 20 a 22), sendo reiterada agora no apelo. O que ocorreu, isto sim, é que foi rechaçada pela sentença, de modo que cerceamento não ocorreu.

Demais disso, a própria demandada, instada a informar se concordava com o julgamento ou se pretendia produzir outras provas, declarou que, no seu entender, *"não há necessidade de produção de prova oral em audiência uma vez que a ação encontra-se madura para julgamento"* (fl. 982).

Assim, alegar agora que houve cerceamento de defesa deve-se *data venia*, a evidente equívoco da ré.

E dizer que a patente é nula, e que tal nulidade, se existente, poderia ser reconhecida aqui, incidentalmente, é argumento que não se sustenta.

Aqui se cuida de verificar se houve, ou não, violação ao privilégio em que consiste o uso exclusivo do bem patenteado. E, ainda, em sendo reconhecida essa violação, saber-se se provocou perdas, danos, lucros cessantes à sociedade comercial titular da patente, certo que também há queixa de concorrência desleal.

Daí, a Carta Patente n. MI4600865, expedida pelo Instituto Nacional da Propriedade Industrial, em 24.4.1990, com prazo de validade de 10 (dez) anos (cf. fl. 23), tem inteiro valor e eficácia, enquanto não for, eventualmente, decretada a sua nulidade.

Não se deve, pois, em demanda como esta, de cunho condenatório, deixar de conferir-se valor ao privilégio decorrente da mencionada carta.

E assim é porque, nem mesmo em caráter incidental, poderia ser reconhecida a alegada nulidade, em que pese à insistência da ré de que o produto era de domínio público, antes da carta patente conferida à demandante.

Veja-se que a própria ré somente cuidou de requerer a nulidade daquele ato jurídico, de natureza pública, após o ajuizamento desta demanda, não tendo, embora se justificando, impugnado o pedido de patente, na fase administrativa no MI, como admitiu (fl. 100, item 25).

Por outro lado, e isto é relevante, nesta causa sequer está presente o INPI, que, como se sabe, é litisconsorte passivo necessário naquela ação declaratória da nulidade, proposta pela ré na Justiça Federal, como se vê mesmo da cópia da respectiva inicial (fls. 1.078/1.080).

Quanto à alegada impossibilidade de apurar-se, em liquidação por artigos, o montante da indenização, porque a contabilidade da autora não estaria em ordem, é questão que poderia, se fosse o caso, prejudicar os interesses da autora, não da ré.

A propósito, a falta de controle de custos de produção da *"abraçadeira elástica de pressão"*, levou o perito, como bem acentuado na sentença, a informar *"acertadamente da necessidade de nomeação de um perito em produção industrial, para acompanhar a produção do produto, calculando o custo real e também o lucro que teria a autora"* (cf. fl. 1.026).

Eventual ou real insuficiência da contabilidade da autora, não inviabiliza a indenização, que é devida pelo ato ilícito praticado pela ré, que, já no início da própria apelação, reconhece haver ocorrido contrafação, ainda que descarte o direito à indenização.

A liquidação por artigos é necessária no caso, e foi bem eleita pela sentença, cujos fundamentos, no particular, ficam acatados por inteiro.

A questão de ser parcialmente procedente a demanda, porque parte do pedido restou prejudicado, pelo término do prazo da carta patente, só por si, não tem maior significação, na medida em que até por simples aplicação da lei tinha que ser levada em conta a ocorrência de fato extintivo ou modificativo do pedido do autor, posterior à propositura da ação (C.P. Civil, art. 462).

Isso, porém, não tem qualquer influência nos ônus sucumbenciais, como pretende a ré, porque, na própria petição inicial, a demandante já informara que a Carta Patente tinha validade até 21.7.1996 (cf. fl. 3, item II, subitem 3), de sorte que não se pode dizer nem mesmo que tenha decaído de parte do pedido.

Assim, o recurso da ré não vinga, seja quanto às preliminares, seja quanto ao mérito, seja quanto aos pedidos recursais alternativos, exceto quanto ao período de apuração do *quantum debeatur* na fase de liquidação por artigos, o qual, desde já, fica fixado, quanto à data inicial, em 12.4.1991, que já restou comprovada pelo perito judicial, ao informar *"que a ré iniciou em 12 de abril de 1991, a comercialização dos produtos que utilizam o componente 'abraçadeira elástica de pressão', objeto da lide"* (cf. fl. 692), e o seu termo final em 21.7.1996 (data em que expirou o valor da carta patente), porque, como visto, a partir daí o pedido da autora restou prejudicado, certo que a decisão interlocutória de fl. 641, quanto ao particular, afirmou que *"A autora fls. 637/639 concorda que a carta patente já expirou, razão pela qual a ré não pode mais ser tolhida de fabricar e comercializar os produtos mencionados na petição inicial..."*, decisão contra a qual não houve recurso (cf. certidão de fl. 648).

Daí que o recurso da ré procede apenas nesse ponto.

5. Passo, agora, à análise da inconformidade da demandante. Apesar de ter, de fato, pretendido que fossem respondidos seus quesitos suplementares de fls. 659/660, o que reiterou às fls. 929/935 e, de novo, à fl. 948 e à fl. 950, esse pleito acabou sendo deferido (fl. 960).

O perito, todavia, não os respondeu, dizendo que tais perguntas não tinham sido aprovadas pelo Juízo (cf. fl. 969), vindo novo pedido da autora para obter aquelas respostas (cf. fl. 973), porque apresentados antes da entrega do laudo, isto é, durante a realização da diligência (C.P. Civil, art. 425).

Em princípio, seria o caso de decretar-se a nulidade do processo por cerceamento de defesa, nulidade que, como se sabe, seria relativa, mas anoto que a autora não postulou o reconhecimento dessa nulidade, querendo, isto sim, em razão da falta de resposta do perito a tais quesitos, que seja aceito o laudo crítico de seu assistente técnico.

De fato, é isto que se vê de sua petição fls. 979/980, em que diz não ter mais provas a produzir.

De qualquer modo, como bem acentuou a excelente sentença, *"O laudo do assistente técnico contador da autora e cálculos efetuados poderão instruir a liquidação por artigos, sendo que o que apurou não pode ser aceito neste momento, já que dependerão de exame, inclusive, por perito judicial a ser nomeado naquela fase processual"*.

O seu pedido alternativo de se aplicar o critério de *royalty* para apurar a indenização, somente poderá ser aceito, ou não, naquela fase de liquidação, se for o caso.

O mesmo se diga com referência à indenização por concorrência desleal.

E a pretensão de não serem expedidos os mencionados ofícios está prejudicada, porque já protocolados de há muito nas respectivas repartições, isto é, em 18.9.1998 (fl. 1.115 e fl. 1.116), anotando-se, por oportuno, em atenção ao zelo dos ilustres advogados da autora, que a remessa desses ofícios não dependia mesmo do trânsito em julgado da sentença.

Relativamente à majoração da honorária advocatícia, procede o reclamo, sendo elevada de 15% para 20% (vinte por cento) sobre o valor da condenação, *sem incidir, no entanto, sobre o valor da reconvenção,* salientando que assim fica decidido em razão do trabalho desenvolvido no processo que se arrasta desde 28.6.1995, estendendo-se por 6 (seis) volumes, com dois agravos de instrumento, além da medida cautelar preparatória, apensada, que teve inicio em 25.5.1995.

Para essa única finalidade é que acolho o recurso da autora.

6. Em conclusão, para os apontados fins, rejeitadas as preliminares, dou provimento em parte aos recursos.

PROPRIEDADE INDUSTRIAL — Marca e nome comercial — *Ticket* — Exclusividade de uso — Admissibilidade — Expressão vulgarizada graças à criatividade das autoras — Reconhecimento como marca consagrada e de alto renome — Abstenção do uso em quaisquer outras atividades — Ação procedente — Recurso provido — Voto vencido.

PROPRIEDADE INDUSTRIAL — Marca e nome comercial — Uso indevido — Suficiência para caracterizar o prejuízo — Indenização devida — Ação procedente — Recurso provido.

Apelação Cível n. 105.949-4 — São Paulo — Apelantes: Accor S/A e outra — Apelada: Associação Juventude Musical do Brasil. (Votos ns. 16.812 e 9.382)

ACÓRDÃO

Ementas oficiais:

Propriedade Industrial — Marca — Renome decorrente de sua implantação, pelas autoras, em território nacional com vários registros, o primeiro de 1997, tornando-a amplamente conhecida no mercado e verbalizada em todos os setores da sociedade — Exclusividade, abrangendo e bloqueando o uso em quaisquer atividades, porque o público, sempre, a estará vinculando às detentoras do domínio, causando, assim, confusão dentre os consumidores e transferência do prestígio construído — Concorrência parasitária, gerando indevido enriquecimento, a ser coibida.

Indenização — Dano caracterizado, tão-só, pelo uso ilícito da marca registrada — Fato incontroverso — Ressarcimento justificado.

Sentença de improcedência reformada — Apelação provida.

Não se afigura jurídico e nem justo, concluir pela perda da exclusividade de marca, quando a vulgarização de seu emprego decorreu da criatividade empresarial e esforço das autoras, que a registraram, por primeiro, há mais de vinte anos, quando a designação não poderia ser considerada comum ou usual.

ACORDAM , em Quinta Câmara de Direito Privado do Tribunal de Justiça, por maioria, dar provimento à apelação.

1. As autoras, Accor S/A e Ticket Serviços S/A ajuizaram ação em face de Juventude Musical do Brasil, defendendo o uso exclusivo da marca *ticket* e pleitando que a ré seja condenada a abster-se de usá-la, sob pena de multa diária de dez salários mínimos, desistir dos processos depositados perante o INPI para a marca "TT TICKETEATRO" e ressarci-las pelas perdas e danos a serem apurados. Consoante a inicial e documento nos autos, as autoras detêm seis registros, nas classes 40.15, 40.20, 40.32, 40.34, 38.20, 38.50, e 38.60, compreendendo serviços de representação e intermediação, de hotelaria e alimentação, de alojamento, de análise e processamento de dados, auxiliares ao comércio de mercadorias, inclusive à importação e exportação, locação e administração de bens móveis em geral, organização e administração de empresas. O primeiro desses registros data de 10 de setembro de 1977 (fl. 20).

Na resposta, a ré, invocando o artigo 131 da Lei 9.279/96, ressalta que sua atividade não colide com aquelas das autoras — e com referência às quais, especificamente, obtiveram o registro junto ao INPI — por estar centrada na participação ativa e direta à expansão do mercado cultural, detalhando: "dentro deste projeto foi criado um sistema informatizado ligando teatros e casas de espetáculos a uma central de banco de dados com operação *telemarketing*, estando esta central ligada a todos os bancos e empresas de cartão de crédito (única entidade não financeira operando *on line* e dentro do SITEF — Sistema Integrado de Transferência Eletrônica de Fundos), assim como o sistema tem quiosques multimídia interativos, situados em locais públicos, *shoppings*, etc. e também um *site* próprio operacional dentro da *Internet*, em parceria com o universo — *on line* do grupo" (fl. 131).

Assim, "o projeto *marketing* cultural é um sistema, portanto não se configurando uma atividade mercantil direta ou de intermediação como declaram as autoras da ação" (fl. 131). E aduz, estar "caracterizada e limitada a exclusividade dos registros das autoras para a expressão *ticket*, não havendo meios de impedir a utilização da expressão, além do que o INPI lhe conferiu exclusividade, principalmente no âmbito da cultura e atividades afins, que nada colidem com o segmento das autoras" (fl. 133). Desenvolveu, na seqüência, o tema da inapropriação do termo por ter "um cunho de uso comum, genérico, devendo suportar, aqueles que optam por este tipo de expressão para identificar-se no mercado, com a citação da mesma de forma corriqueira" (fl. 137). Finalizando, assinalou que, ainda que admitida a notoriedade da marca "Ticket Restaurante", em nada se confundiria com a forma mista que pretende registrar, visto não haver qualquer ofensa ao nome comercial da segunda autora e inexistir concorrência desleal ante a impossibilidade de desvio da clientela, por fundamentalmente diversa, ou de qualquer ato fraudulento que venha a propiciar enriquecimento sem causa, à custa da fama e boa reputação da marca alheia.

A sentença é de improcedência, provocando o apelo das autoras.

2. O artigo 124 do atual Código de Propriedade Industrial, considerando seu inciso VI, dispõe não ser registrável, como marca, sinal de caráter genérico, necessário, comum, vulgar ou simplesmente descritivo, quando tiver relação com o produto ou serviço a distinguir, ou àquele empregado comumente para designar uma característica do produto ao serviço, quanto à natureza, nacionalidade, peso, valor, qualidade e época de produção ou de prestação de serviço, salvo quando revestidos de suficiente forma distintiva.

A marca *ticket*, induvidosamente registrada pelas autoras desde 1977, hoje se banalizou e é vulgarmente utilizada. Assim, em princípio, poder-se-ia argumentar que seu registro não tem eficácia no sentido de garantir-lhe a exclusividade do uso em todo o território nacional (artigo 129). Esta solução simples à demanda, submetida a uma análise mais demorada, não se enquadra no espírito do ordenamento específico e nem atende aos reclamos do justo. As autoras implantaram a marca *ticket* no território nacional, o que se afigura indiscutível nos autos, tanto que seu registro está cristalizado desde 1977. Com as atividades que desenvolveram, em vários campos, tornaram-na popular, passando a ser, por essa mesma razão, comumente utilizada, até mesmo em substituição ao vernáculo "bilhete". Há que considerar, que, quando do primeiro registro, ao qual se seguiram outros cinco, a marca *ticket* não era de uso comum, mas assim se tornou, porque as autoras, com sua criatividade empresarial, a vulgarizaram. Por conseguinte, essa marca, consagrada, é de ser reconhecida como de "alto renome", merecendo, portanto, proteção especial (art. 125, da Lei n. 9.279/96). Entendimento diverso conduziria a um posicionamento antijurídico. A empresa, que, com seu descortínio nos negócios, zelo, penetração eficiente no mercado, torna sua marca amplamente conhecida e verbalizada em todos os setores da sociedade, tem como paradoxal conseqüência a perda da exclusividade do registro, exatamente porque a tornou comum. Não parece que tal efeito se coadune com princípios do direito, mormente o que veda o enriquecimento indevido.

Essa marca já expandida, conhecida e respeitada servirá, à evidência, à concorrência parasitária e de outras que encontrarão todo um público afeito à recepção do nome, o que certamente lhes trará grandes vantagens financeiras. A confusão gerada mostra-se patente, pois os consumidores, sub-repticiamente, são induzidos ao uso da marca por empresa que não detém o seu domínio, acreditando ser a mesma consolidada pela pessoa jurídica titular do registro. Este engano é comum e transfere o prestígio construído por uma empresa, valorizando a marca, para outra sociedade ou grupo que passa a explorá-la. Ante esses elementos e considerada a espécie, impõe-se a aplicação, sem qualquer exceção ou subterfúgio de interpretação, do artigo 129 da vigente lei de propriedade industrial, assegurando ao titular da marca registrada, pela propriedade daí decorrente, o seu uso exclusivo em todo o território nacional. A amplitude da expressão *ticket*, não mais permite sua compartimentação setorial em bens e serviços, idêntico ocorrendo com expressões como "Parmalat", "Coca-Cola" ou "Benetton". O renome indiscutivelmente alto dessas marcas obsta a utilização em quaisquer outras atividades, econômicas, porque, caso contrário, sempre, ensejará a concorrência desleal e parasitária, já que a comercialização de produtos por pessoas jurídicas, que as explorem, estará vinculada pelo público, em geral, à detentora da propriedade da marca.

É assim inadmissível, ante o sistema jurídico registrário de marcas e patentes, que se dê o nome "Cartier", "Pepsi-Cola" ou "Hugo Boss" a um restaurante, uma lavanderia ou garagem, sem a autorização de seu titular.

Idêntico sucede com a marca *Ticket*, ainda que a venda de bilhetes de teatro e as atividades culturais não se insiram nas atividades específicas do registro da marca.

A pretensão das autoras, destarte, é tutelável. E também, às perdas e danos, sempre lembrado acórdão relatado pelo eminente ministro Ruy Rosado de Aguiar, perante a Egrégia Quarta Turma do Superior Tribunal de Justiça, no Recurso Especial n. 15.424-0, de São Paulo, e cuja ementa foi reproduzida nas razões da apelação, no sentido de que "o dano decorre do uso indevido do modelo patenteado, e esse fato está amplamente reconhecido". Deriva daí que somente essa utilização, por si só, é elemento suficiente para causar dano a justificar o ressarcimento. Disso resulta estar caracterizado o prejuízo, no curso do processo de conhecimento. Sua quantificação fica para o de liquidação, por artigos.

3. Por meu voto, dou provimento à apelação das autoras e julgo procedente a ação em todos os seus pedidos. A ré pagará as custas do processo e honorários advocatícios de vinte por cento sobre o valor dado à causa, corrigido desde a propositura.

Participaram do julgamento os Desembargadores BORIS KAUFFMANN, Presidente, vencedor e SILVEIRA NETTO, relator sorteado vencido, com declaração de voto.

São Paulo,19 de outubro de 2000.

MARCUS ANDRADE, Relator designado.

DECLARAÇÃO DE VOTO

VENCIDO DO DES.

SILVEIRA NETTO

Na assentada de julgamento ousei discordar da douta Maioria, fazendo-o nos seguintes termos:

O caso em julgamento visa a proteção da expressão *ticket,* marca e nome comercial registrada regularmente, inclusive como marca notória, de forma a evitar que possa ser utilizado, de qualquer forma, por terceiros.

A r. sentença recorrida merece ser confirmada pelos efeitos que vêm produzindo, como por ter admitido o sentido comum da expressão e que por isso não pode ser tomada com exclusividade absoluta e ilimitada.

Trouxe a apelada para os autos cópia de v. acórdão do Tribunal de Justiça do Estado do Paraná, Apelação Cível n. 45.743-2, apreciando ação cujo tema cultural central é o da presente, revelando, de forma direta e muito bem fundamentada, a ausência de proteção, quando se tem expressão de uso comum.

Por tratar o tema com bastante proficiência, fica aqui adotado como causa de deliberar, valendo transcrever, no interessante, seus termos, fls. 198/202:

"No caso em exame, não obstante, não era mesmo reconhecível a exclusividade do uso da expressão *ticket,* que é de domínio público e é vulgarmente empregada na língua portuguesa, inglesa, francesa, para designar um cartão ou pedaço de papel impresso utilizado na freqüência de casas de diversão e outros espetáculos públicos, viagem em veículos coletivos, enfim, serve para identificar qualquer tipo de bilhete ou vale empregado no comércio, inclusive no ramo de alimentação. A expressão, aportuguesada ('tíquete'), é registrada no Novo Dicionário Aurélio da Língua Portuguesa, Editora Nova Fronteira, 2ª ed., p. 1.680.

As firmas no mesmo ramo de comércio, e, como visto, em princípio deve ser protegida a original, distintiva de que o nome se reveste, para não haver confusão do público. E, 'quando a demonstração é formada por palavras de uso vulgar, o registro destas, como marca, em regra, é lícito' (JOÃO DA GAMA CERQUEIRA, em Tratado da Propriedade Industrial, Editora RT, 2ª ed., 2º vol., p. 886).

Mas, embora passível de registro a marca comum ou vulgar, nas condições da dos autos, seu titular não pode impedir o emprego da referida expressão para designar outros produtos ou serviços.

É preciso estabelecer uma diferença. Identifica-se como marca necessária 'a que representa o verdadeiro nome do produto, tirado da linguagem comum do povo. A denominação está intrinsecamente ligada ao produto e é indispensável para identificá-lo. Assim entendida não poderá constituir-se em direito exclusivo de ninguém, devendo ser vedado qualquer registro nesse sentido, mesmo requerido em forma distintiva para distinguir e assinalar os próprios produtos ... por exemplo, não poderá ser concedido o registro da marca 'pedra' para distinguir pedra; no entanto, existe regularmente o registro da marca para distinguir calçados' (JOSÉ CARLOS TINOCO SOARES, em *Direito de Marcas*, Editora Atlas, 1ª ed., 1968, p. 64).

E prossegue o mesmo autor: 'Marca vulgar é a denominação que se incorporou à linguagem do povo sem indicar essencialmente o produto. Embora não corresponda à exata denominação do produto, por ela pode ser identificado. Assim é que temos como necessária a denominação 'aguardente-de-cana' e como vulgares as expressões 'caninha', 'cachaça', e outras' (*Idem*, p. 65).

Dito isto e, considerando que a expressão *ticket* é denominação vulgar que figura normalmente na composição dos nomes comerciais e de bilhetes encontráveis no comércio local, conforme os documentos de fls. 231/232, basta um passar de olhos no dispositivo legal aplicável, para concluir-se pela impossibilidade de ser agasalhada a pretensão dos apelantes.

Sim, porque, ainda que não se discuta propriamente o registro, cogita-se de seus efeitos no caso concreto, e está no Código de Propriedade Industrial:

'Art. 65. Não é registrável como marca:

'Item 20) nome, denominação, sinal, figura, sigla ou símbolo de uso necessário, comum ou vulgar, quando tiver relação com o produto, mercadoria ou serviço a distinguir, salvo quando se revestirem de suficiente forma distintiva.'

Interpretando-se o texto em função da hipótese em exame, temos que não é registrável nome, denominação, sinal, de uso comum ou vulgar, relacionado com o produto ou serviço a distinguir, salvo quando se revestir de suficiente forma distintiva.

Ou seja, Ticket é marca não-registrável. Para que, na presente situação, adquira suficiente forma distintiva, é indispensável a complementação: *Ticket* Restaurante ou *Ticket* Serviços Comércio e Administração Ltda.

Logo, as firmas acima e as da apelada, só se diferenciam com o complemento. A expressão que se pretende suprimir precisa ser ligada a outras denominações da empresa para constituir um sinal, uma indicação para distinguir o produto ou serviço.

Não se pode emprestar validade ao ato praticado contra a lei. A expressão *ticket* não pode ser considerada propriedade privada, de uso exclusivo dos apelantes, porque está integrada à linguagem corrente."

A mesma exclusão se faz na atual legislação que trata da propriedade industrial. E, por certo, que atinge também a marca notória.

Diante da solução acima, os demais aspectos do recurso desmerecem comentários.

Pelo exposto, nego provimento ao recurso, paga a taxa judiciária na forma da lei.

É o meu voto.

PROPRIEDADE INDUSTRIAL — Marca e nome comercial — Exclusividade de uso — Expressão universal e de domínio público — Inocorrência fora do campo em que atuam as partes — Modificação e abstenção do uso pela ré determinadas — Recurso provido para esse fim.

Apelação Cível n. 106.682-4 — Campinas — Apelantes e reciprocamente Apelados: Centro Espiritual Beneficente União do Vegetal e Centro Espírita Beneficente União do Vegetal. (Voto n. 11.034-00)

ACÓRDÃO

Ementas oficiais:

I — Preliminares.

A — *Cerceamento de Defesa — Apresentação de documentos — Inocorrência — Prova da existência de elementos capazes para a solução do conflito — Preliminar rejeitada.*

B — *Prescrição — Prazo qüinqüenal — Ação de abstenção de ato, c.c. preceito cominatório — Aplicação do artigo 177, do Código Civil, e da Súmula n. 142, do STJ (prescrição vintenária) — Contudo, quanto ao pedido de indenização por dano moral, em decorrência da invocada violação das marcas registradas pelo autor, o prazo prescricional é de cinco anos, a teor do artigo 178, § 10, inciso IX, da Lei Substantiva — Preliminar parcialmente acolhida.*

C — "Âmbito do Nome Comercial e do Nome de Empresa das Sociedades Civis" — Pedido juridicamente impossível, vez que, a proteção do nome do autor está limitada a nível municipal, porque seus atos constitutivos foram arquivados no Registro Civil das Pessoas Jurídicas — Inocorrência — Observância do disposto no artigo 129, da Lei n. 9.279/96 — Demonstração de que o requerente foi constituído anteriormente em relação ao réu — Preliminar rejeitada.

II — Apelo do Réu.

Denominação Social — Determinada a mudança do nome do requerido — Possibilidade, em virtude da revelada similitude entre as denominações das partes, causa que gera confusão, tendo em vista que os litigantes possuem o mesmo objetivo — Recurso improvido.

III — Recurso do Autor.

Abstenção de Ato, c.c. Preceito Cominatório — Admissibilidade — Prova de que o nome do autor é usado com anterioridade à denominação do réu, e que o demandante possui registros das marcas utilizadas pelo demandado, circunstâncias que autorizam a condenação deste a modificar sua denominação social, e de abster-se de utilizar palavras que são de propriedade do suplicante — Recurso parcialmente provido.

ACORDAM, em Nona Câmara de Direito Privado do Tribunal de Justiça do Estado de São Paulo, por votação unânime, rejeitar as preliminares de cerceamento de defesa e da impossibilidade jurídica do pedido; acolher, em parte, a prejudicial da prescrição, quanto ao pedido de indenização por dano moral, para o fim de extinguir-se o processo, com julgamento do mérito, nos termos do artigo 269, inciso IV, do Código de Processo Civil; negar provimento ao apelo do réu; e dar provimento parcial do recurso do autor

Ao relatório da r. sentença de fls. 235/244, acrescenta-se ter sido julgada *parcialmente procedente* a ação ordinária de abstenção de ato, c.c. preceito cominatório, proposta pelo Centro Espírita Beneficente União do Vegetal contra Centro Espiritual Beneficente União do Vegetal, condenando-se este "a modificar sua denominação social, inclusive a resumida União do Vegetal (cf. fls. 153) no prazo de trinta dias, sob pena de, decorrido aquele prazo, pagar multa diária no valor de dez salários mínimos", determinando-se, ainda, ante a sucumbência recíproca, que as despesas do processo sejam divididas entre as partes.

Os litigantes opuseram Embargos de Declaração (fls. 246/247 e 248/252) tendo o MM Juiz *a quo* "A expressão *União do Vegetal,* por ser universal, não identificará, de per si, nem a autora, nem a ré; ambas poderão usá-la em seu nome", e que foi determinado "na sentença a alteração do nome da ré nas expressões *Centro Espiritual Beneficiente,* mas nada obsta outra denominação com emprego daquela *União do Vegetal*" (fls. 254).

Não se conformando, apela o requerido (fls. 260/298), suscitando preliminares de cerceamento de defesa, prescrição da ação, e *âmbito do nome comercial e do nome de empresa das sociedades civis"* (fls. 272 — item III). No mérito, alega, em suma, que se o Douto Julgador reconheceu, por inúmeras vezes, que a expressão *"União do Vegetal"* é de domínio público, universal, e não pode ser privativa de ninguém, e ainda, considerando-se que "os dois vocábulos *'espiritual'* e *'espírita'*, embora tenham formação etimológica quase idêntica, apresentando uma diferença unicamente silabar de natureza sufixal, guardam conteúdos semânticos bem diferentes" (fls. 292 — item 60), não se pode admitir "que deva a Apelante mudar o seu nome de empresa" (fls. 297 — item 64).

Igualmente irresignado, recorre o autor (fls. 310/321), acentuando que o fato de o Douto Magistrado haver ignorado as legislações pertinentes à matéria, os registros de titularidade da Apelante, para as marcas *"União do Vegetal* e *Hoasca"* (fls. 313), além do que, ter permitido o uso destas por quem quer que seja, e por fim, ter proibido que os termos *"União do Vegetal"* sejam utilizados pelo requerente, como marca para identificar a si próprio, importa dizer que, em termos práticos e jurídicos, *"cancelou"* (fls. 314) os seus registros perante o I.N.P.I, de forma ilegal, antijurídica e arbitrária, em virtude das disposições contidas nos artigos 174 e 175, ambos da Lei n. 9.279/96 (Lei da Propriedade Industrial).

Aduz, ainda, que referidas expressões não são públicas ou universais, vez que, só existem no contexto religioso e místico onde atuam as partes, tanto é verdade que o Instituto Nacional da Propriedade Industrial — I.N.P.I — "não só concedeu os registros para as expressões *União do Vegetal* e *Hoasca,* como continua a reconhecer a validade desses mesmos registros, quando, por exemplo, *indeferiu,* com fulcro no item XIX, do Art.124, da LPI e base na vigência do Registro n. 811642682, da Autora/Apelante, o pedido de Registro n. 818874929, de 22.12.95, para a marca *União do Vegetal Luz Paz e Amor,* na Classe 41.70 (*serviços de caráter comunitário, filantrópico e beneficente),* depositado pela própria Ré/Apelada, conforme publicado na Revista da Propriedade Industrial — RPI n. 1.425, de 14.04.98. Tal indeferimento tendo permanecido, até a presente data, irrecorrido" (fls. 319/320).

Por derradeiro, assevera que tendo sido reconhecido que a similaridade entre as denominações sociais das partes seria causa de confusão, por conseqüência, reconheceu que o autor sofreu dano moral, traduzido na perda, ainda que temporária, de sua identidade singular, indevidamente turbada pelo réu.

Os apelos foram recebidos (fls. 260 e 310) e regularmente processados, sendo contra-arrazoados às fls. 324/339 e 340/361.

É o relatório.

I — Preliminares.

A — *Cerceamento de Defesa.*

Sustenta o suplicado, em síntese, que apesar de ter requerido a concessão de prazo, para o oferecimento de documentos, em total cerceamento de sua defesa, foi proferida a r. sentença atacada, motivo pelo qual, solicita o acolhimento das provas ora apresentadas.

A questão prejudicial não tem a mínima consistência, porquanto, como bem acentuado pelo MM. Juiz *a quo*, "A matéria em disputa é só de direito, despiciendas outras provas além do que já foi argumentado e documentado pelas partes" (fls. 236).

Constata-se, assim, que os fatos relevantes para a solução do conflito, já se encontram suficientemente comprovados.

Ainda que assim não fosse, inocorre o alegado cerceamento da defesa, pois,

"... já há até entendimento que 'não é pelo trâmite do processo que se caracteriza o julgamento antecipado. Nem por ser a matéria exclusivamente de direito; ou, mesmo de fato e de direito; e até a revelia. É a partir da análise de causa que o Juiz verifica o cabimento. Se devidamente instruída e dando-lhe condições para amoldar a situação do artigo 330 do Código de Processo Civil, é uma inutilidade deixá-lo para o final de uma dilação probatória inútil e despicienda.' (Apelação n. 117.597-2, Nona Câmara Civil do Tribunal de Justiça de São Paulo, *in* "RT", vol. 624/95)."

O Supremo Tribunal Federal já decidiu, igualmente, que a necessidade da produção de prova há que ficar evidenciada para que o julgamento antecipado da lide implique em cerceamento de defesa. A antecipação é legítima se os aspectos decisivos estão suficientemente líquidos para embasar o convencimento do Magistrado. (Recurso Extraordinário n. 101.171-8-SP — "JTJ",167/131 e segs.).

Não bastasse, destaque-se que as peças que acompanham o recurso (fls. 299/307), acabam por afastar o alegado cerceamento de defesa, circunstância suficiente para rejeitar-se a preliminar.

B — *Prescrição.*

Afirma o réu, em suma, que o prazo prescricional para a pretensão reclamada é de cinco anos, por força do disposto no artigo 178, § 10, inciso IX, do Código Civil, e que as Súmulas ns. 142 e 143, ambas do Superior Tribunal de Justiça, estão sendo alvo de ação rescisória.

Acentua, também, que mesmo admitindo-se o prazo de vinte anos, a ação está prescrita, vez que o documento de fls. 42, datado de 16.2.1978, estabelece o *dies a quo* para a contagem de tempo.

Reclama a inaugural, a fls. 14, a condenação do requerido "a alterar sua denominação social da atual" (item I); "a abster-se de toda e qualquer utilização da expressão *União do Vegetal...*"; "*... Hoasca* ou *Oasca*" (itens II e III), "sob pena de, em não o fazendo, pagar multa pecuniária equivalente a 100 (cem) salários mínimos por dia de descumprimento do preceito" (item IV); além da condenação "ao pagamento de indenização por dano moral decorrente da violação das marcas registradas da titularidade da Autora" (item V).

Como se denota, cuida-se de demanda de abstenção de ato, c.c. preceito cominatório, o que basta para justificar a aplicação do disposto no artigo 177, do citado *Codex*, e afirmar que a prescrição é vintenária.

"*Prescrição* — Nome comercial — Inocorrência — A teor do disposto na Lei n. 5.772, de 21.12.71, artigo 59, c.c. o artigo 177, do Código Civil e, ainda, de acordo com a Súmula 142 do Superior Tribunal de Justiça, prescreve em vinte anos ação para exigir a abstenção do uso de marca comercial — Prescrição afastada, determinando o prosseguimento da ação — Recurso provido." (Apelação Cível n. 254.037-1— São Paulo — 7ª Câmara de Direito Privado — Relator: Rebouças de Carvalho — 22.05.96 — v.u.).

"*Propriedade Industrial* — Nome comercial — Ação de preceito cominatório, visando à cessação do uso do nome anteriormente registrado — Extinção do efeito, por ocorrência de prescrição qüinqüenal — Inadmissibilidade — Hipótese em que a prescrição é vintenária, por não se tratar de pedido de indenização por violação a direito de personalidade — Incidência do artigo 177 do Código de Processo Civil — Recurso provido." (Apelação Cível n. 236.278-1 —Marília — 1ª Câmara Civil — Relator: Guimarães e Souza — m.v.).

"*Prescrição* — Nome comercial —Abstenção — Qüinqüênio — Inadmissibilidade — Inaplicabilidade do artigo 178, parágrafo 10 — Obrigação de não fazer renovada a cada dia de uso indevido — Prejudicial de mérito rejeitada — Cuidando-se de condenação em obrigação de não fazer, abstenção da utilização do nome comercial, até sob interesse público, na identificação correta de cada pessoa jurídica, afora o individual, no potencial desvio de clientela, a lesão está sempre presente, porque não deixou a ré de usá-lo, ainda o fazendo. Enquanto assim se conduzir, caberá ação condenatória de obrigação de não fazer, sem falar-se, *in casu*, de prescrição." (Apelação Cível n. 276.183-1 — Franco da Rocha — 7ª Câmara de Direito Privado — Relator: Benini Cabral — 26.02.97 — v.u.).

"*Prescrição* — Propriedade industrial — Ação visando a abstenção pelo réu do uso de nome comercial — Artigo 178, § 10, inciso IX, do Código

Civil — Inaplicabilidade — Dispositivo que cuida de ação de reparação de dano causado à propriedade — Prescrição inocorrente — Sentença confirmada." (*in* JTJ 180/127).

"Prescrição — Propriedade industrial — Nome comercial — Abstenção do uso — Lapso prescricional vintenário — Aplicação do artigo 177 do Código Civil e não do artigo 178, inciso IX, § 10, do mesmo diploma legal — Preliminar rejeitada." *(in* JTJ 177/115).

Inobstante a afirmação de que as mencionadas Súmulas estão "sendo alvo de Ação Rescisória com Revisão de Súmula. (CF.AR. n. 512 DF 96/0036725-6)" (fls. 268 — item15), saliente-se que tal fato não autoriza concluir-se que os entendimentos ali descritos já são inaplicáveis.

Por outro turno, para o início da contagem do prazo prescricional, não pode ser considerado o documento de fls. 42, elaborado em 16.02.78, porquanto este não prova que foi a época em que o demandado foi fundado por José Joaquim Andrade Neto, e por conseqüência, incisou suas atividades.

Ao contrário, o "Boletim Executivo n. 003/78" (fls.42), comprova que um dos fundadores do requerido — José Joaquim Andrade Neto —, fazia parte do quadro do autor, já que era tratado como discípulo.

O próprio Apelante, através da reprodução de um trecho do livro citado às fls.102, demonstrou que o citado discípulo, após ter passado um ano da decisão contida no Boletim Executivo n. 003/78, "se deu conta da impossibilidade de continuar filiado no referido Centro" (item 12).

O aludido Boletim foi expedido em 16.02.78 (fls. 42). Logo, ainda que hipoteticamente tenham sido iniciadas as atividades do suplicado após um ano, ou seja, 16.02.1979, a prescrição não pode ser admitida, haja vista que a presente ação foi interposta em 24.03.1998 (fls. 02).

Contudo, no que tange o pedido de condenação do réu "ao pagamento de indenização por dano moral decorrente da violação das marcas registradas da titularidade da Autora" (fls.14 — item V), resta justificada a incidência do artigo 178, § 10, inciso IX, da Lei Substantiva, porquanto há pretensão indenizatória, por violação a possível direito de propriedade, consubstanciado nos registros de fls. 35 e 36.

Logo, levando-se em conta a data em que os atos constitutivos do demandado foram arquivados no Competente Cartório — 19.01.1982 — (fls.153/159/verso), e o dia em que esta demanda foi proposta — 24.03.1998 — (fls. 02), não há dúvida que se operou o prazo prescricional de cinco anos, motivo pelo qual o processo deve ser extinto em relação ao pedido de indenização por dano moral, com julgamento do mérito, nos termos do artigo 269, inciso IV, do Código de Processo Civil.

Assim, acolhe-se, em parte, a preliminar.

C — *"Âmbito do Nome Comercial e do Nome de Empresa das Sociedades Civis".*

Argumenta o demandado que o requerente é uma sociedade civil, e não tem a proteção do seu nome a nível Estadual, que é conferida pelas Juntas Comerciais, e tampouco, a nível Nacional, vez que, não preenche os requisitos da Lei de Registros Públicos, mas apenas tem a proteção limitada ao município, porquanto seus atos constitutivos foram arquivados no Registro Civil das Pessoas Jurídicas. Logo, ao que tudo indica, entende ser o pedido inicial juridicamente impossível.

Inicialmente, cumpre salientar que sem se adentrar à questão meritória, e tampouco, se assiste ou não razão à pretensão do autor, o fato é que seu pedido é juridicamente possível.

Diante dos elementos que compõem os autos, infere-se que o invocado direito do requerente está pautado no registro das marcas *"União do Vegetal"* e *"Hoasca"*, junto ao I.N.P.I., e ainda, à sua denominação — *Centro Espírita Beneficente União do Vegetal* —, que detém com prioridade temporal em relação ao suplicado.

O artigo 59, da Lei n. 5.772, de 21.12.71, que instituiu o Código da Propriedade Industrial, então vigente, garantia no território nacional a propriedade da marca e seu uso exclusivo àquele que obtivesse o registro de acordo com os dispositivos desse Código, para distinguir seus produtos, mercadorias ou serviços, de outros idênticos ou semelhantes na classe correspondente à sua atividade. O artigo 59, em questão, corresponde ao artigo 129, *caput*, do atual Código de Propriedade Industrial (Lei n. 9.279, de 14.5.96).

Da análise crítica dos autos, nota-se que a controvérsia centra-se às marcas de propriedade do demandante, e à sua denominação.

Inobstante vir a ser ou não acolhida a pretensão do Apelado, há que se admitir que o artigo 129, do mencionado *Codex*, lhe assegura o uso exclusivo em todo o território nacional, o que já é o suficiente para afastar a presente liminar.

Além do que, deve ser sopesado, quanto à anterioridade do nome utilizado pelo postulante, que a proteção pedida "não depende de registro ou do cumprimento de qualquer formalidade, segundo princípio universalmente aceito e consagrado, tanto em nossas leis e pelos Tribunais do país como na doutrina estrangeira e nas convenções internacionais" (JOÃO DA GAMA CERQUEIRA, Tratado da Propriedade Industrial, RT, 1982, vol.2/1.192)" (fls. 241).

Acresça-se, ainda, a jurisprudência ofertada nos autos da Apelação Cível n. 91.827-4/0, cujo julgado (Recurso Especial n. 6.169-AM) foi relatado pelo Ministro Athos Carneiro.

"O direito ao uso exclusivo do *nome comercial em todo o território nacional* não está sujeito ao registro do INPI, e surge tão-só com a constituição jurídica da sociedade, *através dos registros dos seus atos constitutivos no Registro do Comércio, devendo prevalecer o registro do nome comercial feito com anterioridade, no caso de firmas com as mesmas denominações e objeto social semelhante*, art. 38, IX, Decreto-lei 1.005/59, adotada no Brasil pela Lei 5.772/71, arts. 65, item 5 e 119, Convenção de Paris, de 1888. Recurso especial conhecido e provido" (Associação Paulista de Propriedade Industrial — ASPI, Jurisprudência Patentes & Marcas, número 19, março 1996) (grifos nossos).

Rejeita-se a preliminar.

II — Apelo do Réu

Atendo-se à fundamentação do r. *decisum* hostilizado, de fato, foi reconhecido que a expressão *"Hoasca"*, e os termos *"União do Vegetal"* são universais e de domínio público.

Nesse sentido, foi acentuado a fls. 239:

"União do Vegetal, na esteira dos próprios textos de contestação, também é nome público, universal, não podendo ser usado como designativo próprio de quem quer que seja.

"O domínio público aqui, deveras, há de ser entendido de forma diversa, mas não houve reconvenção a impedir o uso dessa expressão pela autora."

Mais adiante, o MM. Juiz *a quo* assim se pronunciou:

"É inequívoco o desajuste entre as partes, pois cada qual repugna a outra; mister se faz, então, alongar o descompasso e impedir que neófitos sejam confundidos, pois se ambas de duas professam a *União do Vegetal*, justo, justíssimo que o nome delas sejam díspares, mostrando cada qual sua vertente.

"Por isso, entendo ser compossível o pleito da autora em querer alteração do nome da ré — aliás, haveria de ser também desta o interesse para evitar confusões como a aqui disputada" (fls. 240).

"É justo, portanto, o uso do nome *União do Vegetal* por ambas de duas associações, mas não é legal nem jurídico particularizar a atividade de uma e de outra por singela sílaba usada pela ré em centro espirit*ual* enquanto a autora usa como espírit*a*.

"A ré, portanto, mudará seu nome de *Centro Espiritual Beneficente União do Vegetal*, não vedado o uso desta última expressão, *União do Vegetal*, para outro a indicar não ser a autora ou núcleo dela" (fls. 242).

De toda essa fundamentação, o que se conclui é que a partir do momento em que foi reconhecido que referidas expressões são universais e de domínio público, importa dizer que os litigantes podem utilizá-las, porém não como designativos próprios.

In casu, "Centro Espírita Beneficente União do Vegetal" é a denominação do autor, enquanto a do requerido é *"Centro Espiritual Beneficente União do Vegetal"*.

Vê-se, portanto, que o único aspecto nominativo que distingue as partes está nas sílabas das palavras espírit*a* e espirit*ual* (grifos do Relator).

Em que pese o empenho demonstrado pelo Apelante, no sentido de distinguir o significado de cada vocábulo (fls. 291/293), não se pode deixar de admitir que a singela sílaba que diferencia o nome de cada um possibilita uma evidente confusão, haja vista o ramo de atividade idêntica entre ambos.

Aliás, diante da revelada similitude entre as denominações de cada litigante, e da patente possibilidade de gerar confusão a quem possa ter interesse em juntar-se ao *Centro Espiritual*, e por erro, se agregar ao *Centro Espírita,* ou vice-versa, causa estranheza que o requerido insista em manter seu nome, e mais, assuma o risco de ser confundido.

Também, como observado pelo Douto Julgador, às fls. 240, deveria ser do interesse do réu postular a alteração do nome do suplicante, para o fim de evitarem-se eventuais confusões, considerando-se que ambos possuem o mesmo objetivo.

Contudo, assim não procedeu, motivo pelo qual impõe-se a alteração de sua denominação, para que seja indicado a todos que possivelmente venham a se interessar, que as partes não são as mesmas pessoas jurídicas, e que uma não é o núcleo da outra.

Caso contrário, "estará havendo situação incompatível com os objetivos de ambas as duas, pois se ambas buscam o desenvolvimento das virtudes morais, intelectuais e espirituais do ser humano (fls. 18) ou o aperfeiçoamento espiritual, moral, social e intelectual do homem (fls. 153), hão de buscar também para si o equilíbrio e mostrar, desde o nome, que uma não é a outra e vice-versa" (fls. 242).

III — Recurso do Autor.

In casu, não há dúvida de que o requerente, constituído anteriormente ao réu, utiliza-se dos termos *"União do Vegetal",* em sua denominação, antes que o Apelado.

Por outro lado, não se pode negar que o fato do Douto Magistrado haver declarado que *"União do Vegetal"* e *"Hoasca"* são expressões de domínio público, e por sua vez, não ter reconhecido, expressamente, *incidenter tantum,* a nulidade dos registros de fls. 35/36, implica em dizer que estes possuem validade, e pesam a favor do direito reclamado na prefacial.

Muito embora alegue que o Juiz de Primeira Instância, em assim decidir, "extrapolou sua competência funcional" (fls. 315), e "em termos práticos e jurídicos, *cancelou*" (fls. 314) seus registros, equivoca-se o Recursante, porque, em realidade, o MM. Juiz *a quo* não declarou a nulidade dos registros.

Ao revés, pois restou consignado no r. *decisum* atacado, às fls. 241:

"O registro feito pela autora indica, no mínimo, procedência no uso do nome *Centro Espírita Beneficente União do Vegetal*, pois se foi autorizado administrativamente, mas agora impugnado pela ré e posta a situação para análise judicial, não é possível valer-se a ré desse argumento para creditar-se razão.

"Também não se adentrará sobre disputas acerca da legislação anterior sobre os efeitos da inscrição, no registro público, de nomes e marcas; tampouco se referirá à Convenção da União de Paris nem à novel legislação (Lei n. 9.279/96)."

Como se denota, não houve manifestação acerca da validade ou não dos mencionados registros, o que autoriza concluir-se que, ainda, eles têm eficácia.

Acerca do tema, é de salutar importância esclarecer-se, que apesar de não ser o caso dos presentes autos, as normas inseridas no Código da Propriedade Industrial, não excluem a possibilidade de ser declarada pela Justiça Comum, a nulidade de um registro, incidentalmente, tal qual ocorre em matéria de registros públicos.

Portanto, se o Douto Julgador houvesse declarado a nulidade dos registros, de forma expressa incidentalmente, aí sim poder-se-ia apreciar as questões atinentes à regra disposta no artigo 174, do aludido *Codex*, e a validade das marcas concedidas ao suplicante.

Contudo, como não houve pronunciamento sobre a mencionada matéria, não é licito, e tampouco cabível, presumir-se que houve reconhecimento incidental de nulidade dos registros de fls. 35/36, como quer fazer crer o Apelado (fls. 350/352).

Frise-se, assim, que por não haver expressa e clara declaração de nulidade dos citados registros, eventual anulação deve ser postulada por ação própria, perante a Justiça Federal, e com intervenção obrigatória do Instituto Nacional de Propriedade Industrial, nos termos do artigo 175, da Lei n. 9.279/96.

Em observância aos elementos que compõem os autos, revela-se inegável que o Apelante usa as palavras *"União do Vegetal"*, com anterioridade em relação ao Recorrido, em sua denominação, e também, como marca, aliás, quanto a esta, ainda possui a propriedade da expressão *"Hoasca"* (fls. 36).

Assim sendo, em virtude da utilização anterior das citadas expressões, no nome do Insurgido e da válida proteção às marcas de fls. 35/36, impõe-se a condenação do suplicado a modificar sua denominação social, inclusive no que tange aos termos *"União do Vegetal"*, bem como a abster-se de utilizar estas palavras, e a expressão "*Hoasca*", a qualquer título, sobretudo como marcas no prazo de 30 (trinta) dias, sob pena de pagar multa diária no valor de 10 (dez) salários mínimos.

A imposição de tal condenação não se limita à denominação e às marcas de propriedade do Recorrente, mas ainda, por não ser possível reconhecer-se que tais expressões são públicas ou universais fora do contexto "religioso e místico" (fls. 319), onde atuam as partes.

Ademais, se assim não fosse, ou seja, se aludidos termos não se situassem no campo dos serviços de caráter comunitário, filantrópico e beneficente, ao que tudo indica, o Instituto Nacional da Propriedade Industrial não teria concedido os registros das marcas de fls. 54/55, em outubro de 1985, e tampouco, teria prorrogado tais registros, em fevereiro de 1996 (fls. 35/36).

Logo, dada a validade, até o presente momento, dos mencionados registros, e levando-se em conta que tais expressões situam-se no campo religioso, elas não podem ser consideradas públicas ou universais.

Tocantemente ao pedido indenizatório, por ter operado o prazo prescricional de cinco anos, como mencionado na matéria prejudicial suscitada pelo réu, nada mais há que ser apreciado.

Em face do exposto, rejeitam-se as preliminares de cerceamento de defesa e da impossibilidade jurídica do pedido; acolhe-se, em parte, a prejudicial da prescrição, quanto ao pedido de indenização por dano moral, para o fim de extinguir-se o processo, com julgamento do mérito, nos termos do artigo 269, inciso IV, do Código de Processo Civil; nega-se provimento ao apelo do réu; e dá-se, em parte, provimento ao recurso do autor, condenando-se o requerido a modificar sua denominação social, inclusive no que tange aos termos *"União do Vegetal"*, bem como a abster-se de utilizar estas palavras, e a expressão "*Hoasca*", a qualquer título, sobretudo como marcas, no prazo de 30 (trinta) dias, sob pena de pagar multa diária no valor de 10 (dez) salários mínimos, condenando-se-o, inclusive, ao pagamento das despesas processuais e honorários advocatícios, arbitrados em 15% (quinze por cento) sobre o valor dado à causa, atualizado, em virtude do requerente ter decaído de parte mínima do pedido (artigo 21, parágrafo único, do Estatuto Processual Civil).

Participaram do julgamento os Desembargadores THYRSO SILVA (Revisor) e MARCO CÉSAR.

São Paulo, 19 de setembro de 2000.

SILVA RICO, Presidente e Relator.

PROPRIEDADE INDUSTRIAL — Nome de domínio — Composição por palavra correspondente à marca comercial do autor — Registro — Abstenção pela FAPESP de concedê-lo a terceiros — Tutela antecipada — Revogação — Impossibilidade, no âmbito da "Internet", de se tomar previamente por ilícito e violador todo e qualquer registro de domínio naquela condição — Inteligência do artigo 2º, inciso III, *b*, do Anexo I da Resolução n. 1/98 do Comitê Gestor da Internet no Brasil — Violação dos direitos de propriedade industrial que deve ser apreciada judicialmente em cada caso concreto — Recurso provido para esse fim.

No âmbito da "internet", dada sua amplitude temática, não se pode, previamente, tomar por ilícito ou violador, todo e qualquer registro de nome de domínio composto por palavra correspondente a marca comercial, devendo eventuais violações ser apreciadas judicialmente em cada caso concreto, com posterior anulação do registro respectivo.

Agravo de Instrumento n. 224.502-4 — São Paulo — Agravante: Fundação de Amparo à Pesquisa do Estado de São Paulo — FAPESP — Agravada: Fiat Automóveis S/A. (Voto n. 607)

ACÓRDÃO

Ementa oficial:

Propriedade Industrial — Direito de marca "FIAT" com registro no INPI — Registro dos nomes de "domínios" fiatpalio.com.br e fiatsiena.com.br perante a Fapesp por terceiro, não detentor dos direitos das marcas "FIAT", "PALIO" e "SIENA" — Impossibilidade — Obrigação da Fapesp de abster-se do registro de nomes de "domínios" que possam induzir terceiros a erro — Inteligência do art. 2º, III, b, *do Anexo I da Resolução n. 001/98 do Comitê Gestor da Internet no Brasil — Admissibilidade, no entanto, do registro de "domínios" contendo "fiat", desde que os acréscimos que não se refiram a marcas de alto renome ou de notório conhecimento — Necessidade de apreciação judicial em cada caso — Agravo provido em parte.*

ACORDAM, em Sexta Câmara de Direito Privado do Tribunal de Justiça do Estado de São Paulo, proferir a seguinte decisão: "deram provimento, em parte, ao recurso, v.u.", de conformidade com o relatório e voto do Relator, que integram este acórdão.

O julgamento teve a participação dos Desembargadores REIS KUNTZ (Presidente, sem voto), SEBASTIÃO AMORIM e ERNANI DE PAIVA.

São Paulo, 6 de dezembro de 2001.

SEBASTIÃO CARLOS GARCIA, Relator.

VOTO

Trata-se de Agravo de Instrumento, com pedido de efeito suspensivo, tirado contra decisão de fls. 34/5, que, em seu item *c*, ordenou à agravante a abstenção da concessão a terceiros, que não à autora e às empresas Fiat S.p. A e Fiat Auto S.p. A de registros de nomes de "domínios" que reproduzam, com ou sem acréscimos, a marca "FIAT", sob pena de incorrer em multa pecuniária de R$ 10.000,00 por dia de atraso.

Deferido o efeito suspensivo (fls. 66/7), o recurso foi processado, sobrevindo as informações do Juízo monocrático (fls. 84/8) e a contraminuta (fls. 90/7).

É o relatório.

O recurso está em caso de ser parcialmente provido, para o fim de revogar a tutela antecipada, na parte em que proibiu a agravante procedesse ao registro de nomes de "domínios" que contivessem a palavra "fiat" com acréscimos, mantendo-se, no entanto, a vedação e respectiva multa, os casos em que tal acréscimo constituir, por si só, marca de alto renome ou notoriamente conhecida.

Nesse sentido, primeiramente, cumpre afirmar que, diferentemente do que ocorre nos registros típicos do comércio, a concessão de registro de "domínios" não requer, em todos os casos, a prévia apreciação de eventual violação de marca comercial, ressalvando-se, no entanto, a apreciação judicial, caso a caso, de eventuais violações de direitos de propriedade industrial.

Importa ressaltar, a propósito, a adoção, entre nós, do princípio *first come, first served*, no âmbito do sistema de registro de nomes de "domínios", ou seja, *"quem registra primeiro recebe o nome"* (Resolução n. 001/98 do Comitê Gestor da Internet no Brasil, art. 1º).

Não obstante, como exceção a esse princípio, e de forma a evitar a indevida utilização do sistema de registro de nomes de "domínios" para fins de enriquecimento sem causa através do comércio de "domínios" de marcas notórias, estipulou-se que não seriam passíveis de registro os nomes *"que possam induzir terceiros a erro, como no caso de nomes que representam marcas de alto renome ou notoriamente conhecidas, quando não requeridos pelo respectivo titular"* (Resolução n. 001/98 do Comitê Gestor da Internet no Brasil, Anexo I, art. 2º, III, *b*).

No caso *sub judice*, sendo irrecusável a notoriedade das marcas "FIAT", "PALIO" e "SIENA", muito embora somente a primeira conste da lista do INPI, mostra-se razoável a alegação de violação dos direitos da agravada, na concessão indevida de registros relativos aos nomes de "domínio" *www.fiatpalio.com.br e www.fiatsiena.com.br.*

Efetivamente, desde que a agravante encontra-se legalmente investida pelo Poder Público no mister de proceder ao registro de "domínios", como ela própria assim admite (fl. 07), não pode alegar a impossibilidade, operacional ou técnica, de cumprir e fazer cumprir as disposições da referida Resolução do Comitê Gestor da Internet no Brasil. Pois, irretorquivelmente, ante essas disposições, é de se concluir que o princípio *first come, first served* não tem, nem pode ter, aplicação absoluta, na medida em que, nesse caso, a agravante teria que deferir registros de domínio indiscriminadamente, até em casos de apologia de crimes, o que é, a todo ver, absurdo.

Ressalta-se, porém, que eventual registro de nome de "domínio", ainda que composto pelas letras "F", "I", "A" e "T", nesta ordem, com acréscimos que não se refiram a marcas de alto renome ou de notório conhecimento e divulgação comercial, e desde que não tenha o condão de induzir terceiros a erro, não pode ser previamente vetado, cabendo em cada caso a utilização da via judicial pelo interessado. A única possibilidade de vedação prévia de tais registros diz respeito aos termos e matérias disciplinadas na referida Resolução n. 001/98.

Daí porque, a decisão monocrática, na parte em que proibiu a agravante de proceder ao registro de nomes de "domínios" que contenham a palavra "fiat", com quaisquer acréscimos, não pode prevalecer, mantendo-se, no entanto, a vedação relativamente aos acréscimos que constituam, por si sós, marcas comerciais de alto renome ou notoriamente conhecidas.

Isto porque, conquanto seja irrecusável o direito da agravada à marca comercial "FIAT", considerando a ilimitada extensão e abrangência da Internet, não é lícito afirmar que haverá violação dessa marca sempre que for utilizada a palavra "fiat", acompanhada de acréscimos que não constituam, por si sós, marcas juridicamente protegidas.

Nestas hipóteses, eventuais violações do direito da agravada deverão ser apreciadas, em cada caso concreto, com posterior anulação do registro respectivo.

Veja-se, a propósito, a hipótese de *site* criado por membros das famílias "Fiati" ou "Fiatti" para divulgar informações pertinentes a seus específicos interesses familiares. Nesse caso, em que medida poder-se-ia dizer que o registro do domínio www.**fiati**.com.br ou www.**fiatti**.com.br violaria os direitos da agravada. Ou, ainda, o registro do domínio www.**fiat**dojoão.com.br, por parte de pessoa, de nome João, aficcionada por veículos da marca "FIAT", com o intuito de divulgar sua coleção de modelos de veículos dessa marca "FIAT", ou ainda, de registro de "domínios" como www.fiatlux.com.br e www.fiateximia.com.br, sequer relacionados com automóveis dessa marca.

Conclui-se, portanto, que não se pode, previamente, tomar por ilícito ou violador de marca comercial, todo e qualquer registro de "domínio" composto por palavra correspondente a marca comercial. Pois, no âmbito da Internet, dada sua amplitude temática, é sempre possível que essa utilização, afastando-se, do âmbito do comércio ou mesmo do ramo de atividade da marca comercial protegida, não configure nenhuma violação.

Isto posto, dá-se, parcial provimento ao agravo, nos termos deste acórdão.

PROPRIEDADE INDUSTRIAL — Nome empresarial — Uso na Internet — Abstenção pela ré — Tutela antecipada, visando a suspensão do registro — Litigantes pertencentes à mesma associação e localizadas em unidades da Federação distintas — Verossimilhança do alegado — Deferimento mantido — Hipótese, no entanto, de lide complexa, com possibilidade de dano, alcançando terceiros usuários dos *sites* — Permissão do uso pela ré até solução final, porém, com inclusão da unidade da Federação de origem — Recurso provido para esse fim.

Agravo de Instrumento n. 194.468-4 — São Paulo — Agravante: Sociedade Brasileira de Cultura Inglesa Rio de Janeiro — Agravado: Sociedade Brasileira de Cultura Inglesa São Paulo. (Voto n. 7.647)

ACÓRDÃO

Ementa oficial:

Direito de Uso do Nome na Internet *— Tutela antecipada — Presença da verossimilhança baseada em estatuto da Associação de que fazem parte os litigantes — Perigo de dano evidenciado no interesse de terceiros usuários dos serviços — Limitação do uso dos* sites *fazendo anotar o estado a que pertence — Agravo provido em parte para este fim.*

ACORDAM, em Oitava Câmara de Direito Privado do Tribunal de Justiça do Estado de São Paulo, proferir a seguinte decisão: “deram provimento, em parte, ao recurso, v.u.”, de conformidade com o relatório e voto do Relator, que integram este acórdão.

O julgamento teve a participação dos Desembargadores SILVIO MARQUES e ASSUMPÇÃO NEVES.

São Paulo, 28 de maio de 2001.

RIBEIRO DOS SANTOS, Presidente e Relator.

Contra respeitável decisão de fls. 56/56 v., que concedeu tutela antecipada para suspender o registro de *site* da ré em ação de cominatória movida por Sociedade Brasileira de Cultura Inglesa São Paulo, agrava Sociedade Brasileira de Cultura Inglesa Rio de Janeiro, pleiteando sua reforma alegando, em suma, que é a pioneira no uso da marca no Brasil e possui sua concessão advinda diretamente da coroa real inglesa há mais de 50 (cinqüenta) anos.

Afirma que, ao contrário das demais “Culturas”, pelo Estatuto da Associação Brasileira das Culturas Inglesas — ABCI, ela não está obrigada a requisitar junto à agravada permissão para abertura de meios de difusão dos métodos da instituição, incluindo a via da Internet.

Afirma, ainda, que o registro de marca da Cultura Inglesa de São Paulo (agravada) está prescrita, posto que seu registro data de mais de 20 (vinte) anos, prescrevendo seu direito de ação em relação ao uso da marca.

Recurso tempestivo, bem processado, com resposta (fls. 388/401), e informações do ilustre Magistrado (fls. 375/376).

Concedida a liminar de efeito suspensivo, conforme decisão de fls. 385.

É o relatório.

Segundo consta dos autos, a Sociedade Brasileira de Cultura Inglesa — São Paulo ajuizou a presente ação contra empresa com o mesmo nome, porém sediada no Rio de Janeiro, com a finalidade de obstar esta e também que lhe sejam transferidos os registros feitos junto à FAPESP: www.culturainglesa.org.br e www.culturainglesaonline.com.br, tudo em função dos cadastramentos feitos junto ao INPI da marca pertinente "cultura inglesa" na classe mista e nas de ensino de qualquer natureza e grau (06995497,de 10.6.79, prorrogado em 10.6.1989; e 007927079, de 10.11.1989).

Tudo porque a Cultura-Rio, expressão que ora se usa unicamente para manter a distinção entre ambas às empresas, fez junto à FAPESP anotação como de uso próprio os endereços eletrônicos acima mencionados.

Ante estes fatos, a requerente de São Paulo solicitou a prestação jurisdicional, como também o fez em relação à Sociedade de Cultura Inglesa de Boa Viagem, fincada em tutela antecipada. O Magistrado, de sua feita, concedeu-a através da r. decisão que ora se transcreve:

"Nos termos dos artigos 273 e 461 do Código de Processo Civil, concedo a tutela antecipada para que fiquem suspensos os efeitos do registro de domínio à cultura inglesa do Rio de Janeiro (Cultura Rio) e à FAPESP relativamente aos endereços www.culturainglesaonline.com.br e www.culturainglesa.org.br de imediato, restando inacessível ambos ao público. Caso haja transgressão (ilegível) ordem judicial, a multa pelo seu descumprimento será de R$ 2.000,00 diários, sendo acolhidos como razões de decidir, também, aquelas contidas na inicial.

Esta ação correrá conexa e reunida à de número de controle (1809) 053/00/029161-9 para simultâneo processamento."

De sua feita, entende a agravante que não estão presentes os pressupostos genéricos (prova inequívoca e verossimilhança do direito) e alternativos (receio de dano irreparável e de difícil reparação ou abuso de direito de defesa ou manifesto propósito protelatório do réu) para a antecipação que foi deferida.

Contesta, igualmente, a utilização pelo Juízo da simples análise dos registros de marcas, como também impugna a sua situação como idêntica àquela da sociedade de cultura inglesa de Boa Viagem, bastando para tanto, examinar, no seu entender, o estatuto da ABCI (Associação Brasileira de Culturas Inglesas), no seu artigo 39, § 1º, o qual determina que todas as demais "culturas", à exceção da agravante e da agravada dependerão da prévia emissão da carta da agravada para fazer *joint-venture*, sendo que para essas outras não será permitido abrir quando quiserem filiais, sociedades, escolas e afins.

Diz, ademais, que foi fundada em 1934, isto é, antes da Cultura-São Paulo, como forma de tornar-se um centro de integração cultural entre a Grã-Bretanha e o Brasil, de molde a oferecer serviços educacionais de alta qualidade, tanto na área pedagógica, quanto na cultural.

Ainda, ataca as marcas depositadas no INPI pela Cultura-São Paulo e afirma a ocorrência de prescrição, porquanto deixou de promover ação contra todas as empresas que utilizam a mesma expressão nestes últimos 20 (vinte) anos.

Em derradeiro, afora ser detentora da marca "Sibs-Cultura Inglesa Business Studies" sustenta que através de seus *sites* os alunos podem tomar ciência dos cursos realizados, dos exames realizados, obter certificados internacionais, conhecer a instituição, sendo certo que 19.736 pessoas o acessaram, o que se constitui a maioria absoluta de seus alunos. Some-se a isso os gastos que fez na divulgação deste novo produto em rádios, *outdoors*, placas, jornais, revistas, da ordem de R$ 710.624,00.

Foi negada a liminar (fls. 313) e, posteriormente, em decisão prolatada em outro agravo, argüido como conexo, deferiu-se à agravante a permissão de prosseguir com a utilização dos endereços eletrônicos, desde que acompanhado do sufixo RJ (Rio de Janeiro) ou DF (Distrito Federal), segundo seu desiderato (fls. 385).

O ato normativo de 24.10.97, que regulou a matéria pertinente a registro de nomes na Internet, limitou-se a estabelecer que o direito de domínio é conferido ao primeiro requerente da inscrição, princípio este consagrado também pela Resolução 001/98, de 15.04.1998 do Comitê Gestor pela Portaria Interministerial MC/MCT n. 147 que delegou à FAPESP (Fundação de Amparo à Pesquisa do Estado de São Paulo) as funções de registrar as denominações. É a aplicação da regra *first to fild.*

A Constituição Federal (artigo 5º, inciso XXIX), de sua feita, protege a marca e o nome comercial. Conseqüentemente, em tese, não é possível violar pela anotação na FAPESP, nomes que se encontravam registrados no INPI ou possuíam anterioridade de utilização com o depósito de seus estatutos sociais na Junta Comercial ou Cartório de Registro Civil das Pessoas Jurídicas pertinente.

Há, como ensina FÁBIO ULHOA COELHO em Curso de Direito Comercial (p. 76, vol. I), diferença entre nome empresarial e marca. O primeiro identifica o sujeito de direito (o empresário, a pessoa física ou jurídica) enquanto a segunda, direta ou indiretamente, produtos ou serviços.

E mais, aquele tem abrangência estadual e não nacional, e seus efeitos estão restritos aos estados em que o empresário tem sede ou filial. Para estender a tutela ao país todo, deve providenciar o arquivamento do pedido de proteção ao nome comercial nas juntas dos demais estados (IN-DNRC n. 53, artigo 13, § § 1º e 2º). A outra (marca), que é registrada no INPI, estará protegida em todo o território brasileiro (e, até mesmo nos demais países unionistas, se presentes as condições da Convenção de Paris).

A lide funda-se exatamente no uso do nome empresarial veiculado pela Cultura-Rio desde sua fundação (1934) e, através dele obteve, com sucesso, o depósito junto à FAPESP, passando a ser titular dos *sites* ora contestados. Em contrapartida, a agravada que logrou êxito na tutela pleiteada, quer fazer valer a sua marca inscrita no INPI, esta aliás, objeto de prorrogação por mais de 10 anos a partir de 10.6.1999 (fls. 402 e seguintes).

No conflito entre nome e marca prestigia-se a última, porque é de âmbito nacional, ainda que aquele seja anterior.

Neste sentido, cite-se Agravo de Instrumento n. 144.041-4, relator Leite Cintra, cuja ementa se transcreve:

"PROPRIEDADE INDUSTRIAL — Marca e nome comercial — Utilização no campo do comércio eletrônico para uso na Internet — O mero registro do endereço eletrônico levado a efeito junto à FAPESP não confere à agravante prioridade na utilização do nome e da marca de titularidade da agravada, que tem o direito exclusivo de uso e é preponderante — Presentes os requisitos para manutenção do provimento antecipatório da tutela concedida — Inteligência dos artigos 5º, XXIX e 87, parágrafo único, da Constituição Federal, e dos artigos 124 e 129 da Lei n. 9.279/96 e dos preceitos ínsitos nos Decretos ns. 1.263 e 1.335/94 — Recurso não provido."

Acontece que todas as sociedades "Cultura Inglesa" espalhadas pelo país resolveram fundar a Associação Brasileira de Culturas Inglesas, com o concurso das Culturas Inglesas situadas em São Paulo e no Rio de Janeiro.

O estatuto da ABCI estabelece que todas as associadas são obrigadas a usar a denominação Cultura Inglesa em qualquer curso ou serviço (artigo 52) e terão sempre o direito ao uso da marca, independente de quaisquer restrições e impedimentos (artigo 5º, § 1º), bem como reconhece a titularidade exclusiva da Cultura Inglesa de São Paulo sobre a mesma (artigo 5º, alínea *g*), como finalmente estabeleceram os associados que a Cultura Inglesa do Rio de Janeiro, bem como a de São Paulo (artigos 40 e 41) poderiam abrir e fazer funcionar quantos estabelecimentos quisessem no âmbito de sua área territorial (fls. 263/280).

Na espécie examina-se tão-somente a tutela antecipada concedida e nos limites estreitos do agravo, relegando-se a questão de fundo para o deslinde através do instrumento processual adequado, que é a sentença, circunstância que impossibilita a apreciação da prescrição e demais argüições feitas pelas partes litigantes.

O artigo 273 do Código de Processo Civil abriga a avaliação de determinados requisitos, notadamente aquele confortado na "verossimilhança da alegação" e outro, ancorado no inciso I do mesmo dispositivo formal, "o fundado receio de dano irreparável ou de difícil reparação".

Convém lembrar que a verossimilhança está associada, indissoluvelmente, à idéia de aparência de verdade. Como nos ensina CALAMANDREI, citado por KAZUO WATANABE em sua obra Da Cognição no Processo Civil, p. 127, "quem diz que um fato é *verossímil*, está mais próximo a reconhecê-lo como verdadeiro do que quem se limita a dizer que é *possível*", porque a possibilidade é uma probabilidade de algo ser verdadeiro ou não, dependente de outros fatores ainda desconhecidos e incertos.

Tem-se, portanto, que todas as Culturas Inglesas celebrantes do acordo, ao fundarem a enfocada associação pactuaram o uso da marca "cultura inglesa", sem dúvida não levando em conta um novo mundo virtual; e, com o seu surgimento, passaram a explorá-lo, algumas delas levando em conta, dentro do possível, a ética, lembrada no pacto, fazendo constar o estado de origem (fls. 359, 365).

Aquelas do Rio de Janeiro e São Paulo, sem dúvida, abarcaram para si determinados privilégios chancelando a primazia de fundação, bem como direito de uma e de outra.

Frente à complexidade da lide, onde a imunidade da marca, diante de outros registros, e a avença realizada, na qual, repita-se, respeitados determinados limites, todas são colocadas no mesmo patamar para exploração do negócio, o pleito vestibular veste-se em determinada verossimilhança, frente ao desfilado, e o dano se mostra irrefutável, até alcançando terceiro (os alunos, consumidores) que se servem dos *sites* enfocados.

Por isso, é de se restringir o mandamento expedido pelo Magistrado, permitindo até solução final que a Cultura Inglesa-Rio utilize-se dos depósitos feitos junto à FAPESP, porém com a inclusão da unidade da federação de origem, aquelas cuja exploração lhes foi concedida pela convenção da ABCI, ou seja, *v.g.*, www.culturainglesarjonline.com.br e www.culturainglesarj.org.br.

Como se sabe, no momento, buscam os técnicos, limitar o sinal da Internet a determinado território; mas não se tem notícia do êxito de tal providência no Brasil. Se tal fosse possível, a questão, sem dúvida, estaria resolvida pela restrição dos *sites* às áreas delimitadas na convenção que firmaram. É certo, também, que o pacto visa estabelecer a igualdade entre as culturas inglesas e constituiria abuso de uma sobre a outra autorizar-se exceção, ou primazia, a uma delas, no mundo virtual, não permitindo aos alunos das demais, o acesso a aulas, resultados e demais serviços que costumeiramente prestam e são anunciados, cabendo lembrar que o consumidor tem o direito de distinguir os serviços que estão dentro de sua área e, portanto, a eles acessíveis.

Mencione-se a respeito decisão proferida pela 7ª Vara da Fazenda Pública da capital, transcrita nos Cadernos Jurídicos, volume I da Escola Paulista de Magistratura (fls. 59 e seguintes), onde explica que os internautas "serão induzidos a erro se entrarem nos *sites* cujos nomes se relacionem".

De qualquer forma, a restrição que se impõe à decisão primeira do Magistrado, mas mantém-se em seu âmago, visa exatamente, reitera-se, é provisório, cautelar, cabendo ao Julgador, ao editar o decreto final, apreciar todas as questões, à luz do processo, o qual abriga as provas, com maior precisão, notadamente, os efeitos da convenção albergando a autorização do uso da marca, com a prescrição argüida, o uso da expressão "Sibs Cultura Inglesa Business Studies" em contrafação à cultura inglesa propriamente dita, e demais questões, tudo em homenagem ao princípio do não suprimento do grau e de jurisdição, e os limites impostos, como dito, ao presente recurso.

Também quanto à argüição constante da última petição apresentada e juntada por linha, que a expressão em discussão ancorada, na chamada *marca genérica*, e, por conseguinte, não apropriada ou titulada com exclusividade, é de se ter em conta que as partes, nos estatutos da ABCI, assim não entenderam, mas, de qualquer forma, trata-se de questão de fundo e, como as demais será apreciada pelo Juiz da causa.

Posto isto, dá-se provimento parcial ao agravo, revogada a liminar na parte que obstava o sentenciamento dos feitos, inclusive aquele objeto do Agravo n. 200.700.4/8-00, juntando-se cópia nos referidos autos.

---

2. Ementas

PROPRIEDADE INDUSTRIAL — Marca — Recipiente de vidro — Litogravura — Inadmissibilidade — Comercialização de bebidas — Expediente que dificulta o giro de vasilhame — Inteligência do artigo 1º da Lei n. 6.348/76 — Vedação destinada a impedir o abuso do poder econômico e a concorrência desleal — Possibilidade somente em recipiente *patenteado* pelo comerciante ou industrial — Recurso não provido. (Relator: Sousa Lima — Apelação Cível n. 200.223-1 — Presidente Prudente — 09.03.94)

PROPRIEDADE INDUSTRIAL — Marca — Proteção — Alegação de nulidade da *patente* anteriormente registrada — Inadmissibilidade — Hipótese em que, enquanto não desconstituído ou anulado o ato administrativo que concedeu o privilégio da invenção, este subsiste — Art. 188, do Dec.-lei n. 7.903, de 1945 — Recurso não provido. (Relator: Campos Mello — Apelação cível 164.412-1 — Cotia — 26.08.92)

PROPRIEDADE INDUSTRIAL — Marca de indústria e comércio — Abstenção do uso de marca semelhante e de embalagem reproduzida — Similitude *patente* inexistente — Abstenção do uso tão-só da embalagem copiada do produto assinalado — Perdas e danos em liquidação por artigos — Procedência parcial — Agravo retido renunciado por unanimidade — Apelações improvidas por maioria — Declarações de voto em separado dos eminentes revisor e terceiro juiz. (Apelação Cível n. 235.687-1 — São Paulo — 2ª Câmara Civil — Relator: Correia Lima — 05.03.96 — V.U.)

COMINATÓRIA — Marcas e *patentes* — Abstenção de uso de marca — Alegação, pela autora, de anterior registro no INPI e pela ré, de procedente inscrição na Junta Comercial — Circunstância que perde relevo ante precedência do uso da marca ou nome pela autora, em face de sua antecessora — Recurso não provido. (Apelação Cível n. 477-4 — São Paulo — 3ª Câmara de Direito Privado — Relator: Toledo César — 13.05.97 — V.U.)

MARCAS E *PATENTES* — Multa diária fixada — Pretendida a incidência por equipamento vendido a partir do reconhecimento da contrafação — Inadmissibilidade — Multa devida, não se apresentando esta desproposita-da ou excessiva, sua incidência só ocorrendo "se" insistir o acusado no descumprimento do mandamento judicial — Inteligência do artigo 461, § 4º do Código de Processo Civil — Recurso não provido. (Apelação Cível n. 280.395-1 — São Paulo — 5ª Câmara de Direito Privado — Relator: Christiano Kuntz — 06.11.97 — V.U.)

MARCAS E *PATENTES* — Contrafação — Caracterização — Hipótese em que o autor teria inventado um aparelho cuja *patente* foi obtida tanto no Brasil como nos Estados Unidos, passando a ré, após a assinatura de um contrato de confidencialidade, a fabricar no exterior e a importar e vender no Brasil aparelhos tidos como contrafeitos — Contrafação caracterizada ante as conclusões do laudo parcial realizado — Não comprovação, por parte do acusado, de que seu produto foi obtido por processo diverso daquele protegido pela *patente* — Recurso não provido. Não é necessário que o produto seja absolutamente idêntico ao privilegiado, ou que se empregue exatamente o mesmo processo que constitui objeto do mesmo processo. Toda a questão gira em torno desse ponto: saber se a idéia essencial da invenção foi usurpada. (Gama Cerqueira — cf. Tratado de Propriedade Industrial). (Apelação Cível n. 280.395-1 — São Paulo — 5ª Câmara de Direito Privado — Relator: Christiano Kuntz — 06.11.97 — V.U.)

INDENIZAÇÃO — Marcas e *patentes* — Uso indevido de marca — Ré que, após a notificação, não mais se utilizou da expressão marcária da autora — Reconhecimento — Indenização não devida — Ação improcedente — Recurso não provido. (Apelação Cível n. 23.472-4 — Serra Negra — 3ª Câmara de Direito Privado — Relator: Toledo César — 27.01.98 — V.U.)

MARCA E *PATENTE* — Alegação de uso indevido e concorrência desleal — Empresas detentoras de registros das respectivas marcas do INPI

— Existência de demanda, na Justiça Federal, objetivando o cancelamento dos registros — Ação visando a abstenção de uso e de indenização por perdas e danos na Justiça Estadual — Preliminares de prescrição, ilegitimidade de parte ativa e carência de ação — Agravo retido — Sentença de procedência, em parte — Apelações das partes — Alegação de nulidade da sentença — Preliminares reiteradas — Pedidos de tutela antecipada e de incidente de uniformização de jurisprudência — Recursos — Matéria de competência do Primeiro Tribunal de Alçada Civil — Lei n. 9.279/96 cumulada com Resolução n. 102/97, artigo 1º — Recursos não conhecidos e remessa determinada. (Apelação Cível n. 18.725-4 — Cândido Mota — 4ª Câmara de Direito Privado — Relator: Olavo Silveira — 16.04.98 — V.U.)

AÇÃO — Relativa a marcas e *patentes* — Execução — Penhora — Avaliação — Arrematação negativa — Substituição da penhora, sem ouvida da executada — Alegação de nulidade — Agravo de instrumento — Competência recursal do Primeiro Tribunal de Alçada Civil, nos termos do artigo 1º, I da Resolução n. 102/97 e artigo 5º da Lei n. 9.276/96 — Recurso não conhecido — Remessa determinada. (Agravo de Instrumento n. 87.965-4. Diadema — 4ª Câmara de Direito Privado — Relator: Olavo Silveira — 04.06.98 — V.U.)

PROPRIEDADE INDUSTRIAL — Alegação de violação de privilégio de invenção e de marca comercial — Não ocorrência — Ré que presta o mesmo serviço com uso de tecnologia diversa da *patenteada* — Ação cominatória e indenizatória procedente em parte — Apelação da ré provida e recurso das autoras prejudicado. (Apelação Cível n. 33.377-4 — São Paulo — 10ª Câmara de Direito Privado — Relator: Maurício Vidigal — 26.05.98 — V.U.)

COMPETÊNCIA RECURSAL — Propriedade industrial, nome, marca e *patente* — Bens móveis, por expressa disposição legal — Competência do Primeiro Tribunal de Alçada Civil — Recurso não conhecido e remessa determinada. (Apelação Cível n. 36.290-4 — Jundiaí — 10ª Câmara de Direito Privado — Relator Quaglia Barbosa — 26.05.98 — M.V.)

AÇÃO COMINATÓRIA — Marcas e *patentes* — Comércio de canetas falsificadas — Modelos idênticos ao produto original inclusive nos detalhes — Uso da marca BIC e CRISTAL — Alegação de desconhecimento da origem das canetas — Inocorrência — A ré sabia que estava "comercializando produto falsificado" — Prejuízo à autora caracterizado — Recurso não provido. (Apelação Cível n. 32.581-4 — São Paulo — 4ª Câmara de Direito Privado — Relator: Barbosa Pereira — 16.04.98 — V.U.)

VALOR DA CAUSA — Marcas e *patentes* — Abstenção do uso do nome comercial — Pedido de majoração tomando-se por base a multa diária estabelecida — Decisão que deu provimento parcial — Fixação no percentual de 1% do capital social da empresa — Valor que é bem inferior ao pedido pela ré — Recurso não provido. (Agravo de Instrumento n. 86.178-4

— Piracicaba — 4ª Câmara de Direito Privado — Relator: Barbosa Pereira — 06.08.98 — V.U.)

TUTELA ANTECIPADA — Marcas e *patentes* — A tutela antecipada evita que o desrespeito a direito virtual, ou sob pressupostos admitidos, venha a exercer-se, em prejuízo ainda mais prolongado — Tal prolongamento, se não alcançados os prazos prescricionais, apenas evidência, para a agravante, em tese, o intento de usurpação — Recurso não provido. (Agravo de Instrumento n. 079.969-4 — São Paulo — 7ª Câmara de Direito Privado — Relator: Benini Cabral — 24.06.98 — V.U.)

MARCAS E *PATENTES* — Obrigatoriedade de a requerente abster-se da utilização de identificações comerciais das autoras — Deferimento de tutela antecipada sem fixação de multa pelo não cumprimento da ordem judicial — Impossibilidade de, agora, cobrar-se a multa estipulada apenas em sentença — Apelo negado. (Apelação Cível n. 55.969-4 — São Paulo — 4ª Câmara de Direito Privado — Relator: Fernando Horta — 24.09.98 — V.U.)

MARCAS — Transferência de *patentes* — Efeitos da cessão entre as partes só produz seus efeitos em relação a terceiros depois de anotada no INPI (art. 27 § 1º) e publicada na RPI — Revista de Propriedade Industrial — Cessão de direitos relativos a um mesmo invento a empresas não pertencentes a um mesmo grupo por dois inventores — Fatos que estão sendo objeto de apreciação e pedido de reconhecimento da titularidade de um dos inventores e nulidade de uma das cessões efetuada por parte de um dos réus em ação própria perante a Justiça Federal — Pedidos de transferência não publicados nos termos da lei em vigor — Litigantes em igualdade de condições — Princípio da anterioridade do depósito a vigorar — Pedido formulado por quem se apresentou como inventor perante o INPI em 08.05.89 — Ação procedente para declarar possa a autora continuar explorando o objeto da *patente* de modelo e utilidade da qual é titular, até solução do litígio, sem que este procedimento constitua violação aos direitos dos réus — Cerceamento de defesa — Inexistência — Produção de prova pericial Desnecessidade — Anulação de *patente* — Objeto de discussão na Justiça Federal — Recurso desprovido. (Apelação Cível n. 41.087-4 — São Paulo — 7ª Câmara de Direito Privado — Relator: Júlio Vidal — 07.10.98 — V.U)

MARCAS E *PATENTES* — Denominação social — Utilização por outra empresa — Inadmissibilidade — Idoneidade da promovente, constituído seu nome anteriormente à promovida — Irrelevante é a diversidade de atividades das empresas — Impossibilidade de utilização de sigla semelhante à da promovente — Precedentes jurisprudenciais — Recurso provido. (Apelação Cível n. 55.308-4 — São Carlos — 4ª Câmara de Direito Privado — Relator: Fonseca Tavares — 1º.10.98 — V.U.)

PROPRIEDADE INDUSTRIAL — *Patente* — Violação de privilégio de invenção — Artefato em estado de técnica (domínio público) — Foguete que não pode ser considerado como novo, não caracterizando contrafação de *patente* industrial — Decisão confirmada. (Apelação Cível n. 36.782-4 — Santa Branca — 9ª Câmara de Direito Privado — Relator: Franciulli Netto — 13.10.98 — V.U.)

PROPRIEDADE INDUSTRIAL — Marcas e *patentes* — Alegação de que a ré estaria usando indevidamente marca que reproduz as marcas da autora, estando assim, praticando ato ilícito, nos termos do artigo 175 do Decreto-lei n. 7.903 de 27.08.45 — Além da proteção à marca e ao nome comercial, a lei de regência confere proteção ao patrimônio quando integrante da denominação comercial, conforme artigo 65, inciso 12, do Código de Propriedade Industrial — A conduta da ré traduz concorrência desleal, pois, visa a captação de clientela alheia, diante da contrafação da marca — Recurso não provido. (Apelação Cível n. 039.301-4 — São Paulo — 7ª Câmara de Direito Privado — Relator: Benini Cabral — 14.10.98 — V.U.)

PROPRIEDADE INDUSTRIAL — *Patente* — Contrafação — Deferimento da medida cautelar visando a busca e apreensão e improcedência da ação principal — Perdas e danos e lucros cessantes devidos pelo autor ao réu — Artigo 811 do Código de Processo Civil — Reparação por danos morais, no entanto, não devida por estarem comprometidos nos danos materiais — Recurso provido. (JTJ 207/148)

MARCAS E *PATENTES* — Prévio Registro de "software" no INPI — Ausência de impugnação pelo réu — Fato incontroverso — Prova dispensada. (Apelação Cível n. 52.264-4 — Campinas — 7ª Câmara de Direito Privado — Relator: Júlio Vidal — 25.11.98 — V.U.)

PROPRIEDADE INDUSTRIAL — Medida cautelar de busca e apreensão — Concessão de liminar — Pedido de privilégio de invenção junto ao INPI — *Patente* ainda não concedida — Mera expectativa de direito que não autoriza o interessado a impedir a exploração por terceiro, muito embora se assegure a ele o direito de obter indenização pela exploração indevida, entre a data da publicação do pedido e a da concessão da *patente*, forma da lei — Recurso provido, para revogar a liminar. (Agravo de Instrumento n. 97.277-4 — São Paulo — 8ª Câmara de Direito Privado — Relator: César Lacerda — 16.12.98 — V.U.)

MARCAS E *PATENTES* — Marca comercial — Denominação semelhante — Empresas que desenvolvem atividades distintas, sendo que a única semelhança é a existência entre a marca registrada pela autora e a expressão preponderante contida na denominação social — Produtos de classe diversa e dirigidas a público distinto — Fato que impossibilita confusão e conseqüente prejuízo — Abstenção de uso de marca improcedente — Inteligência do artigo 59, da Lei n. 5.772 de 21.12.71 e da atual legislação em vigor (artigo 123, inciso I, Lei n. 9.279 de 14.05.96) — Ação julgada improcedente — Recurso não provido. (Apelação Cível n. 55.233-4 — Barueri — 5ª Câmara de Direito Privado — Relator: Christiano Kuntz — 17.12.98 — V.U.)

PROPRIEDADE INDUSTRIAL — Contrafação — Exploração desautorizada de *patente* de privilégio de invenção envolvendo produto industrial — Invocada inexistência de violação, por gravitar a contrafação no estado da técnica de *patente* primitiva que decaiu em domínio público — Inobservância — Característica construtiva inovadora visualizada pelo Perito Oficial — Aperfeiçoamento do produto industrial suscetível de privilégio — Recurso não provido. (Apelação Cível n. 66.562-4 — São Paulo — 7ª Câmara de Direito Privado — Relator: Rebouças de Carvalho — 03.02.99 — V.U.)

INDENIZAÇÃO — Marcas e *patente* — Uso indevido de marca registrada — Ação procedente — Pedido de indenização pelo uso indevido não acolhido por não ter havido comprovação — Preliminares de cerceamento de defesa e prescrição rejeitadas — A prova documental produzida pelas partes instrui os autos suficientemente, não havendo necessidade de produção de prova de outra natureza, pois trata-se de discussão de direito e no referente à prescrição, no caso é de se aplicar o art. 177 do Código Civil, já que trata-se de ação de direito pessoal, sendo portanto o prazo de vinte anos — Incontroversa a indevida utilização e o fato de instada a não mais fazê-lo a réu nenhuma importância deu à notificação para este fim a ela encaminhada — Procedência parcial da ação era mesmo de rigor, afastada a pretensão ao recebimento de indenização por não comprovada a ocorrência de prejuízo — Recurso não provido. (Apelação Cível n. 48.480-4 — São Paulo — 9ª Câmara de Direito Privado — Relator: Brenno Marcondes — 23.02.99.)

PROPRIEDADE INDUSTRIAL — Equipamento *patenteado* — Utilização por adquirente do bem sem licença do titular de direito de monopólio para participação em concorrência pública, destinada à contratação de empresa prestadora de serviços — Uso indevido de *patente* alheia — Acórdão nesse sentido mantido — Embargos Rejeitados. (Embargos Infrigentes n. 34.342-4 — Piracicaba — 3ª Câmara de Direito Privado — Relator: Guimarães e Souza — 15.12.98 — M.V.)

MARCAS E *PATENTES* — Marca comercial — Empresas que desenvolvem atividades distintas — Fato que impossibilita confusão e conseqüente prejuízo — Abstenção de uso de marca improcedente — Inteligência do artigo 59, da Lei 5.772 de 21.12.71 e da atual legislação em vigor (artigo 123, inciso I, Lei 9.279 de 14.05.96) — Recurso provido para efeito de se julgar improcedente a ação. (Apelação Cível n. 10.368-4 — Ribeirão Preto — 5ª Câmara de Direito Privado — Relator: Christiano Kuntz — 04.03.99 — V.U.)

MARCAS E *PATENTES* — Nome comercial — Expressão de uso comum — Estabelecimentos localizados em municípios distantes 300 km um do outro — Atividades comerciais diferenciadas — Impossibilidade de haver captação de clientela — Inocorrência de concorrência desleal — Apelo negado. (Apelação Cível n. 77.995-4 — São João da Boa Vista — 4ª Câmara de Direito Privado — Relator: Fernando Horta — 22.04.99 — V.U.)

MARCAS E *PATENTES* — Produção de tábua de carne — Violação de *patente* — Procedência — Inadmissibilidade — Apresentação de inúmeras tábuas, oriundas de distintas indústrias — Variedade de produtos similares — Domínio público do modelo *patenteado* — Não caracterização de modelo de utilidade *patenteável* — Recurso provido. (Apelação Cível n. 67.602-4 — Bauru — 4ª Câmara de Direito Privado — Relator: Fonseca Tavares — 13.05.99 — V.U.)

PROPRIEDADE INDUSTRIAL — Lei de *patentes* — Modelo de utilidade — Modificação da forma do objeto para uma melhor utilização — Contrafação que não ficou evidenciada — Improcedência — Sentença confirmada — Recurso não provido. (Apelação Cível n. 70.311-4 — São Paulo — 6ª Câmara de Direito Privado — Relator: Octavio Helene — 06.05.99 — V.U.)

MARCAS E *PATENTES* — Rótulos semelhantes usados em produtos diferentes — Semelhança não ocorrente — rótulos que não possibilitam qualquer engano — Recurso provido. A questão relativa à limitação das marcas deverá ser sempre apreciada pelo conjunto dos elementos que constituem a marca e não pelas dessemelhanças, pois que estas últimas são sempre colocadas para justificar uma eventual defesa. Observe-se, ainda, que na figura da imitação o exame levado a efeito não deverá ser profundo, comparativo, mas sim como se fora um simples olhar do consumidor que pretende apenas e tão-somente adquirir o produto. (Apelação Cível n. 69.216-4 — Jundiaí — 4ª Câmara de Direito Privado — Relator: Barbosa Pereira — 11.03.99 — M.V.)

MARCAS E *PATENTES* — Rótulos semelhantes de dois produtos — Ação julgada parcialmente procedente para abstenção de uso de rótulos de apenas um deles — Alegação que o outro produto também é semelhante devendo ser proibida a sua apresentação — Recurso não provido. (Apelação Cível n. 69.216-4 — Jundiaí — 4ª Câmara de Direito Privado — Relator: Barbosa Pereira — 11.03.99 — M.V.).

MARCAS E *PATENTES* — Agravo — Tutela antecipada — Concessão — Inadmissibilidade — Controvérsias em torno da longeva utilização do nome correspondente à marca a não contribuírem para sua concessão — Recurso provido. (Agravo de Instrumento n. 120.361-4 — Barretos — 4ª Câmara de Direito Privado — Relator: Fonseca Tavares — 23.09.99 — V.U.)

PROPRIEDADE INDUSTRIAL — Modelo de utilidade — Reprodução indevida — Ação de abstenção e de indenização por perdas e danos — Indenizatória procedente, desde que sem objeto o pedido cominatório, por caducidade da *patente* — Violação bem confirmada pela perícia — Sentença mantida, salvo quanto ao período estabelecido para a indenização, a ser melhor apurado na execução — Apelação provida em parte. (Apelação Cível n. 129.680-4 — Diadema — 2ª Câmara de Direito Privado — Relator: J. Roberto Bedran — 23.11.99 — V.U.)

PROPRIEDADE INDUSTRIAL — *Patente* — Violação — Inocorrência — Modelo de domínio público — Variedade de produtos similares — Modelo de utilidade não caracterizado — Ação improcedente — Recurso provido para esse fim. (JTJ 219/163)

MARCAS E *PATENTES* — Cominatória — Cumulação com reparação por danos morais — Improcedência — Alegação, pela autora, de representação exclusiva da marca alemã MAHA no Brasil — Afastamento — Autorização outorgada à autora por gerente de empresa espanhola que renunciara ao cargo — Inexistência de representação — Anterioridade do registro da marca alemã — Artigo 8º, da Convenção de Paris para Proteção da Propriedade Industrial, de 20 de março de 1883, revista em Estocolmo a 14 de julho de 1967, promulgada pelo Decreto n. 635/92, ratificado pelo Decreto n. 1.263/94 — Sentença mantida — Recurso desprovido. (Apelação Cível n. 81.236-4 — Diadema — 5ª Câmara de Direito Privado — Relator: Rodrigues de Carvalho — 21.10.99 — V.U.).

INDENIZAÇÃO — Marcas e *patentes* — Responsabilidade civil — Descumprimento de contrato (verbal); prática de concorrência desleal — Ausência de provas — Ação improcedente — Eventuais prejuízos suportados pela autora nas atividades comerciais em face da concorrência provocada pela promovente, decorre do risco normal do comércio — Ausência de provas tenha a parceria comercial da autora se conduzido em desconformidade com as regras da livre concorrência resguardada por nosso ordenamento jurídico — Decisão mantida — Inexistência de negativa de vigência de normas processuais e especiais — Preliminares rejeitadas — Agravo retido conhecido, mas negado provimento a ambos os recursos (Apelação Cível n. 82.702-4 — Cotia — 7ª Câmara de Direito Privado — Relator: Júlio Vidal — 01.12.99 — V.U.)

MARCAS E *PATENTES* — Importação de máquinas — Exclusividade de subsidiária da titular da marca — Cautelar objetivando a continuidade das atividades — Carência decretada — Apelação — Argüição de nulidade por falta de intimação para manifestar sobre a contestação e os documentos — Pretensão de reforma com prosseguimento da instrução de cautelar — Recurso não Provido. (Apelação Cível n. 90.272-4 — São Paulo — 4ª Câmara de Direito Privado — Relator: Olavo Silveira — 03.02.00 — V.U.)

CRIME CONTRA A PROPRIEDADE INDUSTRIAL — Crime contra as *patentes* — Queixa-crime — Decadência — Ocorrência — Delito que deixa vestígio — Comprovação da materialidade do ilícito que pressupõe de admissibilidade da ação penal — Incidência do prazo decadencial se a apresentação da queixa-crime se der trinta dias após a homologação do laudo — Inteligência do art. 529 do CPP. (STJ — RT 781/542)

PROPRIEDADE INDUSTRIAL — Pedido de privilégio de invenção junto ao INPI — *Patente* ainda não concedida — Mera expectativa de direito que não autoriza o interessado a impedir a exploração por terceiro, muito embora assegure ao titular da *patente* o direito de obter indenização pela exploração indevida, entre a data do pedido e a da concessão da *patente* — Lei n. 9.279/96 — Recurso não provido. (Apelação Cível n. 110.236-4 — Jundiaí — 7ª Câmara de Direito Privado— Relator: Júlio Vidal — 06.12.00 — V.U.)

PROPRIEDADE INDUSTRIAL — Marcas e *patentes* — Contrafação — Concorrência desleal — Pedido procedente — Indenização devida, limitada, porém, ao início da fabricação do produto pela ré até o término da carta *patente* da autora — Honorários majorados para 20% sem incidência sobre a reconvenção — *Quantum debeatur* a ser apurado na fase de liquidação por artigos — Preliminares rejeitadas — Recursos providos em parte. (Apelação Cível n. 102.573-4 — São Paulo — 1ª Câmara de Direito Privado — Relator: Gildo dos Santos — 12.12.00 — V.U.)

MEDIDA CAUTELAR — Busca e apreensão — Marcas e *patentes* — Preliminares de nulidade processual e de carência da ação rejeitadas pelo magistrado — Decisão bem sustentada nas informações judiciais — Recurso não provido. (Agravo de Instrumento n. 178.083-4 — Itu — 7ª Câmara de Direito Privado — Relator: De Santi Ribeiro — 06.12.00 — V.U.)

PROPRIEDADE INDUSTRIAL — Marcas e *patentes* — Busca e apreensão — Medida cautelar liminarmente deferida — Pretensão à inclusão de terceiro no pólo passivo, estendendo-se a ele a liminar reclamada — Inadmissibilidade, na hipótese — Recurso não provido. (Agravo de Instrumento n. 163.846-4 — São Paulo — 5ª Câmara de Direito Privado — Relator: Boris Kauffmann — 22.02.01 — V.U.)

PROPRIEDADE INDUSTRIAL — Extensão dos prazos de validade de *patentes*, chamadas "pipelines", pelos prazos remanescentes das suas correspondentes no país de origem — Admissibilidade, desde que observado o prazo máximo de vinte anos, contados da data do depósito no Brasil — Inteligência do art. 230, § 4º, c/c o art. 40 da Lei 9.279/96. (TRF — 2ª Reg. — RT 783/447)

MARCAS E *PATENTES* — Agravo em ação cominatória — O registro de domínio na Internet não deve desconsiderar os direitos decorrentes do registro de marca no INPI — A tutela antecipada, preenchidos os requisitos do artigo 273 do Código de Processo Civil, foi bem concedida — Agravo improvido. (Agravo de Instrumento n. 202.504-4/8 — São Paulo — 2ª Câmara de Direito Privado — Relator: Paulo Hungria — 26.06.01 — V.U.)

PROPRIEDADE INDUSTRIAL — Alegada utilização indevida de nome e marcas comerciais — Atividades diversas entre as empresas — Possível confusão entre elas e suas marcas não demonstrada — Ação cominatória e indenizatória improcedente — Apelação não provida. (Apelação Cível n. 113.723-4 — São Paulo — 10ª Câmara de Direito Privado — Relator: Maurício Vidigal — 14.03.01 — V.U.)

PROPRIEDADE INDUSTRIAL — Marca — Empresas com o mesmo ramo de atividade — Produtos, no entanto, distintos quanto a qualidade, origem, espécie, valores e ao público a que se destinam — Possibilidade de coexistência — Insuscetibilidade de estabelecer erro, dúvida ou confusão — Ação improcedente — Recurso não provido. (JTJ 242/154)

PROPRIEDADE INDUSTRIAL — Marca — Proteção — Indenização — Dano — Insuficiência, para afirmá-lo, da simples convivência de marcas registradas — Presunção de dano — Inadmissibilidade — Produto ademais, nem mesmo lançado no mercado — Ação improcedente — Recurso provido. (JTJ 242/150)

PROPRIEDADE INDUSTRIAL — Marca estrangeira — Qualidade notoriamente conhecida — Reconhecimento no país do registro ou do uso — Suficiência — Convenção da União de Paris para Proteção da Propriedade Industrial — Recurso não provido. (JTJ 242/154)

PROPRIEDADE INDUSTRIAL — Marca — Registro da palavra "SPA" para serviços de hotelaria, organização de feiras, exposições, congressos e espetáculos — Ré com a mesma denominação, mas que se dedica a serviços médicos — Distinção entre ambos — Proteção reservada somente para a área do registro — Recurso não provido. (JTJ 245/157)

PROPRIEDADE INDUSTRIAL — Direito de marca "FIAT" com registro no INPI — Registro dos nomes de "domínios" fiatpalio.com.br e fiatsiena.com.br perante a FAPESP por terceiro, não detentor dos direitos das marcas "FIAT" e "SIENA" — Impossibilidade — Obrigação da FAPESP de abster-se do registro de nomes de "domínios" que possam induzir terceiros a erro — Inteligência do artigo 2º, III, "b", do Anexo I da Resolução n. 001/98 do Comitê Gestor da Internet no Brasil — Admissibilidade, no entanto, do registro de "domínio" contendo "FIAT", desde que os acréscimos que não se refiram a marcas de alto renome ou de notório conhecimento — Necessidade de apreciação judicial em cada caso — Agravo provido em parte. (Agravo de Instrumento n. 224.502-4/0 — São Paulo — 6ª Câmara de Direito Privado — Relator: Sebastião Carlos Garcia — 06.12.01 — V.U.)

PROPRIEDADE INDUSTRIAL — *Patente* — Invenção atribuída a sócio-quotista da empresa — Sociedade que pretende a exclusividade do invento — Inadmissibilidade se não demonstrado que as invenções resultaram de contrato de trabalho ou prestação de serviços que tenha por objeto a pesquisa ou a atividade inventiva — Inteligência do art. 6º da Lei 9.279/96. (TJDF — RT 795/299)

PROPRIEDADE INDUSTRIAL — INPI — Hipótese em que a ré também obteve o registro para uso da marca questionada pela autora — Aplicação do artigo 462 do Código de Processo Civil e improcedência da demanda — O registro dá o direito ao uso da marca e só sua nulidade, no juízo federal competente, pode impedir a continuidade do uso — Os registros, enquanto subsistirem, não podem deixar de produzir o seu principal efeito, que é o direito de uso — Recurso não provido. (Apelação Cível n. 125.238-4 — São Paulo — 2ª Câmara de Direito Privado — Relator: Maia da Cunha — 22.05.02 — V.U.)

PROPRIEDADE INDUSTRIAL — Marca — Ação para declarar a inexistência de usurpação, pela autora, de direito marcário — Pedido procedente — Reconvenção — Pleito de indenização pela violação da marca — Improcedência — Sentença mantida — Uso de expressão em produto de campanha publicitária que não poderia gerar confusão no consumidor — Recurso não provido. (Apelação Cível n. 120.436-4/0 — Poá — 1ª Câmara de Direito Privado — Relator: Gildo dos Santos — 14.05.02 — V.U.)

RESCISÓRIA — Propriedade industrial — Acórdão que reconhece a irrelevância e ineficácia do registro da marca "Floral" para produtos destinados ao mercado de flores, por entendê-la genérica (artigo 65, n. 6, da Lei n. 5.772/71) — Alegação de violação de texto legal (artigo 69, da Lei n. 5.772/71) — Inocorrência — Interpretação razoável e compatível — Improcedência. (Ação Rescisória n. 174.964-4 — São Paulo — 1º Grupo de Câmara de Direito Privado — Relator: J. Roberto Bedran — 26.03.02 — V.U.)

OBRIGAÇÃO DE NÃO FAZER — Marca industrial — Uso exclusivo da autora — Direito reconhecido através do competente registro — Decisão mantida — Recurso não provido. (Apelação Cível n. 125.193-4 — Osasco — 4ª Câmara de Direito Privado — Relator: Munhoz Soares — 02.05.02 — V.U.)

REGISTRO — Marca irregistrável — Absolutamente írrito — Sentença que não viola os dispositivos legais e constitucionais — Recurso não provido. Assim como seria inútil alguém registrar a marca alfafa, inútil é o registro dos populares apelidos, grama-de-são carlos, grama-santo agostinho, grama batatais e grama esmeralda. O inciso 20 do artigo 65 do C.P.I. vigente na época do registro e o artigo 124 da Lei 9.279/96 proíbem de modo iniludível tal registro. (Apelação Cível n. 121.250-4 — Ribeirão Preto — 9ª Câmara de Direito Privado — Relator: Antonio Vilenilson — 02.04.02 — V.U.)

PROPRIEDADE INDUSTRIAL — Marca — Abstenção do uso combinada com perdas e danos — Marca e nome comerciais homófonos — Anterioridade do registro da marca pela autora junto ao INPI — Nome comercial da ré, precedentemente arquivado na JUCESP — Uso da marca deferido à autora, mantido o nome comercial da ré — Perdas e danos inexistentes — Recursos não providos. (Apelação Cível n. 128.425-4 — Franco da Rocha — 4ª Câmara de Direito Privado — Relator: Carlos Stroppa — 13.06.02 — V.U.)

PROPRIEDADE INDUSTRIAL — Nome comercial — Logotipo — Registro no INPI — Empresa concorrente que reproduz em seus produtos o símbolo/marca semelhante que pode confundir os consumidores — Proibição — Cabimento — Indenização — Não especificação na inicial dos prejuízos — Descabimento — Recurso parcialmente provido. (Apelação Cível n. 124.519-4/8 — Atibaia — 6ª Câmara de Direito Privado — Relator: Testa Marchi — 09.05.02 — V.U.)

Parte Quinta

Lei Anterior a 1996

Considerações que foram examinadas em relação à lei anterior revogada em 21.12.1971 com o seguinte título: "Dos contratos de licenciamento de marcas, patentes e transferência de tecnologia".

1. Introdução

A — O tema escolhido englobará o estudo (bastante rápido em vista da vastidão do assunto) de contratos que envolvem o licenciamento de Marcas e Patentes e a Transferência de Tecnologia. A primeira pergunta que se coloca é, logicamente, a seguinte: Por que englobar num único tema, tornando-o bastante vasto, tanto o licenciamento de Propriedade Industrial — propriamente dita —, como a transferência de tecnologia? A resposta é simples e emana da prática. É muito comum encontrar-se num único instrumento tanto licenciamento de Patentes e Marcas quanto a outorga da tecnologia necessária à fabricação dos produtos cobertos pelas patentes e marcas licenciadas. É de compreensão imediata a íntima correlação existente entre os negócios jurídicos em questão; a ambas as partes contratuais interessa que o licenciado, além de obter o direito de uso da patente, obtenha igualmente aquele conjunto de dados técnicos, informações detalhadas de processamento e demais subsídios necessários à compreensão dos desenhos técnicos, à fabricação das partes e componentes, à montagem, ao procedimento de testes e controles de qualidade, às técnicas mercadológicas específicas para o produto, à propaganda, distribuição e vendas, além da assistência técnica a ser fornecida aos usuários finais do produto licenciado, conjunto este conhecido e designado de modo genérico como *know-how* — expressão, até certo ponto, intraduzível — e que já se transformou praticamente em termo de uso corrente em nosso país.

Quanto à marca usada para distinguir o produto cuja patente foi licenciada, é freqüente dar-se-lhe o mesmo destino dado à patente, isto é, o licenciamento, uma vez que, sendo a marca conhecida no mercado ao qual se destina o produto, é do interesse das partes que tal produto continue a ser distinguido por ela; neste aspecto, também, é de suma importância, para o proprietário da marca, que seu licenciamento, quando necessário, seja acompanhado da correspondente transmissão do *know-how* adequado, a fim de que a boa reputação gozada pela marca em determinado mercado não fique prejudicada pela sua utilização em produtos de qualidade inferior.

Veja-se, neste aspecto, a freqüência com que aparecem conjugados o licenciamento da *marca* e a outorga de *tecnologia* nos contratos conhecidos como *franchise*, ou franquia.

Fica, desta maneira, justificada a reunião, sob um mesmo tema, de contratos teoricamente distintos, em razão de sua freqüente inter-relação prática. É necessário ressaltar, neste ponto, o fato de que a maioria dos instrumentos acima referidos (que englobam licenciamento e transferência de tecnologia) têm como partes uma empresa brasileira e uma entidade estrangeira, o que enquadra o contrato em estudo dentro do âmbito vastíssimo do Direito Internacional Privado.

B — O tema do licenciamento, e, principalmente, a questão da transferência de tecnologia do exterior, têm sido, nos últimos anos, objeto de acirradas controvérsias que envolvem, sob uma superfície de debate de aspectos legais e jurídicos, um substrato político indisfarçável. Uma série de artigos e mesmo alguns livros foram editados, defendendo posições radicalmente opostas; sustentam uns a necessidade, na atual fase desenvolvimentista do nosso país, de se adotar uma atitude receptiva em relação à tecnologia estrangeira. Alegam outros o prejuízo que causa à economia nacional a drenagem de divisas para o exterior, em pagamento de *know-how* ultrapassado, ou que, no país de origem, já não é mais utilizado, diminuindo, desta maneira, a verba interna que deveria ser dedicada à pesquisa e ao desenvolvimento de tecnologia própria, adaptada às condições socioeconômicas e climáticas de nosso país.

Não deixam de ter fundamento as razões apresentadas por ambas as partes do debate. Veja-se, entretanto, como tal tema pode levar os estudiosos do assunto a adotar posições extremistas:

a) Em artigo publicado pela Revista "Visão", de 24 de maio de 1971 (Seção de Economia), sob o título de "*Know-how* Difícil", a respeito da existência desses contratos, lê-se:

"Desnecessário ressaltar o imperativo de as firmas brasileiras se manterem atualizadas no desenvolvimento tecnológico, a fim de não se marginalizarem na conquista do mercado interno e poderem competir na conquista de mercados externos.

Aliás, mesmo que se estimulem a criação de departamentos de pesquisas nas empresas, a ampliação do corpo científico e tecnológico brasileiro, as pesquisas nas universidades e nos institutos de tecnologia, não se pode esquecer que estas pesquisas não poderão ser realizadas em todos os campos. Certos setores, como o de petroquímica, por exemplo, exigem capitais vultosos e somente se tornam rentáveis a muito longo prazo. Mesmo grandes monopólios internacionais de petróleo preferem não arcar com essas despesas: compram tecnologia de laboratórios que muitas vezes vivem somente do licenciamento de *know-how* e de venda de patentes.

Talvez no futuro possamos encarar a possibilidade de 'substituição de tecnologia' da mesma forma como a nossa industrialização foi feita através da 'substituição de importações' — mas essa perspectiva ainda é remota na maior parte da indústria de base. No momento, o empenho maior, pelo menos teoricamente, seria o de incrementar a 'transferência tecnológica'. Com o tempo, é de se supor que esta dependência diminua — é o caso bastante conhecido do Japão."

Continua, mais adiante, o mesmo artigo:

"Apesar das grandes vantagens proporcionadas às empresas brasileiras pelos contratos de AT com firmas do exterior, autoridades governamentais têm encarado com desconfiança a assistência estrangeira às firmas nacionais, provavelmente devido à sua óbvia contrapartida: pagamento de *royalties* no caso de patentes, ou de porcentagens sobre o faturamento, no caso dos contratos de AT. O grande receio das autoridades federais foi sempre de que, sob a aparência de pagamento de prestação de serviços, estivessem sendo feitas remessas de lucros além dos limites estabelecidos pela lei. Ao que parece, este receio tem predominado sobre o desejo de importar tecnologia."

b) Por outro lado, escreve *J. Tinoco Soares*, em seu livro "Regime das Patentes e *Royalties*":

"Há muito e muito tempo vimos importando também as técnicas estrangeiras, mas, acreditamos que já chegou o momento de examinarmos cuidadosamente se esta técnica que nos é oferecida tem ou não aplicação em nosso meio industrial, se convém ou não aos interesses nacionais. Se isto fizermos, imediatamente, temos a mais absoluta certeza que a sua grande maioria será rechaçada, porque a despeito de todas as contradições e de tudo que se apregoa em malefício de nosso país, muito já aprendemos e muito mais ainda temos a ofertar às outras nações menos favorecidas."

E, mais adiante:

"O mau sentido da assistência técnica se verifica quando os industriais nacionais recebem a mesma ou semelhante tecnologia anteriormente recebida por outro industrial do mesmo ramo. Sabemos do estabelecimento de centenas ou milhares de contratos de assistência técnica existentes, que enquanto vigentes serão necessários ao nosso aprimoramento, mas temos convicção que outro tanto ou talvez mais poderão ser considerados como totalmente superados e nestas condições deverão ser imediatamente postergados."

c) Posição antagônica é defendida por advogados de empresas estrangeiras. Em seu livro "Doing Business in and with Brazil", diz *P.G. Garland*:

"Perhaps in no other area is the remittance of profits legislation as unreasonable, short-sighted and negative as in the licensing area. The 1962 legislation, the 1964 amendments, plus a series of related provisions in tax legislation, have combined to make license arrangements extremely unattractive and perhaps impossible in give circumstances. As a matter of semantics, it may also be noted that the world 'royalties' has become a 'loaded' of emotional expression even among well informed persons, and an unthinking reaction of this word is typical of the general approach to licensing as a whole.

The bias or assumption which underlines the provisions in question seems to be the effect that Brazil is no longer in need of know-how, technical assistance, patents, and trademark."

d) Mesma opinião é refletida no artigo publicado em "O Estado de S. Paulo", de 11 de agosto de 1972 (p. 16), sob o título "Para as Metas de 1980, só falta a tecnologia — Legislação ainda é controvertida".

A própria existência dos debates e discussões acima exemplificados vem demonstrar, sem sombra de dúvida, a importância e o volume das transações realizadas com base em tais contratos.

Deixando de lado, entretanto, as controvérsias a respeito, e encarando, de maneira pragmática, a existência e proliferação dos contratos de licenciamento e assistência técnica, passemos a analisá-los sob um ponto de vista jurídico-doutrinário.

2. Considerações sobre os contratos de licenciamento e transferência de tecnologia

Considerando que o assunto em estudo refere-se a Contratos de Licenciamento e Transferência de Tecnologia, e a fim de facilitar a análise, tomá-los-emos separadamente em relação a cada um de seus aspectos fundamentais. É necessário frisar que o contrato típico que nos propomos a analisar une, em um só instrumento, os diferentes negócios jurídicos abaixo destacados.

A — Noções gerais a respeito de licenciamento e transferência de tecnologia

1. Licenciamento de Patentes

Trata-se, como é óbvio, de licenciamento voluntário (em oposição ao licenciamento obrigatório, regulado pelos arts. 33 a 38 do atual Código de Propriedade Industrial — Lei n. 5.772 de 21.12.1971). Nas palavras de *Alexandre Gnocchi*, a licença voluntária "é um ato livre, ou que se supõe livre, mediante o qual o titular de uma patente estabelece com terceiros a exploração do invento, sob determinadas condições".

O contrato poderá ser executado, mesmo que a patente ainda não tenha sido concedida, mas simplesmente "depositada", uma vez que, na expressão do mesmo autor, "o direito do inventor não se constitui em razão da patente, mas em razão do invento". Na prática, ocorre freqüentemente que o licenciamento é contratado entre uma empresa estrangeira e uma empresa brasileira, e a patente em questão, concedida e em vigor no exterior em nome do licenciante, encontra-se apenas depositada no Brasil, no aguardo da concessão do privilégio. Neste caso, entretanto, o pagamento dos *royalties* ao licenciante estrangeiro somente poderá ser efetuado após a concessão do privilégio no Brasil (mediante a averbação do contrato de licenciamento junto ao Instituto Nacional da Propriedade Industrial). Tal pagamento, igualmente, só será permitido caso a patente tenha sido depositada no Brasil dentro do prazo de prioridade estipulado por tratado internacional entre o Brasil e o país do Licenciante. Por outro lado, a remessa dos *royalties* ao exterior somente poderá ser efetuada durante o prazo de vigência da patente licenciada, cessando quando esta caducar, seja no país do licenciante, seja no Brasil.

a) *Dos vários tipos de licença*: Existem, ainda, além das licenças obrigatórias e, como espécies das voluntárias, as licenças tácitas ou implícitas, e as licenças verbais. Estas duas últimas espécies, porém, não se aplicam aos casos de licenciamento oneroso entre empresas estrangeiras e brasileiras, vez que, nestes casos, a remessa dos *royalties* para o licenciante depende, como já dissemos, de averbação de instrumento por escrito junto ao INPI, além do registro do contrato junto ao Banco Central do Brasil.

A licença, poderá, ainda, ser onerosa ou gratuita, dando jus ao surgimento, conforme o caso, de figuras contratuais típicas.

O outorgante tem a liberdade, também, de conceder licenças totais ou parciais em relação ao invento; em relação ao prazo de utilização; e em relação à área territorial na qual a patente será explorada (cabendo aqui a ressalva, entretanto, de que o atual Código de Propriedade Industrial não admite restrições territoriais para as vendas dos produtos fabricados sob a patente licenciada, sob pena de negar-lhe a averbação; o mesmo não ocorre, porém, no caso de restrição territorial quanto à fabricação de produtos sob licença).

Continuando a relação das várias espécies de licenciamento de patentes, verifica-se que podem igualmente ser transferíveis e intransferíveis (conforme as faculdades dadas ao licenciado de passá-la a terceiros), exclusivas e não exclusivas, tanto em relação ao invento, quanto ao tempo da exploração e ao território.

b) *Algumas questões freqüentemente levantadas em relação aos contratos de licenciamento de patentes:*

Duas questões apresentam-se, de imediato, entre a problemática criada pelo licenciamento.

Uma delas refere-se à capacidade ou direito do licenciado de atacar a validade da patente cuja exploração lhe foi outorgada, mesmo que do contrato conste cláusula expressa negando-lhe tal direito. Tanto na opinião de autores nacionais, como da maioria dos tratadistas estrangeiros,(*) possui o licenciado tal direito, salvo na hipótese de estar ele de má-fé por ocasião da celebração do contrato.

Outra das questões que podem surgir refere-se à validade da cláusula contratual (bastante freqüente, aliás), que declara reconhecer, o licenciado, a validade da patente em questão. *Alexandre Gnocchi*, ao mencionar o problema, denomina-a "cláusula pretensiosa", uma vez que, apesar de constar do contrato, se mais tarde for comprovada a invalidade da patente, torna-se ela inútil. Tal cláusula é encontrada, com maior freqüência, nos contratos com empresas norte-americanas (deriva, mesmo, segundo o autor citado, do direito norte-americano). Um contrato, pois, que verse sobre patente inválida, é contrato cujo objeto não existe; é nulo, portanto, bem como todas as suas cláusulas.

2. Licenciamento de Marcas

O licenciamento de marcas assemelha-se, em linhas gerais, ao de patentes. É o ato pelo qual o titular de marca registrada ou cujo pedido de registro foi depositado, transfere-a a outrem, a título oneroso ou gratuito.

O nosso antigo Código de Propriedade Industrial (de 1945) não previa senão o licenciamento da marca, pura e simples, gerando dúvida nos doutrinadores sobre a possibilidade de tal licenciamento em relação a expressões e sinais de propaganda. O atual Código, além de dirimir essa dúvida, eliminou a possibilidade do licenciamento de marca "livre", isto é, aquele licenciamento pelo qual o titular da marca cede seu uso sem exigir e controlar a qualidade dos produtos que serão distinguidos por ela. De fato, veja-se a diferença da redação existente nos dois artigos correspondentes de ambos os Códigos (1945 e 1971):

Código de 1945, art. 147:

"Os titulares de marcas registradas, no Brasil, poderão autorizar seu uso por terceiros, devidamente estabelecidos, mediante contrato de exploração."

Código de 1971, art. 90:

"O titular de marca, ou expressão ou sinal de propaganda poderá autorizar seu uso por terceiros devidamente estabelecidos, mediante contrato de exploração que conterá o número do pedido ou de registro e as condições de remuneração, bem como a obrigação de o titular

---

(*) Alexandre Gnocchi cita Brener Moreno (argentino); Thomas Braun, Paul Struye e Louis André (belga); Ramella, Luzzato; Piola Caselli, Ernesto Eula, Lumbroso (italianos); Alain Casalonga, Roberto Moureaux, Charles Weisman e Massilus (franceses); e Stephen P. Ladas (norte-americano).

exercer controle efetivo sobre as especificações, natureza e qualidade dos respectivos artigos ou serviços."

Da mesma maneira que em relação ao licenciamento de patentes, o licenciamento não é prova suficiente do uso de marca. O Código de Propriedade Industrial estabelece (como já faziam os anteriores) que, caso a marca não seja utilizada durante dois anos (quatro a cinco no caso de patentes) ou seu uso seja interrompido por mais de dois anos consecutivos, caducará, *ex-officio* ou a requerimento de qualquer interessado.

A maioria das observações acima transcritas com relação ao licenciamento das patentes aplica-se, *mutatis mutandis*, ao licenciamento de marcas.

3. Transferência de Tecnologia

Trata-se de contrato pelo qual pessoa ou empresa (freqüentemente estrangeira) compromete-se a transmitir a empresa (ou pessoa física) nacional uma série de informações e conhecimentos técnicos imprescindíveis à fabricação e/ou comercialização de certos produtos, bem como à administração geral do empreendimento. Sempre em caráter temporário (por imposição legal) e geralmente a título oneroso.

Poucas normais legais tratam especificamente deste tipo contratual, tendo sido estabelecido que, da mesma forma que em relação ao licenciamento, a assistência técnica deve ser aprovada pelo Instituto Nacional da Propriedade Industrial. De fato, diz o art. 126 do Código:

> "Ficam sujeitos à averbação no Instituto Nacional da Propriedade Industrial, para os efeitos do art. 2º, parágrafo único, da Lei n. 5.648, de 11 de dezembro de 1970, os atos ou contratos que impliquem em transferência de tecnologia."

Nos termos do parágrafo único do art. 2º da Lei n. 5.648/70 acima citada, o "Instituto adotará, com vistas ao desenvolvimento econômico do País, medidas capazes de acelerar e regular a transferência de tecnologia (...)". Torna-se claro, portanto, que a função da averbação junto ao INPI é a da aplicação da política governamental em relação ao desenvolvimento interno e às relações internacionais. Em razão desta premissa, estabeleceu o INPI uma série de condições para a averbação de tais contratos (que examinaremos mais adiante em mais detalhes), mas que, de maneira geral, tendem a assegurar que a tecnologia a ser transmitida é realmente necessária à economia nacional; que não é passível de ser desenvolvida pelo próprio concessionário, ou obtida a menor custo.

Discorreremos sobre o processo de averbação e registro, bem como os requisitos pertinentes mais adiante.

B — Enquadramento teórico dos tipos contratuais de licenciamento e transferência de tecnologia

1. Locação Mercantil

Não parece haver dúvida quanto ao fato de que o licenciamento, tanto de marcas como de patentes, a *título oneroso*, constitui um caso típico de locação mercantil. De fato, confirma *Giuseppe Mirabelli:*

"Oggetto di locazione possono essere anche fonti di energia e cose immateriali, il cui esercizio sia cedibile, quali soprattutto i diritti di utilizzazione di privative industriali."

Na análise do contrato em estudo, abrangendo licenciamento e concessão de tecnologia, podemos considerar como locação mercantil somente o licenciamento a título oneroso. A própria assistência técnica, antigamente classificável como "locação de serviços", já na doutrina moderna é considerada prestação de serviços, deixando de pertencer, portanto, à divisão de "locações". O característico da locação é o regresso da coisa locada ao seu dono, ao passo que o serviço prestado fica pertencendo a quem o pagou, e não é suscetível de restituição.

Algumas características do licenciamento oneroso são:

a) Quanto ao prazo contratual, foi estabelecido seu máximo em cinco anos, prorrogáveis por mais cinco. O pagamento de *royalties*, entretanto, além de estar sujeito a este prazo contratual prefixado está igualmente sujeito à vigência (no Brasil e no país de origem, quando for o caso), das patentes licenciadas. Quanto às marcas, o respectivo pagamento só poderá ser feito durante os primeiros dez anos de registro da marca no Brasil. Marca em vigência por prorrogação não dá direito ao pagamento de *royalties*. Independentemente do respectivo pagamento, entretanto, o contrato poderá continuar a viger nos limites acima mencionado.

b) Pode extinguir-se o licenciamento, analogamente à locação, pela expiração do prazo; pelo distrato; pela resilição unilateral; pela resolução; pela caducidade dos objetos licenciados ou por sua cessão, caso não haja cláusula contratual expressa em contrário.

c) A cessão e o sub-licenciamento são possíveis desde que autorizados pelo licenciante.

d) Um aspecto particular ao contrato de licenciamento de marcas e patentes é que a violação do contrato pelo licenciado pode constituir, além de inadimplemento contratual, infração de privilégio, punível como delito.

2. *Comodato*

Não nos restam dúvidas (nossa opinião está alicerçada na de vários autores, inclusive na supramencionada, de *Giuseppe Mirabelli*) sobre o fato de que o licenciamento de marcas e patentes a título gratuito é comodato, e, como tal, rege-se pelos arts. 1.248 a 1.255 do Código Civil.

A dúvida que poderia persistir refere-se ao disposto no art. 1.248, que estabelece que o comodato se perfaz "com a tradição do objeto". Não havendo, na hipótese, tradição, uma vez que não é material o objeto em questão, poderíamos inclinar-nos a não considerar o licenciamento gratuito.

Na conceituação de *Orlando Gomes*, o comodato é o "empréstimo de uso. A coisa emprestada deve ser restituída na sua individualidade, razão por que não pode ser fungível ou consumível" (em contraposição ao mútuo). Seus requisitos, são, portanto, a gratuidade; a não fungibilidade e não consumibilidade, e a temporariedade. Aplica-se integralmente, portanto, à hipótese do licenciamento a título gratuito.

Pode o comodato ser estabelecido por tempo determinado; se for por tempo indeterminado resolve-se o contrato quando da expiração da patente, ou caducidade da marca, ou pela simples declaração de vontade de qualquer das partes.

3. Prestação de Serviços

Na transmissão de tecnologia, existe indubitavelmente uma prestação de serviços. O concedente (ou licenciante, nos contratos mistos) transmite, mediante ensinamento de técnicas, desenhos, etc., uma série de conhecimentos de valia para o concessionário (ou licenciado). Não há, em hipótese alguma, relação de subordinação por parte do prestador de serviço; existe, na imagem de *J. Tinoco Soares*, uma relação que se assemelha à do mestre-aluno. Mais uma razão, portanto, para se evitar a denominação (já não mais aceita por nenhum doutrinador) de "locação" de serviços.

Na definição proposta por *Orlando Gomes*, contrato de prestação de serviços *stricto sensu* é o "contrato mediante o qual uma pessoa se obriga a prestar serviços à outra, eventualmente, em troca de determinada remuneração, executando-os com independência técnica e sem subordinação hierárquica".

Distingue-se nitidamente do contrato de trabalho e da empreitada. Diz *Orlando Gomes* que à prestação de serviços corresponde o pagamento de "honorários". Não é o caso, entretanto, da prestação de assistência técnica, na qual a remuneração (à falta de melhor termo) costuma ser denominada "taxa". Freqüentemente, tal taxa não é estabelecida em montantes fixos, mas como percentual sobre as vendas dos produtos resultantes da aplicação de tal assistência técnica.

Nos contratos mistos de licenciamento e assistência técnica, é freqüente que seja convencionada uma única taxa destinada ao pagamento em conjunto de um e de outra. Nestes casos, entretanto, convém já deixar estabelecido, no contrato, qual o percentual de licenciamento e qual o de assistência técnica, uma vez que o pagamento jurídico de um e outra é diferente, sendo, além disso, necessária sua especificação por ocasião dos registros acima mencionados, junto ao INPI e ao Banco Central.

3. Formalização dos contratos de licenciamento de Marcas e Patentes e Transferência de Tecnologia. Instituto Nacional da Propriedade Industrial e Banco Central do Brasil

A — Averbação pelo Instituto Nacional da Propriedade Industrial

Assinado o contrato entre as partes, deve ser o mesmo averbado pelo Instituto Nacional da Propriedade Industrial. Tomemos a hipótese já descrita do contrato misto de licenciamento e tecnologia. Tal requisito decorre, para licenciamento de Patentes, do disposto no art. 30 do Código da Propriedade Industrial; para o licenciamento de Marcas, do art. 90; e para a Transferência de Tecnologia, do art. 126.

Uma série de normas deve ser obedecida na redação de tais contratos para que as averbações sejam concedidas:

1. Quanto ao território concedido para o licenciamento

Não permite o INPI, com base no § 2º do art. 29 e § 2º do art. 90, que se imponham restrições à industrialização e à comercialização dos produtos a serem fabricados sob as patentes e marcas licenciadas. Na prática, porém, pode-se estabelecer que a fabricação poderá ser feita somente dentro do território brasileiro; quanto às vendas, porém, não são permitidas restrições territoriais, com raríssimas exceções. A política adotada pelo INPI é bastante compreensível na atual fase de expansão da exportação brasileira, a de não admitir divisão preestabelecida de mercados, tendência muito comum das empresas multinacionais, freqüentes licenciadoras de sua propriedade industrial e de sua tecnologia, às várias subsidiárias ou filiais nos diversos países. As raríssimas exceções mencionadas acima referem-se às restrições, aceitas pelo INPI, de exportações a determinados países, quando estas são proibidas por lei vigente no país do concedente.

2. Quanto às importações

Os contratos de licenciamento ou transferência de tecnologia não poderão, do mesmo modo, estabelecer restrições à importação de insumos, ou criar obrigatoriedade por parte do licenciado de importar matéria-prima ou produtos intermediários somente do Licenciante. De fato, o já citado § 2º do art. 29 do CPI diz que: "concessão não poderá impor restrições à comercialização e à exportação do produto de que trata a licença, *bem como à importação de insumos necessários à sua fabricação*".

3. Quanto ao pagamento de royalties *e taxas de assistência técnica*

Os valores máximos para o pagamento de *royalties* e taxas de assistência técnica (cujo controle por parte das autoridades governamentais pode somente ser estabelecido em termos de dedutibilidade para efeito de Imposto de Renda e de remessa para o exterior) foram fixados, nos termos do art. 74 e §§ 1º e 2º da Lei n. 3.470 de 28.11.1958, pela Portaria n. 436 do Ministério da Fazenda, de 30 de dezembro de 1958. A mencionada Portaria (criticada unanimemente pelo fato de ser a relação de indústrias que introduz bastante genérica e desatualizada, dificultando o enquadramento) estabelece taxas que variam e 1% a 5%, conforme a essencialidade dos produtos para a economia nacional.

O pagamento máximo por licenciamento de marca, qualquer que seja o tipo de produto distinguido por ela, é de 1%.

Os percentuais fixados pela Portaria n. 436 incidem sobre as vendas líquidas dos produtos fabricados em razão do contrato, e não são cumulativos. Isto é, no caso de contratos mistos de licenciamento de marca, patente e tecnologia, relativo à indústria de base (cujo percentual máximo é de 5%), não poderá ser estabelecido 5% pela patente, mais

5% pela tecnologia, mais 1% para a marca, o que elevaria o teto máximo para 11%. Além dos tetos máximos de pagamento, existem outros requisitos a serem cumpridos para que tais pagamentos possam ser aprovados. São requisitos relativos ao objeto licenciado e às partes contratuais.

Quanto ao objeto da licença, veremos que *royalties* somente podem ser pagos por patentes ou marcas concedidas no Brasil, em vigor e cujo pedido de registro (em caso de pagamentos ao exterior) foi feito dentro do prazo de prioridade estabelecido em tratados internacionais entre o país do Licenciante e o Brasil. Além disso, pagamentos por marca, segundo nosso último Código de Propriedade Industrial, somente poderá ser efetuado dentro dos primeiros dez anos de sua vigência. Quanto a pagamentos por tecnologia, incumbe-se o INPI de verificar sua efetiva necessidade.

Uma observação importante é a de que não são permitidas cláusulas estabelecendo pagamentos de montantes mínimos de *royalties* ou taxas de assistência técnica.

Os requisitos necessários para a aprovação dos pagamentos relativos às partes contratuais são examinados durante o processo de registro pelo Banco Central, uma vez que se referem a pagamentos a serem remetidos ao exterior, que serão analisados mais adiante.

4. Quanto à absorção da tecnologia

Nos casos em que há transferência de tecnologia, exige o INPI que o concessionário (ou licenciado) absorva tal tecnologia estrangeira durante o prazo contratual, que pode ser, no máximo, de cinco anos. Na realidade, tal prazo pode ser prorrogado por outro período de cinco anos, somente quando se poderá fazer prova de que haverá nova tecnologia a ser transmitida.

Como conseqüência desta exigência não há possibilidade de serem incluídas cláusulas estabelecendo confidencialidade absoluta em relação às técnicas transmitidas, mesmo após o término contratual. São admitidos preceitos de confidencialidade somente durante o prazo contratual. Igualmente, não serão admitidas pelo INPI cláusulas proibindo a concessionária (ou Licenciada) de continuar a incorporar nos produtos de sua fabricação a tecnologia recebida, após o término contratual.

5. *Em se tratando de transferência de tecnologia, também, não são aceitas pelo INPI cláusulas eximindo o concedente (ou licenciante)*

de responsabilidade pela validade ou precisão das informações técnicas prestadas.

6. *Quanto aos melhoramentos introduzidos nas patentes e na tecnologia*

Mais um requisito cujo cumprimento é exigido pelo INPI é o de que qualquer aperfeiçoamento de melhoramento desenvolvido pelo licenciado permaneça de propriedade do mesmo licenciado. Na impede, porém, que o licenciado, por sua vez, licencie ao licenciante o uso de tais melhoramentos, mesmo a título gratuito, desde que não se comprometa desde logo a transferir sua propriedade ao Licenciante.

B — Registro junto ao Banco Central do Brasil

Após a averbação do contrato junto ao INPI, em geral deve ser ele registrado pelo Banco Central para efeito de autorização da remessa dos respectivos pagamentos ao exterior. O registro junto ao Banco Central, pois, não é necessário quando se trata de contrato de licenciamento e/ou transferência de tecnologia entre pessoas físicas ou jurídicas nacionais, ou quando, apesar de envolver parte domiciliada no exterior, não envolve remessa de divisas.

A função principal do registro efetuado pelo Banco Central é, portanto, a de controlar e regular as possibilidades de transferências monetárias ao exterior, tendo sido as principais diretrizes fixadas pela Lei n. 4.131 de 3.9.1962, alterada pela Lei n. 4.390 de 9.8.1964, ambas regulamentadas pelo Decreto n. 55.762 de 17.2.1965.

Com referência ao Licenciamento de Marcas e Patentes, estabelecem os citados dispositivos legais que os respectivos pagamentos não poderão ser remetidos caso o Licenciante no exterior seja detentor de mais de 50% das quotas ou ações representativas do capital do Licenciado.

Tal proibição não subsiste, entretanto, com referência a pagamentos por tecnologia. Mesmo que o concedente da tecnologia seja acionista ou quotista majoritário, do concessionário, poderá ser remunerado pela assistência técnica que, comprovadamente, prestar a este.

Em decorrência da proibição de pagamento de *royalties* por marcas e patentes à matriz sediada no exterior, e, para evitar que as partes envolvidas fujam a tal dispositivo transferindo para terceiros a titularidade de tais marcas e patentes, estabeleceu o novo Código de Propriedade Industrial que a averbação dos licenciamentos não produzirá qualquer efeito, no tocante ao pagamento de *royalties*, quando o titular anterior de tal propriedade não tiver direito a tal remuneração.

C — Função jurídica da averbação e registro

Um problema interessante, e que pode surgir, com freqüência, na prática, é o da função jurídica de tal averbação e de tal registro, em relação à validade do contrato entre as partes e perante terceiros.

A função da averbação junto ao INPI, no caso de Marcas e Patentes, é a de tornar público o licenciamento, isto é, de assegurar que o ato produza efeitos em relação a terceiros. Quanto à averbação de contratos de transferência de tecnologia, de acordo com a expressão do próprio texto legal, sua função é a da aplicação, por parte do INPI, das medidas governamentais tendentes a regular a transferência de tecnologia.

Já a função do registro junto ao Banco Central, nos próprios termos do art. 9º da Lei n. 4.131/62 ("As pessoas físicas ou jurídicas que desejarem fazer transferência para o exterior a título de (...) assistência técnica (...) deverão submeter aos órgãos competentes da SUMOC (...) os contratos e documentos que forem considerados necessários para justificar a remessa"), concerne única e exclusivamente à possibilidade de remessa do pagamento ao exterior. Isto é, possibilitar o cumprimento de uma das obrigações.

Em face destas duas exigências legais, tentaremos analisar se, na ausência de uma delas, ou de ambas, torna-se inválido o ato jurídico, por não ter tido "forma prescrita em lei", nos termos do art. 82 do Código Civil, ou se é nulo o contrato, nos termos do art. 145, item IV, do Código Civil, por falta de "solenidade essencial" ao ato.

Com referência ao problema, vejamos:

a) quanto à "*forma prescrita na Lei*"

Messineo considera que, quando a lei exige forma especial, trata-se sempre de escritura pública, visando à proteção das partes pela publicidade do ato, principalmente em relação a transações imobiliárias.

Nessa linha de raciocínio, portanto, parece-nos que nem a averbação no INPI nem o registro no Banco Central poderiam ser considerados "forma prescrita em lei", pois não interferem com a "forma" do contrato, que é instrumento particular, e constituem-se em atos extrínsecos e *a posteriori* ao próprio contrato.

b) quanto à "*falta de solenidade essencial*"

Na expressão de *J. M. de Carvalho Santos (Código Civil Brasileiro Interpretado, Rio, 1934, 25 vols.)*, "solenidade, portanto, aí, está empregada no texto legal também no sentido de exigência, abrangendo o texto, por conseguinte, todos aqueles casos em que a lei faz uma exigência essencial à validade do ato".

Neste sentido, consideramos que constitua a averbação junto ao INPI uma "solenidade essencial" à validade dos contratos de licenciamento de marcas e patentes e de transferência de tecnologia. Já o registro no Banco Central não deveria ser considerado como "solenidade essencial ao ato", uma vez que, sendo sua função a de autorizar a remessa, na sua ausência nada impede às partes que pactuem o pagamento no Brasil, continuando o contrato válido para todos os demais efeitos.

4. Algumas considerações em Direito Comparado

Quanto aos pagamentos de *royalties* por marcas e patentes, os percentuais máximos fornecidos por nossa Portaria n. 436 não diferem, substancialmente, dos máximos permitidos por outras legislações. Segundo dados fornecidos por *Alexandre Gnocchi*, as autoridades governamentais inglesas nunca permitem *royalties* superiores a 4%; decisão judicial proferida na Hungria estabelece *royalties* por patente na base de 3%. De maneira geral, pode-se dizer que as taxas máximas permissíveis variam entre 4% e 5%, nunca acima.

Ainda com referência a licenciamentos é interessante notar que existe, em várias legislações alienígenas, e com origem no direito inglês, um instituto até o presente desconhecido entre nós: o "*license of right*". Surgiu ele oficialmente na Inglaterra, em 1919, como um tipo de licença obrigatória, transformando-se, mais tarde (na lei de 1932), em variante de licença voluntária. Pelo "*license of right*" o titular "endossa" a sua patente à autoridade competente em matéria de Propriedade Industrial, que, por sua vez, poderá licenciá-la a qualquer interessado, mediante determinadas condições. No direito inglês, o titular de uma patente pode conceder o "*license of right*" a qualquer tempo, mesmo logo após a concessão da patente, podendo sempre retratar-se. Já no direito alemão, onde também vigora tal instituto, uma vez "endossada" a patente, isto é, estabelecido o licenciamento de direito, o ato é irretratável.

Gostaríamos de observar, entretanto, que, uma vez que a matéria de propriedade industrial e, principalmente, o pagamento a países estrangeiros de divisas a título de *royalties*, e de taxas de assistência técnica, é uma matéria que reflete a política econômico-desenvolvimentista do país, a atitude mais correta seria a de efetuar estudo comparativo em relação aos dispositivos sobre a matéria, estabelecidos por países do mesmo estágio de desenvolvimento do Brasil, ou, pelo menos, semelhantes. De fato, em matéria de propriedade industrial e, primordialmente, de pesquisa e desenvolvimento de *know-how* e técnicas industriais, existem basicamente dois grupos de países: o dos que exportam e o dos que importam tais técnicas. Não haveria grande interesse, pois, em comparar as normas e a prática brasileiras com a de países pertencentes a outro grupo, cujas necessidades e interesses são diferentes.

No âmbito da América do Sul, e, particularmente em relação aos países componentes do "Pacto Andino", foram estabelecidas regras comuns para o recebimento, controle e pagamento de propriedade industrial e tecnologias estrangeiras, consubstanciadas, de maneira ampla, no Acordo de Cartagena, de 26 de maio de 1969, e de maneira particularizada na Decisão n. 24, de dezembro de 1970, elaborada pela Comissão do Acordo de Cartagena.

Trata a Decisão n. 24 do "Régimen Común de Tratamiento a los Capitales Extranjeros y sobre marcas, patentes, licencias y regalias".

Como poderemos ver pela transcrição dos artigos abaixo, foi estabelecido, para os países andinos, um regime marcantemente semelhante ao vigente no Brasil. Se não, vejamos: dizem os arts. 18 a 21 e 25, da Decisão n. 24:

> "*Articulo 18.* — Todo contrato sobre importación de tecnología y sobre patentes y marcas deberá ser examinado y sometido a la aprobación del organismo competente del respectivo País Miembro, el cual deberá evaluar la contribución efectiva de la tecnología importada mediante la estimación de sus utilidades probables, el precio de los bienes que incorporen tecnología u otras formas específicas de cuantificación del efecto de la tecnología importada."
>
> "*Articulo 19.* — Los contratos sobre importación de tecnología deberán contener, por lo menos, cláusulas sobre las materias seguientes:

(a) Identificación de las modalidades que revista la transferencia de la tecnología que importa;

(b) Valor contractual de cada uno de los elementos involucrados en la transferencia de tecnología, expressada en forma similar a la utilizada en el registro de la inversión extranjera directa; y

(c) Determinación del plazo de vigencia."

"*Artículo 20.* — Los Países Miembros no autorizarán la celebración de contratos sobre transferencia de tecnología externa o sobre patentes que contengan:

(a) Cláusulas en virtud de las cuales el suministro de tecnología lleve consigo la obrigación, para el país o la empresa receptora, de adquirir de una fuente determinados bienes de capital, productos intermedios, materias primas u otras tecnologías o de utilizar permanentemente personal señalado por la empresa proveedora de tecnología.

En casos excepcionales el país receptor podrá aceptar cláusulas de esta naturaleza para la adquisición de bienes de capital, productos intermedios o materias primas, siempre que su precio corresponda a los niveles corrientes en el mercado internacional;

(b) Cláusulas conforme a las cuales la empresa vendedora de tecnología se reserve el derecho de fijar los precios de venta e reventa de los productos que se elaboren con base en la tecnología respectiva;

(c) Cláusulas que contengan restricciones referentes al volumen y estructura de la producción;

(d) Cláusulas que prohiban el uso de tecnologías competidoras;

(e) Cláusulas que establezcan opción de compra, total o parcial, a favor del proveedor de la tecnología;

(f) Cláusulas que obliguen al comprador de tecnología a transferir al proveedor los inventos o mejoras que se obtengan en virtud del uso de dicha tecnología;

(g) Cláusulas que obliguen a pagar regalías a los titulares de las patentes por patentes no utilizadas; y

(h) Otras cláusulas de efecto equivalente.

Salvo casos excepcionales, debidamente calificados por el organismo competente del país receptor, no se admitirán cláusulas en que se prohiba o limite de cualquier manera la exportación de los productos elaborados a base de la tecnología respectiva.

En ningún caso se admitirán cláusulas de esta naturaleza en relación con el intercambio subregional o para la exportación de productos similares a terceros países."

"*Articulo 21.*— Las contribuciones tecnológicas intangibles darán derecho al pago de regalías, previa autorización del organismo nacional competente, pero no podrán computar-se como aporte de capital.

Cuando esas contríbuciones sean suministradas a una empresa extranjera por sua casa matriz o por otra filial de la misma casa matriz, no se autorizará el pago de regalías ni se admitirá deducción alguna por ese concepto para efectos tributarios."

"*Articulo 25.* — Los contratos de licencia para la explotación de marcas de origen extranjero en el território de los Países Miembros no podrán contener cláusulas restrictivas tales como:

(a) Prohibición o limitación de exportar o vender en determinados países los productos elaborados al amparo de la marca respectiva, o productos similares;

(b) Obligación de utilizar materias primas, bienes intermedios y equipos suministrados por el titular de la marca o de sus afiliados. En casos excepcionales, el país receptor podrá aceptar cláusulas de esta naturaleza siempre que el precio de los mismos corresponda a los niveles corrientes en el mercado internacional;

(c) Fijación de precios de venta e reventa de los productos elaborados al amparo de la marca;

(d) Obligación de pagar regalías al titular de la marca por marcas no utilizadas;

(e) Obligación de utilizar permanentemente personal suministrado o señalado por el titular de la marca; y

(f) Otras de efecto equivalente."

De maneira semelhante, estabeleceu o governo do *México* uma série de controles, restrições e requisitos relativos à matéria de licenciamento e transferência de tecnologia, consubstanciados na "Ley sobre el Registro de la Transferencia de Tecnología y el Uso y Explotación de Patentes y Marcas", datada de 28 de dezembro de 1972.

A título exemplificativo do que estabelece a legislação mexicana, vejamos os arts. 2º e 7º da acima mencionada Lei:

"*Articulo 2º* — Es obligatorio la inscripción en el Registro a que se refiere el articulo anterior, de los documentos en que se contengan los actos, contratos o convenios de cualquier naturaleza que debán surtir efectos en el território nacional y que se realicen o celebren con motivo de:

(a) La concesión del uso o autorización de explotación de marcas;

(b) La concesión del uso o autorización de explotación de patentes de invención, de mejoras, de modelos y dibujos industriales;

(c) El suministro de conocimientos técnicos, mediante planos, diagramas, modelos, instructivos, instrucciones, formulaciones, especificaciones, formación y capacitación de personal y otras modalidades;

(d) La provision de ingenieria basica o de detalie para la ejecución de instalaciones o la fabricaciónn de productos.

(e) La asistencia técnica, cualquiera que sea la forma en que ésta se preste.

(f) Servicios de administración y operación de empresas."

"Articulo 7º — La Secretaria de Industria y Comercio no registrará los actos, convenios e contratos a que se refere el articulo 2º en los seguintes casos:

I — Cuando su objeto sea la transferencia de tecnología disponible libremente en el país, siempre que se trate de la misma tecnología;

II — Cuando el precio o la contraprestación no guarden relación con la tecnología adquirida o constituvan un gravamen injustificado excessivo para la economia nacional;

III — Cuando se encluyan cláusulas por las cuales se permita al proveedor regular o intervenir, directa o indirectamente, en administración del adquirente de tecnología;

IV — Cuando se establezca la obligación de ceder, a titulo oneroso o gratuito, al proveedor de la tecnología, las patentes, marcas, innovaciones o mejoras que se obtengan por el adquirente;

V — Cuando se impongan limitaciones a la investigación o al desarrollo tecnológico del adquirente;

VI — Cuando se establezca la obrigación de adquirir equipos, herramientas, partes o materias primas excluivamente de un origen determinado;

VII — Cuando se prohiba o limite la exportación de los bienes o servicios producidos por el adquirente de manera contraria a los intereses del país;

VIII — Cuando se prohiba el uso de tecnologías complementarias;

IX — Cuando se establezca la obligación de vendas de manera exclusiva al proveedor de la tecnología los bienes producidos por el adquirente;

X — Cuando se obligue al adquirente a utilizar permanentemente personal señalado por el proveedor de la tecnología;

XI — Cuando se limiten los volumenes de producción o se impongan precios de venta e reventa para la producción nacional o para las exportaciones del adquirente;

XII — Cuando se obligue el adquirente a celebrar contratos de venta o representación exclusivas con el proveedor de la tecnología, en el território nacional;

XIII — Cuando se establezcan plazos excesivos de vigencia. En ningún caso dichos plazos podrán exceder de diez anos obligatórios para el adquirente; o

XIV — Cuando se someta a tribunales extranjeros el conocimiento o la resolución de los juicios que puedan originarse por la interpretación o cumplimiento de los referidos actos, convenios o contratos.

Los actos, convenios o contratos a que se refiere el Artículo 2º, que deban sutir efectos en el territorio nacional, se regirán por las leyes mexicanas.

Veja-se, como questão de grande importância e interesse, que preocupou-se a legislação mexicana com a regência legal de tais contratos, que obviamente, surge entre as partes submetidas a regimes jurídicos diversos. Não resta dúvida, pelos artigos acima transcritos, que, em face da lei mexicana, os contratos que devam ser executados ou que produzem efeitos no território mexicano serão regidos pelas leis mexicanas.

Na conformidade da legislação brasileira, a regência de contratos do tipo em questão obedece ao disposto em nossa Lei de Introdução ao Código Civil, o que tem causado uma série de controvérsias e dificuldades ao internacionalista encarregado de uma análise contratual.

À guisa de conclusão, entretanto, tendo em vista os rápidos estudos comparativos acima ventilados, podemos afirmar que, ao contrário da opinião de alguns dos autores mencionados no início deste trabalho, a legislação brasileira, em relação ao controle de licenciamento e assistência técnica de âmbito internacional, não só estabelece regras criteriosas, mas é coerente com a dos demais países que, na mesma faixa de desenvolvimento econômico e industrial, buscam não rechaçar os investimentos imateriais e tecnólogicos estrangeiros, mas permiti-los de maneira controlada e não-abusiva.

Parte Sexta

Legislação

Anexo I. Lei n. 9.279, de 14 de maio de 1996.

Lei n. 9.279, de 14 de maio de 1996

Regula direitos e obrigações relativos à propriedade industrial

O Presidente da República

Faço saber que o Congresso Nacional decreta e eu sanciono a seguinte Lei:

DISPOSIÇÕES PRELIMINARES

Art. 1º Esta Lei regula direitos e obrigações relativos à propriedade industrial.

Art. 2º A proteção dos direitos relativos à propriedade industrial, considerado o seu interesse social e o desenvolvimento tecnológico e econômico do País, efetua-se mediante:

I — concessão de patentes de invenção e de modelo de utilidade;

II — concessão de registro de desenho industrial;

III — concessão de registro de marca;

IV — repressão à concorrência desleal.

Art. 3º Aplica-se também o disposto nesta Lei:

I — ao pedido de patente ou de registro proveniente do exterior e depositado no País por quem tenha proteção assegurada por tratado ou convenção em vigor no Brasil; e

II — aos nacionais ou pessoas domiciliadas em país que assegure aos brasileiros ou pessoas domiciliadas no Brasil a reciprocidade de direitos iguais ou equivalentes.

Art. 4º As disposições dos tratados em vigor no Brasil são aplicáveis, em igualdade de condições, às pessoas físicas e jurídicas nacionais ou domiciliadas no País.

Art. 5º Consideram-se bens móveis, para os efeitos legais, os direitos de propriedade industrial.

TÍTULO I

DAS PATENTES

CAPÍTULO I

DA TITULARIDADE

Art. 6º Ao autor de invenção ou modelo de utilidade será assegurado o direito de obter a patente que lhe garanta a propriedade, nas condições estabelecidas nesta Lei.

§ 1º Salvo prova em contrário, presume-se o requerente legitimado a obter a patente.

§ 2º A patente poderá ser requerida em nome próprio, pelos herdeiros ou sucessores do autor, pelo cessionário ou por aquele a quem a lei ou o contrato de trabalho ou de prestação de serviços determinar que pertença a titularidade.

§ 3º Quando se tratar de invenção ou de modelo de utilidade realizado conjuntamente por duas ou mais pessoas, a patente poderá ser requerida por todas ou qualquer delas, mediante nomeação das demais, para ressalva dos respectivos direitos.

§ 4º O inventor será nomeado e qualificado, podendo requerer a não divulgação de sua nomeação.

Art. 7º Se dois ou mais autores tiverem realizado a mesma invenção ou modelo de utilidade, de forma independente, o direito de obter patente será assegurado àquele que provar o depósito mais antigo, independentemente das datas de invenção ou criação.

Parágrafo único. A retirada de depósito anterior sem produção de qualquer efeito dará prioridade ao depósito imediatamente posterior.

CAPÍTULO II

DA PATENTEABILIDADE

SEÇÃO I

DAS INVENÇÕES E DOS MODELOS DE UTILIDADE PATENTEÁVEIS

Art. 8º É patenteável a invenção que atenda aos requisitos de novidade, atividade inventiva e aplicação industrial.

Art. 9º É patenteável como modelo de utilidade o objeto de uso prático ou parte deste, suscetível de aplicação industrial, que apresente nova forma ou disposição, envolvendo ato inventivo, que resulte em melhoria funcional no seu uso em sua fabricação.

Art. 10. Não se considera invenção nem modelo de utilidade:

I — descobertas, teorias científicas e métodos matemáticos;

II — concepções puramente abstratas;

III—esquemas, planos, princípios ou métodos comerciais, contábeis, financeiros, educativos, publicitários, de sorteio e de fiscalização;

IV — as obras literárias, arquitetônicas, artísticas e científicas ou qualquer criação estética;

V — programas de computador em si;

VI — apresentação de informações;

VII — regras de jogo;

VIII — técnicas e métodos operatórios ou cirúrgicos, bem como métodos terapêuticos ou de diagnóstico, para aplicação no corpo humano ou animal; e

IX — o todo ou parte de seres vivos naturais e materiais biológicos encontrados na natureza, ou ainda que isolados, inclusive o genoma ou germoplasma de qualquer ser vivo natural e os processos biológicos naturais.

Art. 11. A invenção e o modelo de utilidade são considerados novos quando não compreendidos no estado da técnica.

§ 1º O estado da técnica é constituído por tudo aquilo tornado acessível ao público antes da data de depósito do pedido de patente, por descrição escrita ou oral, por uso ou qualquer outro meio, no Brasil ou no exterior, ressalvado o disposto no arts. 12, 16 e 17.

§ 2º Para fins de aferição da novidade, o conteúdo completo de pedido depositado no Brasil, e ainda não publicado, será considerado estado da técnica a partir da data de depósito, ou da prioridade reivindicada, desde que venha a ser publicado, mesmo que subseqüentemente.

§ 3º O disposto no parágrafo anterior será aplicado ao pedido internacional de patente depositado segundo tratado ou convenção em vigor no Brasil, desde que haja processamento nacional.

Art. 12. Não será considerada como estado da técnica a divulgação de invenção ou modelo de utilidade, quando ocorrida durante os 12 (doze) meses que precederem a data de depósito ou da prioridade do pedido de patente, se promovida:

I — pelo inventor;

II — pelo Instituto Nacional da Propriedade Industrial — INPI, através de publicação oficial do pedido patente depositado sem o consentimento do inventor, baseado em informações deste obtidas ou em decorrência de atos por ele realizados; ou

III — por terceiros, com base em informações obtidas direta ou indiretamente do inventor ou em decorrência de atos por este realizados.

Parágrafo único. O INPI poderá exigir do inventor declaração relativa à divulgação, acompanhada ou não de provas, nas condições estabelecidas em regulamento.

Art. 13. A invenção é dotada de atividade inventiva sempre que, para um técnico no assunto, não decorra de maneira evidente ou óbvia do estado da técnica.

Art. 14. O modelo de utilidade é dotado de ato inventivo sempre que, para um técnico no assunto, não decorra de maneira comum ou vulgar do estado da técnica.

Art. 15. A invenção e o modelo de utilidade são considerados suscetíveis de aplicação industrial quando possam ser utilizados ou produzidos em qualquer tipo de indústria.

SEÇÃO II
DA PRIORIDADE

Art. 16. Ao pedido de patente depositado em país que mantenha acordo com o Brasil, ou em organização internacional, que produza efeito de depósito nacional, será assegurado direito de prioridade, nos prazos estabelecidos no acordo, não sendo o depósito invalidado nem prejudicado por fatos ocorridos nesses prazos.

§ 1º A reivindicação de prioridade será feita no ato de depósito, podendo ser suplementada dentro de 60 (sessenta) dias por outras prioridades anteriores à data do depósito no Brasil.

§ 2º A reivindicação de prioridade será comprovada por documento hábil da origem, contendo número, data, título, relatório descritivo e, se for o caso, reivindicações e desenhos, acompanhado de tradução simples da certidão de depósito ou documento equivalente, contendo dados identificadores do pedido, cujo teor será de inteira responsabilidade do depositante.

§ 3º Se não efetuada por ocasião do depósito, a comprovação deverá ocorrer em até 180 (cento e oitenta) dias contados do depósito.

§ 4º Para os pedidos internacionais depositados em virtude de tratado em vigor no Brasil, a tradução prevista no § 2º deverá der apresentada no prazo de 60 (sessenta) dias contados da data da entrada no processamento nacional.

§ 5º No caso de o pedido depositado no Brasil estar fielmente contido no documento da origem, será suficiente uma declaração do depositante a este respeito para substituir a tradução simples.

§ 6º Tratando-se de prioridade obtida por cessão, o documento correspondente deverá ser apresentado dentro de 180 (cento e oitenta) dias contados do depósito, ou, se for o caso, em até 60 (sessenta) dias da data da entrada no processamento nacional, dispensada a legalização consular no país de origem.

§ 7º A falta de comprovação nos prazos estabelecidos neste artigo acarretará a perda da prioridade.

§ 8º Em caso de pedido depositado com reivindicação de prioridade, o requerimento para antecipação de publicação deverá ser instruído com a comprovação da prioridade.

Art. 17. O pedido de patente de invenção ou de modelo de utilidade depositado originalmente no Brasil, sem reivindicação de prioridade e não publicado, assegurará o direito de prioridade ao pedido posterior sobre a mesma matéria depositado no Brasil pelo mesmo requerente ou sucessores, dentro do prazo de 1(um) ano.

§ 1º A prioridade será admitida apenas para a matéria revelada no pedido anterior, não se estendendo à matéria nova introduzida.

§ 2º O pedido anterior ainda pendente será considerado definitivamente arquivado.

§ 3º O pedido de patente originário de divisão de pedido anterior não poderá servir de base à reivindicação de prioridade.

SEÇÃO III

DAS INVENÇÕES E DOS MODELOS DE UTILIDADE NÃO PATENTEÁVEIS

Art. 18. Não são patenteáveis:

I — o que for contrário à moral, aos bons costumes e à segurança, à ordem e à saúde públicas;

II — as substâncias, matérias, misturas, elementos ou produtos de qualquer espécie, bem como a modificação de suas propriedades físico-químicas e os respectivos processos de obtenção ou modificação, quando resultantes de transformação do núcleo atômico; e

III — o todo ou parte dos seres vivos, exceto os microorganismos transgênicos que atendam aos três requisitos de patenteabilidade — novidade, atividade inventiva e aplicação industrial — previstos no art. 8º e que não sejam mera descoberta.

Parágrafo único. Para os fins desta Lei, microorganismos transgênicos são organismos, exceto o todo ou parte de plantas ou de animais, que expressem, mediante intervenção humana direta em sua composição genética, uma característica normalmente não alcançável pela espécie em condições naturais.

CAPÍTULO III

DO PEDIDO DE PATENTE

SEÇÃO I

DO DEPÓSITO DO PEDIDO

Art. 19. O pedido de patente, nas condições estabelecidas pelo INPI, conterá:

I — requerimento;

II — relatório descritivo;

III — reivindicações;

IV — desenhos, se for o caso;

V — resumo; e

VI — comprovante do pagamento da retribuição relativa ao depósito.

Art. 20. Apresentado o pedido, será ele submetido a exame formal preliminar e, se devidamente instruído, será protocolizado, considerada a data de depósito a da sua apresentação.

Art. 21. O pedido que não atender formalmente ao disposto no art.19, mas que contiver dados relativos ao objeto, ao depositante e ao inventor, poderá ser entregue, mediante recibo datado, ao INPI, que estabelecerá as exigências, no prazo de 30 (trinta) dias, sob pena de devolução ou arquivamento da documentação.

Parágrafo único. Cumpridas as exigências, o depósito será considerado como efetuado na data do recibo.

SEÇÃO II

DAS CONDIÇÕES DO PEDIDO

Art. 22. O pedido de patente de invenção terá de se referir a uma única invenção ou a um grupo de invenções inter-relacionadas de maneira a compreenderem um único conceito inventivo.

Art. 23. O pedido de patente de modelo de utilidade terá de se referir a um único modelo principal, que poderá incluir uma pluralidade de elementos distintos, adicionais ou variantes construtivas ou configurativas, desde que mantida a unidade técnico-funcional e corporal do objeto.

Art. 24. O relatório deverá descrever clara e suficientemente o objeto, de modo a possibilitar sua realização por técnico no assunto e indicar, quando for o caso, a melhor forma de execução.

Parágrafo único. No caso de material biológico essencial à realização prática do objeto do pedido, que não possa ser descrito na forma deste artigo e que não estiver acessível ao público, o relatório será suplementado por depósito do material em instituição autorizada pelo INPI ou indicada em acordo internacional.

Art. 25. As reivindicações deverão ser fundamentadas no relatório descritivo, caracterizando as particularidades do pedido e definindo, de modo claro e preciso, a matéria objeto da proteção.

Art. 26. O pedido de patente poderá ser dividido em dois ou mais, de ofício ou a requerimento do depositante, até o final do exame, desde que o pedido dividido:

I — faça referência específica ao pedido original; e

II — não exceda à matéria revelada constante do pedido original.

Parágrafo único. O requerimento de divisão em desacordo com o disposto neste artigo será arquivado.

Art. 27. Os pedidos divididos terão a data de depósito do pedido original e o benefício de prioridade deste, se for o caso.

Art. 28. Cada pedido dividido estará sujeito a pagamento das retribuições correspondentes.

Art. 29. O pedido de patente retirado ou abandonado será obrigatoriamente publicado.

§ 1º O pedido de retirada deverá ser apresentado em até 16 (dezesseis) meses, contados da data do depósito ou da prioridade mais antiga.

§ 2º A retirada de um depósito anterior sem produção de qualquer efeito dará prioridade ao depósito imediatamente posterior.

SEÇÃO III

DO PROCESSO E DO EXAME DO PEDIDO

Art. 30. O pedido de patente será mantido em sigilo durante 18 (dezoito) meses contados da data de depósito ou da prioridade mais antiga, quando houver, após o que será publicado, à exceção do caso previsto no art. 75.

§ 1º A publicação do pedido poderá ser antecipada a requerimento do depositante.

§ 2º Da publicação deverão constar dados identificadores do pedido de patente, ficando cópia do relatório descritivo, das reivindicações, do resumo e dos desenhos à disposição do público no INPI.

§ 3º No caso previsto no parágrafo único do art. 24, o material biológico tornar-se-á acessível ao público com a publicação de que trata este artigo.

Art. 31. Publicado o pedido de patente e até o final do exame, será facultada a apresentação, pelos interessados, de documentos e informações para subsidiarem o exame.

Parágrafo único. O exame não será iniciado antes de decorridos 60 (sessenta) dias da publicação do pedido.

Art. 32. Para melhor esclarecer ou definir o pedido de patente, o depositante poderá efetuar alterações até o requerimento do exame, desde que estas se limitem à matéria inicialmente revelada no pedido.

Art. 33. O exame do pedido de patente deverá ser requerido pelo depositante ou por qualquer interessado, prazo de 36 (trinta e seis) meses contados da data do depósito, sob pena do arquivamento do pedido.

Parágrafo único. O pedido de patente poderá ser desarquivado, se o depositante assim o requerer, dentro de 60 (sessenta) dias contados do arquivamento, mediante pagamento de uma retribuição específica, sob pena de arquivamento definitivo.

Art. 34. Requerido o exame, deverão ser apresentados, no prazo de 60 (sessenta) dias, sempre que solicitado, sob pena de arquivamento do pedido:

I — objeções, buscas de anterioridade e resultados de exame para concessão de pedido correspondente em outros países, quando houver reivindicação de prioridade;

II — documentos necessários à regularização do processo e exame do pedido; e

III — tradução simples do documento hábil referido no § 2º do art. 16, caso esta tenha sido substituída pela declaração prevista no § 5º do mesmo artigo.

Art. 35. Por ocasião do exame técnico, será elaborado o relatório de busca e parecer relativo a:

I — patenteabilidade do pedido;

II — adaptação do pedido à natureza reivindicada;

III — reformulação do pedido ou divisão; ou

IV — exigências técnicas.

Art. 36. Quando o parecer for pela não patenteabilidade ou pelo não enquadramento do pedido na natureza reivindicada ou formular qualquer exigência, o depositante será intimado para manifestar-se no prazo de 90 (noventa) dias.

§ 1º Não respondida a exigência o pedido será definitivamente arquivado.

§ 2º Respondida a exigência, ainda que não cumprida, ou contestada sua formulação, e havendo ou não manifestação sobre a patenteabilidade ou enquadramento, dar-se-á prosseguimento ao exame.

Art. 37. Concluído o exame, será proferida decisão, deferindo ou indeferindo o pedido de patente.

CAPÍTULO IV

DA CONCESSÃO E DA VIGÊNCIA DA PATENTE

SEÇÃO I

DA CONCESSÃO DA PATENTE

Art. 38. A patente será concedida depois de deferido o pedido, e comprovado o pagamento da retribuição correspondente, expedindo-se a respectiva carta-patente.

§ 1º O pagamento da retribuição e respectiva comprovação deverão ser efetuados no prazo de 60 (sessenta) dias contados do deferimento.

§ 2º A retribuição prevista neste artigo poderá ainda ser paga e comprovada dentro de 30 (trinta) dias após o prazo previsto no parágrafo anterior, independentemente de notificação, mediante pagamento de retribuição específica, sob pena de arquivamento definitivo do pedido.

§ 3º Reputa-se concedida a patente na data de publicação do respectivo ato.

Art. 39. Da carta-patente deverão constar o número, o título e a natureza respectivos, o nome do inventor, observado o disposto no § 4º do art. 6º, a qualificação e o domicílio do titular, o prazo de vigência, o relatório descritivo, as reivindicações e os desenhos, bem como os dados relativos à prioridade.

SEÇÃO II

DA VIGÊNCIA DA PATENTE

Art. 40. A patente de invenção vigorará pelo prazo de 20 (vinte) anos e a de modelo de utilidade pelo prazo 15 (quinze) anos contados da data de depósito.

Parágrafo único. O prazo de vigência não será inferior a 10 (dez) anos para a patente de invenção e a 7 (sete) anos para a patente de modelo de utilidade, a contar da data de concessão, ressalvada a hipótese de o INPI estar impedido de proceder ao exame de mérito do pedido, por pendência judicial comprovada ou por motivo de força maior.

CAPÍTULO V

DA PROTEÇÃO CONFERIDA PELA PATENTE

SEÇÃO I

DOS DIREITOS

Art. 41. A extensão da proteção conferida pela patente será determinada pelo teor das reivindicações, interpretado com base no relatório descritivo e nos desenhos.

Art. 42. A patente confere ao seu titular o direito de impedir terceiro, sem o seu consentimento, de produzir, usar, colocar à venda, vender ou importar com estes propósitos:

I — produto objeto de patente;

II — processo ou produto obtido diretamente por processo patenteado.

§ 1º Ao titular da patente é assegurado ainda o direito de impedir que terceiros contribuam para que outros pratiquem os atos referidos neste artigo.

§ 2º Ocorrerá violação de direito da patente de processo, a que se refere o inciso II, quando o possuidor ou proprietário não comprovar, mediante determinação judicial específica, que o seu produto foi obtido por processo de fabricação diverso daquele protegido pela patente.

Art. 43. O disposto no artigo anterior não se aplica:

I — aos atos praticados por terceiros não autorizados em caráter privado e sem finalidade comercial, desde que não acarretem prejuízo ao interesse econômico do titular da patente;

II — aos atos praticados por terceiros não autorizados, com finalidade experimental, relacionados a estudos ou pesquisas científicas ou tecnológicas;

III — à preparação de medicamento de acordo com prescrição médica para casos individuais, executada por profissional habilitado, bem como ao medicamento assim preparado;

IV — a produto fabricado de acordo com patente de processo ou de produto que tiver sido colocado no mercado interno diretamente pelo titular da patente ou com seu consentimento;

V — a terceiros que, no caso de patentes relacionadas com matéria viva, utilizem, sem finalidade econômica, o produto patenteado como fonte inicial de variação ou propagação para obter outros produtos; e

VI — a terceiros que, no caso de patentes relacionadas com matéria viva, utilizem, ponham em circulação ou comercializem um produto patenteado que haja sido introduzido licitamente no comércio pelo detentor da patente ou por detentor de licença, desde que o produto patenteado não seja utilizado para multiplicação ou propagação comercial da matéria viva em causa.

Art. 44. Ao titular da patente é assegurado o direito de obter indenização pela exploração indevida de seu objeto, inclusive em relação à exploração ocorrida entre a data da publicação do pedido e a da concessão da patente.

§ 1º Se o infrator obteve, por qualquer meio, conhecimento do conteúdo do pedido depositado, anteriormente à publicação, contar-se-á o pedido da exploração indevida para efeito da indenização a partir da data de início da exploração.

§ 2º Quando o objeto do pedido de patente se referir a material biológico, depositado na forma do parágrafo único do art. 24, o direito à indenização será somente conferido quando o material biológico se tiver tornado acessível ao público.

§ 3º O direito de obter indenização por exploração indevida, inclusive com relação ao período anterior à concessão da patente, está limitado ao conteúdo do seu objeto, na forma do art. 41.

SEÇÃO II

DO USUÁRIO ANTERIOR

Art. 45. À pessoa de boa-fé que, antes da data de depósito ou de prioridade de pedido de patente, explorava seu objeto no País, será assegurado o direito de continuar a exploração, sem ônus, na forma e condição anteriores.

§ 1º O direito conferido na forma deste artigo só poderá ser cedido juntamente com o negócio ou empresa, ou parte desta que tenha direta relação com a exploração do objeto da patente, por alienação ou arrendamento.

§ 2º O direito de que trata este artigo não será assegurado a pessoa que tenha tido conhecimento do objeto da patente através de divulgação na forma do art. 12, desde que o pedido tenha sido depositado no prazo de 1 (um) ano, contado da divulgação.

CAPÍTULO VI

DA NULIDADE DA PATENTE

SEÇÃO I

DAS DISPOSIÇÕES GERAIS

Art. 46. É nula a patente concedida contrariando as disposições desta Lei.

Art. 47. A nulidade poderá não incidir sobre todas as reivindicações, sendo condição para a nulidade parcial o fato de as reivindicações subsistentes constituírem matéria patenteável por si mesmas.

Art. 48. A nulidade da patente produzirá efeitos a partir da data do depósito do pedido.

Art. 49. No caso de inobservância do disposto no art. 6º, o inventor poderá, alternativamente, reivindicar, em ação judicial, a adjudicação da patente.

SEÇÃO II

DO PROCESSO ADMINISTRATIVO DE NULIDADE

Art. 50. A nulidade da patente será declarada administrativamente quando:

I — não tiver sido atendido qualquer dos requisitos legais;

II — o relatório e as reivindicações não atenderem ao disposto nos arts. 24 e 25, respectivamente;

III — o objeto da patente se estenda além do conteúdo do pedido originalmente depositado; ou

IV — no seu processamento, tiver sido omitida qualquer das formalidades essenciais, indispensáveis à concessão.

Art. 51. O processo de nulidade poderá ser instaurado de ofício ou mediante requerimento de qualquer pessoa com legítimo interesse, no prazo de 6 (seis) meses contados da concessão da patente.

Parágrafo único. O processo de nulidade prosseguirá ainda que extinta a patente.

Art. 52. O titular será intimado para se manifestar no prazo de 60 (sessenta) dias.

Art. 53. Havendo ou não manifestação, decorrido o prazo fixado no artigo anterior, o INPI emitirá parecer, intimando o titular e o requerente para se manifestarem no prazo comum de 60 (sessenta) dias.

Art. 54. Decorrido o prazo fixado no artigo anterior, mesmo que não apresentadas as manifestações, o processo será decidido pelo Presidente do INPI, encerrando-se a instância administrativa.

Art. 55. Aplicam-se, no que couber, aos certificados de adição, as disposições desta seção.

SEÇÃO III

DA AÇÃO DE NULIDADE

Art. 56. A ação de nulidade poderá ser proposta a qualquer tempo da vigência da patente, pelo INPI ou por qualquer pessoa com legítimo interesse.

§ 1º A nulidade da patente poderá ser argüida, a qualquer tempo, como matéria de defesa.

§ 2º O juiz poderá, preventiva ou incidentalmente, deteminar a suspensão dos efeitos da patente, atendidos os requisitos processuais próprios.

Art. 57. A ação de nulidade de patente será ajuizada no foro da Justiça Federal e o INPI, quando não for autor, intervirá no feito.

§ 1º O prazo para resposta do réu titular da patente será de 60 (sessenta) dias.

§ 2º Transitada em julgado a decisão da ação de nulidade, o INPI publicará anotação, para ciência de terceiros.

CAPÍTULO VII

DA CESSÃO E DAS ANOTAÇÕES

Art. 58. O pedido da patente ou a patente, ambos de conteúdo indivisível, poderão ser cedidos, total ou parcialmente.

Art. 59. O INPI fará as seguintes anotações:

I — da cessão, fazendo constar a qualificação completa do cessionário;

II — de qualquer limitação ou ônus que recaia sobre o pedido ou a patente; e

III — das alterações de nome, sede ou endereço do depositante ou titular.

Art. 60. As anotações produzirão efeito em relação a terceiros a partir da data de sua publicação.

CAPÍTULO VIII

DAS LICENÇAS

SEÇÃO I

DA LICENÇA VOLUNTÁRIA

Art. 61. O titular de patente ou o depositante poderá celebrar contrato de licença para exploração.

Parágrafo único. O licenciado poderá ser investido pelo titular de todos os poderes para agir em defesa da patente.

Art. 62. O contrato de licença deverá ser averbado no INPI para que produza efeitos em relação a terceiros.

§ 1º A averbação produzirá efeitos em relação a terceiros a partir da data de sua publicação.

§ 2º Para efeito de validade de prova de uso, o contrato de licença não precisará estar averbado no INPI.

Art. 63. O aperfeiçoamento introduzido em patente licenciada pertence a quem o fizer, sendo assegurado à outra parte contratante o direito de preferência para seu licenciamento.

SEÇÃO II

DA OFERTA DE LICENÇA

Art. 64. O titular da patente poderá solicitar ao INPI que a coloque em oferta para fins de exploração.

§ 1º O INPI promoverá a publicação da oferta.

§ 2º Nenhum contrato de licença voluntária de caráter exclusivo será averbado no INPI sem que o titular tenha desistido da oferta.

§ 3º A patente sob licença voluntária, com caráter de exclusividade, não poderá ser objeto de oferta.

§ 4º O titular poderá, a qualquer momento, antes da expressa aceitação de seus termos pelo interessado, desistir da oferta, não se aplicando o disposto no art. 66.

Art. 65. Na falta de acordo entre o titular e o licenciado, as partes poderão requerer ao INPI o arbitramento da remuneração.

§ 1º Para efeito deste artigo, o INPI observará o disposto no § 4º do art. 73.

§ 2º A remuneração poderá ser revista decorrido 1 (um) ano de sua fixação.

Art. 66. A patente em oferta terá sua anuidade reduzida à metade no período compreendido entre o oferecimento e a concessão da primeira licença, a qualquer título.

Art. 67. O titular da patente poderá requerer o cancelamento da licença se o licenciado não der início à exploração efetiva dentro de 1 (um) ano da concessão, interromper a exploração por prazo superior a 1 (um) ano, ou, ainda, se não forem obedecidas as condições para exploração.

SEÇÃO III

DA LICENÇA COMPULSÓRIA

Art. 68. O titular ficará sujeito a ter a patente licenciada compulsoriamente se exercer os direitos dela decorrentes de forma abusiva, ou por meio dela praticar abuso de poder econômico, comprovado nos termos da lei, por decisão administrativa ou judicial.

§ 1º Ensejam, igualmente, licença compulsória:

I — a não exploração do objeto da patente no território brasileiro por falta de fabricação ou fabricação incompleta do produto, ou, ainda, a falta de uso integral do processo patenteado, ressalvados os casos de inviabilidade econômica, quando será admitida a importação; ou

II — a comercialização que não satisfazer às necessidades do mercado.

§ 2º A licença só poderá ser requerida por pessoa com legítimo interesse e que tenha capacidade técnica e econômica para realizar a exploração eficiente do objeto da patente, que deverá destinar-se, predominantemente, ao mercado interno, extinguindo-se nesse caso a excepcionalidade prevista no inciso I do parágrafo anterior.

§ 3º No caso de a licença compulsória ser concedida em razão de abuso de poder econômico, ao licenciado, que propõe fabricação local, será garantido um prazo, limitado ao estabelecido no art. 74, para proceder à importação do objeto da licença, desde que tenha sido colocado no mercado diretamente pelo titular ou com o seu consentimento.

§ 4º No caso de importação para exploração de patente e no caso da importação prevista no parágrafo anterior, será igualmente admitida a importação por terceiros de produto fabricado de acordo com patente de processo ou de produto, desde que tenha sido colocado no mercado diretamente pelo titular ou com o seu consentimento.

§ 5º A licença compulsória de que trata o § 1º somente será requerida após decorridos 3 (três) anos da concessão de patente.

Art. 69. A licença compulsória não será concedida se, à data do requerimento, o titular:

I — justificar o desuso por razões legítimas;

II — comprovar a realização de sérios e efetivos preparativos para a exploração; ou

III — justificar a falta de fabricação ou comercialização, por obstáculo de ordem legal.

Art. 70. A licença compulsória será ainda concedida quando, cumulativamente, se verificarem as seguintes hipóteses:

I — ficar caracterizada situação de dependência de uma patente em relação a outra;

II — o objeto da patente dependente constituir substancial progresso técnico em relação à patente anterior; e

III — o titular não realizar acordo com o titular da patente dependente para exploração da patente anterior.

§ 1º Para os fins deste artigo considera-se patente dependente aquela cuja exploração depende obrigatoriamente da utilização do objeto de patente anterior.

§ 2º Para efeito deste artigo, uma patente de processo poderá ser considerada dependente de patente do produto respectivo, bem como uma patente de produto poderá ser dependente de patente de processo.

§ 3º O titular da patente licenciada na forma deste artigo terá direito a licença compulsória cruzada da patente dependente.

Art. 71. Nos casos de emergência nacional ou interesse público, declarados em ato do Poder Executivo Federal, desde que o titular da patente ou seu licenciado não atenda a essa necessidade, poderá ser concedida, de ofício, licença compulsória, temporária e não exclusiva para a exploração da patente, sem prejuízo dos direitos do respectivo titular.

Parágrafo único. O ato de concessão da licença estabelecerá seu prazo de vigência e a possibilidade de prorrogação.

Art. 72. As licenças compulsórias serão sempre concedidas sem exclusividade, não se admitindo o sublicenciamento.

Art. 73. O pedido de licença compulsória deverá ser formulado mediante indicação das condições oferecidas ao titular da patente.

§ 1º Apresentado o pedido de licença, o titular será intimado para manifestar-se no prazo de 60 (sessenta) dias, findo o qual, sem manifestação do titular, será considerada aceita a proposta nas condições oferecidas.

§ 2º O requerente de licença que invocar abuso de direitos patentários ou abuso de poder econômico deverá juntar documentação que o comprove.

§ 3º No caso de a licença compulsória ser requerida com fundamento na falta de exploração, caberá ao titular da patente comprovar a exploração.

§ 4º Havendo contestação, o INPI poderá realizar as necessárias diligências, bem como designar comissão, que poderá incluir especialistas não integrantes dos quadros da autarquia, visando arbitrar a remuneração que será paga ao titular.

§ 5º Os órgãos e entidades da administração pública direta ou indireta, federal, estadual e municipal, prestarão ao INPI as informações solicitadas com o objetivo de subsidiar o arbitramento da remuneração.

§ 6º No arbitramento da remuneração, serão consideradas as circunstâncias de cada caso, levando-se em conta, obrigatoriamente, o valor econômico da licença concedida.

§ 7º Instruído o processo, o INPI decidirá sobre a concessão e condições da licença compulsória no prazo de 60 (sessenta) dias.

§ 8º O recurso da decisão que conceder a licença compulsória não terá efeito suspensivo.

Art. 74. Salvo razões legítimas, o licenciado deverá iniciar a exploração do objeto da patente no prazo de 1 (um) ano da concessão da licença, admitida a interrupção por igual prazo.

§ 1º O titular poderá requerer a cassação da licença quando não cumprido o disposto neste artigo.

§ 2º O licenciado ficará investido de todos os poderes para agir em defesa da patente.

§ 3º Após concessão da licença compulsória, somente será admitida a sua cessão quando realizada conjuntamente com a cessão, alienação ou arrendamento da parte do empreendimento que a explore.

CAPÍTULO IX

DA PATENTE DE INTERESSE DA DEFESA NACIONAL

Art. 75. O pedido de patente originário do Brasil cujo objeto interesse à defesa nacional será processado em caráter sigiloso e não estará sujeito às publicações previstas nesta Lei.

§ 1º O INPI encaminhará o pedido, de imediato, ao órgão competente do Poder Executivo para, no prazo de 60 (sessenta) dias, manifestar-se sobre o caráter sigiloso. Decorrido o prazo sem a manifestação do órgão competente, o pedido será processado normalmente.

§ 2º É vedado o depósito no exterior de pedido de patente cujo objeto tenha sido considerado de interesse da defesa nacional, bem como qualquer divulgação do mesmo, salvo expressa autorização do órgão competente.

§ 3º A exploração e a cessão do pedido ou da patente de interesse da defesa nacional estão condicionadas à prévia autorização do órgão competente, assegurada indenização sempre que houver restrição dos direitos do depositante ou do titular.

* Artigo regulamentado pelo Decreto n. 2.553, de 16.4.1998 (vide Anexo 6).

CAPÍTULO X

DO CERTIFICADO DE ADIÇÃO DE INVENÇÃO

Art. 76. O depositante do pedido ou titular de patente de invenção poderá requerer, mediante pagamento de retribuição específica, certificado de adição para proteger aperfeiçoamento ou desenvolvimento introduzido no objeto da invenção, mesmo que destituído de atividade inventiva, desde que a matéria se inclua no mesmo conceito inventivo.

§ 1º Quando tiver ocorrido a publicação do pedido principal, o pedido de certificado de adição será imediatamente publicado.

§ 2º O exame do pedido de certificado de adição obedecerá ao disposto nos arts. 30 a 37, ressalvado o disposto no parágrafo anterior.

§ 3º O pedido de certificado de adição será indeferido se o seu objeto não apresentar o mesmo conceito inventivo.

§ 4º O depositante poderá, no prazo do recurso, requerer a transformação do pedido de certificado de adição de patente, beneficiando-se da data de depósito do pedido de certificado, mediante pagamento das retribuições cabíveis.

Art. 77. O certificado de adição é acessório da patente, tem a data final de vigência desta e acompanha-a para todos os efeitos legais.

Parágrafo único. No processo de nulidade, o titular poderá requerer que a matéria contida no certificado de adição seja analisada para se verificar a possibilidade de sua subsistência sem prejuízo do prazo de vigência da patente.

CAPÍTULO XI

DA EXTINÇÃO DA PATENTE

Art. 78. A patente extingue-se:

I — pela expiração do prazo de vigência;

II — pela renúncia de seu titular, ressalvado o direito de terceiros;

III — pela caducidade;

IV — pela falta de pagamento da retribuição anual, nos prazos previstos no § 2º do art. 84 e no art. 87; e

V — pela inobservância do disposto no art. 217.

Parágrafo único. Extinta a patente, o seu objeto cai em domínio público.

Art. 79. A renúncia só será admitida se não prejudicar direitos de terceiros.

Art. 80. Caducará a patente, de ofício ou a requerimento de qualquer pessoa com legítimo interesse, se, decorridos 2 (dois) anos da concessão da primeira licença compulsória, esse prazo não tiver sido suficiente para prevenir ou sanar o abuso ou desuso, salvo motivos justificáveis.

§ 1º A patente caducará quando, na data do requerimento da caducidade ou da instauração de ofício do respectivo processo, não tiver sido iniciada a exploração.

§ 2º No processo de caducidade instaurado a requerimento, o INPI poderá prosseguir se houver desistência do requerente.

Art. 81. O titular será intimado mediante publicação para se manifestar, no prazo de 60 (sessenta) dias, cabendo-lhe o ônus da prova quanto à exploração.

Art. 82. A decisão será proferida dentro de 60 (sessenta) dias, contados do término do prazo mencionado no artigo anterior.

Art. 83. A decisão da caducidade produzirá efeitos a partir da data do requerimento ou da publicação da instauração de ofício do processo.

CAPÍTULO XII
DA RETRIBUIÇÃO ANUAL

Art. 84. O depositante do pedido e o titular da patente estão sujeitos ao pagamento de retribuição anual, a partir do início do terceiro ano da data do depósito.

§ 1º O pagamento antecipado da retribuição anual será regulado pelo INPI.

§ 2º O pagamento deverá ser efetuado dentro dos primeiros 3 (três) meses de cada período anual, podendo, ainda, ser feito, independente de notificação, dentro dos 6 (seis) meses subseqüentes, mediante pagamento de retribuição adicional.

Art. 85. O disposto no artigo anterior aplica-se aos pedidos internacionais depositados em virtude de tratado em vigor no Brasil, devendo o pagamento das retribuições anuais vencidas antes da data da entrada no processamento nacional ser efetuado no prazo de 3 (três) meses dessa data.

Art. 86. A falta de pagamento de retribuição anual, nos termos dos arts. 84 e 85, acarretará o arquivamento do pedido ou a extinção da patente.

CAPÍTULO XIII

DA RESTAURAÇÃO

Art. 87. O pedido de patente e a patente poderão ser restaurados, se o depositante ou o titular assim o requerer, dentro de 3 (três) meses, contados da notificação do arquivamento do pedido ou da extinção da patente, mediante pagamento de retribuição específica.

CAPÍTULO XIV

DA INVENÇÃO E DO MODELO DE UTILIDADE REALIZADO POR EMPREGADO OU PRESTADOR DE SERVIÇO

Art. 88. A invenção e o modelo de utilidade pertencem exclusivamente ao empregador quando decorrerem de contrato de trabalho cuja execução ocorra no Brasil e que tenha por objeto a pesquisa ou a atividade inventiva, ou resulte esta da natureza dos serviços para os quais foi o empregado contratado.

§ 1º Salvo expressa disposição contratual em contrário, a retribuição pelo trabalho a que se refere este artigo limita-se ao salário ajustado.

§ 2º Salvo prova em contrário, consideram-se desenvolvidos na vigência do contrato a invenção ou o modelo de utilidade, cuja patente seja requerida pelo empregado até 1 (um) ano após a extinção do vínculo empregatício.

Art. 89. O empregador, titular da patente, poderá conceder ao empregado, autor de invento ou aperfeiçoamento, participação nos ganhos econômicos resultantes da exploração da patente, mediante negociação com o interessado ou conforme disposto em norma da empresa.

Parágrafo único. A participação referida neste artigo não se incorpora, a qualquer título, ao salário do empregado.

Art. 90. Pertencerá exclusivamente ao empregado a invenção ou o modelo de utilidade por ele desenvolvido, desde que desvinculado do contrato de trabalho e não decorrente da utilização de recursos, meios, dados, materiais, instalações ou equipamentos do empregador.

Art. 91. A propriedade de invenção ou de modelo de utilidade será comum, em partes iguais, quando resultar da contribuição pessoal do empregado e de recursos, dados, meios, materiais, instalações ou equipamentos do empregador, ressalvada expressa disposição contratual em contrário.

§ 1º Sendo mais de um empregado, a parte que lhes couber será dividida igualmente entre todos, salvo ajuste em contrário.

§ 2º É garantido ao empregador o direito exclusivo de licença de exploração e assegurada ao empregado a justa remuneração.

§ 3º A exploração do objeto da patente, na falta de acordo, deverá ser iniciada pelo empregador dentro do prazo de 1 (um) ano, contado da data de sua concessão, sob a pena de passar à exclusiva propriedade do empregado a titularidade da patente, ressalvadas as hipóteses de falta de exploração por razões legítimas.

§ 4º No caso de cessão, qualquer dos co-titulares, em igualdade de condições, poderá exercer o direito de preferência.

Art. 92. O disposto nos artigos anteriores aplica-se, no que couber, às relações entre o trabalhador autônomo ou o estagiário e a empresa contratante e entre empresas contratantes e contratadas.

Art. 93. Aplica-se o disposto neste Capítulo, no que couber, às entidades da Administração Pública, direta, indireta e fundacional, federal, estadual ou municipal.

Parágrafo único. Na hipótese do art. 88, será assegurada ao inventor, na forma e condições previstas no estatuto ou regimento interno da entidade a que se refere este artigo, premiação de parcela no valor das vantagens auferidas com o pedido ou com a patente, a título de incentivo.

TÍTULO II
DOS DESENHOS INDUSTRIAIS

CAPÍTULO I
DA TITULARIDADE

Art. 94. Ao autor será assegurado o direito de obter registro de desenho industrial que lhe confira a propriedade, nas condições estabelecidas nesta Lei.

Parágrafo único. Aplicam-se ao registro de desenho industrial, no que couber, as disposições dos arts. 6º e 7º.

CAPÍTULO II
DA REGISTRABILIDADE

Art. 95. Considera-se desenho industrial a forma plástica ornamental de um objeto ou o conjunto ornamental de linhas e cores que possa ser aplicado a um produto, proporcionando resultado visual novo e original na sua configuração externa e que possa servir de tipo de fabricação industrial.

Art. 96. O desenho industrial é considerado novo quando não compreendido no estado da técnica.

§ 1º O estado da técnica é constituído por tudo aquilo tornado acessível ao público antes da data de depósito do pedido, no Brasil ou no exterior, por uso ou qualquer outro meio, ressalvado o disposto no § 3º deste artigo e no art. 99.

§ 2º Para aferição unicamente da novidade, o conteúdo completo de pedido de patente ou de registro depositado no Brasil, e ainda não publicado, será considerado como incluído no estado da técnica a partir da data de depósito, ou da prioridade reivindicada, desde que venha a ser publicado, mesmo que subseqüentemente.

§ 3º Não será considerado como incluído no estado da técnica o desenho industrial cuja divulgação tenha ocorrido durante os 180 (cento e oitenta) dias que precenderem a data do depósito ou a da prioridade reivindicada, se promovida nas situação previstas nos incisos I a III do art. 12.

Art. 97. O desenho industrial é considerado original quando dele resulte uma configuração visual distintiva, em relação a outros objetos anteriores.

Parágrafo único. O resultado visual original poderá ser decorrente da combinação de elementos conhecidos.

Art. 98. Não se considera desenho industrial qualquer obra de caráter puramente artístico.

SEÇÃO II
DA PRIORIDADE

Art. 99. Aplicam-se ao pedido de registro, no que couber, as disposições do art. 16, exceto o prazo previsto no seu § 3º, que será de 90 (noventa) dias.

SEÇÃO III
DOS DESENHOS INDUSTRIAIS NÃO REGISTRÁVEIS

Art. 100. Não é registrável como desenho industrial:

I — o que for contrário à moral e aos bons costumes ou que ofenda a honra ou imagem de pessoas, ou atente contra liberdade de consciência, crença, culto religioso ou idéia e sentimentos dignos de respeito e veneração;

II — a forma necessária comum ou vulgar do objeto ou, ainda, aquela determinada essencialmente por considerações técnicas ou funcionais.

CAPÍTULO III
DO PEDIDO DE REGISTRO

SEÇÃO I
DE DEPÓSITO DO PEDIDO

Art. 101. O pedido de registro, nas condições estabelecidas pelo INPI, conterá:

I — requerimento;

II — relatório descritivo, se for o caso;

III — reivindicações, se for o caso;

IV — desenhos ou fotografias;

V — campo de aplicação do objeto; e

VI — comprovante do pagamento da retribuição relativa ao depósito.

Parágrafo único. Os documentos que integram o pedido de registro deverão ser apresentados em língua portuguesa.

Art. 102. Apresentado o pedido, será ele submetido a exame formal preliminar e, se devidamente instruído, será protocolizado, considerada a data do depósito a da sua apresentação.

Art. 103. O pedido que não atender formalmente ao disposto no art. 101, mas que contiver dados suficientes relativos ao depositante, ao desenho industrial e ao autor, poderá ser entregue, mediante recibo datado, ao INPI, que estabelecerá as exigências a serem cumpridas, em 5 (cinco) dias, sob pena de ser considerado inexistente.

Parágrafo único. Cumpridas as exigências, o depósito será considerado como efetuado na data da apresentação do pedido.

SEÇÃO II

DAS CONDIÇÕES DO PEDIDO

Art. 104. O pedido de registro de desenho industrial terá que se referir a um único objeto, permitida uma pluralidade de variações, desde que se destinem ao mesmo propósito de guardarem entre si a mesma característica distintiva preponderante, limitando cada pedido ao máximo de 20 (vinte) variações.

Parágrafo único. O desenho deverá representar clara e suficientemente o objeto e suas variações, se houver, de modo a possibilitar sua reprodução por técnico no assunto.

Art. 105. Se solicitado o sigilo na forma do § 1º do art. 106, poderá o pedido ser retirado em até 90 (noventa) dias contados da data do depósito.

Parágrafo único. A retirada de um depósito anterior sem produção de qualquer efeito dará prioridade ao depósito imediatamente posterior.

SEÇÃO III

DO PROCESSO E DO EXAME DO PEDIDO

Art. 106. Depositado o pedido de registro de desenho industrial e observado o disposto nos arts. 100, 101 e 104, será automaticamente publicado e simultaneamente concedido o registro, expedindo-se o respectivo certificado.

§ 1º A requerimento do depositante, por ocasião do depósito, poderá ser mantido em sigilo o pedido, pelo prazo de 180 (cento e oitenta) dias contados da data do depósito, após o que será processado.

§ 2º Se o depositante se beneficiar do disposto no art. 99, aguardar-se-á a apresentação do documento de prioridade para o processamento do pedido.

§ 3º Não atendido o disposto nos arts. 101 e 104, será formulada exigência, que deverá ser respondida em 60 (sessenta) dias, sob pena de arquivamento definitivo.

§ 4º Não atendido o disposto no art. 100, o pedido de registro será indeferido.

CAPÍTULO IV

DA CONCESSÃO E DA VIGÊNCIA DO REGISTRO

Art. 107. Do certificado deverão constar o número e o título, nome do autor — observado o disposto no § 4º do art. 6º —, o nome, a nacionalidade e o domicílio do titular, o prazo de vigência, os desenhos, os dados relativos à prioridade estrangeira, e, quando houver, relatório descritivo e reivindicações.

Art. 108. O registro vigorará pelo prazo de 10 (dez) anos contados da data do depósito, prorrogável por 3 (três) períodos sucessivos de 5 (cinco) anos cada.

§ 1º O pedido de prorrogação deverá ser formulado durante o último ano de vigência do registro, instruído com o comprovante do pagamento da respectiva retribuição.

§ 2º Se o pedido de prorrogação não tiver sido formulado até o termo final da vigência do registro, o titular poderá fazê-lo nos 180 (cento e oitenta) dias subseqüentes, mediante o pagamento de retribuição adicional.

CAPÍTULO V

DA PROTEÇÃO CONFERIDA PELO REGISTRO

Art. 109. A propriedade do desenho industrial adquire-se pelo registro validamente concedido.

Parágrafo único. Aplicam-se ao registro do desenho industrial, no que couber, as disposições do art. 42 e dos inicisos I, II e IV do art. 43.

Art. 110. À pessoa que, de boa-fé, antes da data do depósito ou da prioridade do pedido de registro explorava seu objeto no País, será assegurado o direito de continuar a exploração, sem ônus, na forma e condição anteriores.

§ 1º O direito conferido na forma deste artigo só poderá ser cedido juntamente com o negócio ou empresa, ou parte deste que tenha direta relação com a exploração do objeto da patente, por alienação ou arrendamento.

§ 2º O direito de que trata este artigo não será assegurado a pessoa que tenha tido conhecimento do objeto do registro através de divulgação nos termos do § 3º do art. 96, desde que o pedido tenha sido depositado no prazo de 6 (seis) meses contados da divulgação.

CAPÍTULO VI

DO EXAME DE MÉRITO

Art. 111. O titular do desenho industrial poderá requer o exame do objeto do registro, a qualquer tempo da vigência, quanto aos aspectos de novidades e de originalidade.

Parágrafo único. O INPI emitirá parecer de mérito, que, se concluir pela ausência de pelo menos um dos requisitos definidos nos arts. 95 a 98, servirá de fundamento para instauração de ofício de processo de nulidade do registro.

CAPÍTULO VIII

DA NULIDADE DO REGISTRO

SEÇÃO I

DAS DISPOSIÇÕES GERAIS

Art. 112. É nulo o registro concedido em desacordo com as disposições desta Lei.

§ 1º A nulidade do registro produzirá efeitos a partir da data do depósito do pedido.

§ 2º No caso de inobservância do disposto no art. 94, o autor poderá, alternativamente, reivindicar a adjudicação do registro.

SEÇÃO II

DO PROCESSO ADMINISTRATIVO DE NULIDADE

Art. 113. A nulidade do registro será declarada administrativamente quando tiver sido concedido com infrigência dos arts. 94 a 98.

§ 1º O processo de nulidade poderá ser instaurado de ofício ou mediante requerimento de qualquer pessoa com legítimo interesse, no prazo de 5 (cinco) anos contados da concessão do registro, ressalvada a hipótese prevista no parágrafo único do art. 111.

§ 2º O requerimento ou a instauração de ofício suspenderá os efeitos da concessão do registro se apresentada ou publicada no prazo de 60 (sessenta) dias da concessão.

Art. 114. O titular será intimado para se manifestar no prazo de 60 (sessenta) dias contados da data da publicação.

Art. 115. Havendo ou não manifestação, decorrido o prazo fixado no artigo anterior, o INPI emitirá parecer, intimando o titular e o requerente para se manifestarem no prazo comum de 60 (sessenta) dias.

Art. 116. Decorrido o prazo fixado no artigo anterior, mesmo que não apresentadas as manifestações, o processo será decido pelo Presidente do INPI, encerrando-se a instância administrativa.

Art. 117. O processo de nulidade prosseguirá, ainda que extinto o registro.

SEÇÃO III

DA AÇÃO DE NULIDADE

Art. 118. Aplicam-se à ação de nulidade de registro de desenho industrial, no que couber, as disposições dos arts. 56 e 57.

CAPÍTULO VIII

DA EXTINÇÃO DO REGISTRO

Art. 119. O registro extingue-se:

I — pela expiração do prazo de vigência;

II — pela renúncia de seu titular, ressalvado o direito de terceiros;

III — pela falta de pagamento da retribuição prevista nos arts. 108 e 120; ou

IV — pela inobservância do disposto no art. 217.

CAPÍTULO IX

DA RETRIBUIÇÃO QÜINQÜENAL

Art. 120. O titular do registro está sujeito ao pagamento de retribuição qüinquenal, a partir do segundo qüinqüênio do depósito.

§ 1º O pagamento do segundo qüinqüênio será feito durante o 5º (quinto) ano da vigência do registro.

§ 2º O pagamento dos demais qüinqüênios será apresentado junto com o pedido de prorrogação a que se refere o art. 108.

§ 3º O pagamento dos qüinqüênios poderá ainda ser efetuado dentro dos 6 (seis) meses subseqüentes ao prazo estabelecido no parágrafo anterior, mediante pagamento de retribuição adicional.

CAPÍTULO X

DAS DISPOSIÇÕES FINAIS

Art. 121. As disposições dos arts. 58 a 63 aplicam-se, no que couber, à matéria de que trata o presente Título, disciplinando-se o direito do empregado ou prestador de serviços pelas disposições dos arts. 88 a 93.

TÍTULO III

DAS MARCAS

CAPÍTULO I

DA REGISTRABILIDADE

SEÇÃO I

DOS SINAIS REGISTRÁVEIS COMO MARCA

Art. 122. São suscetíveis como marca os sinais distintivos visualmente perceptíveis, não compreendidos nas proibições legais.

Art. 123. Para os efeitos desta Lei, considera-se:

I — marca de produto ou serviço: aquela usada para distinguir produto ou serviço de outro idêntico, semelhante ou afim, de origem diversa;

II — marca de certificação: aquela usada para atestar a conformidade de um produto ou serviço com determinadas normas ou especificações técnicas, notadamente quanto à qualidade, natureza, material utilizado e metodologia empregada; e

III — marca coletiva: aquela usada para identificar produtos ou serviços provindos de membros de uma determinada entidade.

SEÇÃO II

DOS SINAIS NÃO REGISTRÁVEIS COMO MARCA

Art. 124. Não são registráveis como marca:

I — brasão, armas, medalha, bandeira, emblema, distintivo e monumento oficiais, públicos, nacionais, estrangeiros ou internacionais, bem como a respectiva designação, figura ou imitação;

II — letra, algarismo e data, isoladamente, salvo quando revestidos de suficiente forma distintiva;

III — expressão, figura, desenho ou qualquer outro sinal contrário à moral e aos bons costumes ou que ofenda a honra ou imagem de pessoas ou atente contra liberdade de consciência, crença, culto religioso ou idéias e sentimentos dignos de respeito e veneração;

IV — designação ou sigla de entidade ou órgão público, quando não requerido o registro pela própria entidade ou órgão público;

V — reprodução ou imitação de elemento característico ou diferenciador de título de estabelecimento ou nome de empresa de terceiros, suscetível de causar confusão ou associação com estes sinais distintivos;

VI — sinal de caráter genérico, necessário, comum, vulgar ou simplesmente descritivo, quando tiver relação com o produto ou serviço a distinguir, ou aquele empregado comumente para designar uma característica do produto ou serviço, quanto à natureza, nacionalidade, peso, valor, qualidade e época de produção ou de prestação do serviço, salvo quando revestidos de suficiente forma distintiva;

VII — sinal ou expressão empregada apenas como meio de propaganda;

VIII — cores e suas denominações, salvo se dispostas ou combinadas de modo peculiar e distintivo;

IX — indicação geográfica, sua imitação suscetível de causar confusão ou sinal que possa falsamente induzir indicação geográfica;

X — sinal que induza a falsa indicação quanto à origem, procedência, natureza, qualidade ou utilidade do produto ou serviço a quem a marca se destina;

XI — reprodução ou imitação de cunho oficial, regularmente adotada para garantia de padrão de qualquer gênero ou natureza;

XII — reprodução ou imitação de sinal que tenha sido registrado como marca coletiva ou certificação por terceiro, observado o disposto no art. 154;

XIII — nome, prêmio ou símbolo de evento esportivo, artístico, cultural, social, político, econômico ou técnico, oficial ou oficialmente reconhecido, bem como a imitação suscetível de criar confusão, salvo quando autorizados pela autoridade competente ou entidade promotora do evento;

XIV — reprodução ou imitação de título, apólice, moeda e cédula da União, dos Estados, do Distrito Federal, dos Territórios, dos Municípios, ou de país;

XV — nome civil ou sua assinatura, nome de família ou patronímico e imagem de terceiros, salvo com consentimento do titular, herdeiro ou sucessores;

XVI — pseudônimo ou apelido notoriamente conhecidos, nome artístico singular ou coletivo, salvo com consentimento do titular, herdeiros ou sucessores;

XVII — obra literária, artística ou científica, assim como os títulos que estejam protegidos pelo direito autoral e sejam suscetíveis de causar confusão ou associação, salvo com consentimento do autor ou titular;

XVIII — termo técnico usado na indústria, na ciência e na arte, que tenha relação com o produto ou serviço a distinguir;

XIX — reprodução ou imitação, no todo ou em parte, ainda que em acréscimo, de marca alheia registrada, para distinguir ou certificar produto ou serviço idêntico, semelhante ou afim, suscetível de causar confusão ou associação com marca alheia;

XX — dualidade de marcas de um só título para o mesmo produto ou serviço, salvo quando, no caso de marcas de mesma natureza, se revestirem de suficiente forma distintiva;

XXI — a forma necessária, comum ou vulgar do produto ou de acondicionamento, ou, ainda, aquela que não possa ser dissociada de efeito técnico;

XXII — objeto que estiver protegido por registro de desenho industrial de terceiro; e

XXIII — sinal que limite ou reproduza, no todo ou em parte, marca que o requerente evidentemente não poderia desconhecer em razão de sua atividade, cujo titular seja sediado ou domiciliado em território nacional ou em país com o qual o Brasil mantenha acordo ou que assegure reciprocidade de tratamento, se a marca se destinar a distinguir produto ou serviço idêntico, semelhante ou afim, suscetível de causar confusão ou associação com aquela marca alheia.

SEÇÃO III

MARCA DE ALTO RENOME

Art. 125. À marca registrada no Brasil considerada de alto renome será assegurada proteção especial, em todos os ramos de atividade.

SEÇÃO IV

MARCA NOTORIAMENTE CONHECIDA

Art. 126. A marca notoriamente conhecida em seu ramo de atividade nos termos do art. 6º *bis* (I), da Convenção da União de Paris para Proteção da Propriedade Industrial, goza de proteção especial, independentemente de estar previamente depositada ou registrada no Brasil.

§ 1º A proteção de que trata este artigo aplica-se também às marcas de serviço.

§ 2º O INPI poderá indeferir de ofício pedido de registro de marca que reproduza ou imite no todo ou em parte, marca notoriamente conhecida.

CAPÍTULO II

PRIORIDADE

Art. 127. Ao pedido de registro de marca depositado em país que mantenha acordo com o Brasil ou em organização internacional, que produza efeito de depósito nacional, será assegurado direito de prioridade, nos prazos estabelecidos no acordo, não sendo o depósito invalidado nem prejudicado por fatos ocorridos nesses prazos.

§ 1º A reivindicação da prioridade será feita no ato de depósito, podendo ser suplementada dentro de 60 (sessenta) dias, por outras prioridades anteriores à data do depósito no Brasil.

§ 2º A reivindicação da prioridade será comprovada por documento hábil da origem, contendo o número, a data e a reprodução do pedido ou do registro acompanhado de tradução simples, cujo teor será de inteira responsabilidade do depositante.

§ 3º Se não efetuada por ocasião do depósito, a comprovação deverá ocorrer em até 4 (quatro) meses, contados do depósito, sob pena de perda da prioridade.

CAPÍTULO III

DOS REQUERENTES DE REGISTRO

Art. 128. Podem requerer registro de marca as pessoas físicas ou jurídicas de direito público ou de direito privado.

§ 1º As pessoas de direito privado só podem requerer registro de marca relativo à atividade que exerçam efetiva e licitamente, de modo direto ou através de empresas que controlem direta ou indiretamente, declarando, no próprio requerimento, esta condição, sob as penas da lei.

§ 2º O registro de marca coletiva só poderá ser requerido por pessoa jurídica representativa de coletividade, a qual poderá exercer atividade distinta da de seus membros.

§ 3º O registro de marca de certificação só poderá ser requerido por pessoa sem interesse comercial ou industrial direto no produto ou serviço atestado.

§ 4º A reivindicação de prioridade não isenta o pedido da aplicação dos dispositivos constantes desse Título.

CAPÍTULO IV

DOS DIREITOS SOBRE A MARCA

SEÇÃO I

AQUISIÇÃO

Art. 129. A propriedade da marca adquire-se pelo registro validamente expedido, conforme as disposições desta Lei, sendo assegurado ao titular seu uso exclusivo em todo o território nacional, observado quanto às marcas coletivas e de certificação o disposto nos arts. 147 e 148.

§ 1º Toda pessoa que, de boa-fé, na data da prioridade ou depósito, usava no País há pelo menos 6 (seis) meses, marca idêntica ou semelhante, para distinguir ou certificar produto ou serviço idêntico, semelhante ou afim, terá direito de precedência ao registro.

§ 2º O direito de precedência somente poderá ser cedido juntamente com o negócio da empresa, ou parte deste, que tenha direta relação com o uso da marca, por alienação ou arrendamento.

SEÇÃO II

DA PROTEÇÃO CONFERIDA PELO REGISTRO

Art. 130. Ao titular da marca ou ao depositante é ainda assegurado o direito de:

I — ceder seu registro ou pedido de registro;

II — licenciar seu uso;

III — zelar pela sua integridade material ou reputação.

Art. 131. A proteção de que trata esta Lei abrange o uso da marca em papéis, impressos, propaganda e documentos relativos à atividade do titular.

Art. 132. O titular da marca não poderá:

I — impedir que comerciantes ou distribuidores utilizem sinais distintivos que lhes são próprios, juntamente com a marca do produto, na sua promoção e comercialização;

II — impedir que fabricantes de acessório utilizem a marca para indicar a destinação do produto, desde que obedecidas as práticas leais de concorrência;

III — impedir a livre circulação de produto colocado no mercado interno, por si ou outrem com seu consentimento, ressalvado o disposto nos §§ 3º e 4º do art. 68; e

IV — impedir a citação da marca em discurso, obra científica ou literária ou qualquer outra publicação, desde que sem conotação comercial e sem prejuízo para seu caráter distintivo.

CAPÍTULO V

DA VIGÊNCIA DA CESSÃO E DAS ANOTAÇÕES

SEÇÃO I

DA VIGÊNCIA

Art. 133. O registro da marca vigorará pelo prazo de 10 (dez) anos, contados da data da concessão do registro, prorrogável por períodos iguais e sucessivos.

§ 1º O pedido de prorrogação deverá ser formulado durante o último ano de vigência do registro, instruído com o comprovante do pagamento da respectiva retribuição.

§ 2º Se o pedido de prorrogação não tiver sido efetuado até o termo final da vigência do registro, o titular poderá fazê-lo nos 6 (seis) meses subseqüentes, mediante o pagamento de retribuição adicional.

§ 3º A prorrogação não será concedida se não atendido o disposto no art. 128.

SEÇÃO II

DA CESSÃO

Art. 134. O pedido de registro e o registro poderão ser cedidos, desde que o cessionário atenda aos requisitos legais para requerer tal registro.

Art. 135. A cessão deverá compreender todos os registros ou pedidos, em nome do cedente, de marcas iguais ou semelhantes, relativas a produto ou serviço idêntico, semelhante ou afim, sob pena de cancelamento dos registros ou arquivamento dos pedidos não cedidos.

SEÇÃO III

DAS ANOTAÇÕES

Art. 136. O INPI fará as seguintes anotações:

I — da cessão, fazendo constar a qualificação completa do cessionário;

II — de qualquer limitação ou ônus que recaia sobre o pedido ou registro; e

III — das alterações de nome, sede ou endereço do depositante ou titular.

Art. 137. As anotações produzirão efeitos em relação a terceiros a partir da data de sua publicação.

Art. 138. Cabe recurso da decisão que:

I — indeferir anotação de cessão;

II — cancelar o registro ou arquivar o pedido, nos termos do art. 135.

SEÇÃO IV

DA LICENÇA DE USO

Art. 139. O titular de registro ou o depositante de pedido de registro poderá celebrar contrato de licença para uso da marca, sem prejuízo de seu direito de exercer controle efetivo sobre as especificações, natureza e qualidade dos respectivos produtos ou serviços.

Parágrafo único. O licenciado poderá ser investido pelo titular de todos os poderes para agir em defesa da marca, sem prejuízo dos seus próprios direitos.

Art. 140. O contrato de licença deverá ser averbado no INPI para que produza efeitos em relação a terceiros.

§ 1º A averbação produzirá efeitos em relação a terceiros a partir da data de sua publicação.

§ 2º Para efeito de validade de prova de uso, o contrato de licença não precisará estar averbado no INPI.

Art. 141. Da decisão que indeferir a averbação do contrato de licença cabe recurso.

CAPÍTULO VI

DA PERDA DOS DIREITOS

Art. 142. O registro da marca extingue-se:

I — pela expiração do prazo de vigência;

II — pela renúncia, que poderá ser total ou parcial em relação aos produtos ou serviços assinalados pela marca;

III — pela caducidade; ou

IV — pela inobservância do disposto no art. 217.

Art. 143. Caducará o registro, a requerimento de qualquer pessoa com legítimo interesse se, decorridos 5 (cinco) anos da sua concessão, na data do requerimento:

I — o uso da marca não tiver sido iniciado no Brasil; ou

II — o uso da marca tiver sido interrompido por mais de 5 (cinco) anos consecutivos, ou se, no mesmo prazo, a marca tiver sido usada com modificação que implique alteração de seu caráter distintivo original tal como constante do certificado de registro.

§ 1º Não ocorrerá caducidade se o titular justificar o desuso da marca por razões legítimas.

§ 2º O titular será intimado para se manifestar no prazo de 60 (sessenta) dias, cabendo-lhe o ônus de provar o uso da marca ou justificar seu desuso por razões legítimas.

Art. 144. O uso da marca deverá compreender produtos ou serviços constantes do certificado, sob pena de caducar parcialmente o registro em relação aos não semelhantes ou afins daqueles para os quais a marca foi comprovadamente usada.

Art. 145. Não se conhecerá do requerimento de caducidade se o uso da marca tiver sido comprovado ou justificado seu desuso em processo anterior, requerido há menos de 5 (cinco) anos.

Art. 146. Da decisão que declarar ou denegar a caducidade caberá recurso.

CAPÍTULO VII

DAS MARCAS COLETIVAS E DE CERTIFICAÇÃO

Art. 147. O pedido de registro de marca coletiva conterá regulamento de utilização, dispondo sobre condições e proibições de uso da marca.

Parágrafo único. O regulamento de utilização, quando não acompanhar o pedido,deverá ser protocolizado no prazo de 60 (sessenta) dias do depósito, sob pena de arquivamento definitivo do pedido.

Art. 148. O pedido de registro da marca de certificação conterá:

I — as características do produto ou serviço objeto de certificação; e

II — as medidas de controle que serão adotadas pelo titular.

Parágrafo único. A documentação prevista nos incisos I e II deste artigo, quando não acompanhar o pedido, deverá ser protocolizada no prazo de 60 (sessenta) dias, sob pena de arquivamento definitivo do pedido.

Art. 149. Qualquer alteração no regulamento de utilizaçao deverá ser comunicada ao INPI, mediante petição protocolizada, contendo todas as condições alteradas, sob pena de não ser considerada.

Art. 150. O uso da marca independe de licença, bastando sua autorização no regulamento de utilização.

Art. 151. Além das causas de extinção estabelecidas no art. 142, o registro da marca coletiva e de certificação extingue-se quando:

I — a entidade deixar de existir; ou

II — a marca for utilizada em condições outras que não aquelas previstas no regulamento de utilização.

Art. 152. Só será admitida a renúncia ao registro de marca coletiva quando requerida nos termos do contrato social ou estatuto da própria entidade, ou, ainda, conforme o regulamento de utilização.

Art. 153. A caducidade do registro será declarada se a marca coletiva não for usada por mais de uma pessoa autorizada, observado o disposto no arts.143 e 146.

Art. 154. A marca coletiva e a de certificação que já tenham sido usadas e cujos registros tenham sido extintos não poderão ser registradas em nome de terceiro, antes de expirado o prazo de 5 (cinco) anos, contados da extinção do registro.

CAPÍTULO VIII

DO DEPÓSITO

Art. 155. O pedido deverá referir-se a um único sinal distintivo e, nas condições estabelecidas pelo INPI, conterá:

I — requerimento;

II — etiquetas, quando for o caso; e

III — comprovante do pagamento da retribuição relativa ao depósito.

Parágrafo único. O requerimento e qualquer documento que o acompanhe deverão ser apresentados em língua portuguesa e, quando houver documento em língua estrangeira, sua tradução simples deverá ser apresentada no ato do depósito ou dentro dos 60 (sessenta) dias subseqüentes, sob pena de não ser considerado o documento.

Art. 156. Apresentado o pedido, será ele submetido a exame formal preliminar e, se devidamente instruído, será protocolizado, considerada a data de depósito a da sua apresentação.

Art. 157. O pedido que não atender formalmente ao disposto no art. 155, mas que contiver dados suficientes relativos ao depositante, sinal marcário e classe, poderá ser entregue, mediante recibo datado, ao INPI, que estabelecerá as exigências a serem cumpridas pelo depositante, em 5 (cinco) dias, sob pena de ser considerado inexistente.

Parágrafo único. Cumpridas as exigências, o depósito será considerado como efetuado na data da apresentação do pedido.

CAPÍTULO IX

DO EXAME

Art. 158. Protocolizado, o pedido será publicado para apresentação de oposição no prazo de 60 (sessenta) dias.

§ 1º O depositante será intimado da oposição, podendo se manifestar no prazo de 60 (sessenta) dias.

§ 2º Não se conhecerá da oposição, nulidade administrativa ou de ação de nulidade se, fundamentada no inciso XXIII do art. 124 ou no art. 126, não se comprovar, no prazo de 60 (sessenta) dias após a interposição, o depósito do pedido de registro da marca na forma desta Lei.

Art. 159. Decorrido o prazo de oposição ou, se interposta esta, findo o prazo de manifestação, será feito o exame, durante o qual poderão ser formuladas exigências, que deverão ser respondidas no prazo de 60 (sessenta) dias.

§ 1º Não respondida a exigência, o pedido será definitivamente arquivado.

§ 2º Respondida a exigência, ainda que não cumprida, ou contestada a sua formulação, dar-se-á prosseguimento ao exame.

Art. 160. Concluído o exame, será proferida decisão, deferindo ou indeferindo o pedido de registro.

CAPÍTULO X

DA EXPEDIÇÃO DO CERTIFICADO DE REGISTRO

Art. 161. O certificado de registro será concedido depois de deferido o pedido e comprovado o pagamento das retribuições correspondentes.

Art. 162. O pagamento das retribuições, e sua comprovação, relativas à expedição do certificado de registro e ao primeiro decênio de sua vigência, deverão ser efetuadas no prazo de 60 (sessenta) dias contados do deferimento.

Parágrafo único. A retribuição poderá ainda ser paga e comprovada dentro de 30 (trinta) dias após o prazo previsto neste artigo, independentemente de notificação, mediante o pagamento de retribuição específica, sob pena de arquivamento do pedido.

Art. 163. Reputa-se concedido o certificado de registro na data da publicação do respectivo ato.

Art. 164. Do certificado deverão constar a marca, o número e data do registro, nome, nacionalidade e domicílio do titular, os produtos ou serviços, as características do registro e a prioridade estrangeira.

CAPÍTULO XI

DA NULIDADE DO REGISTRO

SEÇÃO I

DAS DISPOSIÇÕES GERAIS

Art. 165. É nulo o registro que for concedido em desacordo com as disposições desta Lei.

Parágrafo único. A nulidade do registro poderá ser total ou parcial, sendo condição para a nulidade parcial o fato de a parte subsistente poder ser considerada registrável.

Art. 166. O titular de uma marca registrada em país signatário da Convenção da União de Paris para Proteção da Prioridade Industrial poderá, alternativamente, reivindicar, através de ação judicial, a adjudicação do registro, nos ter, nos termos previstos no art. 6º *septies* (I) daquela Convenção.

Art. 167. A declaração de nulidade produzirá efeito a partir da data do depósito do pedido.

SEÇÃO II

DO PROCESSO ADMINISTRATIVO DE NULIDADE

Art. 168. A nulidade do registro será declarada administrativamente quando tiver sido concedida com infringência do disposto nesta Lei.

Art. 169. O processo de nulidade poderá ser instaurado de ofício ou mediante requerimento de qualquer pessoa com legítimo interesse, no prazo de 180 (cento e oitenta) dias contados da data de expedição do certificado de registro.

Art. 170. O titular será intimado para se manifestar no prazo de 60 (sessenta) dias.

Art. 171. Decorrido o prazo fixado no artigo anterior, mesmo que não apresentada a manifestação, o processo será decidido pelo Presidente do INPI, encerrando-se a instância administrativa.

Art. 172. O processo de nulidade prosseguirá ainda que extinto o registro.

SEÇÃO III

DA AÇÃO DE NULIDADE

Art. 173. A ação de nulidade poderá ser proposta pelo INPI ou por qualquer pessoa com legítimo interesse.

Parágrafo único. O juiz poderá, nos autos da ação de nulidade, determinar liminarmente a suspensão dos efeitos do registro e uso da marca, atendidos os requisitos processuais próprios.

Art. 174. Prescreve em 5 (cinco) anos a ação para declarar a nulidade do registro, contados da data da sua concessão.

Art. 175. A ação de nulidade do registro será ajuizada no foro da Justiça Federal e o INPI, quando não for autor, intervirá no feito.

§ 1º O prazo para resposta do réu titular do registro será de 60 (sessenta) dias.

§ 2º Transitada em julgado a decisão da ação de nulidade, o INPI publicará anotação, para ciência de terceiros.

TÍTULO IV

DAS INDICAÇÕES GEOGRÁFICAS

Art. 176. Constitui indicação geográfica a indicação de procedência ou a denominação de origem.

Art. 177. Considera-se indicação de procedência o nome geográfico de país, cidade, região ou localidade de seu território, que se tenha tornado conhecido como centro de extração, produção ou fabricação de determinado produto ou de prestação de determinado serviço.

Art. 178. Considera-se denominação de origem o nome geográfico de país, cidade, região ou localidade de seu território, que designe produto ou serviço cujas qualidades ou características se devam exclusivamente ou essencialmente ao meio geográfico, incluídos fatores naturais e humanos.

Art. 179. A proteção estender-se-á à representação gráfica ou figurativa da indicação geográfica, bem como à representação geográfica de país, cidade, região ou localidade de seu território cujo nome seja indicação geográfica.

Art. 180. Quando o nome geográfico se houver tornado de uso comum, designando produto ou serviço, não será considerado indicação geográfica.

Art. 181. O nome geográfico que não constitua indicação de procedência ou denominação de origem poderá servir de elemento característico de marca para produto ou serviço, desde que não induza falsa procedência.

Art. 182. O uso da indicação geográfica é restrito aos produtores e prestadores de serviço estabelecidos no local, exigindo-se, ainda, em relação às determinações de origem, o atendimento de requisitos de qualidade.

Parágrafo único. O INPI estabelecerá as condições de registro das indicações geográficas.

TÍTULO V
DOS CRIMES CONTRA A PROPRIEDADE INDUSTRIAL

CAPÍTULO I
DOS CRIMES CONTRA AS PATENTES

Art. 183. Comete crime contra patente de invenção ou de modelo de utilidade quem:

I — fabrica produto que seja objeto de patente de invenção ou de modelo de utilidade, sem autorização do titular; ou

II — usa meio ou processo que seja objeto de patente de invenção, sem autorização do titular.

Pena — detenção, de 3 (três) meses a 1 (um) ano, ou multa.

Art. 184. Comete crime contra patente de invenção ou de modelo de utilidade quem:

I — exporta, vende, expõe ou oferece à venda, tem em estoque, oculta ou recebe, para utilização com fins econômicos, produto fabricado com violação de patente de invenção ou de modelo de utilidade, ou obtido por meio ou processo patenteado; ou

II — importa produto que seja objeto de patente de invenção ou de modelo de utilidade ou obtido por meio ou processo patenteado no País, para os fins previstos no inciso anterior, e que não tenha sido colocado no mercado externo diretamente pelo titular da patente ou com seu consentimento.

Pena — detenção, de 1 (um) a 3 (três) meses, ou multa.

Art. 185. Fornecer componente de um produto patenteado, ou material ou equipamento para realizar um processo patenteado, desde que a aplicação final do componente, material ou equipamento induza, necessariamente, à exploração do objeto da patente.

Pena — detenção de 1 (um) a 3 (três) meses, ou multa.

Art. 186. Os crimes deste Capítulo caracterizam-se ainda que a violação não atinja todas as reivindicações da patente ou se restrinja à utilização de meios equivalentes ao objeto da patente.

CAPÍTULO II

DOS CRIMES CONTRA OS DESENHOS INDUSTRIAIS

Art. 187. Fabricar, sem autorização do titular, produto que incorpore desenho industrial registrado, ou imitação substancial que possa induzir em erro ou confusão.

Pena — detenção, de 3 (três) meses a 1 (um) ano, ou multa.

Art. 188. Comete crime contra registro de desenho industrial quem:

I — exporta, vende, expõe ou oferece à venda, tem em estoque, oculta ou recebe, para utilização com fins econômicos, objeto que incorpore ilicitamente desenho industrial registrado, ou imitação substancial que possa induzir em erro ou confusão; ou

II — importa produto que incorpore desenho industrial registrado no País, ou imitação substancial que possa induzir em erro ou confusão, para os fins previstos no inciso anterior, e que não tenha sido colocado no mercado externo diretamente pelo titular ou com seu consentimento.

Pena — detenção, de 1 (um) a 3 (três) meses, ou multa.

CAPÍTULO III

DOS CRIMES CONTRA AS MARCAS

Art. 189. Comete crime contra registro de marca quem:

I — reproduz, sem autorização do titular, no todo ou em parte, marca registrada, ou imita-a de modo que possa induzir confusão; ou

II — altera marca registrada de outrem já aposta em produto colocado no mercado.

Pena — detenção, de 3 (três) meses a 1 (um) ano, ou multa.

Art.190. Comete crime contra registro de marca quem importa, exporta, vende, oferece ou expõe à venda, oculta ou tem em estoque:

I — produto assinalado com marca ilicitamente reproduzida ou imitada, de outrem, no todo ou em parte; ou

II — produto de sua indústria ou comércio, contido em vasilhame, recipiente ou embalagem que contenha marca legítima de outrem.

Pena — detenção, de 1 (um) a 3 (três) meses, ou multa.

CAPÍTULO IV

DOS CRIMES COMETIDOS POR MEIO DE MARCA, TÍTULO DE ESTABELECIMENTO E SINAL DE PROPAGANDA

Art. 191. Reproduzir ou imitar, de modo que possa induzir em erro ou confusão, armas, brasões ou distintivos oficiais nacionais, estrangeiros ou internacionais, sem a necessária autorização, no todo ou em parte, em marca, título de estabelecimento, nome comercial, insígnia ou sinal de propaganda, ou usar essas reproduções ou imitações com fins econômicos.

Pena — detenção, de 1 (um) a 3 (três) meses, ou multa.

Parágrafo único. Incorre na mesma pena quem vende ou expõe ou oferece à venda produtos assinalados com essas marcas.

CAPÍTULO V

DOS CRIMES CONTRA INDICAÇÕES GEOGRÁFICAS E DEMAIS INDICAÇÕES

Art. 192. Fabricar, importar exportar, vender, expor ou oferecer à venda ou ter em estoque produto que apresente falsa indicação geográfica.

Pena — detenção, de 1 (um) a 3 (três) meses, ou multa.

Art. 193. Usar, em produto, recipiente, invólucro, cinta, rótulo, fatura, circular, cartaz ou em outro meio de divulgação ou propaganda, termos retificativos, tais como "tipo", "espécie", "gênero", "sistema", "semelhante", "sucedâneo", "idêntico", ou equivalente, não ressalvando a verdadeira procedência do produto.

Pena — detenção, de 1 (um) a 3 (três) meses, ou multa.

Art. 194. Usar marca, nome comercial, título de estabelecimento, insígnia, expressão ou sinal de propaganda ou qualquer outra forma que indique procedência que não a verdadeira, ou vender ou expor à venda produto com esses sinais.

Pena — detenção, de 1 (um) a 3 (três) meses, ou multa.

CAPÍTULO VI

DOS CRIMES DE CONCORRÊNCIA DESLEAL

Art. 195. Comete crime de concorrência desleal quem:

I — publica, por qualquer meio, falsa afirmação, em detrimento de concorrente, com o fim de obter vantagem;

II — presta ou divulga, acerca de concorrente, falsa informação, com o fim de obter vantagem;

III — emprega meio fraudulento, para desviar, em proveito próprio ou alheio, clientela de outrem;

IV — usa expressão ou sinal de propaganda alheios, ou os imita, de modo a criar confusão entre os produtos ou estabelecimentos;

V — usa, indevidamente, nome comercial, título de estabelecimento ou insígnia alheios ou vende, expõe ou oferece à venda ou tem em estoque produto com essas referências;

VI — substitui, pelo seu próprio nome ou razão social, em produto de outrem, nome ou razão social deste, sem o seu consentimento;

VII — atribui-se, como meio de propaganda, recompensa ou distinção que não obteve;

VIII — vende ou expõe ou oferece à venda, em recipiente ou invólucro de outrem, produto adulterado ou falsificado, ou dele se utiliza para negociar com produto da mesma espécie, embora não adulterado ou falsificado, se o fato não constitui crime mais grave;

IX — dá ou promete dinheiro ou outra facilidade a empregado de concorrente, para que o empregado, faltando ao dever do emprego, lhe proporcione vantagem;

X — recebe dinheiro ou outra utilidade, ou aceita promessa de paga ou recompensa, para, faltando ao dever de empregado, proporcionar vantagem a corrente do empregador;

XI — divulga, explora ou utiliza-se, sem autorização, de conhecimentos, informações ou dados confidenciais, utilizáveis na indústria, comércio ou prestação de serviços, excluídos aqueles que sejam de conhecimento público ou que sejam evidentes para um técnico no assunto, a que teve acesso mediante relação contratual ou empregatícia, mesmo após o término do contrato;

XII — divulga, explora ou utiliza-se, sem autorização, de conhecimentos ou informações a que se refere o inciso anterior, obtidos por meios ilícitos ou que teve acesso mediante fraude;

XIII — vende, expõe ou oferece à venda produto, declarando ser objeto de patente depositada, ou concedida, ou de desenho industrial registrado, que não o seja, ou menciona-o, em anúncio ou papel comercial, como depositado ou patenteado, ou registrado, sem o ser; ou

XIV — divulga, explora ou utiliza-se, sem autorização, de resultados de testes ou outros dados não divulgados, cuja elaboração envolva o esforço considerável e que tenham sido apresentados a entidades governamentais como condição para aprovar a comercialização de produtos.

Pena — detenção, de 3 (três) meses a 1 (um) ano, ou multa.

§ 1º Inclui-se nas hipóteses a que se referem os incisos XI e XII o empregador, sócio ou administrador da empresa, que incorrer nas tipificações estabelecidas nos mencionados dispositivos.

§ 2º O disposto no inciso XIV não se aplica quanto à divulgação por órgão governamental competente para autorizar a comercialização de produto, quando necessário para proteger o público.

CAPÍTULO VII

DAS DISPOSIÇÕES GERAIS

Art. 196. As penas de detenção previstas nos Capítulos I, II e III deste Título serão aumentadas de um terço à metade se:

I — o agente é ou foi representante, mandatário, preposto, sócio ou empregado do titular da patente ou do registro, ou, ainda, do seu licenciado; ou

II — a marca alterada, reproduzida ou imitada for de alto renome, notoriamente conhecida, de certificação ou coletiva.

Art. 197. As penas de multa previstas neste Título serão fixadas, no mínimo, em 10 (dez) e, no máximo, em 360 (trezentos e sessenta) dias de multa, de acordo com a sistemática do Código Penal.

Parágrafo único. A multa poderá ser aumentada ou reduzida, em até 10 (dez) vezes, em face das condições pessoais do agente e da magnitude da vantagem auferida, independentemente da norma estabelecida no artigo anterior.

Art. 198. Poderão ser apreendidos, de ofício ou a requerimento do interessado, pelas autoridades alfandegárias, no ato de conferência, os produtos assinalados com marcas falsificadas, alteradas ou imitadas ou que apresentem falsa indicação de procedência.

Art. 199. Nos crimes previstos neste Título somente se procede mediante queixa, salvo quanto ao crime do art.191, em que a ação penal será pública.

Art. 200. A ação penal e as diligências preliminares de busca e apreensão, nos crimes contra a propriedade industrial, regulam-se pelo disposto no Código de Processo Penal, com as modificações constantes dos artigos deste Capítulo.

Art. 201. Na diligência de busca e apreensão, em crime contra patente que tenha por objeto a invenção de processo, o oficial do juízo será acompanhado por perito, que verificará, preliminarmente, a existência do ilícito, podendo o juiz ordenar a apreensão de produtos obtidos pelo contrafator com o emprego do processo patenteado.

Art. 202. Além das diligências preliminares de busca e apreensão, o interessado poderá requer:

I — apreensão de marca falsificada, alterada ou imitada onde for preparada ou onde quer que seja encontrada, antes de utilizada para fins criminosos; ou

II — destruição de marca falsificada nos volumes ou produtos que a contiverem, antes de serem distribuídos, ainda que fiquem destruídos os envoltórios ou os próprios produtos.

Art. 203. Tratando-se de estabelecimentos industriais ou comerciais legalmente organizados e que estejam funcionando publicamente, as diligências preliminares limitar-se-ão à vistoria e apreensão dos produtos, quando ordenadas pelo juiz, não podendo ser paralisada a sua atividade licitamente exercida.

Art. 204. Realizada a diligência de busca e apreensão, responderá por perdas e danos a parte que a tiver requerido de má-fé, por espírito de emulação, mero capricho ou erro grosseiro.

Art. 205. Poderá constituir matéria de defesa na ação penal a alegação de nulidade da patente ou registro em que a ação se fundar. A absolvição do réu, entretanto, não importará a nulidade da patente ou do registro, que só poderá ser demandada pela ação competente.

Art. 206. Na hipótese de serem reveladas, em juízo, para a defesa dos interesses de qualquer das partes, informações que se caracterizem como confidenciais, sejam segredo de indústria ou de comércio, deverá o juiz determinar que o processo prossiga em segredo de justiça, vedado o uso de tais informações também à outra parte para outras finalidades.

Art. 207. Independentemente da ação criminal, o prejudicado poderá intentar as ações cíveis que considerar cabíveis na forma do Código de Processo Civil.

Art. 208. A indenização será determinada pelos benefícios que o prejudicado teria auferido se a violação não tivesse ocorrido.

Art. 209. Fica ressalvado ao prejudicado o direito de haver perdas e danos em ressarcimento de prejuízos causados por atos de violação de direitos de propriedade industrial e atos de concorrência desleal não previstos nesta Lei, tendentes a prejudicar a reputação ou os negócios alheios, a criar confusão entre estabelecimentos comerciais, industriais ou prestadores de serviço, ou entre os produtos e serviços postos no comércio.

§ 1º Poderá o juiz, nos autos da própria ação, para evitar dano irreparável ou de difícil reparação, determinar liminarmente a sustação da violação ou de ato que a enseje, antes da citação do réu, mediante, caso julgue necessário, caução em dinheiro ou garantia fidejussória.

§ 2º Nos casos de reprodução ou de imitação flagrante de marca registrada, o juiz poderá determinar a apreensão de todas as mercadorias, produtos, objetos, embalagens, etiquetas e outros que contenham a marca falsificada ou imitada.

Art. 210. Os lucros cessantes serão determinados pelo critério mais favorável ao prejudicado, dentre os seguintes:

I — os benefícios que o prejudicado teria auferido se a violação não tivesse ocorrido; ou

II — os benefícios que foram auferidos pelo autor da violação do direito; ou

III — a remuneração que o autor da violação teria pago ao titular do direito violado pela concessão de uma licença que lhe permitisse legalmente explorar o bem.

TÍTULO VI

DA TRANSFERÊNCIA DE TECNOLOGIA E DA FRANQUIA

Art. 211. O INPI fará o registro dos contratos que impliquem transferência de tecnologia, contratos de franquia e similares para produzirem efeitos em relação a terceiros.

Parágrafo único. A decisão relativa aos pedidos de registro de contratos de que trata este artigo será proferida no prazo de 30 (trinta) dias, contados da data do pedido de registro.

TÍTULO VII

DAS DISPOSIÇÕES GERAIS

CAPÍTULO I

DOS RECURSOS

Art. 212. Salvo expressa disposição em contrário, das decisões de que trata esta Lei cabe recurso, que será interposto no prazo de 60 (sessenta) dias.

§ 1º Os recursos serão recebidos nos efeitos suspensivo e devolutivo pleno, aplicando-se todos os dispositivos pertinentes ao exame de primeira instância, no que couber.

§ 2º Não cabe recurso da decisão que determinar o arquivamento definitivo de pedido de patente ou de registro e da que deferir pedido de patente, certificado de adição ou de registro de marca.

§ 3º Os recursos serão decididos pelo Presidente do INPI, encerrando-se a instância administrativa.

Art. 213. Os interessados serão intimados para, no prazo de 60 (sessenta) dias, oferecerem contra-razões ao recurso.

Art. 214. Para fins de complementação das razões oferecidas a título de recurso, o INPI poderá formular exigências, que deverão ser cumpridas no prazo de 60 (sessenta) dias.

Parágrafo único. Decorrido o prazo do *caput*, será decidido o recurso.

Art. 215. A decisão do recurso é final e irrecorrível na esfera administrativa.

CAPÍTULO II

DOS ATOS DAS PARTES

Art. 216. Os atos previstos nesta Lei serão praticados pelas partes ou por seus procuradores, devidamente qualificados.

§ 1º O instrumento de procuração, no original, traslado ou fotocópia autenticada, deverá ser em língua portuguesa, dispensados a legalização consular e o reconhecimento de firma.

§ 2º A procuração deverá ser apresentada em até 60 (sessenta) dias contados da prática do primeiro ato da parte no processo, independente de notificação ou exigência, sob pena de arquivamento, sendo definitivo o arquivamento do pedido de patente, do pedido de registro de desenho industrial e de registro de marca.

Art. 217. A pessoa domiciliada no exterior deverá constituir e manter procurador devidamente qualificado e domiciliado no País, com poderes para representá-la administrativa e judicialmente, inclusive para receber citações.

Art. 218. Não se conhecerá da petição:

I — se apresentada fora do prazo legal; ou

II — se desacompanhada do comprovante da respectiva retribuição no valor vigente à data de sua apresentação.

Art. 219. Não serão conhecidos a petição, a oposição e o recurso, quando:

I — apresentados fora do prazo previsto nesta Lei;

II — não contiverem fundamentação legal; ou

III — desacompanhados do comprovante do pagamento da retribuição correspondente.

Art. 220. O INPI aproveitará os atos das partes, sempre que possível, fazendo as exigências cabíveis.

CAPÍTULO III

DOS PRAZOS

Art. 221. Os prazos estabelecidos nesta Lei são contínuos, extinguindo-se automaticamente o direito de praticar o ato, após seu decurso, salvo se a parte provar que não o realizou por justa causa.

§ 1º Reputa-se justa causa o evento imprevisto, alheio à vontade da parte e que a impediu de praticar o ato.

§ 2º Reconhecida a justa causa, a parte praticará o ato no prazo que lhe for concedido pelo INPI.

Art. 222. No cômputo dos prazos, exclui-se o dia do começo e inclui-se o do vencimento.

Art. 223. Os prazos somente começam a correr a partir do primeiro dia útil após a intimação, que será feita mediante publicação no órgão oficial do INPI.

Art. 224. Não havendo expressa estipulação nesta Lei, o prazo para a prática do ato será de 60 (sessenta) dias.

CAPÍTULO IV

DA PRESCRIÇÃO

Art. 225. Prescreve em 5 (cinco) anos a ação para reparação de dano causado ao direito de propriedade industrial.

CAPÍTULO V

DOS ATOS DO INPI

Art. 226. Os atos do INPI nos processos administrativos referentes à propriedade industrial só produzem efeitos a partir da sua publicação no respectivo órgão oficial, ressalvados:

I — os que expressamente independerem de notificação ou publicação por força do disposto nesta Lei;

II — as decisões administrativas, quando feita notificação por via postal ou por ciência dada ao interessado no processo; e

III — os pareceres e despachos internos que não necessitem ser do conhecimento das partes.

CAPÍTULO VI

DAS CLASSIFICAÇÕES

Art. 227. As classificações relativas às matérias dos Títulos I, II e III desta Lei serão estabelecidas pelo INPI, quando não fixadas em tratado ou acordo internacional em vigor no Brasil.

CAPÍTULO VII

DA RETRIBUIÇÃO

Art. 228. Para os serviços previstos nesta Lei será cobrada retribuição, cujo valor e processo de recolhimento serão estabelecidos por ato do titular do órgão da administração pública federal a que estiver vinculado o INPI.

TÍTULO VIII

DAS DISPOSIÇÕES TRANSITÓRIAS E FINAIS

Art. 229. Aos pedidos em andamento serão aplicadas as disposições desta Lei, exceto quanto à patenteabilidade das substâncias, matérias ou produtos obtidos por meios ou processos químicos e as substâncias, matérias, misturas ou produtos alimentícios, químico-farmacêuticos e medicamentos de qualquer espécie, bem como os respectivos processos de obtenção ou modificação, que só serão privilegiáveis nas condições estabelecidas nos arts. 230 e 231.

Art. 230. Poderá ser depositado pedido de patente relativo às substâncias, matérias ou produtos obtidos por meios ou processos químicos e as substâncias, matérias, misturas ou produtos alimentícios, químico-farmacêuticos e medicamentos de qualquer espécie, bem como os respectivos processos de obtenção ou modificação, por quem tenha proteção garantida em tratado ou convenção em vigor no Brasil, ficando assegurada a data do primeiro depósito no exterior, desde que seu objeto não tenha sido colocado em qualquer mercado, por iniciativa direta do titular ou por terceiro com seu consentimento, nem tenham sido realizados, por terceiros, no País, sérios e efetivos preparativos para a exploração do objeto do pedido ou da patente.

§ 1º O depósito deverá ser feito dentro do prazo de 1 (um) ano contado da publicação desta Lei, e deverá indicar a data do primeiro depósito no exterior.

§ 2º O pedido de patente depositado com base neste artigo será automaticamente publicado, sendo facultado a qualquer interessado manifestar-se, no prazo de 90 (noventa) dias, quanto ao atendimento do disposto no *caput* deste artigo.

§ 3º Respeitados os arts. 10 e 18 desta Lei, e uma vez atendidas as condições estabelecidas neste artigo e comprovada a concessão da patente no país onde foi depositado o primeiro pedido, será concedida a patente no Brasil, tal como concedida no país de origem.

§ 4º Fica assegurado à patente concedida com base neste artigo o prazo remanescente de proteção no país onde foi depositado o primeiro pedido, contado da data do depósito no Brasil e limitado ao prazo previsto no art. 40, não se aplicando o disposto no seu parágrafo único.

§ 5º O depositante que tiver pedido de patente em andamento, relativo às substâncias, matérias, ou produtos obtidos por meios ou processos químicos e as substâncias, matérias, misturas ou produtos alimentícios, químico-farmacêuticos e medicamentos de qualquer espécie, bem como os respectivos processos de obtenção ou modificação, poderá apresentar novo pedido, no prazo e condições estabelecidos neste artigo, juntando prova de desistência do pedido em andamento.

§ 6º Aplicam-se as disposições desta Lei, no que couber, ao pedido depositado e à patente concedida com base neste artigo.

Art. 231. Poderá ser depositado pedido de patente relativo às matérias de que trata o artigo anterior, por nacional ou pessoa domiciliada no País, ficando assegurada a data de divulgação do invento, desde que seu objeto não tenha sido colocado em qualquer mercado, por iniciativa direta do titular ou por terceiro com seu consentimento, nem tenham sido realizados, por terceiros, no País, sérios e efetivos preparativos para a exploração do objeto do pedido.

§ 1º O depósito deverá ser feito dentro do prazo de 1 (um) ano contado da publicação desta Lei.

§ 2º O pedido de patente depositado com base neste artigo será processado nos termos desta Lei.

§ 3º Fica assegurado à patente concedida com base neste artigo o prazo remanescente de proteção do 20 (vinte) anos contados da data da divulgação do invento, a partir do depósito no Brasil.

§ 4º O depositante que tiver pedido de patente em andamento, relativo às matérias de que trata o artigo anterior, poderá apresentar novo pedido, no prazo e condições estabelecidos neste artigo, juntando prova de desistência do pedido em andamento.

Art. 232. A produção ou utilização, nos termos da legislação anterior, de substâncias, matérias ou produtos obtidos por meios ou processos químicos e as substâncias, matérias, misturas ou produtos alimentícios, químico-farmacêuticos e medicamentos de qualquer espécie, bem como os respectivos processos de obtenção ou modificação, mesmo que protegidos por patente de produto ou processo em outro país, de conformidade com tratado ou convenção em vigor no Brasil, poderão continuar, nas mesmas condições anteriores à aprovação desta Lei.

§ 1º Não será admitida qualquer cobrança retroativa ou futura, de qualquer valor, a qualquer título, relativa a produtos produzidos ou processos utilizados no Brasil em conformidade com este artigo.

§ 2º Não será igualmente admitida cobrança nos termos do parágrafo anterior, caso, no período anterior à entrada em vigência desta Lei, tenham sido realizados investimentos significativos para a exploração de produto ou de processo referidos neste artigo, mesmo que protegidos por patente de produto ou de processos em outro país.

Art. 233. Os pedidos de registro de expressão e sinal de propaganda e de declaração de notoriedade serão definitivamente arquivados e os registros e declaração permanecerão em vigor pelo prazo de vigência restante, não podendo ser prorrogados.

Art. 234. Fica assegurada ao depositante a garantia de prioridade de que trata o art. 7º da Lei n. 5.772, de 21 de dezembro de 1971, até o término do prazo em curso.

Art. 235. É assegurado o prazo em curso concedido na vigência da Lei n. 5.772, de 21 de dezembro de 1971.

Art. 236. O pedido de patente de modelo ou de desenho industrial depositado na vigência da Lei n. 5.772, de 21 de dezembro de 1971, será automaticamente denominado pedido de registro de desenho industrial, considerando-se, para todos os efeitos legais, a publicação já feita.

Parágrafo único. Nos pedidos adaptados serão considerados os pagamentos para efeito de cálculo de retribuição qüinqüenal devida.

Art. 237. Aos pedidos de patente de modelo ou de desenho industrial que tiverem sido objeto de exame na forma da Lei n. 5.772, de 21 de dezembro de 1971, não se aplicará o disposto no art. 111.

Art. 238. Os recursos interpostos na vigência da Lei n. 5.772, de 21 de dezembro de 1971, serão decididos na forma nela prevista.

Art. 239. Fica o Poder Executivo autorizado a promover as necessárias transformações no INPI, para assegurar à Autarquia autonomia financeira e administrativa, podendo esta:

I — contratar pessoal técnico e administrativo mediante concurso público;

II — fixar tabela de salários para os seus funcionários, sujeita à aprovação do Ministério a que estiver vinculado o INPI; e

III — dispor sobre a estrutura básica e regimento interno, que serão aprovados pelo Ministério a que estiver vinculado o INPI.

Parágrafo único. As despesas resultantes da aplicação deste artigo correrão por conta de recursos próprios do INPI.

Art. 240. O art. 2º da Lei n. 5.648, de 11 de dezembro de 1970, passa a ter a seguinte redação:

> "Art. 2º O INPI tem por finalidade principal executar, no âmbito nacional, as normas que regulam a propriedade industrial, tendo em vista a sua função social, econômica, jurídica e técnica, bem como pronunciar-se quanto à conveniência de assinatura, ratificação e denúncia de convenções, tratados, convênios e acordos sobre propriedade industrial."

Art. 241. Fica o Poder Judiciário autorizado a criar juízos especiais para dirimir questões relativas à propriedade intelectual.

Art. 242. O Poder Executivo submeterá ao Congresso Nacional projeto de lei destinado a promover, sempre que necessário, a harmonização desta Lei com a política para propriedade industrial adotada pelos demais países integrantes do MERCOSUL.

Art. 243. Esta Lei entra em vigor na data de sua publicação quanto às matérias disciplinadas nos arts. 230, 231, 232 e 239, e 1 (um) ano após sua publicação quanto aos demais artigos.

Art. 244. Revogam-se a Lei n. 5.772, de 21 de dezembro de 1971, a Lei n. 6.348, de 7 de julho de 1976, os arts. 187 a 196 do Decreto-lei n. 2.848, de 7 de dezembro de 1940, os arts. 169 a 189 do Decreto-lei n. 7.903, de 27 de agosto de 1945, e as demais disposições em contrário.

Brasília, 14 de maio de 1996; 175º da Independência e 108º da República.

FERNANDO HENRIQUE CARDOSO

Nelson A. Jobim

Sebastião do Rego Barros Neto

Pedro Malan

Francisco Dornelles

José Israel Vargas

Anexo II. Convenção de Paris para a proteção da propriedade industrial

Decreto n. 635, de 21 de agosto de 1992, ratificado pelo Decreto n. 1.263, de 10 de outubro de 1994, declara a adesão do Brasil à Convenção supra nos termos da Revisão de Estocolmo de 14 de julho de 1967.

Decreto n. 75.572 de 8.4.1975

DOU de 10.4.1975

Aprovado pelo Decreto Legislativo n. 78, de 31.10.1974 — *Dou* de 1º.11.1974.

Promulga a Convenção de Paris para a Proteção da Propriedade Industrial, Revisão de Estocolmo, 1967.

— Convenção de Paris para a Proteção da Propriedade Industrial (arts. 1º a 30).

Texto:

Este Decreto promulgou o texto da revisão de Estocolmo da Convenção de Paris com a reserva de que o Brasil não se considerava vinculado pelo disposto na alínea 1 do art. 28 e de que sua adesão não era aplicável aos arts. 1º a 12. O Decreto n. 635, de 21.8.1992, ratificado pelo Decreto n. 1.263, de 10.10.1994, declara a adesão do Brasil aos artigos acima referidos.

DOU de 10.4.1975.

Convenção de Paris para a Proteção da Propriedade Industrial, de 20 de março de 1883.

(Revista em Bruxelas a 14 de dezembro de 1900, em Washington a 2 de junho de 1911, em Haia a 6 de novembro de 1925, em Londres a 2 de junho de 1934, em Lisboa a 31 de outubro de 1958, e em Estocolmo a 14 de julho de 1967).

Art. 1º

1. Os países a que se aplica a presente Convenção constituem-se em União para a proteção da propriedade industrial.

2. A proteção da propriedade industrial tem por objeto as patentes de invenção, os modelos de utilidade, os desenhos ou modelos industriais, as marcas de fábrica ou de comércio, as marcas de serviço, o nome comercial e as indicações de proveniência ou denominações de origem, bem como a repressão da concorrência desleal.

3. A propriedade industrial entende-se na mais ampla acepção e aplica-se não só à industria e ao comércio propriamente ditos, mas também às industrias agrícolas e extrativas e a todos os produtos manufaturados ou naturais, por exemplo: vinhos, cereais, tabaco em folha, frutas, animais, minérios, águas minerais, cerveja, flores, farinhas.

4. Entre as patentes de invenção compreendem-se as diversas espécies de patentes industriais admitidas nas legislações dos países da União, tais como patentes de importação, patentes de aperfeiçoamento, patentes e certificados de adição, etc.

Art. 2º

1. Os nacionais de cada um dos países da União gozarão em todos os outros países da União, no que se refere à proteção da propriedade industrial, das vantagens que as leis respectivas concedem atualmente ou venham a conceder no futuro aos nacionais, sem prejuízo dos direitos especialmente previstos na presente Convenção. Em conseqüência, terão a mesma proteção que estes e os mesmos recursos legais contra qualquer atentado dos seus direitos, desde que observem as condições e formalidades impostas aos nacionais.

2. Nenhuma condição de domicílio ou de estabelecimento no país em que a proteção é requerida pode, porém, ser exigida dos nacionais de países da União para o gozo de qualquer dos direitos de propriedade industrial.

3. Ressalvam-se expressamente as disposições da legislação de cada um dos países da União relativas ao processo judicial e administrativo e à competência, bem como à escolha de domicílio ou à designação de mandatário, eventualmente exigida pelas leis de prioridade industrial.

Art. 3º

São equiparados aos nacionais dos países da União os nacionais dos países não participantes da União domiciliados ou que possuam estabelecimentos industriais ou comerciais efetivos e reais no território de um dos países da União.

Art. 4º

A. 1) Aquele que tiver devidamente apresentado pedido de patente de invenção, de depósito de modelo de utilidade, de desenho ou modelo industrial, de registro de marca de fábrica ou de comércio num dos países da União, ou o seu sucessor, gozará, para apresentar o pedido nos outros países, do direito de prioridade durante os prazos adiante fixados.

2) Reconhece-se como dando origem ao direito de prioridade qualquer pedido com o valor de pedido nacional regular, em virtude da legislação nacional de cada país da União ou de tratados bilaterais ou multilaterais celebrados entre países da União.

3) Deve entender-se por pedido nacional regular qualquer pedido efetuado em condições de estabelecer a data em que o mesmo foi apresentado no país em causa, independentemente do resultado ulterior do pedido.

B. Em conseqüência, o pedido apresentado ulteriormente num dos outros países da União, antes de expirados estes prazos, não poderá ser invalidado por fatos verificados neste intervalo, como, por exemplo, outro pedido, publicação da invenção ou sua exploração, oferecimento à venda de exemplares do desenho ou do modelo ou uso da marca, e esses fatos não poderão fundamentar qualquer direito de terceiros ou posse pessoal. Os direitos adquiridos por terceiros antes do dia do primeiro pedido que serve de base ao direito de prioridade são ressalvados nos termos da legislação interna de cada país da União.

C. 1) Os prazos de prioridade acima mencionados serão de 12 meses para as invenções e modelos de utilidade e de seis meses para os desenhos ou modelos industriais e para as marcas de fábrica ou de comércio.

2) Estes prazos correm a partir da data da apresentação do primeiro pedido; o dia da apresentação não é contado.

3) Se o último dia do prazo for feriado legal ou dia em que a Repartição se encontre aberta para receber a apresentação dos pedidos no país em que a proteção é requerida, o prazo será prorrogado até o primeiro dia útil seguinte.

4) Deve ser considerado como primeiro pedido, cuja data de apresentação marcará o início do prazo de prioridade, pedido ulterior que tenha o mesmo objeto de um primeiro pedido anterior, nos termos do parágrafo 2, apresentado no mesmo país da União, desde que, na data do pedido posterior, o pedido anterior tenha sido retirado, abandonado, ou recusado, sem ter sido submetido a inspeção pública e sem deixar subsistir direitos e que não tenha ainda servido de base para reivindicação do direito de prioridade. O pedido anterior então não poderá mais servir de base para reivindicação do direito de prioridade.

D. 1) Quem quiser prevalecer-se da prioridade de um pedido anterior deverá formular declaração em que indique a data e o país desse pedido. Cada país fixará o momento até o qual esta declaração deverá ser efetuada.

2) Estas indicações serão mencionadas nas publicações emanadas da autoridade competente, particularmente nas patentes e suas descrições.

3) Os países da União poderão exigir daquele que fizer uma declaração de prioridade a apresentação de uma cópia do pedido (descrição, desenhos etc.) entregue anteriormente. A cópia autenticada pela autoridade que houver recebido esse pedido estará isenta de qualquer legalização e poderá, em qualquer caso, ser apresentada, sem ônus, em qualquer momento no prazo de três meses a contar da data da apresentação do pedido ulterior. Poderá exigir-se que seja acompanhada de certificado da data de apresentação, expedido pela mesma autoridade, e de tradução.

4) Para a declaração de prioridade nenhuma outra formalidade poderá ser exigida no momento da apresentação do pedido. Cada país da União determinará quais as conseqüências da omissão das formalidades previstas no presente artigo, as quais não poderão exceder a perda do direito de prioridade.

5) Ulteriormente poderão ser exigidas outras justificativas. Aquele que reivindicar a prioridade de um pedido anterior terá de indicar o número desse pedido; essa indicação será publicada nas condições previstas no parágrafo 2 acima.

E. 1) Quando um desenho ou modelo industrial tiver sido depositado num país, em virtude de um direito de prioridade baseado no pedido de depósito de um modelo de utilidade, o prazo de prioridade será somente o fixado para os desenhos ou modelos industriais.

2) Além disso, é permitido depositar num país um modelo de utilidade, em virtude de um direito de prioridade baseado num pedido de patente e vice-versa.

F. Nenhum país da União poderá recusar prioridade ou pedido de patente em virtude de o requerente reivindicar prioridades múltiplas, mesmo provenientes de diferentes países, ou em virtude de um pedido reivindicando uma ou várias prioridades conter um ou mais elementos que não estavam compreendidos no ou nos pedidos cuja prioridade se reivindica, com a condição de, nos dois casos, haver unidade de invenção, no sentido da lei do país.

No que se refere aos elementos não compreendidos no ou nos pedidos cuja prioridade se reivindica, a apresentação do pedido ulterior dá lugar a um direito de prioridade, nas condições usuais.

G. 1) Se o exame revelar que um pedido de patente é complexo, poderá o requerente dividir o pedido num certo número de pedidos divisionários, cada um dos quais conservará a data do pedido inicial e, se for o caso, o benefício do direito de prioridade.

2) O requerente poderá também, por sua própria iniciativa, dividir o pedido de patente, conservando como data de cada pedido divisionário a data do pedido inicial e, se for o caso, o benefício do direito de prioridade. Cada país da União terá a faculdade de fixar as condições nas quais esta divisão será autorizada.

H. A prioridade não pode ser recusada com o fundamento de que certos elementos da invenção para os quais se reivindica a prioridade não figuram entre as reivindicações formuladas no pedido apresentado no país de origem, contando que o conjunto dos documentos do pedido revele de maneira precisa aqueles elementos.

I. 1) Os pedidos de certificados de autor de invenção depositados num país em que os requerentes têm o direito de pedir, à sua escolha, quer uma patente, quer um certificado de autor de invenção, darão origem ao direito de prioridade instituído pelo presente artigo, nas mesmas condições e com os mesmos efeitos que os pedidos de patentes de invenção.

2) Num país em que os requerentes têm o direito de requerer, à sua escolha, quer uma patente, quer um certificado de autor de invenção, o requerente de um certificado de autor de invenção se beneficiará, segundo as disposições do presente artigo aplicáveis aos pedidos de patentes, do direito de prioridade baseado no depósito de um pedido de patentes de invenção, de modelo de utilidade ou certificado de autor de invenção.

Art. 4º *bis*

1) As patentes requeridas nos diferentes países da União por nacionais de países da União serão independentes das patentes obtidas para a mesma invenção nos outros países, membros ou não da União.

2) Esta disposição deve entender-se de modo absoluto, particularmente no sentido de que as patentes pedidas durante o prazo de prioridade são independentes, tanto do ponto de vista das causas de nulidade e de caducidade como do ponto de vista da duração normal.

3) Aplica-se a todas as patentes existentes à data da sua entrada em vigor.

4) O mesmo sucederá, no caso de acessão de novos países, às patentes existentes em ambas as partes, à data de acessão.

5) As patentes obtidas com o benefício da prioridade gozarão, nos diferentes países da União, de duração igual àquela de que gozariam se fossem pedidas ou concedidas sem o benefício da prioridade.

Art. 4º *ter*

O inventor tem o direito de ser mencionado como tal na patente.

Art. 4º *quater*

Não poderá ser recusada a concessão de uma patente e não poderá ser uma patente invalidada em virtude de estar a venda do produto patenteado ou obtido por um processo patenteado sujeita a restrições ou limitações resultantes da legislação nacional.

Art. 5º

A. 1) A introdução, pelo titular da patente, no país em que esta foi concedida, de objetos fabricados em qualquer dos países da União não acarreta a caducidade da patente.

2) Cada país da União terá a faculdade de adotar medidas legislativas prevendo a concessão de licenças obrigatórias para prevenir os abusos que poderiam resultar do exercício do direito exclusivo conferido pela patente, como, por exemplo, a falta de exploração.

3) A caducidade da patente só poderá ser prevista para os casos em que a concessão de licenças obrigatórias não tenha sido suficiente para prevenir tais abusos. Não poderá ser interposta ação de declaração de caducidade ou de anulação de uma patente antes de expirar o prazo de dois anos, a contar da concessão da primeira licença obrigatória.

4) Não poderá ser pedida licença obrigatória, com o fundamento de falta ou suficiência de exploração, antes de expirar o prazo de quatro anos a contar da apresentação do pedido da patente, ou de três anos a contar da concessão da patente, devendo aplicar o prazo mais longo; a licença será recusada se o titular da patente justificar a sua inação por razões legítimas. Tal licença obrigatória será não exclusiva e só será transferível, mesmo sob a forma de concessão de sublicença, com a parte da empresa ou do estabelecimento comercial que a explore.

5) As disposições precedentes serão aplicáveis, com as modificações necessárias, aos modelos de utilidade.

B. A proteção dos desenhos e modelos industriais não caducará por falta de exploração nem por introdução de objetos semelhantes aos que estão protegidos.

C. 1) Se num país o uso da marca registrada for obrigatório, o registro só poderá ser anulado depois de decorrido um prazo razoável e se o interessado não justificar a sua inação.

2) O uso, pelo proprietário, de uma marca de fábrica ou de comércio de forma diferente, quanto a elementos que não alteram o caráter distintivo da marca, da forma por que esta foi registrada num dos países da União não implicará a anulação do registro nem diminuirá a proteção que lhe foi concedida.

3) O uso simultâneo da mesma marca em produtos idênticos ou semelhantes por estabelecimentos industriais ou comerciais considerados co-proprietários da marca, segundo os dispositivos da lei nacional do país onde a proteção é requerida, não impedirá o registro nem diminuirá, de maneira alguma, a proteção concedida à referida marca em qualquer dos países da União, contanto que o referido uso não tenha como efeito induzir o público em erro nem seja contrário ao interesse público.

D. Para reconhecimento do direito não será exigido no produto qualquer sinal ou menção da patente, do modelo de utilidade, ou do registro da marca de fábrica ou de comércio, ou do depósito do desenho ou modelo industrial.

Art. 5º *bis*

1. Uma prorrogação de prazo, de no mínimo seis meses, será concedida para o pagamento das taxas previstas para a manutenção dos direitos de propriedade industrial, mediante o pagamento de uma sobretaxa, se a legislação nacional assim dispuser.

2. Os países da União têm a faculdade de prever a revalidação das patentes de invenção caducadas em virtude de não pagamento de taxas.

Art. 5º *ter*

Em cada um dos países da União não serão considerados lesivos dos direitos do titular da patente:

1. O emprego, a bordo dos navios dos outros países da União, dos meios que constituem o objeto da sua patente no corpo do navio, nas máquinas, mastreação, aprestos e outros acessórios, quando esses navios penetrarem temporária ou acidentalmente em águas do país, sob reserva de que tais meios sejam empregados exclusivamente para as necessidades do navio.

2. O emprego dos meios que constituem o objeto da patente na construção ou no funcionamento de aeronaves ou veículos terrestres dos outros países da União, ou dos acessórios dessas aeronaves ou veículos terrestres quando estes penetrarem temporária ou acidentalmente no país.

Art. 5º *quater*

Quando um produto for introduzido num país da União no qual exista uma patente protegendo um processo de fabricação desse produto, o titular da patente terá, com referência ao produto introduzido, todos os direitos que a legislação do país de importação lhe conceder, em virtude da patente desse processo, com referência aos produtos fabricados no próprio país.

Art. 5º *quinquies*

Os desenhos e modelos industriais serão protegidos em todos os países da União.

Art. 6º

1. As condições de depósito e de registro das marcas da fábrica ou de comércio serão determinadas, em cada país da União, pela respectiva legislação nacional.

2. Não poderá, todavia, ser recusada ou invalidada uma marca requerida em qualquer dos países da União por um nacional de um país desta, com o fundamento de não ter sido depositada, registrada ou renovada no país de origem.

3. Uma marca regularmente registrada num país da União será considerada como independente das marcas registradas nos outros países da União, inclusive o país de origem.

Art. 6º *bis*

1. Os países da União comprometem-se a recusar ou invalidar o registro, quer administrativamente, se a lei do país o permitir, quer a pedido do interessado e a proibir o uso de marca de fábrica ou de comércio que constitua reprodução, imitação ou tradução, suscetíveis de estabelecer confusão, de uma marca que a autoridade competente do país do registro ou do uso considere que nele é notoriamente conhecida como sendo já marca de uma pessoa amparada pela presente Convenção, e utilizada para produtos idênticos ou similares. O mesmo sucederá quando a parte essencial da marca constitui reprodução de marca notoriamente conhecida ou imitação suscetível de estabelecer confusão com esta.

2. Deverá ser concedido um prazo mínimo de cinco anos a contar da data do registro, para requerer cancelamento de tal marca. Os países da União têm a faculdade de prever um prazo dentro do qual deverá ser requerida a proibição de uso.

3. Não será fixado prazo para requerer o cancelamento ou a proibição de uso de marcas registradas ou utilizadas de má-fé.

Art. 6º *ter*

1. a) Os países da União acordam em recusar ou invalidar o registro e em impedir, através de medidas adequadas, o uso, sem autorização das autoridades competentes, quer como marcas de fábrica ou de comércio, quer como elementos dessas marcas, de armas, bandeiras e outros emblemas de Estado dos países da União, sinais e timbres oficiais de fiscalização e de garantia por eles adotados, bem como qualquer imitação do ponto de vista heráldico.

b) As disposições do subparágrafo *a* acima aplicam-se igualmente às armas, bandeira e outros emblemas, siglas ou denominações de organismos internacionais intergovernamentais de que um ou vários países da União sejam membros, com exceção de armas, bandeiras e outros emblemas, siglas ou denominações que já tenham sido objeto de acordos internacionais vigentes, destinados a assegurar a sua proteção.

c) Nenhum país da União terá de aplicar as disposições do subparágrafo *b* acima em detrimento dos titulares de direitos adquiridos de boa-fé, antes da entrada em vigor nesse país da presente Convenção.

Os países da União não são obrigados a aplicar as referidas disposições quando o uso ou o registro mencionado no subparágrafo *a* não for de natureza a sugerir, no espírito do público, uma ligação entre a organização em apreço e as armas, bandeiras, emblemas, siglas ou denominações, ou se este uso ou registro não for claramente de natureza a induzir o público em erro sobre a existência de ligação entre o utilizador e a organização.

2. A proibição dos sinais e timbres oficiais de fiscalização e de garantia só se aplica aos casos em que as marcas que os incluem se destinam a ser usadas em mercadorias do mesmo gênero ou de gênero similar.

3. a) Para a aplicação destas disposições, os países da União acordam em dar a conhecer reciprocamente, por intermédio da Repartição Internacional, a lista dos emblemas de Estado, sinais e timbres oficiais de fiscalização e de garantia que desejam ou desejarão colocar, de uma maneira absoluta ou dentro de certos limites, sob a proteção do presente artigo, bem como todas as modificações ulteriormente introduzidas nessa lista. Cada país da União porá à disposição do público, oportunamente, as listas notificadas. Entretanto, esta notificação não é obrigatória no que se refere às bandeiras dos Estados.

b) As disposições do subparágrafo *b* do parágrafo 1 do presente artigo são unicamente aplicáveis às armas, bandeiras e outros emblemas, siglas ou denominações das organizações internacionais intergovernamentais que estas comunicaram aos países da União por intermédio da Repartição Internacional.

4. Qualquer país da União poderá, no prazo de doze meses a contar do recebimento da notificação, transmitir, por intermédio da Repartição Internacional, as suas eventuais objeções ao país ou à organização internacional intergovernamental interessados.

5. Com referência às bandeiras de Estado, apenas se aplicarão as medidas previstas no parágrafo 1 às marcas registradas depois de 6 de novembro de 1925.

6. Com referência aos emblemas de Estado que não sejam bandeiras, aos sinais e timbres oficiais dos países da União e às armas, bandeiras e outros emblemas, siglas ou denominações das organizações internacionais intergovernamentais, estas disposições só serão aplicáveis às marcas registradas mais de dois meses depois do recebimento da notificação prevista no parágrafo 3 acima.

7. Em caso de má-fé, os países terão a faculdade de cancelar o registro das marcas que contenham emblemas de Estado, sinais e timbres, mesmo quando tenham sido registradas antes de 6 de novembro de 1925.

8. Os nacionais de cada país que forem autorizados a usar emblemas de Estado, sinais e timbres do seu país poderão utilizá-los, ainda que sejam semelhantes aos de outro país.

9. Os países da União obrigam-se a impedir o uso não autorizado, no comércio, das armas de Estado dos outros países da União, quando esse uso possa induzir em erro quanto à origem dos produtos.

10. As disposições precedentes não obstam a que os países exerçam a sua faculdade de recusar ou invalidar, pela aplicação do n. 3 da letra *B* do Art. 6º *quinquies*, as marcas que contenham, sem autorização, armas, bandeiras e outros emblemas de Estado ou sinais e timbres oficiais adotados por um país da União, assim como sinais distintivos das organizações internacionais intergovernamentais, mencionados no parágrafo 1.

Art. 6º *quater*

1. Quando, de acordo com a legislação de um país da União, a cessão de uma marca não seja válida sem a transmissão simultânea da empresa ou estabelecimento comercial a que a marca pertence, bastará, para que essa validade seja admitida, que a parte da empresa ou do estabelecimento comercial situada nesse país seja transmitida ao cessionário com o direito exclusivo de aí fabricar ou vender os produtos assinalados com marca cedida.

2. Esta disposição não impõe aos países da União a obrigação de considerarem válida a transmissão de qualquer marca cujo uso pelo cessionário fosse, de fato, de natureza a induzir o público em erro, particularmente no que se refere à proveniência, à natureza ou às qualidades substanciais dos produtos a que a marca se aplica.

Art. 6º *quinquies*

A. 1) Qualquer marca de fábrica ou de comércio regularmente registrada no país de origem será admitida para registro e protegida na sua forma original nos outros países da União, com as restrições indicadas no presente artigo. Estes países poderão, antes de procederem ao registro definitivo, exigir a apresentação de um certificado de registro no país de origem, passado pela autoridade competente. Não será exigida qualquer legalização para este certificado.

2) Será considerado país de origem o país da União em que o requerente tenha um estabelecimento industrial ou comercial efetivo e real, e, se não tiver esse estabelecimento na União, o país da União onde tenha o seu domicílio, e se não tiver domicílio na União, o país da sua nacionalidade, no caso de ser nacional de um país da União.

B. Só poderá ser recusado ou invalidado o registro das marcas de fábrica ou de comércio mencionadas no presente artigo, nos casos seguintes:

1) quando forem suscetíveis de prejudicar direitos adquiridos por terceiros no país em que a proteção é requerida;

2) quando forem desprovidas de qualquer caráter distintivo ou então exclusivamente compostas por sinais ou indicações que possam servir no comércio para designar a espécie, a qualidade, a quantidade, o destino, o valor, o lugar de origem dos produtos ou a época da produção, ou que se tenham tornado usuais na linguagem corrente ou nos hábitos leais e constantes do comércio do país em que a proteção é requerida;

3) quando forem contrárias à moral ou à ordem pública e, particularmente, de natureza a enganar o público. Fica entendido que uma marca não poderá ser considerada contrária à ordem pública pela simples razãc de que não está de acordo com qualquer dispositivo da legislação sobre as marcas, salvo no caso em que o próprio dispositivo se relacione com a ordem pública. Fica, todavia, ressalvada a aplicação do Art. 10 *bis*.

C. 1) Para determinar se a marca é suscetível de proteção deverão ser levadas em consideração todas as circunstâncias de fato, particularmente a duração do uso da marca.

2) As marcas de fábrica ou de comércio não poderão ser recusadas nos outros países da União pelo único motivo de diferirem das marcas registradas no país de origem apenas por elementos que não alteram o caráter distintivo nem modificam a identidade das marcas na forma sob a qual foram registradas no referido país de origem.

D. Ninguém se poderá beneficiar das disposições do presente artigo se a marca para a qual reivindica proteção não estiver registrada no país de origem.

E. Em nenhum caso, todavia, a renovação do registro de uma marca no país de origem implicará a obrigação de renovar o registro nos outros países da União onde a marca tenha sido registrada.

F. O benefício da prioridade será concedido aos pedidos de registro de marcas efetuados dentro do prazo do Art. 4º, ainda que o registro no país de origem não ocorra senão após a expiração desse prazo.

Art. 6º *sexies*

Os países da União se comprometem a proteger as marcas de serviço. Não são obrigadas a prever o registro dessas marcas.

Art. 6º *septies*

1. Se o agente ou representante do titular de uma marca num dos países da União pedir, sem autorização deste titular, o registro dessa marca em seu próprio nome, num ou em vários desses países, o titular terá o direito de se opor ao registro pedido ou de requerer o cancelamento ou, se a lei do país o permitir, a transferência a seu favor do referido registro, a menos que este agente ou representante justifique o seu procedimento.

2. O titular da marca terá o direito de, com as reservas do subparágrafo 1, se opor ao uso da sua marca pelo seu agente ou representante, se não tiver autorizado esse uso.

3. As legislações nacionais têm a faculdade de prever um prazo razoável dentro do qual o titular de uma marca deverá fazer valer os direitos previstos no presente artigo.

Art. 7º

A natureza do produto em que a marca de fábrica ou de comércio deve ser aposta não pode, em caso algum, obstar ao registro da marca.

Art. 7º *bis*

1. Os países da União se comprometem a admitir o registro e a proteger as marcas coletivas pertencentes a coletividade cuja existência não seja contrária à lei do país de origem, ainda que essas coletividades não possuam estabelecimento industrial ou comercial.

2. Cada país será juiz das condições particulares em que a marca coletiva será protegida e poderá recusar a proteção se essa marca for contrária ao interesse público.

3. Entretanto, a proteção dessas marcas não poderá ser recusada a qualquer coletividade cuja existência não contraria a lei do país de origem, em virtude de não se achar estabelecida no país onde a proteção é requerida ou de não se ter constituído nos termos da legislação desse país.

Art. 8º

O nome comercial será protegido em todos os países da União sem obrigação de depósito ou de registro, quer faça ou não parte de uma marca de fábrica ou de comércio.

Art. 9º

1. O produto ilicitamente assinalado com uma marca da fábrica ou de comércio ou por um nome comercial será apreendido ao ser importado nos países da União onde essa marca ou esse nome comercial têm direito a projeção legal.

2. A apreensão será igualmente efetuada no país onde a aposição ilícita tenha sido feita ou no país onde o produto tenha sido importado.

3. A apreensão será efetuada a requerimento do Ministério Público, de qualquer outra autoridade competente ou de qualquer interessado, pessoa física ou jurídica, de acordo com a lei interna de cada país.

4. As autoridades não serão obrigadas a efetuar a apreensão em caso de trânsito.

5. Se a legislação de um país não admitir a apreensão no ato da importação, essa apreensão será substituída pela proibição de importação ou pela apreensão dentro do país.

6. Se a legislação de um país não admitir a apreensão no ato da importação nem a proibição de importação nem a apreensão dentro do país, enquanto a legislação não for modificada nesse sentido, essas medidas serão substituídas pelas ações e meios que a lei desse país assegurar em tais casos aos nacionais.

Art. 10

1. As disposições do artigo precedente serão aplicáveis em caso de utilização direta ou indireta de uma falsa indicação relativa à procedência do produto ou à identidade do produtor, fabricante ou comerciante.

2. Será, em qualquer caso, reconhecido como parte interessada, quer seja pessoa física ou jurídica, o produtor, fabricante ou comerciante empenhado na produção, fabricação ou comércio desse produto e estabelecido quer na localidade falsamente indicada como lugar de procedência, quer na região em que essa localidade estiver situada, quer no país falsamente indicado ou no país em que se fizer uso da falsa indicação de procedência.

Art. 10 *bis*

1. Os países da União obrigam-se a assegurar aos nacionais dos países da União proteção efetiva contra a concorrência desleal.

2. Constitui ato de concorrência desleal qualquer ato de concorrência contrário aos usos honestos em matéria industrial ou comercial.

3. Deverão proibir-se particularmente:

1) todos os atos suscetíveis de, por qualquer meio, estabelecer confusão com o estabelecimento, os produtos ou a atividade industrial ou comercial de um concorrente;

2) as falsas alegações no exercício do comércio, suscetíveis de desacreditar o estabelecimento, os produtos ou a atividade industrial ou comercial de um concorrente;

3) as indicações ou alegações cuja utilização no exercício do comércio seja suscetível de induzir o público em erro sobre a natureza, modo de fabricação, características, possibilidades de utilização ou quantidade das mercadorias.

Art. 10 *ter*

1. Os países da União se comprometem a assegurar aos nacionais dos outros países da União recursos legais apropriados à repressão eficaz de todos os atos mencionados nos artigos 9º, 10 e 10 *bis.*

2. Comprometem-se, além disso, a prever medidas que permitam aos sindicatos e associações de industriais, produtores ou comerciantes interessados e cuja existência não for contrária às leis dos seus países, promover em juízo ou junto às autoridades administrativas a repressão dos atos previstos nos artigos 9º, 10 e 10 *bis*, na medida em que a lei do país em que a proteção é requerida o permite aos sindicatos e associações desse país.

Art. 11

1. Os países da União, nos termos da sua lei interna, concederão proteção temporária às invenções patenteáveis, modelos de utilidade, desenhos ou modelos industriais, bem como às marcas de fábrica ou de comércio, para produtos que figurarem nas exposições internacionais oficiais ou reconhecidas oficialmente, organizadas no território de qualquer deles.

2. Essa proteção temporária não prolongará os prazos fixados no artigo 4º. Se, mais tarde, se invocar o direito de prioridade, a Administração de cada país poderá contar o prazo desde a data da apresentação do produto na exposição.

3. Cada país poderá exigir, para prova de identidade do objeto exposto e da data da apresentação, as provas que julgar necessárias.

Art. 12

1. Cada um dos países da União se compromete a estabelecer um serviço especial da propriedade industrial e uma repartição central para informar o público sobre as patentes de invenção, modelos de utilidade, desenhos ou modelos industriais e marcas de fábrica ou de comércio.

2. Esse serviço publicará um boletim periódico oficial. Publicará regularmente:

a) os nomes dos titulares das patentes concedidas, com uma breve descrição das invenções patenteadas;

b) as reproduções das marcas registradas.

Art. 13

1. *A)* A União tem uma Assembléia composta pelos países da União vinculados pelos artigos 13 a 17.

B) O Governo de cada país é representado por um delegado, que pode ser assistido por suplentes, conselheiros e peritos.

C) As despesas de cada delegação correm por conta do Governo que a designou.

2. *A)* A Assembléia:

i) trata de todas as questões referentes à manutenção e desenvolvimento da União e à aplicação da presente Convenção;

ii) dá à Repartição Internacional da Propriedade Intelectual (a seguir denominada "a Repartição Internacional") mencionada na Convenção que institui a Organização Mundial da Propriedade Intelectual (a seguir denominada "a Organização") diretrizes referentes à preparação das conferências de revisão, levando em consideração as observações feitas pelos países da União que não vinculados pelos artigos 13 a 17;

iii) examina e aprova os relatórios e as atividades do Diretor-Geral da Organização relativos à União e lhe dá todas as diretrizes úteis com referência às questões da competência da União;

iv) elege os membros da Comissão Executiva da Assembléia;

v) examina e aprova os relatórios e as atividades de sua Comissão Executiva e lhe transmite diretrizes;

vi) fixa o programa, adota o orçamento trienal da União e aprova as suas contas de encerramento;

vii) adota o regulamento financeiro da União;

viii) cria os comitês de peritos e grupos de trabalho que julgar úteis para a realização dos objetivos da União;

ix) decide quais são os países não membros da União e quais são as organizações intergovernamentais e internacionais não governamentais que podem ser admitidos às suas reuniões na qualidade de observadores;

x) aprova as modificações dos artigos 13 a 17;

xi) promove qualquer outra ação apropriada com vista a atingir os objetivos da União;

xii) desempenha-se de quaisquer outras funções em que a presente Convenção implique;

xiii) exerce, sob reserva de os aceitar, os direitos que lhe são conferidos pela Convenção que institui a Organização.

3. A Assembléia delibera, após ter tomado conhecimento do parecer da Comissão de Coordenação da Organização, sobre as questões que interessam igualmente a outras Uniões administradas pela Organização.

3. *A*) Sob reserva das disposições do subparágrafo *b* cada delegado só pode representar um país.

B) Os países da União, agrupados em virtude de um acordo particular num escritório comum que tenha para cada um deles a natureza de serviço nacional especial de propriedade industrial mencionado no art. 12, podem, no decorrer das discussões, ser representados conjuntamente por um deles.

4. *A*) Cada país membro da Assembléia tem direito a um voto.

B) O *quorum* é constituído por metade dos países membros da Assembléia.

C) Não obstante as disposições do subparágrafo *b*, se, durante uma sessão, o número dos países representados for inferior à metade mas igual ou superior a um terço dos países membros da Assembléia, esta pode tomar decisões; todavia, as decisões da Assembléia, com exceção das que dizem respeito ao seu funcionamento, não se tornam executórias senão depois de satisfeitas as condições a seguir enunciadas. A Repartição Internacional comunica as referidas decisões aos países membros da Assembléia que não estavam representados, convidando-os a expressar, por escrito, no prazo de três meses a contar da data da comunicação, o seu voto ou a sua abstenção. As referidas decisões tornam-se executórias se, terminado esse prazo, o número dos países que deste modo exprimiram o seu voto ou a sua abstenção for, pelo menos, igual ao número de países que faltava para que o *quorum* tivesse sido atingido quando da sessão, contanto que, ao mesmo tempo, se obtenha necessária maioria.

D) Sob reserva do disposto no art. 17.2, as decisões da Assembléia são tomadas por maioria de dois terços dos votos expressos.

E) A abstenção não é considerada voto.

5. *A)* Sob reserva do subparágrafo *b*, cada delegado não pode votar senão em nome de um único país.

B) Os países da União mencionados no parágrafo 3*b* esforçar-se-ão, de um modo geral, por se fazer representar, nas sessões da Assembléia, pelas suas próprias delegações. Todavia, se, por razões excepcionais, um dos países citados não puder se fazer representar pela sua própria delegação, pode dar à delegação de outro país o poder de votar em seu nome, entendendo-se que uma delegação não pode votar por procuração senão por um único país. Toda a procuração para este efeito deve ser objeto de documento assinado pelo Chefe do Estado ou pelo Ministro competente.

6) Os países da União que não sejam membros da Assembléia são admitidos às suas reuniões, na qualidade de observadores.

7. *A*) A Assembléia se reúne de três em três anos, em sessão ordinária, mediante convocação do Diretor-Geral e, salvo casos excepcionais, durante o mesmo período e no mesmo local que a Assembléia-Geral da Organização.

B) A Assembléia reúne-se em sessão extraordinária, mediante convocação do Diretor-Geral, pedido da Comissão Executiva, ou de um quarto dos países membros da Assembléia.

8. A Assembléia adota o seu regulamento interno.

Art. 14

1. A Assembléia tem uma Comissão Executiva.

2. *A*) A Comissão Executiva é composta pelos países eleitos pela Assembléia entre os países membros desta. Por outro lado, o país em cujo território a Organização tem a sua sede dispõe *ex officio* de um lugar na Comissão, sob reserva das disposições do art. 16.7.*b*.

B) O governo de cada país membro da Comissão Executiva é representado por um delegado que pode ser assistido por suplentes, conselheiros e peritos.

C) As despesas de cada delegação correm por conta do Governo que a designou.

3. O número de países membros da Comissão Executiva corresponde à quarta parte do número dos países membros da Assembléia.

No cálculo dos lugares a preencher não é levado em consideração o que restar da divisão por quarto.

4. Quando da eleição dos membros da Comissão Executiva, a Assembléia levará em consideração uma distribuição geográfica eqüitativa e a necessidade para todos os países partes dos Acordos particulares estabelecidos em relação com a União de figurarem entre os países que constituem a Comissão Executiva.

5. *A*) Os membros da Comissão Executiva exercem o mandato a partir do encerramento da sessão da Assembléia no decurso da qual foram eleitos, até o fim da sessão ordinária seguinte da Assembléia.

B) Os membros da Comissão Executiva são reelegíveis no limite máximo de dois terços do seu total.

C) A Assembléia regulamenta as modalidades de eleição e de eventual reeleição dos membros da Comissão Executiva.

6. *A*) A Comissão Executiva:

i) prepara o projeto da ordem do dia da Assembléia;

ii) submete à Assembléia propostas relativas aos projetos de programa e de orçamento trienal da União, preparados pelo Diretor-Geral;

iii) pronuncia-se, dentro dos limites do programa e do orçamento trienal, sobre os programas e orçamento anuais preparados pelo Diretor-Geral;

iv) submete à Assembléia, com os comentários apropriados, os relatórios periódicos do Diretor-Geral e os relatórios anuais de verificação de contas;

v) toma todas as medidas úteis com vista à execução do programa da União pelo Diretor-Geral, em conformidade com as decisões da Assembléia e levando em consideração circunstâncias que sobrevenham entre duas sessões ordinárias da Assembléia;

vi) encarrega-se de quaisquer outras funções que lhe sejam atribuídas no âmbito da presente Convenção.

B) A Comissão Executiva decide, depois de tomar conhecimento do parecer da Comissão de Coordenação da Organização, sobre as questões que interessam igualmente a outras Uniões administradas pela Organização.

7. *A*) A Comissão Executiva se reúne uma vez por ano em sessão ordinária, mediante convocação do Diretor-Geral, tanto quanto possível durante o mesmo período e no mesmo lugar que a Comissão de Coordenação da Organização.

B) A Comissão Executiva se reúne em sessão extraordinária, mediante convocação do Diretor-Geral, quer por iniciativa deste, quer a pedido do seu Presidente ou de um quarto dos seus membros.

8. *A*) Cada país membro da Comissão Executiva tem direito a um voto.

B) O *quorum* é constituído por metade dos países membros da Comissão Executiva.

C) As decisões são tomadas por maioria simples dos votos expressos.

D) A abstenção não é considerada voto.

E) Cada delegado não pode representar senão um único país e pode votar apenas em nome deste.

9. Os países da União que não sejam membros da Comissão Executiva são admitidos às suas reuniões na qualidade de observadores.

10. A Comissão Executiva adota o seu regulamento interno.

Art. 15

1. *A)* As tarefas administrativas da competência da União serão asseguradas pela Repartição Internacional, que sucederá à Secretaria da União reunida com a Secretaria da União instituída pela Convenção Internacional para a Proteção das Obras Literárias e Artísticas.

B) A Repartição Internacional assegurará principalmente o secretariado dos diversos órgãos da União.

C) O Diretor-Geral da Organização é o mais alto funcionário da União e a representa.

2. A Repartição Internacional reunirá e publicará as informações relativas à proteção da propriedade industrial. Cada país da União comunicará, logo que possível, à Repartição Internacional, o texto de qualquer lei nova, bem como todos os textos oficiais referentes à proteção da propriedade industrial. Fornecerá, ainda, à Repartição Internacional, todas as publicações dos seus serviços competentes em matéria de propriedade industrial que atinjam diretamente a proteção da propriedade industrial e sejam julgadas pela Repartição Internacional como de interesse para suas atividades.

3. A Repartição Internacional publicará um periódico mensal.

4. A Repartição Internacional fornecerá, a todos os países da União, a seu pedido, informações sobre as questões referentes à proteção da propriedade industrial.

5. A Repartição Internacional procederá a estudos e fornecerá serviços destinados a facilitar a proteção da propriedade industrial.

6. O Diretor-Geral e qualquer membro do pessoal designado por ele participarão, sem direito a voto, de todas as reuniões da Assembléia, da Comissão Executiva e de quaisquer outras comissões de peritos ou grupos de trabalho. O Diretor-Geral ou um membro do pessoal por ele designado, é, *ex officio*, secretário desses órgãos.

7. *A)* A Repartição Internacional, segundo as diretrizes da Assembléia e em cooperação com a Comissão Executiva, prepara as conferências de revisão das disposições da Convenção, excluindo os artigos 13 a 17.

B) A Repartição Internacional pode consultar organizações intergovernamentais e internacionais não governamentais sobre a preparação das conferências de revisão.

C) O Diretor-Geral e as pessoas por ele designadas tomarão parte, sem direito a voto, nas deliberações destas conferências.

8. A Repartição Internacional executa todas as outras funções que lhe forem atribuídas.

Art. 16

1. *A*) A União tem um orçamento.

B) O orçamento da União compreende as receitas e as despesas próprias da União, a sua contribuição para o orçamento das despesas comuns das Uniões, assim como, sendo necessário, a soma posta à disposição do orçamento da Conferência da Organização.

C) São consideradas como despesas comuns das Uniões as despesas não atribuídas exclusivamente à União, mas igualmente a uma ou mais Uniões administradas pela Organização. A parte da União nessas despesas comuns é proporcional ao interesse que as mesmas têm para ela.

2. O orçamento da União é fixado levando em consideração as exigências de coordenação com os orçamentos das outras Uniões administradas pela Organização.

3. O orçamento da União é financiado pelos seguintes recursos:

i) contribuições dos países da União;

ii) taxas e quantias devidas pelos serviços prestados pela Repartição Internacional no âmbito da União;

iii) o produto da venda das publicações da Repartição Internacional referentes à União e os direitos relativos a estas publicações;

iv) doações, legados e subvenções;

v) aluguéis, juros e outros rendimentos diversos.

4. *A*) Para determinar a sua parte de contribuição no orçamento, cada país da União está incluído numa classe e paga as suas contribuições anuais na base de um número de unidades fixado como se segue:

Classe I 25

Classe II 20

Classe III 15

Classe IV 10

Classe V 5

Classe VI 3

Classe VII 1

B) A menos que o não tenha feito anteriormente, cada país indica, no momento do depósito do seu instrumento de ratificação ou de adesão, a classe na qual deseja ser incluído. Pode mudar de classe.

Se escolher uma classe inferior, o país deve dar do fato conhecimento à Assembléia, quando de uma das suas sessões ordinárias. Tal alteração tem efeito no início do ano civil que se segue à referida sessão.

C) A contribuição anual de cada país consiste numa quantia em que a relação com a soma total das contribuições anuais para o orçamento da União de todos os países é a mesma que a relação existente sobre o número de unidade da classe na qual cada país está incluído e o número total das unidades do conjunto dos países.

D) As contribuições são devidas no dia 1º de janeiro de cada ano.

E) O país que se atrasar no pagamento das suas contribuições não poderá exercer o seu direito de voto, em nenhum dos órgãos da União de que for membro, se a quantia em atraso for igual ou superior à das contribuições de que é devedor pelos dois anos anteriores completos. Tal país pode todavia ser autorizado a conservar o exercício do seu direito de voto no seio do referido órgão, enquanto este considerar que o atraso resulta de circunstâncias excepcionais e inevitáveis.

F) No caso de o orçamento não ser aprovado antes do início de um novo exercício, será mantido nos mesmos níveis do orçamento do ano anterior, segundo as modalidades previstas pelo regulamento financeiro.

5. O montante das taxas e quantias devidas pelos serviços prestados pela Repartição Internacional com referência à União é fixado pelo Diretor-Geral, que o comunicará à Assembléia e à Comissão Executiva.

6. *A*) A União possui um fundo de operações constituído por uma contribuição única efetuada por cada país da União. Se o fundo se tornar insuficiente a Assembléia decidirá sobre seu aumento.

B) O montante da contribuição inicial de cada país para o fundo acima citado ou da sua participação no aumento deste é proporcional à contribuição desse país para o ano no decurso do qual o fundo for constituído, ou o aumento for decidido.

C) A proporção e modalidades de contribuição são fixadas pela Assembléia mediante proposta do Diretor-Geral e após o parecer da Comissão de Coordenação da Organização.

7. *A*) O acordo de sede concluído com o país em cujo território a organização tem a sua sede prevê que, se o fundo de operações for insuficiente, este país concederá adiantamentos. O montante destes e as condições em que são concedidos serão objeto, em cada caso, de acordos particulares entre o país em causa e a Organização. Esse país dispõe *ex officio* de um lugar na Comissão Executiva durante todo o período em que tiver de conceder adiantamentos.

B) O país mencionado no subparágrafo *a* e a Organização têm, cada um, o direito de denunciar o compromisso de conceder adiantamentos, mediante notificação escrita. A denúncia tem efeito três anos após o fim do ano no decurso do qual foi notificada.

8. A auditoria das contas é assegurada, segundo as modalidades previstas pelo regulamento financeiro, por um ou vários países da União ou por auditores externos, que serão, com o seu consentimento, designados pela Assembléia.

Art. 17

1. Podem ser apresentadas, por qualquer país membro da Assembléia, pela Comissão Executiva ou pelo Diretor-Geral, propostas de modificação dos artigos 13, 14, 15, 16 e do presente artigo. Estas propostas são comunicadas por este último aos países membros da Assembléia pelo menos seis meses antes de serem submetidos ao exame da mesma.

2. Qualquer modificação dos artigos referidos no parágrafo 1 é adotada pela Assembléia. A adoção requer três quartos dos votos expressos. Todavia, qualquer modificação do artigo 13 e do presente parágrafo requer quatro quintos dos votos expressos.

3. Qualquer modificação dos artigos referidos no parágrafo 1 entra em vigor após o recebimento, pelo Diretor-Geral, das notificações escritas de aceitação, efetuado em conformidade com as suas regras constitucionais respectivas, por parte dos três quartos dos países que eram membros da Assembléia no momento da modificação ter sido aprovada. Qualquer modificação dos referidos artigos assim aceita vincula todos os países membros da Assembléia no momento em que a modificação entra em vigor, ou que dela se tornarem membros em data posterior; todavia, qualquer modificação que aumente as obrigações financeiras dos países da União vincula apenas aqueles que notificaram a sua aceitação da referida modificação.

Art. 18

1. A presente Convenção será submetida a revisões, com vista a nela se introduzirem melhoramentos suscetíveis de aperfeiçoar o sistema da União.

2. Para esse fim, terão lugar conferências, sucessivamente, num dos países da União, entre os delegados dos referidos países.

3. As modificações dos artigos 13 a 17 são regidas pelas disposições do art. 17.

Art. 19 — Fica entendido que os países da União se reservam o direito de, separadamente, celebrar entre eles acordos particulares para a proteção da propriedade industrial, contanto que esses acordos não contrariem as disposições da presente Convenção.

Art. 20

1. *A)* Cada um dos países da União que assinou o presente Ato pode ratificá-lo e, se o não assinou, pode a ele aderir. Os instrumentos de ratificação e adesão são depositados junto ao Diretor-Geral.

B) Cada um dos países da União pode declarar, no seu instrumento de ratificação ou adesão, que a sua ratificação ou adesão não é aplicável:

i) aos artigos 1º a 12; ou

ii) aos artigos 13 a 17.

C) Cada um dos países da União que, de acordo com o subparágrafo *b*, excluiu dos efeitos da sua ratificação ou da sua adesão um dos dois grupos dos artigos visados no referido subparágrafo pode, a qualquer momento, posteriormente, declarar que estende os efeitos da sua ratificação ou da sua adesão a esse grupo de artigos. Tal declaração é depositada junto ao Diretor-Geral.

2. *A*) Os artigos 1º a 12 entram em vigor, com referência aos 10 primeiros países da União que depositaram instrumentos de ratificação ou de adesão, sem fazer a declaração permitida pelo parágrafo 1, *b*, i), três meses após o depósito do décimo desses instrumentos de ratificação ou adesão.

B) Os artigos 13 a 17 entram em vigor com referência aos 10 primeiros países da União que depositaram instrumentos de ratificação ou de adesão, sem fazer a declaração permitida pelo parágrafo 1, *b*, ii), três meses após o depósito do décimo desses instrumentos de ratificação ou de adesão.

C) Sob reserva da entrada em vigor inicial, de acordo com as disposições dos subparágrafos *a* e *b*, de cada um dos dois grupos de artigos referidos no parágrafo 1, *b*, i e ii e sob reserva das disposições do parágrafo 1, *b*, os artigos 1º a 17 entram em vigor com relação a qualquer país da União, com exceção dos mencionados nos subparágrafos *a* e *b*, que depositar um instrumento de ratificação ou de adesão, assim como em relação a qualquer país da União que depositar a declaração prevista no parágrafo 1, *c*, três meses após a data da notificação, pelo Diretor-Geral, de tal depósito, a menos que uma data posterior tenha sido indicada no instrumento ou declaração depositados. Neste último caso, o presente Ato entra em vigor, em relação a esse país, na data assim indicada.

3. Com referência a cada país da União que depositar um instrumento de ratificação ou de adesão, os artigos 18 a 30 entram em vigor na primeira data em que qualquer dos grupos de artigos referidos no parágrafo 1, *b*, entre em vigor em relação a esse país, de acordo com o parágrafo 2, *a*, *b* ou *c*.

Art. 21

1. Qualquer país estranho à União pode aderir ao presente Ato e tornar-se, por este fato, membro da União. Os instrumentos de adesão serão depositados junto ao Diretor-Geral.

2. *A*) Em relação a qualquer país estranho à União que tenha depositado seu instrumento de adesão pelo menos um mês antes da data da entrada

em vigor das disposições do presente Ato, este entra em vigor na data em que as disposições entraram em vigor pela primeira vez, na forma do art. 20.2, *a* ou *b*, a menos que uma data posterior tenha sido indicada no instrumento de adesão; todavia:

i) se os artigos 1º a 12 não entraram em vigor nessa data, tal país ficará vinculado, durante o período intermediário anterior à entrada em vigor destas disposições, e em sua substituição pelos artigos 1 a 12 do Ato de Lisboa;

ii) se os artigos 13 a 17 não entraram em vigor nessa data, tal país ficará vinculado, durante o período intermediário anterior à entrada em vigor destas disposições, e em sua substituição, pelos artigos 13 e 14.3, 4 e 5 do Ato de Lisboa.

Se um país indicar uma data posterior no seu instrumento de adesão, o presente Ato entrará em vigor, em relação a esse país, na data assim indicada.

B) Em relação a qualquer país estranho à União que tenha depositado seu instrumento de adesão em data posterior à entrada em vigor de um só grupo de artigos do presente Ato ou em data que a precedeu de, pelo menos, um mês, o presente Ato entrará em vigor sob reserva do previsto no subparágrafo *a* três meses após a data em que a sua adesão foi notificada pelo Diretor-Geral, a menos que uma data posterior tenha sido indicada no instrumento de adesão. Neste último caso, o presente Ato entrará em vigor, em relação a esse país, na data assim indicada.

3. Em relação a qualquer país estranho à União que depositar seu instrumento de adesão após a data da entrada em vigor do presente Ato na sua totalidade, ou menos de um mês antes dessa data, o presente Ato entrará em vigor três meses depois da data em que a sua adesão foi notificada pelo Diretor-Geral, a menos que uma data posterior tenha sido indicada no instrumento de adesão. Neste último caso, o presente Ato entrará em vigor em relação a esse país, na data assim indicada.

Art. 22

Sob reserva das exceções possíveis previstas nos artigos 20.1, *b* e 28.2 a ratificação ou adesão implica de pleno direito, acessão a toda as cláusulas e admissão a todas as vantagens estipuladas pelo presente Ato.

Art. 23

Após a entrada em vigor do presente Ato na sua totalidade, nenhum país pode aderir a Atos anteriores à presente Convenção.

Art. 24

1. Qualquer país pode declarar no seu instrumento de ratificação ou de adesão, ou pode informar o Diretor-Geral, por escrito, a qualquer momento, posteriormente, que a presente Convenção é aplicável a todo ou a parte dos territórios designados na declaração ou na notificação, dos quais assume a responsabilidade das relações exteriores.

2. Qualquer país que tenha feito tal declaração ou efetuado tal notificação pode, a todo o momento, notificar o Diretor-Geral de que a presente Convenção deixa de ser aplicável a todo ou a parte desses territórios.

3. *A*) Qualquer declaração feita nos termos do parágrafo 1 tem efeito da mesma data de que a ratificação ou adesão em cujo instrumento foi incluída e qualquer notificação efetuada nos termos deste parágrafo tem efeito três meses após sua notificação pelo Diretor-Geral.

B) Qualquer notificação efetuada nos termos do parágrafo 2 tem efeito doze meses após seu recebimento pelo Diretor-Geral.

Art. 25

1. Qualquer país parte da presente Convenção compromete-se a adotar, de acordo com a sua Constituição, as medidas necessárias para assegurar a aplicação da presente Convenção.

2. Entende-se que, no momento em que um país deposita o seu instrumento de ratificação ou de adesão, está em condições, em conformidade com a sua legislação interna, de tornar efetivas as disposições da presente Convenção.

Art. 26

1. A presente Convenção permanece em vigor por tempo ilimitado.

2. Qualquer país pode denunciar o presente Ato por notificação dirigida ao Diretor-Geral. Esta denúncia implica também a denúncia de todos os Atos anteriores e apenas tem efeito em relação ao país que a efetuou, continuando a Convenção em vigor e executória com referência aos outros países da União.

3. A denúncia tem efeito um ano após o dia em que o Diretor-Geral recebeu a notificação.

4. A faculdade de denúncia prevista no presente artigo não pode ser exercida por nenhum país antes de expirar um prazo de cinco anos a contar da data em que se tornou membro da União.

Art. 27

1. O presente Ato substitui, nas relações entre os países aos quais se aplica, e na medida em que se aplica, a Convenção de Paris de 20 de março de 1883 e os Atos de revisão subseqüentes.

2. *A*) Em relação aos países a que o presente Ato não é aplicável, ou não é aplicável na sua totalidade, mas aos quais é aplicável o Ato de Lisboa de 31 de outubro de 1958, continua este em vigor na sua totalidade ou na medida em que o presente Ato não o substitui em virtude do parágrafo 1.

B) Da mesma forma, em relação aos países aos quais nem o presente Ato, nem partes deste, nem o Ato de Lisboa são aplicáveis, continua em vigor o

Ato de Londres de 2 de junho de 1934 na sua totalidade, ou na medida em que o presente Ato não o substitui em virtude do parágrafo 1.

C) Da mesma forma, em relação aos países aos quais nem o presente Ato, nem partes deste, nem o Ato de Lisboa, nem o Ato de Londres são aplicáveis, mantém-se em vigor o Ato de Haia de 6 de novembro de 1925, na sua totalidade, ou na medida em que o presente Ato não o substitui, em virtude do parágrafo 1.

3. Os países estranhos à União que se tornarem partes do presente Ato aplicá-lo-ão em relação a qualquer país da União que não seja parte deste Ato ou que, sendo parte, tenha efetuado a declaração prevista no artigo 20.1, *b*, i. Os referidos países admitem que tal país da União aplique nas suas relações com eles as disposições do Ato mais recente do qual é parte.

Art. 28

1. Qualquer controvérsia entre dois ou mais países da União relativa à interpretação ou à aplicação da presente Convenção que não seja solucionada por negociações pode ser levada por qualquer dos países em causa perante o Tribunal Internacional de Justiça, mediante petição, de acordo com o Estatuto do Tribunal, a menos que os países em causa acordem sobre outro modo de solução. A Repartição Internacional será informada da controvérsia submetida ao Tribunal pelo país requerente; dará conhecimento disso aos outros países da União.

2. Qualquer país poderá, no momento em que assinar o presente Ato ou depositar o seu instrumento de ratificação ou de adesão, declarar que não se considera vinculado pela disposição do parágrafo 1. No que se refere a qualquer controvérsia entre tal país e outro qualquer da União, não são aplicáveis as disposições do parágrafo 1.

3. Qualquer país que tiver feito a declaração prevista no parágrafo 2 pode, a todo o momento, retirá-la, mediante notificação dirigida ao Diretor-Geral.

Art. 29

1. *A*) O presente Ato é assinado em um só exemplar em língua francesa e depositado junto ao Governo da Suécia.

B) Serão estabelecidos textos oficiais pelo Diretor-Geral, depois de consultados os governos interessados, nas línguas alemã, inglesa, espanhola, italiana, portuguesa e russa e nas outras línguas que a Assembléia possa indicar.

C) Em caso de conflito sobre a interpretação dos diversos textos faz fé o texto francês.

2. O presente Ato fica aberto para assinatura, em Estocolmo, até o dia 13 de janeiro de 1968.

3. O Diretor-Geral enviará aos Governos de todos os países da União e, sendo solicitado, ao governo de qualquer outro, duas cópias autenticadas pelo Governo da Suécia do texto assinado do presente Ato.

4. O Diretor-Geral fará registrar o presente Ato junto ao Secretariado da Organização das Nações Unidas.

5. O Diretor-Geral notificará os Governos de todos os países da União das assinaturas, dos depósitos dos instrumentos de ratificação ou de adesão e de declarações compreendidas nestes instrumentos ou efetuadas em aplicação do artigo 20.1, *c*, a entrada em vigor de todas as disposições do presente Ato, as notificações feitas em aplicação do art. 24.

Art. 30

1. Até a entrada em funções do primeiro Diretor-Geral, as referências no presente Ato à Repartição Internacional da Organização ou ao Diretor-Geral são consideradas como referindo-se, respectivamente, à Secretaria da União ou ao seu Diretor.

2. Os países da União que não estejam vinculados pelos artigos 13 a 17 poderão, durante cinco anos após a entrada em vigor da Convenção que institui a Organização, exercer, se quiserem, os direitos previstos pelos artigos 13 a 17 do presente Ato, como se estivessem vinculados por estes artigos. Qualquer país que pretenda exercer os referidos direitos depositará para esse fim junto ao Diretor-Geral uma notificação escrita que terá efeito na data do seu recebimento. Tais países serão considerados membros da Assembléia até expiração do referido período.

3. Enquanto não se tiverem tornado membros da Organização todos os países da União, a Repartição Internacional da Organização agirá igualmente como Secretaria da União e o Diretor-Geral como Diretor desta Secretaria.

4. Quando todos os países da União se tornarem membros da Organização, os direitos, obrigações e bens da Secretaria da União passarão à Repartição Internacional da Organização.

Anexo III. Lei Anterior Revogada

Código da Propriedade Industrial

Dec.-lei n. 7.903, de 27.8.1945 — Código de Propriedade Industrial.

Lei n. 5.772, de 21.12.1971 — Institui o Código de Propriedade Industrial.

Res. INPI-20, de 27.2.1991 — Expede normas para orientar o processo de averbação de atos e contratos de transferência de tecnologia.

Decreto-lei n. 7.903, de 27 de agosto de 1945(*)

Código da Propriedade Industrial

O Presidente da República, usando da atribuição que lhe confere o art. 180 da Constituição, decreta:

(...)

Os arts. 169 a 189 foram mantidos pelo art. 128 da Lei n. 5.772 de 21.12.1971.

TÍTULO IV

DOS CRIMES EM MATÉRIA DE PROPRIEDADE INDUSTRIAL

CAPÍTULO I

DOS CRIMES CONTRA OS PRIVILÉGIOS DE INVENÇÃO, OS MODELOS DE UTILIDADE E OS DESENHOS OU MODELOS INDUSTRIAIS

Art. 169. Violar direitos de privilégio de invenção:

I — fabricando, sem autorização do concessionário ou cessionário, o produto que é objeto de privilégio de invenção;

II — usando meio ou processo que é objeto de privilégio de invenção, sem autorização do concessionário ou cessionário;

III — importando, vendendo, expondo à venda, ocultando ou recebendo, para o fim de ser vendido, produto fabricado com violação de privilégio de invenção.

Pena — detenção de 6 (seis) meses a 1 (um) ano e multa de mil a quinze mil cruzeiros.

Art. 170. Violar direito assegurado por patente de modelo de utilidade:

I — fabricando, sem autorização do concessionário ou cessionário, modelo de utilidade que é objeto de patente;

II — importando, vendendo, expondo à venda, ocultando ou recebendo, para o fim de ser vendido, modelo de utilidade fabricado com violação de patente.

Pena — detenção de 1 (um) a 6 (seis) meses, ou multa de quinhentos a cinco mil cruzeiros.

Art. 171. Violar direito assegurado por patente de desenho ou modelo industrial:

I — reproduzindo, sem autorização do concessionário ou cessionário, desenho ou modelo industrial que é objeto de patente;

II — explorando, sem autorização do concessionário ou cessionário, desenho ou modelo industrial de privilégio alheio;

III — importando, vendendo, expondo à venda, ocultando ou recebendo, para o fim de ser vendido, objeto que é imitação ou cópia de desenho ou modelo industrial privilegiado.

(*) *DOU* de 29.8.1945.

Pena — detenção de 1 (um) a 6 (seis) meses, ou multa de quinhentos a cinco mil cruzeiros.

Art. 172. As penas dos artigos antecedentes serão aumentadas de um terço:

I — se o agente foi mandatário, preposto ou empregado do concessionário, ou do cessionário, ou do cessionário do privilégio;

II — se o agente entrou em conluio com o representante, mandatário, preposto ou empregado do concessionário ou do cessionário, para conhecer o objeto do privilégio, ou o modo do seu emprego ou fabricação.

Art. 173. Exercer, como privilegiada, indústria que não o seja, ou depois de anulado, suspenso ou caduco o privilégio.

Pena — detenção de 1 (um) a 6 (seis) meses, ou multa de quinhentos a cinco mil cruzeiros.

Parágrafo único. Incorre na mesma pena o titular do privilégio que em prospectos, letreiro, anúncio ou outro meio de publicidade faz menção do privilégio, sem especificar-lhe o objeto.

Art. 174. Usar, em modelo de utilidade ou em desenho ou modelo industrial, expressão que o dê, falsamente, como depositado ou patenteado, ou mencioná-lo, em anúncio ou papel comercial, como depositado ou patenteado, sem o ser.

Pena — detenção de 1 (um) a 3 (três) meses, ou multa de quinhentos a mil cruzeiros.

CAPÍTULO II

DOS CRIMES CONTRA AS MARCAS DE INDÚSTRIA E DE COMÉRCIO

Art. 175. Violar direito de marca de indústria ou de comércio:

I — reproduzindo, indevidamente, no todo ou em parte, marca de outrem registrada, ou imitando-a de modo que possa induzir em erro ou confusão;

II — usando marca reproduzida ou imitada nos termos do n. I;

III — usando marca legítima de outrem em produto ou artigo que não é de sua fabricação;

IV — vendendo, expondo à venda ou tendo em depósito:

a) artigo ou produto revestido de marca abusivamente imitada ou reproduzida no todo ou em parte;

b) artigo ou produto que têm marca de outrem e não é de fabricação deste.

Pena — detenção de 3 (três) meses a 1 (um) ano, e multa de um a quinze mil cruzeiros.

CAPÍTULO III

DOS CRIMES CONTRA O NOME COMERCIAL, O TÍTULO DE ESTABELECIMENTO E A INSÍGNIA

Art. 176. Violar direito relativo ao nome comercial, ao título de estabelecimento e à insígnia:

I — usando indevidamente o nome comercial, título de estabelecimento ou insígnia alheios;

II — vendendo, expondo à venda ou tendo em depósito artigo ou produto revestido de nome comercial, título de estabelecimento ou insígnia alheios.

Pena — detenção de 3 (três) meses a 1 (um) ano, ou multa de mil a dez mil cruzeiros.

CAPÍTULO IV

DOS CRIMES CONTRA A EXPRESSÃO OU SINAL DE PROPAGANDA

Art. 177. Violar direito assegurado pelo registro de expressão ou sinal de propaganda:

I — usando expressão ou sinal de propaganda alheios, devidamente registrados;

II — imitando expressão ou sinal de propaganda alheios, devidamente registrados, de modo a criar confusão entre os produtos ou estabelecimentos.

Pena — detenção de 3 (três) meses a 1 (um) ano, ou multa de mil a dez mil cruzeiros.

CAPÍTULO V

DOS CRIMES DE CONCORRÊNCIA DESLEAL

Art. 178. Comete crime de concorrência desleal quem:

I — publica pela imprensa, ou por outro modo, falsa afirmação, em detrimento do concorrente com o fim de obter vantagem indevida;

II — presta ou divulga, com intuito de lucro, acerca de concorrente, falsa informação capaz de causar-lhe prejuízo;

III — emprega meio fraudulento para desviar, em proveito próprio ou alheio, clientela de outrem;

IV — produz, importa, exporta, armazena, vende ou expõe à venda mercadoria com falsa indicação de procedência;

V — usa em artigo ou produto, em recipiente ou invólucro, em cinta, rótulo, fatura, circular, cartaz ou em outro meio de divulgação ou propaganda termos retificativos, tais como "tipo", espécie", "gênero", "sistema", "semelhante", "sucedâneo", "idêntico", ou equivalente, não ressalvando a verdadeira procedência do artigo ou produto;

VI — substitui, pelo seu próprio nome ou razão social, em mercadoria de outro produtor, o nome ou razão social deste, sem o seu consentimento;

VII — se atribui, como meio de propaganda de indústria, comércio ou ofício, recompensa ou distinção que não obteve;

VIII — vende ou expõe à venda, em recipiente ou invólucro de outro produtor, mercadoria adulterada ou falsificada, ou dele se utiliza para negociar com mercadoria da mesma espécie, embora não adulterada ou falsificada, se o fato não constitui crime mais grave;

IX — dá ou promete dinheiro ou outra utilidade a empregado de concorrente, para que, faltando ao dever do empregado, lhe proporcione vantagem indevida;

X — recebe dinheiro ou outra utilidade, ou aceita promessa de paga ou recompensa para, faltando ao dever do empregado, proporcionar a concorrente do empregador vantagem indevida;

XI — divulga ou explora, sem autorização, quando a serviço de outrem, segredo de fábrica, que lhe foi confiado ou de que teve conhecimento em razão do serviço;

XII — divulga ou se utiliza, sem autorização, de segredo de negócio, que lhe foi confiado ou de que teve conhecimento em razão do serviço depois de havê-lo deixado.

Pena — detenção de 3 (três) meses a 1 (um) ano, ou multa de mil a dez mil cruzeiros.

Parágrafo único. Fica ressalvado ao prejudicado o direito de haver perdas e danos em ressarcimento de prejuízos causados por outros atos de concorrência desleal não previstos neste artigo, tendentes a prejudicar a reputação ou os negócios alheios, a criar confusão entre estabelecimentos comerciais ou industriais ou entre os produtos e artigos postos no comércio.

CAPÍTULO VI

DOS CRIMES COMETIDOS POR MEIO DE MARCAS DE INDÚSTRIA E DE COMÉRCIO, NOME COMERCIAL, TÍTULO DE ESTABELECIMENTO, INSÍGNIA, EXPRESSÃO OU SINAIS DE PROPAGANDA

Art. 179. Reproduzir, sem a necessária autorização, ou imitar, de modo que possa criar confusão em marcas de indústrias e de comércio, nome comercial, título de estabelecimento, insígnia, expressão ou sinal de propaganda, armas, brasões ou distintivos públicos, nacionais ou estrangeiros.

Pena — detenção de 1 (um) a 6 (seis) meses, ou multa de quinhentos a cinco mil cruzeiros.

Parágrafo único. Incorre na mesma pena quem usa marca, nome comercial, título de estabelecimento, insígnia, expressão ou sinal de propaganda nos termos deste artigo, ou vende ou expõe à venda produto ou artigo com eles assinalados.

Art. 180. Usar marcas, nome comercial, título de estabelecimento, insígnia, expressão ou sinal de propaganda, que indique procedência que não a verdadeira, ou vender ou expor à venda produto ou artigo com ele assinalados.

Pena — detenção de 1 (um) a 6 (seis) meses, ou multa de quinhentos a cinco mil cruzeiros.

CAPÍTULO VII
DA AÇÃO PENAL E DAS DILIGÊNCIAS PRELIMINARES

Art. 181. Nos crimes previstos nos Capítulos I a V, excetuados os dos arts. 173 e seu parágrafo único; 179 e seu parágrafo único; e 187, somente se procede mediante queixa.

Nos crimes de concorrência desleal, somente se procede mediante queixa, salvo nos casos dos ns. IX a XII, do art. 178, em que cabe ação pública mediante representação.

Art. 182. A ação penal e as diligências preliminares de busca e apreensão, nos crimes contra a propriedade industrial, regulam-se pelo disposto no Código de Processo Penal, com as modificações constantes dos artigos seguintes.

Art. 183. A infração de privilégio que tenha por objeto a invenção de novos meios ou processos ou aplicação nova de meios ou processos conhecidos será verificada por meio de vistoria, podendo o juiz ordenar a apreensão dos objetos ou produtos obtidos pelo contrafator, com o emprego do meio ou processo privilegiado.

Red. dada pelo Dec.-lei n. 8.481, de 27.12.1945

Art. 184. Além das diligências preliminares de busca e apreensão, o interessado poderá requerer:

a) apreensão e destruição de marca falsificada ou imitada no local onde for preparada ou onde quer que seja encontrada, antes de utilizada para fins criminais;

b) destruição da marca falsificada ou imitada nos volumes, produtos ou artigos que a contiverem, antes de serem despachadas nas repartições fiscais, ainda que fiquem inutilizados os envoltórios ou os próprios produtos ou artigos.

Art. 185. Serão apreendidos *ex officio*, pelas alfândegas, no ato da conferência das mercadorias, os produtos ou artigos revestidos de marcas falsificadas ou imitadas ou que contenham falsa indicação de procedência.

Art. 186. Tratando-se de estabelecimentos industriais ou comerciais, legalmente organizados e que estejam funcionando publicamente, as diligências preliminares se limitarão à vistoria e à apreensão dos produtos, artigos ou objetos, quando ordenadas pelo Juiz, não podendo ser paralisada a sua atividade.

Art. 187. Responderá por perdas e danos a parte que requerer e realizar diligências de busca e apreensão, agindo de má-fé, ou por espírito de emulação, mero capricho ou erro grosseiro, ou que se exceder na execução dessas medidas.

Art. 188. Poderá constituir matéria de defesa na ação criminal a alegação de nulidade da patente ou registro em que a ação se fundar. A absolvição do réu, entretanto, não importará na nulidade da patente ou registro, que só poderá ser demandada pela ação competente.

Art. 189. Independentemente da ação criminal, o prejudicado poderá intentar ação para proibir ao infrator a prática do ato, incriminado, com a cominação de pena pecuniária para o caso de transgressão do preceito.

Parágrafo único. Esta ação poderá ser cumulada com a de perdas e danos pelos prejuízos anteriormente sofridos em virtude da infração.

Rio de Janeiro, 27 de agosto de 1945; 123º da Independência e 56º da República — GETÚLIO VARGAS.

Lei n. 5.772, de 21 de dezembro de 1971(*)

Institui o Código da Propriedade Industrial e dá outras providências.

O Presidente da República:

Faço saber que o Congresso Nacional decreta e eu sanciono a seguinte lei:

Art. 1º É instituído o Código da Propriedade Industrial, de acordo com o estabelecido nesta lei.

Art. 2º A proteção dos direitos relativos à propriedade industrial se efetua mediante:

a) concessão de privilégios: de invenção; de modelo de utilidade; de modelo industrial; e de desenho industrial;

b) concessão de registros; de marca de indústria e de comércio ou de serviço; e de expressão ou sinal de propaganda;

c) repressão a falsas indicações de procedência;

d) repressão à concorrência desleal.

Art. 3º As disposições deste Código são aplicáveis também aos pedidos de privilégios e de registros depositados no estrangeiro e que tenham proteção assegurada por tratados ou convenções de que o Brasil seja signitário, desde que depositados no País.

Art. 4º Toda pessoa física ou jurídica domiciliada no Brasil, com legítimo interesse, poderá, administrativa ou judicialmente, solicitar a aplicação em igualdade de condições de qualquer dispositivo de tratados ou convenções a que o Brasil aderir.

(*) *DOU* 22.12.1971.

TÍTULO I
DOS PRIVILÉGIOS
CAPÍTULO I
DISPOSIÇÕES GERAIS
SEÇÃO I — DO AUTOR OU REQUERENTE

Art. 5º Ao autor de invenção, de modelo de utilidade, de modelo industrial e de desenho industrial será assegurado o direito de obter patente que lhe garanta a propriedade e o uso exclusivo, nas condições estabelecidas neste Código.

§ 1º Para efeito de concessão da patente, presume-se autor o requerente do privilégio.

§ 2º O privilégio poderá ser requerido pelo autor, seus herdeiros e sucessores, pessoas jurídicas para tanto autorizadas, ou eventuais cessionários, mediante apresentação de documentação hábil, dispensada a legalização consular no país de origem, sem prejuízo de autenticação ou exibição do original, no caso de fotocópia.

§ 3º Quando se tratar de invenção realizada por duas ou mais pessoas, em conjunto, o privilégio poderá ser requerido por todas ou qualquer delas, mediante nomeação e qualificação de todas para ressalva dos respectivos direitos.

SEÇÃO II
DAS INVENÇÕES, DOS MODELOS E DOS DESENHOS PRIVILEGIÁVEIS

Art. 6º São privilegiáveis a invenção, o modelo de utilidade, o modelo e o desenho industrial considerados novos e suscetíveis de utilização industrial.

§ 1º Uma invenção é considerada nova quando não compreendida pelo estado da técnica.

§ 2º O estado da técnica é constituído por tudo que foi tornado acessível ao público, seja por uma descrição escrita ou oral, seja por uso ou qualquer outro meio, inclusive conteúdo de patentes no Brasil e no estrangeiro, antes do depósito do pedido de patente, ressalvado o disposto nos arts. 7º e 17.

§ 3º Uma invenção é considerada suscetível de aplicação industrial quando possa ser fabricada ou utilizada industrialmente.

SEÇÃO III
DA GARANTIA DE PRIORIDADE

Art. 7º Antes de requerida a patente, a garantia de prioridade poderá ser ressalvada quando o autor pretenda fazer demonstração, comunicação a entidades científicas ou exibição do privilégio em exposições oficiais ou oficialmente reconhecidas.

§ 1º Apresentado o pedido de garantia de prioridade, acompanhado de relatório descritivo circunstanciado, bem como desenhos, se for o caso, será lavrada a respectiva certidão de depósito, que vigorará por 1 (um) ano para os casos de invenção e por 6 (seis) meses para os de modelos ou desenhos.

§ 2º Dentro desses prazos deverá ser apresentado o pedido de privilégio nas condições e para os efeitos do disposto neste Código, prevalecendo a data do depósito a que se refere o parágrafo anterior.

Art. 8º Findos os prazos estabelecidos no § 1º do art. 7º, sem ter sido requerido o privilégio, extinguir-se-á automaticamente a garantia de prioridade, considerando-se do domínio público a invenção, modelos ou desenhos.

CAPÍTULO II

DAS INVENÇÕES NÃO PRIVILEGIÁVEIS

Art. 9º Não são privilegiáveis:

a) as invenções de finalidade contrária às leis, à moral, à saúde, à segurança pública, aos cultos religiosos e aos sentimentos dignos de respeito e veneração;

b) as substâncias, matérias ou produtos obtidos por meios ou processos químicos, ressalvando-se, porém, a privilegiabilidade dos respectivos processos de obtenção ou modificação;

c) as substâncias, matérias, misturas ou produtos alimentícios, químico-farmacêuticos e medicamentos, de qualquer espécie, bem como os respectivos processos de obtenção ou modificação;

d) as misturas e ligas metálicas em geral, ressalvando-se, porém, as que, não compreendidas na alínea anterior, apresentarem qualidades intrínsecas específicas, precisamente caracterizadas pela sua composição qualitativa, definida quantitativamente, ou por tratamento especial a que tenham sido submetidas;

e) as justaposições de processo, meios ou órgãos conhecidos, a simples mudança de forma, proporções, dimensões ou de materiais, salvo se daí resultar, no conjunto, um efeito técnico novo ou diferente, não compreendido nas proibições deste artigo;

f) os usos ou empregos relacionados com descobertas, inclusive de variedades ou espécies de microrganismos, para fim determinado;

g) as técnicas operatórias ou cirúrgicas ou de terapêutica, não incluídos os dispositivos, aparelhos ou máquinas;

h) os sistemas e programações, os planos ou esquemas de escrituração comercial, de cálculos, de financiamento, de crédito, de sorteios, de especulação ou de propaganda;

i) as concepções puramente teóricas;

j) as substâncias, matérias, misturas, elementos ou produtos de qualquer espécie, bem como a modificação de suas propriedades físico-químicas e seus respectivos processos de obtenção ou modificação, quando resultantes de transformação do núcleo atômico.

CAPÍTULO III

DO MODELO DE UTILIDADE E DO MODELO E DO DESENHO INDUSTRIAL

SEÇÃO I

DOS MODELOS E DOS DESENHOS PRIVILEGIÁVEIS

Art. 10. Para os efeitos deste Código, considera-se modelo de utilidade toda disposição ou forma nova obtida ou introduzida em objetos conhecidos, desde que se prestem a um trabalho ou uso prático.

§ 1º A expressão objeto compreende ferramentas, instrumentos de trabalho ou utensílios.

§ 2º A proteção é concedida somente à forma ou à disposição nova que traga melhor utilização à função a que o objeto ou parte de máquina se destina.

Art. 11. Para os efeitos deste Código, considera-se:

1) modelo industrial toda forma plástica que possa servir de tipo de fabricação de um produto industrial e ainda se caracterize por nova configuração ornamental;

2) desenho industrial toda disposição ou conjunto novo de linhas ou cores que, com fim industrial ou comercial, possa ser aplicado à ornamentação de um produto, por qualquer meio manual, mecânico ou químico, singelo ou combinado.

Art. 12. Para os efeitos deste Código, considera-se ainda modelo ou desenho industrial aquele que, mesmo composto de elementos conhecidos, realize combinações originais, dando aos respectivos objetos aspecto geral com características próprias.

SEÇÃO II

DOS MODELOS E DOS DESENHOS NÃO PRIVILEGIÁVEIS

Art. 13. Não são privilegiáveis:

a) o que não for privilegiável, como invenção, nos termos do disposto no art. 9º;

b) as obras de escultura, arquitetura, pintura, gravura, esmalte, bordados, fotografias e quaisquer outros modelos ou desenhos de caráter puramente artístico;

c) o que constituir objeto de privilégios de invenção ou de registros previstos na alínea *b* do art. 2º.

CAPÍTULO IV

DO PEDIDO DE PRIVILÉGIO

Art. 14. Além do requerimento, o pedido, que só poderá se referir a um único privilégio, conterá ainda:

a) relatório descritivo;

b) reivindicações;

c) desenho, se for o caso;

d) resumo;

e) prova do cumprimento de exigências contidas em legislação específica;

f) outros documentos necessários à instrução do pedido.

§ 1º O requerimento, o relatório descritivo, as reivindicações, o desenho e o resumo deverão satisfazer as condições estabelecidas pelo Instituto Nacional da Propriedade Industrial.

§ 2º As reivindicações, sempre fundamentadas no relatório descritivo, caracterizarão as particularidades do invento, estabelecendo e delimitando os direitos do inventor.

Art. 15. Qualquer particularidade do invento, para ter assegurada proteção isoladamente, deverá ser requerida em separado, desde que possa ser destacada do conjunto e não tenha sido, antes, descrita pormenorizadamente.

CAPÍTULO V

DO DEPÓSITO DO PEDIDO DE PRIVILÉGIO

Art. 16. Apresentado o pedido, será procedido o exame formal liminar e, se devidamente instruído, será protocolado.

Parágrafo único. Da certidão de depósito quando requerida, constarão hora, dia, mês, ano e número de ordem da apresentação do pedido, título e natureza do privilégio, indicação de prioridade quando reivindicada, nome e endereço completos do interessado e de seu procurador, se houver.

CAPÍTULO VI

DO DEPÓSITO FEITO NO ESTRANGEIRO

Art. 17. O pedido de privilégio, depositado regularmente em país com qual o Brasil mantenha acordo internacional, terá assegurado direito de prioridade para ser apresentado no Brasil, no prazo estipulado no respectivo acordo.

§ 1º Durante esse prazo, a prioridade não será invalidada por pedido idêntico, sua publicação, uso, exploração ou concessão da patente.

§ 2º A reivindicação de prioridade deverá ser comprovada mediante documento hábil do país de origem, sempre acompanhado de tradução, na íntegra, contendo o número, a data, o título, o relatório descritivo e as reivindicações relativas ao depósito ou à patente.

§ 3º A apresentação desse comprovante, quando não tiver sido feita juntamente com a do depósito, deverá ocorrer até 180 (cento e oitenta) dias, contados da data do mesmo depósito, sob pena de perda da prioridade reivindicada.

§ 4º No caso de antecipação do exame na forma do art. 18, o depositante será notificado para apresentar o citado comprovante dentro de 90 (noventa) dias, observado o prazo limite a que se refere o § 3º deste artigo.

CAPÍTULO VII

DA PUBLICAÇÃO E DO EXAME DO PEDIDO DE PRIVILÉGIO

Art. 18. O pedido de privilégio será mantido em sigilo até a sua publicação, a ser feita depois de 18 (dezoito) meses, contados da data da prioridade mais antiga, podendo ser antecipada a requerimento do depositante.

§ 1º O pedido do exame deverá ser formulado pelo depositante ou qualquer interessado, até 24 (vinte e quatro) meses contados da publicação a que se refere este artigo, ou da vigência desta lei, nos casos em andamento.

§ 2º O pedido de privilégio será considerado definitivamente retirado se não for requerido o exame no prazo previsto.

§ 3º O relatório descritivo, as reivindicações, os desenhos e o resumo não poderão ser modificados, exceto:

a) para retificar erros de impressão ou datilográficos;

b) se imprescindível, para esclarecer, precisar ou restringir o pedido e somente até a data do pedido de exame;

c) no caso do art. 19, § 3º.

Art. 19. Publicado o pedido de exame, correrá o prazo de 90 (noventa) dias para apresentação de eventuais oposições, dando-se ciência ao depositante.

§ 1º O exame, que não ficará condicionado a eventuais manifestações sobre oposições oferecidas, verificará se o pedido de privilégio está de acordo com as prescrições legais, se está tecnicamente bem definido, se não há anterioridades e se é suscetível de utilização industrial.

§ 2º O pedido será indeferido se for considerado imprivilegiável, por contrariar as disposições dos arts. 9º e 13.

§ 3º Por ocasião do exame, serão formuladas as exigências julgadas necessárias, inclusive no que se refere à apresentação de novo relatório descritivo, reivindicações, desenhos e resumo, desde que dentro dos limites do que foi inicialmente requerido.

§ 4º No cumprimento das exigências, deverão ser observados os limites do que foi inicialmente requerido.

§ 5º A exigência não cumprida ou não contestada no prazo de 90 (noventa) dias acarretará o arquivamento do pedido, encerrando-se a instância administrativa.

§ 6º O pedido será arquivado se for considerado improcedente a contestação oferecida à exigência.

§ 7º Salvo o disposto no § 5º deste artigo, do despacho que conceder, de negar ou arquivar o pedido de privilégio caberá recurso, no prazo de 60 (sessenta) dias.

Art. 20. Quando se tratar de pedido com reivindicação de prioridade, deverão ser apresentados, sempre que solicitados, as objeções, as buscas de anterioridades ou o resultado dos exames para a concessão de pedido correspondente em outros países.

CAPÍTULO VIII

DA EXPEDIÇÃO DA PATENTE

Art. 21. A carta patente será expedida depois de decorrido o prazo para o recurso ou, se interposto este, após a sua decisão.

§ 1º Findo o prazo a que se refere este artigo, e não sendo comprovado, em 60 (sessenta) dias, o pagamento da retribuição devida, o processo será arquivado, encerrando-se a instância administrativa.

§ 2º Da patente deverão constar o número respectivo, nome, nacionalidade, profissão e domicílio do inventor, do seu sucessor ou cessionário, se houver, o título e natureza do privilégio e o prazo de sua duração, bem como, quando for o caso, a prioridade estrangeira, se comprovada, ressalvando-se os direitos de terceiros e a responsabilidade do Governo quanto à novidade e à utilidade, contendo ainda as reivindicações e os desenhos.

Art. 22. Os privilégios concedidos terão ampla divulgação através de publicação no órgão oficial do Instituto Nacional da Propriedade Industrial.

Parágrafo único. Para os fins previstos neste artigo, poderá o Instituto Nacional da Propriedade Industrial, através de convênios com entidades governamentais ou de classe, promover a divulgação por outros meios de comunicação.

Art. 23. A exploração da invenção por terceiro não autorizado, entre a data do depósito e a da concessão do privilégio, permitirá ao titular obter, após a expedição da respectiva patente, a indenização que for fixada judicialmente.

Parágrafo único. A fixação da indenização considerará, inclusive, a exploração feita no período a que se refere este artigo.

CAPÍTULO IX

DA DURAÇÃO DO PRIVILÉGIO

Art. 24. O privilégio de invenção vigorará pelo prazo de 15 (quinze) anos, o de modelo de utilidade e o de modelo ou desenho industrial pelo prazo de 10 (dez) anos, todos contados a partir da data do depósito, desde que observadas as prescrições legais.

Parágrafo único. Extinto o privilégio, o objeto da patente cairá em domínio público.

CAPÍTULO X

DAS ANUIDADES

Art. 25. O pagamento das anuidades do privilégio deverá ser feito a partir do início do terceiro ano da data do depósito, comprovado cada pagamento dentro dos primeiros 180 (cento e oitenta) dias do respectivo período anual.

CAPÍTULO XI

DA TRANSFERÊNCIA, DA ALTERAÇÃO DE NOME E DE SEDE DO TITULAR DE PRIVILÉGIO DEPOSITADO OU CONCEDIDO E DOS CONTRATOS PARA SUA EXPLORAÇÃO

Art. 26. A propriedade do privilégio poderá ser transferida por ato *inter vivos* ou em virtude de sucessão legítima ou testamentária.

Art. 27. O pedido de anotação de transferência e o de alteração de nome ou de sede do titular deverão ser formulados mediante apresentação da patente e demais documentos necessários.

§ 1º A transferência só produzirá efeito em relação a terceiros depois de publicado o deferimento da respectiva anotação.

§ 2º Sem prejuízos de outras exigências cabíveis, os documentos originais de transferência conterão, no mínimo, a qualificação completa do cedente e do cessionário, bem como das testemunhas, e a indicação precisa do pedido ou da patente.

§ 3º Serão igualmente anotados os atos que se refiram à suspensão, limitação, extinção ou cancelamento do privilégio por decisão de autoridade administrativa ou judiciária.

Art. 28. O titular de privilégio depositado ou concedido, seus herdeiros ou sucessores, poderão conceder licença para sua exploração.

Art. 29. A concessão de licença para exploração será feita mediante ato revestido das formalidades legais contendo as condições de remuneração e as relacionadas com a exploração do privilégio, bem como referência ao número e ao título do pedido ou da patente.

§ 1º A remuneração será fixada com observância da legislação vigente e das normas baixadas pelas autoridades monetárias e cambiais.

§ 2º A concessão não poderá impor restrições à comercialização e à exportação do produto de que trata a licença, bem como à importação de insumos necessários à sua fabricação.

§ 3º Nos termos e para os efeitos deste Código, pertencerão ao licenciado os direitos sobre os aperfeiçoamentos por ele introduzidos no produto ou no processo.

Art. 30. A aquisição de privilégio ou concessão de licença para a sua exploração estão sujeitas à averbação no Instituto Nacional da Propriedade Industrial.

Parágrafo único. A averbação não produzirá qualquer efeito, no tocante a *royalties*, quando se referir a:

a) privilégio não concedido no Brasil;

b) privilégio concedido a titular residente domiciliado ou com sede no Exterior, sem a prioridade prevista no art. 17;

c) privilégio extinto ou em processo de nulidade ou de cancelamento;

d) privilégio cujo titular anterior não tivesse direito a tal remuneração.

Art. 31. Do despacho que denegar a anotação ou a averbação caberá recurso, no prazo de 60 (sessenta) dias.

Art. 32. A requerimento de qualquer pessoa, com legítimo interesse, que tenha iniciado processo judicial de falsidade ou relativo à ineficácia dos atos referentes à anotação de transferência de direitos de patentes, ou de pedidos de patentes, ou a averbação de contrato de exploração, poderá o juiz, motivando seu ato, ordenar a suspensão do processo de anotação de transferência ou de averbação, até decisão final.

CAPÍTULO XII
DA LICENÇA OBRIGATÓRIA PARA EXPLORAÇÃO DO PRIVILÉGIO

Art. 33. Salvo motivo de força maior comprovado, o titular do privilégio que não houver iniciado a exploração da patente de modo efetivo no País, dentro dos 3 (três) anos que se seguirem à sua expedição, ou que a tenha interrompido por tempo superior a 1 (um) ano, ficará obrigado a conceder a terceiro que a requeira licença para exploração da mesma, nos termos e condições estabelecidos neste Código.

§ 1º Por motivo de interesse público, poderá também ser concedida a terceiro que a requeira licença obrigatória especial, não exclusiva, para a exploração de privilégio em desuso ou cuja exploração efetiva não atenda à demanda do mercado.

§ 2º Não será considerada exploração de modo efetivo a industrialização que for substituída ou suplementada por importação, salvo no caso de ato internacional ou de acordo de complementação de que o Brasil participe.

§ 3º Para os efeitos deste artigo, bem como dos arts. 49 e 52, deverá o titular da patente, sempre que solicitado, comprovar a exploração efetiva de seu objeto no País, quer diretamente, quer por terceiros autorizados.

Art. 34. O pedido de licença obrigatória deverá ser formulado mediante indicação das condições oferecidas ao titular da patente.

§ 1º Apresentado o pedido de licença será notificado o titular da patente para manifestar-se, no prazo de 60 (sessenta) dias.

§ 2º Findo esse prazo, sem manifestação do notificado, será considerada aceita a proposta nas condições oferecidas.

§ 3º No caso de contestação, deverão ser ordenadas investigações e perícias, bem como providenciado tudo quanto se faça necessário ao esclarecimento do assunto para permitir determinar a retribuição a ser estipulada.

§ 4º Para atender ao disposto no parágrafo anterior, poderá ser designada uma comissão constituída de três técnicos, inclusive estranhos ao quadro do Instituto Nacional da Propriedade Industrial, a qual deverá elaborar parecer conclusivo dentro de 60 (sessenta) dias.

Art. 35. Salvo motivo de força maior comprovado, o detentor da licença obrigatória deverá iniciar a exploração efetiva de seu objeto dentro dos 12 (doze) meses seguintes à data da sua concessão, não podendo interrompê-lo por prazo superior a 1 (um) ano.

Art. 36. Caberá ao titular da patente o direito de fiscalizar a produção, o montante das vendas e a boa utilização do invento, conforme os termos da licença, bem como o de exigir a retribuição estipulada.

Art. 37. O titular da patente poderá obter o cancelamento da licença obrigatória, quando provar que o cessionário deixou de atender ao disposto nos arts. 35 e 36.

Art. 38. O detentor da licença de exploração ficará investido de poderes de representação que lhe permitam agir administrativa ou judicialmente em defesa do privilégio.

CAPÍTULO XIII

DA DESAPROPRIAÇÃO DO PRIVILÉGIO

Art. 39. A desapropriação do privilégio poderá ser promovida na forma da lei, quando considerado de interesse da segurança nacional ou quando o interesse nacional exigir a sua vulgarização ou ainda sua exploração exclusiva por entidade ou órgão da administração federal ou de que esta participe.

Parágrafo único. Salvo no caso de interesse da segurança nacional, o pedido de desapropriação, sempre fundamentado, será formulado ao Ministro da Indústria e do Comércio, por qualquer órgão ou entidade da administração federal ou de que esta participe.

CAPÍTULO XIV

DO INVENTO OCORRIDO NA VIGÊNCIA DE CONTRATO DE TRABALHO OU DE PRESTAÇÕES DE SERVIÇOS

Art. 40. Pertencerão exclusivamente ao empregador os inventos, como os aperfeiçoamentos, realizados durante a vigência de contrato expressamente destinado à pesquisa no Brasil, em que a atividade inventiva do assalariado ou do prestador de serviços seja prevista, ou ainda que decorra da própria natureza da atividade contratada.

§ 1º Salvo expressa disposição contratual em contrário, a compensação do trabalho ou serviço prestado será limitada à remuneração ou ao salário ajustado.

§ 2º Salvo ajuste em contrário, serão considerados feitos durante a vigência do contrato os inventos, bem como os aperfeiçoamentos, cujas patentes sejam requeridas pelo empregado ou pelo prestador de serviços até 1 (um) ano depois da extinção do mesmo contrato.

§ 3º Qualquer invento ou aperfeiçoamento decorrente de contrato, na forma deste artigo, será obrigatória e prioritariamente patenteado no Brasil.

§ 4º A circunstância de que o invento ou aperfeiçoamento resultou de contrato, bem como o nome do inventor, constarão do pedido e da patente.

Art. 41. Pertencerá exclusivamente ao empregado ou prestador de serviços o invento ou aperfeiçoamento realizado sem relação com contratos de trabalho ou prestação de serviços ou, ainda, sem utilização de recursos, dados, meios, materiais, instalações ou equipamentos do empregador.

Art. 42. Salvo expressa estipulação em contrário, o invento ou aperfeiçoamento realizado pelo empregado ou pelo prestador de serviços não compreendidos no disposto no art. 40, quando decorrer de sua contribuição pessoal e também de recursos, dados, meios, materiais, instalações ou equipamentos do empregador, será de propriedade comum, em partes iguais, garantido ao empregador o direito exclusivo da licença de exploração, assegurada ao empregado ou prestador de serviços a remuneração que for fixada.

§ 1º A exploração do objeto da patente deverá ser iniciada pelo empregador dentro do prazo de 1 (um) ano, a contar da data da expedição da patente, sob pena de passar à exclusiva propriedade do empregado ou do prestador de serviços o invento ou aperfeiçoamento.

§ 2º O empregador poderá ainda requerer privilégio no estrangeiro, desde que assegurada ao empregado ou prestador de serviços a remuneração que for fixada.

§ 3º Na falta de acordo para iniciar a exploração da patente, ou no curso dessa exploração, qualquer dos co-titulares, em igualdade de condições, poderá exercer a preferência, no prazo que dispuser a legislação comum.

Art. 43. Aplica-se o disposto neste Capítulo, no que couber, às entidades da administração pública, direta ou indireta, federal, estadual ou municipal.

CAPÍTULO XV

DA INVENÇÃO DE INTERESSE DA SEGURANÇA NACIONAL

Art. 44. O pedido de privilégio, cujo objeto for julgado de interesse da segurança nacional, será processado em caráter sigiloso, não sendo promovidas as publicações de que trata este Código.

§ 1º Para os fins deste artigo, o pedido será submetido à Secretaria-Geral do Conselho da Segurança Nacional.

§ 2º Ao Estado-Maior das Forças Armadas caberá emitir parecer técnico conclusivo sobre os requisitos exigidos para a concessão do privilégio em assuntos de natureza militar, podendo o exame técnico ser delegado aos Ministérios Militares.

§ 3º Não sendo reconhecido o interesse da segurança nacional, o pedido perderá o caráter sigiloso.

Art. 45. Da patente resultante do pedido a que se refere o art. 44, que será também conservada em sigilo, será enviada cópia à Secretaria-Geral do Conselho de Segurança Nacional e ao Estado-Maior das Forças Armadas.

Art. 46. A invenção considerada de interesse da segurança nacional poderá ser desapropriada na forma do art. 39, após resolução da Secretaria-Geral do Conselho de Segurança Nacional.

Art. 47. A violação do sigilo de invenção que interessar à segurança nacional, nos termos do art. 44, será punida como crime contra a segurança nacional.

CAPÍTULO XVI

DA EXTINÇÃO E DA CADUCIDADE DO PRIVILÉGIO

Art. 48. O privilégio extingue-se:

a) pela expiração do prazo de proteção legal;

b) pela renúncia do respectivo titular ou seus sucessores, mediante documentação hábil;

c) pela caducidade.

Art. 49. Salvo motivo de força maior comprovado, caducará o privilégio, *ex officio* ou mediante requerimento de qualquer interessado, quando:

a) não tenha sido iniciada a sua exploração no País, de modo efetivo, dentro de 4 (quatro) anos, ou dentro de 5 (cinco) anos, se concedida licença para sua exploração, sempre contados da data da expedição da patente;

b) a sua exploração for interrompida por mais de 2 (dois) anos consecutivos.

Parágrafo único. Ao titular do privilégio notificado de acordo com o art. 53, caberá provar não terem ocorrido as hipóteses previstas neste artigo ou existência de motivo de força maior.

Art. 50. Caducará automaticamente a patente se não for comprovado o pagamento da respectiva anuidade no prazo estabelecido no art. 25, ressalvado o caso de restauração, ou quando não for observado o disposto no art. 116.

Art. 51. Até o máximo de 30 (trinta) dias após a data da ocorrência da caducidade por falta da comprovação tempestiva do pagamento da anuidade e, independentemente de qualquer notificação, poderá ser requerida a restauração da patente.

V. Súm. TRF-7. *O art. 51 do Código da Propriedade Industrial (Lei n. 5.772, de 21.12.1971) também se aplica aos pedidos de privilégio.*

Art. 52. Considera-se uso efetivo a exploração comprovada, contínua e regular da invenção em escala industrial, seja através de produção pelo titular da patente, seja por produção através de concessão de licenças de exploração a terceiros, observado o disposto no § 3º do art. 33.

Art. 53. A decisão sobre a caducidade por falta de uso efetivo será proferida após decorrido o prazo de 60 (sessenta) dias na notificação feita ao titular do privilégio.

Art. 54. Do despacho que declarar ou denegar a caducidade da patente por falta de uso efetivo, caberá recurso, no prazo de 60 (sessenta) dias.

Parágrafo único. A patente cairá em domínio público quando o ato que declarou a caducidade ficar irrecorrido ou for mantido em grau de recurso.

CAPÍTULO XVII

DA NULIDADE E DO CANCELAMENTO DO PRIVILÉGIO

Art. 55. É nulo o privilégio quando:

a) seu objeto não observou as condições dos arts. 6º, 10, 11 e 12;

b) tiver sido concedido contrariando os arts. 9º e 13;

c) tiver sido concedido contrariando direitos de terceiros;

d) o título não corresponder ao seu verdadeiro objeto;

e) no seu processamento, tiver sido omitida qualquer das providências determinadas por este Código, necessárias à apreciação e expedição da respectiva carta patente;

f) não tiver sido observado o disposto no § 3º do art. 40.

Parágrafo único. A nulidade poderá não incidir sobre todas as reivindicações do privilégio.

Art. 56. Ressalvado o disposto no art. 58, a argüição de nulidade só será apreciada judicialmente, podendo a competente ação ser proposta em qualquer tempo de vigência do privilégio.

Art. 57. São competentes para promover a ação de nulidade o Instituto Nacional da Propriedade Industrial ou qualquer pessoa com legítimo interesse.

Art. 58. O privilégio poderá ser cancelado administrativamente quando tenha sido concedido contrariando o disposto nos arts. 5º, 9º e 13, quando não tenha sido observado o disposto no § 3º do art. 40, ou quando, no seu processamento, tiver sido omitida qualquer das providências determinadas por este Código, necessárias à apreciação e expedição da respectiva carta patente.

§ 1º O processo de cancelamento só poderá ser iniciado dentro do prazo de 1 (um) ano, contado da concessão do privilégio.

§ 2º Da notificação do início do processo de cancelamento, o interessado terá o prazo de 60 (sessenta) dias para contestação.

§ 3º A decisão do pedido de cancelamento será proferida dentro de 180 (cento e oitenta) dias contados da sua apresentação.

§ 4º Do despacho que conceder ou denegar o cancelamento caberá recurso, no prazo de 60 (sessenta) dias.

TÍTULO II

DAS MARCAS DE INDÚSTRIA, DE COMÉRCIO E DE SERVIÇO E DAS EXPRESSÕES OU SINAIS DE PROPAGANDA

CAPÍTULO I

DAS MARCAS DE INDÚSTRIA, DE COMÉRCIO E DE SERVIÇO

SEÇÃO I

DISPOSIÇÕES GERAIS

Art. 59. Será garantida no território nacional a propriedade da marca e o seu uso exclusivo àquele que obtiver o registro de acordo com o presente Código, para distinguir seus produtos, mercadorias ou serviços, de outros idênticos ou semelhantes, na classe correspondente à sua atividade.

Parágrafo único. A proteção de que trata este artigo abrange o uso da marca em papéis, impressos e documentos relativos à atividade do titular.

Art. 60. As marcas de indústria e de comércio podem ser usadas diretamente em produtos, mercadorias, recipientes, invólucros, rótulos ou etiquetas.

Art. 61. Para os efeitos deste Código, considera-se:

1) marca de indústria a usada pelo fabricante industrial ou artífice para distinguir os seus produtos;

2) marca de comércio a usada pelo comerciante para assinalar os artigos ou mercadorias de seu negócio;

3) marca de serviço a usada por profissional autônomo, entidade ou empresa para distinguir os seus serviços ou atividades;

4) marca genérica aquela que identifica a origem de uma série de produtos ou artigos, que por sua vez são, individualmente, caracterizados por marca específica.

Parágrafo único. A marca genérica só poderá ser usada quando acompanhada de marca específica.

Art. 62. Só podem requerer registro de marca as pessoas de direito privado, a União, os Estados, os Territórios, os Municípios, o Distrito Federal e seus órgãos de administração direta ou indireta.

Parágrafo único. As pessoas de direito privado só podem requerer registro de marca relativa à atividade que exerçam efetiva e licitamente, na forma do art. 61.

Art. 63. Os preceitos deste Capítulo serão aplicáveis, no que couber às expressões ou sinais de propaganda.

SEÇÃO II

DAS MARCAS REGISTRÁVEIS

Art. 64. São registráveis como marca os nomes, palavras, denominações, monogramas, emblemas, símbolos, figuras e quaisquer outros sinais distintivos que não apresentem anterioridade ou colidências com registros já existentes e que não estejam compreendidos nas proibições legais.

SEÇÃO III

DAS MARCAS NÃO-REGISTRÁVEIS

Art. 65. Não é registrável como marca:

1) brasão, armas, medalhas, emblema, distintivo e monumento oficiais, públicos ou correlatos, nacionais, estrangeiros ou internacionais, bem como a respectiva designação, figura ou imitação;

2) letra, algarismo ou data, isoladamente, salvo quando se revestir de suficiente forma distintiva;

3) expressão, figura ou desenho contrário à moral e aos bons costumes e os que envolvam ofensa individual ou atentem contra culto religioso ou idéia e sentimento digno de respeito e veneração;

4) designação e sigla de repartição ou estabelecimento oficial, que legitimamente não possa usar o registrante;

5) título de estabelecimento ou nome comercial;

6) denominação genérica ou sua representação gráfica, expressão empregada comumente para designar gênero, espécie, natureza, nacionalidade, destino, peso, valor e qualidade;

7) formato e envoltório de produto ou mercadoria;

8) cor e sua denominação, salvo quando combinadas em conjunto original;

9) nome ou indicação de lugares de procedência, bem como a imitação suscetível de confusão;

10) denominação simplesmente descritiva do produto, mercadoria ou serviço a que a marca se aplique, ou ainda, aquela que possa falsamente induzir indicação de qualidade ou procedência;

11) medalha de fantasia passível de confusão com a concedida em exposição, feira, congresso ou a título de condecoração;

12) nome civil, ou pseudônimo notório, e efígie, de terceiro, salvo com expresso consentimento do titular ou de seus sucessores diretos;

13) termo técnico usado na indústria, na ciência e na arte, que tenha relação com produto, mercadoria ou serviço a distinguir;

14) reprodução ou imitação de cunho oficial, regularmente adotado para garantia de metal precioso, de arma de fogo e de padrão oficial de qualquer gênero ou natureza;

15) nome de obra literária, artística ou científica, de peça teatral, cinematográfica, de competições ou jogos esportivos oficiais, ou equivalentes, que possam ser divulgados por qualquer meio de comunicação, bem como o

desenho artístico, impresso por qualquer forma, salvo para distinguir mercadoria, produto ou serviço, com o consentimento expresso do respectivo autor ou titular;

16) reprodução ou imitação de título, apólice, moeda e cédula da União, dos Estados, dos Territórios, dos Municípios, do Distrito Federal ou de país estrangeiro;

17) imitação bem como reprodução no todo, em parte, ou com acréscimo, de marca alheia registrada para distinguir produto, mercadoria ou serviço, idêntico semelhante, relativo ou afim ao ramo de atividade, que possibilite erro, dúvida ou confusão, salvo a tradução não explorada no Brasil;

18) marca constituída de elemento passível de proteção como modelo ou desenho industrial;

19) dualidade de marcas de um só titular, para o mesmo artigo, salvo quando se revestirem de suficiente forma distintiva;

20) nome, denominação, sinal, figura, sigla ou símbolo de uso necessário, comum ou vulgar, quanto tiver relação com o produto, mercadoria ou serviço a distinguir, salvo quando se revestirem de suficiente forma distintiva.

Art. 66. Não será registrada marca que contenha nos elementos que a caracterizem outros dizeres ou indicações, inclusive em língua estrangeira, que induzam falsa procedência ou qualidade.

SEÇÃO IV

DA MARCA NOTÓRIA

Art. 67. A marca considerada notória no Brasil, registrada nos termos e para os efeitos deste Código, terá assegurada proteção especial, em todas as classes, mantido registro próprio para impedir o de outra que a reproduza ou imite, no todo ou em parte, desde que haja possibilidade de confusão quanto à origem dos produtos, mercadorias ou serviços, ou ainda prejuízos para a reputação da marca.

Parágrafo único. O uso indevido de marca que reproduza ou imite marca notória registrada no Brasil, constituirá agravante de crime previsto na lei própria.

SEÇÃO V

DAS MARCAS PROCEDENTES DO EXTERIOR

Art. 68. Para os efeitos deste Código, considera-se marca estrangeira a que, depositada regularmente em país vinculado a acordo internacional do qual o Brasil seja signatário ou partícipe, for também depositada no Brasil dentro do prazo de prioridade estipulado no respectivo acordo, sob reserva de direitos de terceiros, e desde que seja assegurada reciprocidade de direitos para registro de marcas brasileiras, naquele país.

§ 1º Durante esse prazo a prioridade não será invalidada por igual depósito da marca, por terceiros.

§ 2º A reivindicação de prioridade deverá ser comprovada mediante documento hábil do país de origem, sempre acompanhado de tradução na íntegra, contendo o número, a data e a reprodução do pedido ou do registro.

§ 3º A apresentação desse comprovante, quando não tiver sido feita juntamente com o depósito, deverá ocorrer até 120 (cento e vinte) dias contados da data do mesmo depósito, sob pena de perda da prioridade reivindicada.

Art. 69. Ressalvado o previsto no art. 68, a marca requerida por pessoa domiciliada no Exterior poderá ser registrada como brasileira, nos termos e para os efeitos deste Código, desde que o titular prove que se relaciona com sua atividade industrial, comercial ou profissional, efetiva e licitamente exercida no país de origem.

SEÇÃO VI

DAS INDICAÇÕES DE PROCEDÊNCIA

Art. 70. Para os efeitos deste Código, considera-se lugar de procedência o nome de localidade, cidade, região ou país, que seja notoriamente conhecido como centro de extração, produção ou fabricação de determinada mercadoria ou produto, ressalvado o disposto no art. 71.

Art. 71. A utilização de nome geográfico que se houver tornado comum para designar natureza, espécie ou gênero de produto ou mercadoria a que a marca se destina, não será considerada indicação de lugar de procedência.

Art. 72. Excetuada a designação de lugar de procedência, o nome de lugar só poderá servir de elemento característico de registro de marca para distinguir mercadoria ou produto procedente de lugar diverso, quando empregado como nome de fantasia.

CAPÍTULO II

DAS EXPRESSÕES OU SINAIS DE PROPAGANDA

SEÇÃO I

DISPOSIÇÕES GERAIS

Art. 73. Entende-se por expressão ou sinal de propaganda toda legenda, anúncio, reclame, palavra, combinação de palavras, desenhos, gravuras, originais e característicos que se destinem a emprego como meio de recomendar quaisquer atividades lícitas, realçar qualidades de produtos, mercadorias ou serviços, ou a atrair a atenção dos consumidores ou usuários.

§ 1º Pode requerer o registro de expressão ou sinal de propaganda todo aquele que exercer qualquer atividade lícita.

§ 2º As expressões ou sinais de propaganda podem ser usados em cartazes, tabuletas, papéis avulsos, impressos em geral ou em quaisquer meios de comunicação.

Art. 74. A marca de indústria, de comércio ou de serviço poderá fazer parte de expressão ou sinal de propaganda, quando registrada em nome do mesmo titular, na classe ou nas classes correspondentes ao objeto da propaganda.

Art. 75. O registro de expressão ou sinal de propaganda valerá para todo o território nacional.

SEÇÃO II
DAS EXPRESSÕES OU SINAIS DE PROPAGANDA NÃO-REGISTRÁVEIS

Art. 76. Não são registráveis como expressões ou sinais de propaganda:

1) palavras ou combinações de palavras ou frases, exclusivamente descritivas das qualidades dos artigos ou atividades;

2) cartazes, tabuletas, anúncios ou reclames que não apresentem cunho de originalidade ou que sejam conhecidos e usados publicamente em relação a outros artigos ou serviços por terceiros;

3) anúncios, reclames, frases ou palavras contrárias à moral ou que contenham ofensas ou alusões individuais, ou atentem contra idéias, religiões ou sentimentos veneráveis;

4) todo cartaz, anúncio ou reclame que inclua marca, título de estabelecimento, insígnia, nome de empresa ou recompensa, dos quais legitimamente não possa usar o registrante;

5) palavras, frases, cartazes, anúncios, reclame ou dísticos que já tenham sido registrados por terceiros ou sejam capazes de originar erro ou confusão com tais anterioridades;

6) o que estiver compreendido em quaisquer das proibições concernentes ao registro de marca.

CAPÍTULO III
DO PEDIDO DE REGISTRO

Art. 77. Além do requerimento, o pedido, que só poderá se referir a um único registro, conterá ainda:

a) exemplar descritivo;

b) clichê tipográfico;

c) prova do cumprimento de exigência contida em legislação específica;

d) outros documentos necessários à instrução do pedido.

Parágrafo único. O requerimento, o exemplar descritivo e o clichê tipográfico deverão satisfazer as condições estabelecidas pelo Instituto Nacional da Propriedade Industrial.

CAPÍTULO IV
DO DEPÓSITO DO PEDIDO DE REGISTRO

Art. 78. Apresentado o pedido, será procedido o exame formal preliminar e, se devidamente instruído, será protocolado.

Parágrafo único. Da certidão do depósito, se requerida, constarão hora, dia, mês, ano e número de ordem da apresentação do pedido, sua natureza, indicação de prioridade quando reivindicada, o nome e endereço completos do interessado e de seu procurador, se houver.

CAPÍTULO V
DO EXAME DO PEDIDO DE REGISTRO

Art. 79. O exame verificará se o pedido está de acordo com as prescrições legais, tecnicamente bem definido e se não há anterioridade ou colidências.

§ 1º Por ocasião do exame, serão formuladas as exigências julgadas necessárias, inclusive no que se refere à apresentação de novo exemplar descritivo, clichê e outros documentos.

§ 2º A exigência não cumprida ou não contestada no prazo de 60 (sessenta) dias acarretará o arquivamento do processo, encerrando-se a instância administrativa.

§ 3º Considerada improcedente a contestação oferecida à exigência, o processo será arquivado.

§ 4º Verificada a viabilidade do registro, será publicado o clichê para apresentação, no prazo de 60 (sessenta) dias, de eventuais oposições, dandose ciência ao depositante.

§ 5º Salvo o disposto no § 2º deste artigo, do despacho que conceder, denegar ou arquivar o pedido de registro, e que não ficará condicionado a eventuais manifestações sobre oposições oferecidas, caberá recurso no prazo de 60 (sessenta) dias.

Art. 80. Poderão ser registrados como marcas, denominações semelhantes destinadas a distinguir produtos farmacêuticos ou veterinários, com a mesma finalidade terapêutica, salvo se houver flagrante possibilidade de erro, dúvida ou confusão para o consumidor.

Art. 81. A marca destinada a distinguir produto farmacêutico ou veterinário só poderá ser usada com a marca genérica a que se refere o art. 61, e com igual destaque.

Art. 82. Ficará condicionada à apresentação do comprovante de cumprimento de exigência contida em legislação específica a concessão de registro de marca para distinguir mercadorias, produtos ou serviços.

Parágrafo único. Não apresentado o comprovante exigido, dentro de 180 (cento e oitenta) dias, contados da data de prioridade, o pedido será arquivado, cabendo recurso, no prazo de 60 (sessenta) dias.

CAPÍTULO VI

DA EXPEDIÇÃO DOS CERTIFICADOS DE REGISTRO

Art. 83. O certificado de registro será expedido depois de decorrido o prazo para recurso ou, se interposto este, após a sua decisão.

§ 1º Findo prazo a que se refere este artigo, e não sendo comprovado em 60 (sessenta) dias o pagamento da retribuição devida, o processo será arquivado encerrando-se a instância administrativa.

§ 2º O certificado deverá conter o número do registro respectivo, nome, nacionalidade, domicílio completo e ramo de atividade do interessado, do seu sucessor ou cessionário, se houver, as características do registro e a data de sua extinção e a prioridade estrangeira, se comprovada.

Art. 84. Não terá a proteção assegurada por este Código a marca ou expressão ou sinal de propaganda que for usado com modificação ou alteração dos seus elementos característicos, constantes do certificado de registro.

CAPÍTULO VII

DA DURAÇÃO, DA PRORROGAÇÃO E DA RETRIBUIÇÃO RELATIVA AO REGISTRO

Art. 85. O registro de marca ou de expressão ou sinal de propaganda vigorará pelo prazo de 10 (dez) anos, contados da data da expedição do certificado, podendo esse prazo ser prorrogado por períodos iguais e sucessivos.

§ 1º A prorrogação somente poderá ser requerida na vigência do último ano do decênio de proteção legal.

§ 2º A prorrogação não será concedida se o registro estiver em desacordo com as disposições deste Código, ressalvado ao titular o direito de adaptá-lo, se possível, às mesmas disposições.

Art. 86. O pagamento da retribuição relativa ao decênio deverá ser comprovado juntamente com o da expedição do certificado de registro, observado o disposto no art. 83.

Parágrafo único. O pagamento da retribuição relativa ao decênio subseqüente deverá ser comprovado quando requerida prorrogação a que se refere o § 1º do art. 85.

CAPÍTULO VIII

DA TRANSFERÊNCIA, DA ALTERAÇÃO DE NOME E DE SEDE DO TITULAR DE REGISTRO E DO CONTRATO DE EXPLORAÇÃO

Art. 87. A propriedade da marca ou da expressão ou sinal de propaganda poderá ser transferida por ato *inter vivos* ou em virtude de sucessão legítima ou testamentária.

Parágrafo único. O novo titular deverá preencher os requisitos legais exigidos para o pedido de registro, salvo no caso de sucessão legítima ou testamentária.

Art. 88. O pedido de anotação de transferência e o de alteração de nome ou sede do titular deverão ser formulados mediante a apresentação do Certificado de Registro e demais documentos necessários.

§ 1º A transferência só produzirá efeito em relação a terceiros depois de publicado o deferimento da respectiva anotação.

§ 2º Sem prejuízo de outras exigências cabíveis, os documentos originais de transferência conterão, no mínimo, a qualificação completa do cedente e do cessionário, bem como das testemunhas, e a indicação precisa do pedido ou do registro.

§ 3º Serão igualmente anotados os atos que se refiram a suspensão, limitação, extinção ou cancelamento do registro, por decisão de autoridade administrativa ou judiciária.

Art. 89. A transferência para o cessionário deverá compreender todos os registros ou pedidos de registros de marca iguais ou semelhantes em nome do cedente, sob pena de cancelamento *ex officio* dos registros ou pedidos de registros não transferidos.

Art. 90. O titular de marca ou expressão ou sinal de propaganda poderá autorizar o seu uso por terceiros devidamente estabelecidos, mediante contrato de exploração que conterá o número do pedido ou do registro e as condições de remuneração, bem como a obrigação de o titular exercer controle efetivo sobre as especificações, natureza e qualidade dos respectivos artigos ou serviços.

§ 1º A remuneração será fixada com observância da legislação vigente e das normas baixadas pelas autoridades monetárias e cambiais.

§ 2º A concessão não poderá impor restrições à industrialização ou à comercialização, inclusive à exportação.

§ 3º O contrato de exploração, bem como suas renovações ou prorrogações só produzirão efeito em relação a terceiros depois de julgados conformes e averbados pelo Instituto Nacional da Propriedade Industrial.

§ 4º A averbação não produzirá qualquer efeito, no tocante a pagamento de *royalties*, quando se referir a:

a) registro não concedido no Brasil;

b) registro concedido a titular domiciliado ou com sede no Exterior, sem a prioridade prevista no art. 68;

c) registro extinto ou em processo de nulidade ou de cancelamento;

d) registro em vigência por prorrogação;

e) registro cujo titular anterior não tivesse direito a tal remuneração.

Art. 91. Do despacho que denegar a anotação ou a averbação caberá recurso no prazo de 60 (sessenta) dias.

Art. 92. A requerimento de qualquer pessoa com legítimo interesse, que tenha iniciado processo judicial de falsidade ou relativo a ineficácia dos atos referentes à anotação de transferência do pedido de registro ou dos direitos do registro ou à averbação do respectivo contrato de exploração, poderá o juiz, motivando seu ato, ordenar a suspensão do processo de anotação de transferência ou de averbação, até decisão final.

CAPÍTULO IX
DA EXTINÇÃO E DA CADUCIDADE DO REGISTRO

Art. 93. O registro de marca ou de expressão ou sinal de propaganda extingue-se:

1) Pela expiração do prazo de proteção legal, sem que tenha havido prorrogação;

2) pela denúncia expressa do respectivo titular ou seus sucessores, mediante documentação hábil;

3) pela caducidade.

Art. 94. Salvo motivo de força maior, caducará o registro, *ex officio* ou mediante requerimento de qualquer interessado, quando o seu uso não tiver sido iniciado no Brasil dentro de 2 (dois) anos contados da concessão do registro, ou se for interrompido, por mais de 2 (dois) anos consecutivos.

Parágrafo único. Ao titular do registro, notificado de acordo com o art. 95, caberá provar o uso ou o desuso por motivo de força maior.

Art. 95. A decisão sobre a caducidade por falta de uso efetivo será proferida após decorrido o prazo de 60 (sessenta) dias da notificação feita ao titular do registro.

Parágrafo único. Não impedirá a declaração de caducidade a infração do disposto nos arts. 81 e 84.

Art. 96. Caducará automaticamente o registro quando não for observado o disposto no art. 116.

Art. 97. Do despacho que declarar ou denegar a caducidade do registro por falta de uso efetivo caberá recurso, no prazo de 60 (sessenta) dias.

Parágrafo único. Quando o ato declaratório ficar irrecorrido ou for mantido em grau de recurso a caducidade será anotada no registro próprio.

CAPÍTULO X
DA NULIDADE E DA REVISÃO DO REGISTRO

Art. 98. É nulo o registro efetuado contrariando as determinações deste Código.

Parágrafo único. A ação de nulidade prescreve em 5 (cinco) anos contados da concessão do registro.

Art. 99. Ressalvado o disposto no art. 101, a argüição de nulidade de registro só poderá ser apreciada judicialmente.

Art. 100. São competentes para promover a ação de nulidade o Instituto Nacional da Propriedade Industrial ou qualquer pessoa com legítimo interesse.

Art. 101. A concessão do registro poderá ser revista administrativamente quando tenha infringido o disposto nos arts. 62, 64, 65, 66 e 76.

§ 1º O processo de revisão somente poderá ser iniciado dentro do prazo de 6 (seis) meses, contado da concessão do registro.

§ 2º Da notificação do início do processo de revisão correrá o prazo de 60 (sessenta) dias para a contestação, devendo a decisão ser proferida em igual prazo.

§ 3º Da decisão caberá recurso no prazo de 60 (sessenta) dias.

TÍTULO III

DOS TÉCNICOS CREDENCIADOS

Art. 102. O Instituto Nacional da Propriedade Industrial poderá manter, além do quadro de pessoal próprio, um corpo de técnicos credenciados diretamente, ou por covênio firmado com órgão ou entidade da Administração Pública, com organização reconhecida pelo Governo Federal como órgão de utilidade pública ou como entidade de ensino.

Parágrafo único. Os técnicos credenciados serão remunerados de acordo com tabela aprovada pelo Ministro da Indústria e do Comércio, por proposta do Instituto Nacional da Propriedade Industrial.

Art. 103. O Instituto Nacional da Propriedade Industrial poderá delegar, em caso especial, o exame de pedido de privilégio ou registro a órgão ou entidade a que se refere o art. 102.

TÍTULO IV

DISPOSIÇÕES GERAIS

CAPÍTULO I

DOS ATOS, DOS DESPACHOS E DOS PRAZOS

Art. 104. Os atos, despachos e decisões nos processos administrativos referentes à propriedade industrial, só produzirão efeito a partir da sua publicação no órgão oficial do Instituto Nacional da Propriedade Industrial, ressalvados:

a) os que expressamente independerem da notificação ou publicação por força do disposto no presente Código;

b) os despachos interlocutórios, quando feita notificação por via postal ou por ciência dada ao interessado no processo;

c) os pareceres e despachos internos que não necessitem ser do conhecimento das partes.

Art. 105. Salvo expressa disposição em contrário, o prazo para os atos consignados neste Código contam-se a partir da publicação ou da ciência de que trata o art. 104.

Art. 106. Na ausência de disposição em contrário, o prazo para adoção de providências determinadas por este Código será de 60 (sessenta) dias.

Parágrafo único. Expirado o prazo fixado neste artigo, sem que tenha sido adotada a providência devida, o processo a ele relativo será automaticamente arquivado.

CAPÍTULO II

DA PETIÇÃO, DA OPOSIÇÃO E DO RECURSO

Art. 107. Não serão conhecidos a petição, a oposição e o recurso quando:

a) apresentado fora do prazo previsto neste Código;

b) não contiver fundamentação legal;

c) desacompanhado do comprovante do pagamento da retribuição correspondente.

Art. 108. Os recursos previstos neste Código serão decididos pelo presidente do Instituto Nacional da Propriedade Industrial, salvo nos casos do § 4º do art. 58 e § 3º do art. 101, em que a decisão será do Ministro da Indústria e do Comércio.

§ 1º O recurso, nos casos do § 4º do art. 58 e do § 3º do art. 101, será decidido pelo Ministro da Indústria e do Comércio dentro do prazo de 90 (noventa) dias contados da interposição.

§ 2º A decisão dos recursos encerrará a instância administrativa.

CAPÍTULO III

DA CERTIDÃO E DA FOTOCÓPIA

Art. 109. O Instituto Nacional da Propriedade Industrial assegurará aos interessados o fornecimento de certidões ou fotocópias, regularmente requeridas, com relação às matérias de que trata este Código, no prazo de 30 (trinta) dias, salvo motivo de força maior.

CAPÍTULO IV

DA CLASSIFICAÇÃO DOS PRIVILÉGIOS E DOS REGISTROS

Art. 110. A classificação dos privilégios e dos registros será estabelecida pelo Instituto Nacional da Propriedade Industrial.

CAPÍTULO V

DAS RETRIBUIÇÕES

Art. 111. O custeio dos serviços previstos neste Código se fará mediante retribuição dos usuários, de acordo com o ato do Ministro da Indústria e do Comércio, que fixará os seus valores e vigência, na forma do art. 2º do Decreto-lei n. 1.156, de 9 de março de 1971.

Art. 112. O processo de recolhimento da retribuição será disciplinado pelo Instituto Nacional da Propriedade Industrial.

Art. 113. O pagamento da retribuição só produzirá efeito se comprovado perante o Instituto Nacional da Propriedade Industrial dentro do respectivo prazo, na conformidade da tabela vigente.

Art. 114. Não será restituída a retribuição devidamente recolhida.

CAPÍTULO VI

DA PROCURAÇÃO

Art. 115. Quando o interessado não requerer pessoalmente, a petição ou o processo será instruído com procuração contendo os poderes necessários, traslado, certidão ou fotocópia autenticada do instrumento, dispensada a legalização da procuração.

§ 1º Quando a procuração não for apresentada inicialmente, poderá ser concedido o prazo de 60 (sessenta) dias.

§ 2º Salvo o disposto no art. 116, depois de concedido o registro ou a patente, decorridos 2 (dois) anos da outorga do mandato, o procurador somente poderá proceder mediante novo instrumento, traslado ou certidão atualizados.

§ 3º No caso de fotocópia, o Instituto Nacional da Propriedade Industrial poderá exigir a apresentação do original.

Art. 116. A pessoa domiciliada no estrangeiro deverá constituir e manter procurador, devidamente qualificado e domiciliado no Brasil, com poderes para representá-la e receber citações judiciais relativas aos assuntos atinentes à propriedade industrial, desde a data do depósito e durante a vigência do privilégio ou do registro.

Parágrafo único. O prazo para contestação de ações em que a citação se fizer na forma deste artigo será de 60 (sessenta) dias para a sua apresentação, sob pena de arquivamento definitivo.

CAPÍTULO VII

DISPOSIÇÕES FINAIS E TRANSITÓRIAS

Art. 117. O disposto neste Código se aplica a todos os pedidos em andamento, inclusive os de prorrogação e recurso.

Vide Súmula n. 10 do TRF.

Art. 118. Os privilégios de invenção, de modelo de utilidade e de modelo ou desenho industrial, já concedidos, vigorarão pelos prazos estabelecidos na legislação anterior, ficando sujeitos ao pagamento das anuidades de acordo com o disposto no Capítulo V, Título IV, deste Código.

Parágrafo único. Os pedidos de privilégio em andamento, com mais de 3 (três) anos na data de vigência desta lei, passarão a pagar, a partir da mesma data, as anuidades relativas aos períodos restantes, na forma do art. 25.

Art. 119. O nome comercial ou de empresa e o título de estabelecimento continuarão a gozar de proteção através de legislação própria, não se lhes aplicando o disposto neste Código.

V. Lei n. 4.726, de 13.7.1965.

§ 1º Os pedidos de registro de nome comercial ou de empresa e de título de estabelecimento, ainda não concedidos, serão encaminhados ao Departamento Nacional do Registro do Comércio.

§ 2º Os registros de nome comercial ou de empresa, insígnia, título de estabelecimento e recompensa industrial já concedidos extinguir-se-ão definitivamente, expirados os respectivos prazos de vigência.

Art. 120. Os registros de expressões ou sinais de propaganda, concedidos na vigência da legislação anterior, vigorarão pelos prazos originários, podendo ser prorrogados pelos prazos e nas condições previstas neste Código, desde que requerido dentro do último ano de duração dos respectivos registros.

Art. 121. Enquanto não for adotada nova classificação, nos termos do art. 110, os pedidos de privilégio e de registro serão apresentados com permissão aos Quadros I e II, anexos ao Decreto-lei n. 254, de 28 de fevereiro de 1967.

Art. 122. Aplicam-se às marcas internacionais, enquanto estiverem em vigor no Brasil, os mesmos direitos estabelecidos neste Código para as marcas estrangeiras, no que se refere à transferência, alteração de nome, cancelamento, desistência, caducidade e prorrogação.

Art. 123. Para que possa gozar da proteção do Código da Propriedade Industrial, é concedido o prazo de 90 (noventa) dias, contado da vigência desta lei, ao *utente* de marca, sinal ou expressão de propaganda ainda não registrado, mas em uso comprovado no Brasil, para requerer o registro a que se julgue com direito.

Art. 124. O pedido de reconsideração, a impugnação e o recurso, previstos em legislação anterior mas não nesta lei, serão decididos pelo presidente do Instituto Nacional da Propriedade Industrial, cujo despacho encerrará a instância administrativa.

Art. 125. Fica assegurado ao titular de privilégio ou registro concedido até a data da vigência desta lei o prazo de 180 (cento e oitenta) dias, contados da mesma data, para o cumprimento do disposto no art. 116.

Art. 126. Ficam sujeitos à averbação no Instituto Nacional da Propriedade Industrial, para os efeitos do art. 2º, parágrafo único, da Lei n. 5.648, de 11 de dezembro de 1970, os atos ou contratos que impliquem em transferência de tecnologia.

Art. 127. Fica extinto o Conselho de Recursos da Propriedade Industrial criado pelo Decreto-lei n. 254, de 28 de fevereiro de 1967, com as alterações da legislação posterior.

Art. 128. Continuam em vigor os arts. 169, 170, 171, 172, 173, 174, 175, 176, 177, 178, 179, 180, 181, 182, 183, 184, 185, 186, 187, 188 e 189 do Decreto-lei n. 7.903, de 27 de agosto de 1945, até que entre em vigor o Código Penal (Decreto-lei n. 1.004, de 21 de outubro de 1969).

O Dec.-lei n. 1.004, de 21.10.1969, foi revogado pela Lei n. 6.578, de 11.10.1978

Art. 129. Esta lei entrará em vigor na data de sua publicação.

Art. 130. Revogam-se o Decreto-lei n. 1.005, de 21 de outubro de 1969, e demais disposições em contrário.

Brasília, 21 de dezembro de 1971; 150º da Independência e 83º da República – EMÍLIO G. MÉDICI.

Anexo IV. Lei n. 9.610 de 19 de fevereiro de 1998

Lei n. 9.610, de 19 de fevereiro de 1998

Altera, atualiza e consolida a legislação sobre direitos autorais e dá outras providências.

O PRESIDENTE DA REPÚBLICA

Faço saber que o Congresso Nacional decreta e eu sanciono a seguinte Lei:

TÍTULO I

DISPOSIÇÕES PRELIMINARES

Art. 1º Esta Lei regula os direitos autorais, entendendo-se sob esta denominação os direitos de autor e os que lhes são conexos.

Art. 2º Os estrangeiros domiciliados no exterior gozarão da proteção assegurada nos acordos, convenções e tratados em vigor no Brasil.

Parágrafo único. Aplica-se o disposto nesta Lei aos nacionais ou pessoas domiciliadas em país que assegure aos brasileiros ou pessoas domiciliadas no Brasil a reciprocidade na proteção aos direitos autorais ou equivalentes.

Art. 3º Os direitos autorais reputam-se, para os efeitos legais, bens móveis.

Art. 4º Interpretam-se restritivamente os negócios jurídicos sobre os direitos autorais.

Art. 5º Para os efeitos desta Lei, considera-se:

I — publicação — o oferecimento de obra literária, artística ou científica ao conhecimento do público, com o consentimento do autor, ou de qualquer outro titular de direito de autor, por qualquer forma ou processo;

II — transmissão ou emissão — a difusão de sons ou de sons ou imagens, por meio de ondas radioelétricas; sinais de satélite; fio, cabo ou outro condutor; meios óticos ou qualquer outro processo eletromagnético;

III — retransmissão — a emissão simultânea da transmissão de uma empresa por outra;

IV — distribuição — a colocação à disposição do público do original ou cópias de obras literárias, artísticas ou científicas, interpretações ou execuções fixadas e fonogramas, mediante a venda, locação ou qualquer outra forma de transferência de propriedade ou posse;

V — comunicação ao público — ato mediante o qual a obra é colocada ao alcance do público, por qualquer meio ou procedimento e que não consista na distribuição de exemplares;

VI — reprodução — a cópia de um ou vários exemplares de uma obra literária, artística ou científica ou de um fonograma, de qualquer forma tangível, incluindo qualquer armazenamento permanente ou temporário por meios eletrônicos ou qualquer outro meio de fixação que venha a ser desenvolvido;

VII — contrafação — a reprodução não autorizada;

VIII — obra:

a) em co-autoria — quando é criada em comum, por dois ou mais autores;

b) anônima — quando não se indica o nome do autor, por sua vontade ou por ser desconhecido;

c) pseudônima — quando o autor se oculta sob nome suposto;

d) inédita — a que não haja sido objeto de publicação;

e) póstuma — a que se publique após a morte do autor;

f) originária — a criação primígena;

g) derivada — a que, constituindo criação intelectual nova, resulta da transformação de obra originária;

h) coletiva — a criada por iniciativa, organização e responsabilidade de uma pessoa física ou jurídica, que a publica sob seu nome ou marca e que é constituída pela participação de diferentes autores, cujas contribuições se fundem numa criação autônoma;

i) audiovisual — a que resulta da fixação de imagens com ou sem som, que tenha a finalidade de criar, por meio de sua reprodução, a impressão de movimento, independentemente dos processos de sua captação, do suporte usado inicial ou posteriormente para fixá-lo, bem como dos meios utilizados para sua veiculação;

IX — fonograma — toda fixação de sons de uma execução ou interpretação ou de outros sons, ou de uma representação de sons que não seja uma fixação incluída em uma obra audiovisual;

X — editor — a pessoa física ou jurídica à qual se atribui o direito exclusivo de reprodução da obra e o dever de divulgá-la, nos limites previstos no contrato de edição;

XI — produtor — a pessoa física ou jurídica que toma a iniciativa e tem a responsabilidade econômica da primeira fixação do fonograma ou da obra audiovisual, qualquer que seja a natureza do suporte utilizado;

XII — radiodifusão — a transmissão sem fio, inclusive por satélites, de sons ou imagens e sons ou das representações desses, para recepção ao público e a transmissão de sinais codificados, quando os meios de decodificação sejam oferecidos ao público pelo organismo de radiodifusão ou com seu consentimento;

XIII — artistas intérpretes ou executantes — todos os atores, cantores, músicos, bailarinos ou outras pessoas que representem um papel, cantem, recitem, declamem, interpretem ou executem em qualquer forma obras literárias ou artísticas ou expressões de folclore.

Art. 6º Não serão de domínio da União, dos Estados, do Distrito Federal ou dos Municípios as obras por eles simplesmente subvencionadas.

TÍTULO II

DAS OBRAS INTELECTUAIS

CAPÍTULO I

DAS OBRAS PROTEGIDAS

Art. 7º São obras intelectuais protegidas as criações do espírito, expressas por qualquer meio ou fixadas em qualquer suporte, tangível ou intangível, conhecido ou que se invente no futuro, tais como:

I — os textos de obras literárias, artísticas ou científicas;

II — as conferências, alocuções, sermões e outras obras da mesma natureza;

III — as obras dramáticas e dramático-musicais;

IV — as obras coreográficas e pantomímicas, cuja execução cênica se fixe por escrito ou por outra qualquer forma;

V — as composições musicais; tenham ou não letra;

VI — as obras audiovisuais, sonorizadas ou não, inclusive as cinematográficas;

VII — as obras fotográficas e as produzidas por qualquer processo análogo ao da fotografia;

VIII — as obras de desenho, pintura, gravura, escultura, litografia e arte cinética;

IX — as ilustrações, cartas geográficas e outras formas da mesma natureza;

X — os projetos, esboços e obras plásticas concernentes à geografia, engenharia, topografia, arquitetura, paisagismo, cenografia e ciência;

XI — as adaptações, traduções e outras transformações de obras originais, apresentadas como criação intelectual nova;

XII — os programas de computador;

XIII — as coletâneas ou compilações, antologias, enciclopédias, dicionários, bases de dados e outras obras, que, por sua seleção, organização ou disposição de seu conteúdo, constituam uma criação intelectual.

§ 1º Os programas de computador são objeto de legislação específica, observadas as disposições desta Lei que lhes sejam aplicáveis.

§ 2º A proteção concedida no inciso XIII não abarca os dados ou matérias em si mesmos e se entende sem prejuízo de quaisquer direitos autorais que subsistam a respeito dos dados ou materiais contidos nas obras.

§ 3º No domínio das ciências, a proteção recairá sobre a forma literária ou artística, não abrangendo o seu conteúdo científico ou técnico, sem prejuízo dos direitos que protegem os demais campos da propriedade imaterial.

Art. 8º Não são objeto de proteção como direitos autorais de que se trata esta Lei;

I — as idéias, procedimentos normativos, sistemas, métodos, projetos ou conceitos matemáticos como tais;

II — os esquemas, planos ou regras para realizar atos mentais, jogos ou negócios;

III — os formulários em branco para serem preenchidos por qualquer tipo de informação, científica ou não, e suas instruções;

IV — os textos de tratados ou convenções, leis, decretos, regulamentos, decisões judiciais e demais atos oficiais;

V — as informações de uso comum tais como calendários, agendas, cadastros ou legendas;

VI — os nomes e títulos isolados;

VII — o aproveitamento industrial ou comercial das idéias contidas nas obras.

Art. 9º À cópia de obra de arte plástica feita pelo próprio autor é assegurada a mesma proteção de que goza o original.

Art. 10. A proteção à obra intelectual abrange o seu título, se original e inconfundível com o de obra do mesmo gênero, divulgada anteriormente por outro autor.

Parágrafo único. O título de publicações periódicas, inclusive jornais, é protegido até um ano após a saída do seu último número, salvo se forem anuais, caso em que esse prazo se elevará a dois anos.

CAPÍTULO II

DA AUTORIA DAS OBRAS INTELECTUAIS

Art. 11. Autor é a pessoa física criadora de obra literária, artística ou científica.

Parágrafo único. A proteção concedida ao autor poderá aplicar-se às pessoas jurídicas nos casos previstos nesta Lei.

Art. 12. Para se identificar como autor, poderá o criador da obra literária, artística ou científica usar de seu nome civil, completo ou abreviado até por suas iniciais, de pseudônimo ou qualquer outro sinal convencional.

Art. 13. Considera-se autor da obra intelectual, não havendo prova em contrário, aquele que, por uma das modalidades de identificação referidas no artigo anterior, tiver, em conformidade com o uso, indicada ou anunciada essa qualidade na sua utilização.

Art. 14. É titular de direitos de autor quem adapta, traduz, arranja ou orquestra obra caída no domínio público, não podendo opor-se a outra adaptação, arranjo, orquestração ou tradução, salvo se for cópia da sua.

Art. 15. A co-autoria da obra é atribuída àqueles em cujo nome, pseudônimo ou sinal convencional for utilizada.

§ 1º Não se considera co-autor quem simplesmente auxiliou o autor na produção da obra literária, artística ou científica, revendo-a, atualizando-a, bem como fiscalizando ou dirigindo sua edição ou apresentação por qualquer meio.

§ 2º Ao co-autor, cuja contribuição possa ser utilizada separadamente, são asseguradas todas as faculdades inerentes à sua criação como obra individual, vedada, porém, a utilização que possa acarretar prejuízo à exploração da obra comum.

Art. 16. São co-autores da obra audiovisual o autor do assunto ou argumento literário, musical ou lítero-musical e o diretor.

Parágrafo único. Consideram-se co-autores de desenhos animados os que criam os desenhos utilizados na obra audiovisual.

Art. 17. É assegurada a proteção às participações individuais em obras coletivas.

§ 1º Quaisquer dos participantes, no exercício de seus direitos morais, poderá proibir que se indique ou anuncie seu nome na obra coletiva, sem prejuízo do direito de haver a remuneração contratada.

§ 2º Cabe ao organizador a titularidade dos direitos patrimoniais sobre o conjunto da obra coletiva.

§ 3º O contrato com o organizador especificará a contribuição do participante, o prazo para entrega ou realização, a remuneração e demais condições para sua execução.

CAPÍTULO III
DO REGISTRO DAS OBRAS INTELECTUAIS

Art. 18. A proteção aos direitos de que se trata esta Lei independe de registro.

Art. 19. É facultado ao autor registrar a sua obra no órgão público definido no *caput* e no § 1º do art. 17 da Lei n. 5.988, de 14 de dezembro de 1973.

Art. 20. Para os serviços de registro previstos nesta Lei será cobrada retribuição, cujo valor e processo de recolhimento serão estabelecidos por ato do titular do órgão da administração pública federal a que estiver vinculado o registro das obras intelectuais.

Art. 21. Os serviços de registro de que trata esta Lei serão organizados conforme preceitua o § 2º do art. 17 da Lei n. 5.998, de 14 de dezembro de 1973.

TÍTULO III
DOS DIREITOS DO AUTOR

CAPÍTULO I
DISPOSIÇÕES PRELIMINARES

Art. 22. Pertencem ao autor os direitos morais e patrimoniais sobre a obra que criou.

Art. 23. Os co-autores da obra intelectual exercerão, de comum acordo, os seus direitos, salvo convenção em contrário.

CAPÍTULO II
DOS DIREITOS MORAIS DO AUTOR

Art. 24. São direitos morais do autor:

I — o de reivindicar, a qualquer tempo, a autoria da obra;

II — o de ter seu nome, pseudônimo ou sinal convencional indicado ou anunciado, como sendo o do autor, na utilização de sua obra;

III — o de conservar a obra inédita;

IV — o de assegurar a integridade da obra, opondo-se a quaisquer modificações ou à prática de atos que, de qualquer forma, possam prejudicá-la ou atingi-lo, como autor, em sua reputação ou honra;

V — o de modificar a obra, antes ou depois de utilizada;

VI — o de retirar de circulação a obra ou de suspender qualquer forma de utilização já autorizada, quando a circulação ou utilização implicarem afronta à sua reputação e imagem;

VII — o de ter acesso a exemplar único e raro da obra, quando se encontre legitimamente em poder de outrem, para o fim de, por meio de processo fotográfico ou assemelhado, ou audiovisual, preservar sua memória, de forma que cause o menor inconveniente possível a seu detentor, que, em todo caso, será indenizado de qualquer dano ou prejuízo que lhe seja causado.

§ 1º Por morte do autor, transmitem-se a seus sucessores os direitos a que se referem os incisos I a IV .

§ 2º Compete ao Estado a defesa da integridade e autoria da obra caída em domínio público.

§ 3º Nos casos dos incisos V e VI, ressalvam-se as prévias indenizações a terceiros, quando couberem.

Art. 25. Cabe exclusivamente ao diretor o exercício dos direitos morais sobre a obra audiovisual.

Art. 26. O autor poderá repudiar a autoria de projeto arquitetônico alterado sem o seu consentimento durante a execução ou após a conclusão da construção.

Parágrafo único. O proprietário da construção responde pelos danos que causar ao autor sempre que, após o repúdio, der como sendo daquele a autoria do projeto repudiado.

Art. 27. Os direitos morais do autor são inalienáveis e irrenunciáveis.

CAPÍTULO III
DOS DIREITOS PATRIMONIAIS DO AUTOR E DE SUA DURAÇÃO

Art. 28. Cabe ao autor o direito exclusivo de utilizar, fruir e dispor da obra literária, artística ou científica.

Art. 29. Depende de autorização prévia e expressa do autor a utilização da obra, por quaisquer modalidades, tais como:

I — a reprodução parcial ou integral;

II — a edição;

III — a adaptação, o arranjo musical e quaisquer outras transformações;

IV — a tradução para qualquer idioma;

V — a inclusão em fonograma ou produção audiovisual;

VI — a distribuição, quando não intrínseca ao contrato firmado pelo autor com terceiros para uso ou exploração da obra;

VII — a distribuição para oferta de obras ou produções mediante cabo, fibra ótica, satélite, ondas ou qualquer outro sistema que permita ao usuário realizar a seleção da obra ou produção para percebê-la em um tempo e lugar previamente determinados por quem formula a demanda, e nos casos em que o acesso às obras ou produções se faça por qualquer sistema que importe em pagamento pelo usuário;

VIII — a utilização, direta ou indireta, da obra literária, artística ou científica, mediante:

a) representação, recitação ou declamação;

b) execução musical;

c) emprego de alto-falante ou de sistemas análogos;

d) radiodifusão sonora ou televisiva;

e) captação de transmissão de radiodifusão em locais de frequência coletiva;

f) sonorização ambiental;

g) a exibição audiovisual, cinematográfica ou por processo assemelhado;

h) emprego de satélites artificiais;

i) emprego de sistemas óticos, fios telefônicos ou não, cabos de qualquer tipo e meios de comunicação similares que venham a ser adotados;

j) exposição de obras de artes plásticas e figurativas;

IX — a inclusão em base de dados, o armazenamento em computador, a microfilmagem e as demais formas de arquivamento do gênero;

X — quaisquer outras modalidades de utilização existentes ou que venham a ser inventadas.

Art. 30. No exercício do direito de reprodução, o titular dos direitos autorais poderá colocar à disposição do público a obra, na forma, local e pelo tempo que desejar, a título oneroso ou gratuito.

§ 1º O direito da exclusividade de reprodução não será aplicável quando ela for temporária e apenas tiver o propósito de tornar a obra, fonograma ou interpretação perceptível em meio eletrônico ou quando for de natureza transitória e incidental, desde que ocorra no curso do uso devidamente autorizado da obra, pelo titular.

§ 2º Em qualquer modalidade de reprodução, a quantidade de exemplares será informada e controlada, cabendo a quem reproduzir a obra a responsabilidade de manter os registros que permitam, ao autor, a fiscalização do aproveitamento econômico da exploração.

Art. 31. As diversas modalidades de utilização de obras literárias, artísticas ou científicas ou de fonogramas são independentes entre si, e a autorização concedida pelo autor, ou pelo produtor, respectivamente, não se estende a quaisquer das demais.

Art. 32. Quando uma obra feita em regime de co-autoria não for divisível, nenhum dos co-autores, sob pena de responder por perdas e danos, poderá, sem consentimento dos demais, publicá-la ou autorizar-lhe a publicação, salvo na coleção de suas obras completas.

§ 1º Havendo divergência, os co-autores decidirão por maioria.

§ 2º Ao co-autor dissidente é assegurado o direito de não contribuir para as despesas de publicação, renunciando a sua parte nos lucros, e o de vedar que se inscreva seu nome na obra.

§ 3º Cada co-autor pode, individualmente, sem aquiescência dos outros, registrar a obra e defender os próprios direitos contra terceiros.

Art. 33. Ninguém pode reproduzir obra que não pertença ao domínio público, a pretexto de anotá-la, comentá-la ou melhorá-la, sem permissão do autor.

Parágrafo único. Os comentários ou anotações poderão ser publicados separadamente.

Art. 34. As cartas missivas, cuja publicação está condicionada à permissão do autor, poderão ser juntadas como documento de prova em processos administrativos e judiciais.

Art. 35. Quando o autor, em virtude de revisão, tiver dado à obra versão definitiva, não poderão seus sucessores reproduzir versões anteriores.

Art. 36. O direito de utilização econômica dos escritos publicados pela imprensa, diária ou periódica, com exceção dos assinados ou que apresentem sinal de reserva, pertence ao editor, salvo convenção em contrário.

Parágrafo único. A autorização para utilização econômica de artigos assinados, para publicação em diários e periódicos, não produz efeitos além do prazo da periodicidade acrescido de vinte dias, a contar de sua publicação, findo o qual recobra o autor o seu direito.

Art. 37. A aquisição do original de uma obra, ou de exemplar, não confere ao adquirente qualquer dos direitos patrimoniais do autor, salvo convenção em contrário entre as partes e os casos previstos nesta Lei.

Art. 38. O autor tem o direito, irrenunciável e inalienável de perceber, no mínimo, cinco por cento sobre o aumento do preço eventualmente verificável em cada revenda de obra de arte ou manuscrito, sendo originais, que houver alienado.

Parágrafo único. Caso o autor não perceba o seu direito de seqüência no ato da revenda, o vendedor é considerado depositário da quantia a ele devida, salvo se a operação for realizada por leiloeiro, quando será este o depositário.

Art. 39. Os direitos patrimoniais do autor, excetuados os rendimentos resultantes de sua exploração, não se comunicam, salvo pacto antenupcial em contrário.

Art. 40. Tratando-se de obra anônima ou pseudônima, caberá a quem publicá-la o exercício dos direitos patrimoniais do autor.

Parágrafo único. O autor que se der a conhecer assumirá o exercício dos direitos patrimoniais, ressalvados os direitos adquiridos por terceiros.

Art. 41. Os direitos patrimoniais do autor perduram por setenta anos contados de 1º de janeiro do ano subseqüente ao de seu falecimento, obedecida a ordem sucessória da lei civil.

Parágrafo único. Aplica-se às obras póstumas o prazo de proteção a que alude o *caput* deste artigo.

Art. 42. Quando a obra literária, artística ou científica realizada em co-autoria for indivisível, o prazo previsto no artigo anterior será contado da morte do último dos co-autores sobreviventes.

Parágrafo único. Acrescer-se-ão aos dos sobreviventes os direitos do co-autor que falecer sem sucessores.

Art. 43. Será de setenta anos o prazo de proteção aos direitos patrimoniais sobre as obras anônimas ou pseudônimas, contado de 1º de janeiro do ano imediatamente posterior ao da primeira publicação.

Parágrafo único. Aplicar-se-á o disposto no art. 41 e seu parágrafo único, sempre que o autor se der a conhecer antes do termo do prazo previsto no *caput* deste artigo.

Art. 44. O prazo de proteção aos direitos patrimoniais sobre obras audiovisuais e fotográficas será de sententa anos, a contar de 1º de janeiro do ano subseqüente ao de sua divulgação.

Art. 45. Além das obras em relação às quais decorrer o prazo de proteção aos direitos patrimoniais, pertencem ao domínio público:

I — as de autores falecidos que não tenham deixado sucessores;

II — as de autor desconhecido, ressalvada a proteção legal aos conhecimentos étnicos e tradicionais.

CAPÍTULO IV

DAS LIMITAÇÕES AOS DIREITOS AUTORAIS

Art. 46. Não constitui ofensa aos direitos autorais:

I — a reprodução:

a) na imprensa diária ou periódica, de notícia ou de artigo informativo, publicado em diários ou periódicos, com a menção do nome do autor, se assinados, e da publicação de onde foram transcritos;

b) em diários ou periódicos, de discursos pronunciados em reuniões públicas de qualquer natureza;

c) de retratos, ou de outra forma de representação da imagem, feitos sob encomenda, quando realizada pelo proprietário do objeto encomendado, não havendo a oposição da pessoa neles representada ou de seus herdeiros;

d) de obras literárias, artísticas ou científicas, para uso exclusivo de deficientes visuais, sempre que a reprodução, sem fins comerciais, seja feita mediante o sistema Braile ou outro procedimento em qualquer suporte para esses destinatários;

II — a reprodução, em um só exemplar de pequenos trechos, para uso privado do copista, desde que feita por este, sem intuito de lucro;

III — a citação em livros, jornais, revistas ou qualquer outro meio de comunicação, de passagens de qualquer obra, para fins de estudo, crítica ou polêmica, na medida justificada para o fim a atingir, indicando-se o nome do autor e a origem da obra;

IV — o apanhado de lições em estabelecimentos de ensino por aqueles a quem elas se dirigem, vedada sua publicação, integral ou parcial, sem autorização prévia e expressa de quem as ministrou;

V — a utilização de obras literárias, artísticas ou científicas, fonogramas e transmissão de rádio e televisão em estabelecimentos comerciais, exclusivamente para demonstração à clientela, desde que esses estabelecimentos comercializem os suportes ou equipamentos que permitem a sua utilização;

VI — a representação teatral e a execução musical, quando realizadas no recesso familiar ou, para fins exclusivamente didáticos, nos estabelecimentos de ensino, não havendo em qualquer caso intuito de lucro;

VII — a utilização de obras literárias, artísticas ou científicas para produzir prova judiciária ou administrativa;

VIII — a reprodução, em quaisquer obras, de pequenos trechos de obras preexistentes, de qualquer natureza, ou de obra integral, quando de artes plásticas, sempre que a reprodução em si não seja o objetivo principal da obra nova e que não prejudique a exploração normal de obra reproduzida nem cause um prejuízo injustificado aos legítimos interesses dos autores.

Art. 47. São livres as paráfrases e paródias que não forem verdadeiras reproduções da obra originária nem lhe implicarem descrédito.

Art. 48. As obras situadas permanentemente em logradouros públicos podem ser representadas livremente, por meio de pintura, desenho, fotografias e procedimentos audiovisuais.

CAPÍTULO V

DA TRANSFERÊNCIA DOS DIREITOS DE AUTOR

Art. 49. Os direitos de autor poderão ser total ou parcialmente transferidos a terceiros, por ele ou por seus sucessores, a título universal ou singular, pessoalmente ou por meio de representantes com poderes especiais, por meio de licenciamento, concessão, cessão ou por outros meios admitidos em Direito, obedecidas as seguintes limitações:

I — a transmissão total compreende todos os direitos de autor, salvo os de natureza moral e os expressamente excluídos por lei;

II — somente se admitirá transmissão total e definitiva dos direitos mediante estipulação contratual escrita;

III — na hipótese de não haver estipulação contratual escrita, o prazo máximo será de cinco anos;

IV — a cessão será unicamente para o país em que se firmou o contrato, salvo estipulação em contrário;

V — a cessão só se operará para modalidades de utilização já existentes à data do contrato;

VI — não havendo especificações quanto à modalidade de utilização, o contrato será interpretado restritivamente, entendendo-se como limitada apenas a uma que seja aquela indispensável ao cumprimento da finalidade do contrato.

Art. 50. A cessão total ou parcial dos direitos de autor, que se fará sempre por escrito, presume-se onerosa.

§ 1º Poderá a cessão ser averbada à margem do registro a que se refere o art. 19 desta Lei, ou, não estando a obra registrada, poderá o instrumento ser registrado em Cartório de Títulos e Documentos.

§ 2º Constarão do instrumento de cessão como elementos essenciais seu objeto e as condições de exercício do direito quanto a tempo, lugar e preço.

Art. 51. A cessão dos direitos de autor sobre obras futuras abrangerá, no máximo, o período de cinco anos.

Parágrafo único. O prazo será reduzido a cinco anos sempre que indeterminado ou superior, diminuindo-se, na devida proporção, o preço estipulado.

Art. 52. A omissão do nome do autor, ou de co-autor, na divulgação da obra não presume o anonimato ou a cessão de seus direitos.

TÍTULO IV

DA UTILIZAÇÃO DE OBRAS INTELECTUAIS E DOS FONOGRAMAS

CAPÍTULO I

DA EDIÇÃO

Art. 53. Mediante contrato de edição, o editor, obrigando-se a reproduzir e a divulgar a obra literária, artística ou científica, fica autorizado, em caráter de exclusividade, a publicá-la e a explorá-la pelo prazo e nas condições pactuadas com o autor.

Parágrafo único. Em cada exemplar da obra o editor mencionará:

I — o título da obra e seu autor;

II — no caso de tradução, o título original e o nome do tradutor;

III — o ano de publicação;

IV — o seu nome ou marca que o identifique.

Art. 54. Pelo mesmo contrato pode o autor obrigar-se à feitura de obra literária, artística ou científica em cuja publicação e divulgação se empenha o editor.

Art. 55. Em caso de falecimento ou de impedimento do autor para concluir a obra, o editor poderá:

I — considerar resolvido o contrato, mesmo que tenha sido entregue parte considerável da obra;

II — editar a obra, sendo autônoma, mediante pagamento proporcional do preço;

III — mandar que outro a termine, desde que consintam os sucessores e seja o fato indicado na edição.

Parágrafo único. É vedada a publicação parcial, se o autor manifestou a vontade de só publicá-la por inteiro ou se assim o decidirem seus sucessores.

Art. 56. Entende-se que o contrato versa apenas sobre uma edição, se não houver cláusula expressa em contrário.

Parágrafo único. No silêncio do contrato, considera-se que cada edição se constitui de três mil exemplares.

Art. 57. O preço da retribuição será arbitrado, com base nos usos e costumes, sempre que no contrato não a tiver estipulado expressamente o autor.

Art. 58. Se os originais forem entregues em desacordo com o ajustado e o editor não os recursar nos trinta dias seguintes ao do recebimento, ter-se-ão por aceitas as alterações introduzidas pelo autor.

Art. 59. Quaisquer que sejam as condições do contrato, o editor é obrigado a facultar ao autor o exame da escrituração na parte que lhe corresponde, bem como a informá-lo sobre o estado da edição.

Art. 60. Ao editor compete fixar o preço da venda, sem, todavia, poder elevá-lo a ponto de embaraçar a circulação da obra.

Art. 61. O editor será obrigado a prestar contas mensais ao autor sempre que a retribuição deste estiver condicionada à venda da obra, salvo se prazo diferente houver sido convencionado.

Art. 62. A obra deverá ser editada em dois anos da celebração do contrato, salvo prazo diverso estipulado em convenção.

Parágrafo único. Não havendo edição da obra no prazo legal ou contratual, poderá ser rescindido o contrato, respondendo o editor por danos causados.

Art. 63. Enquanto não se esgotarem as edições a que tiver direito o editor, não poderá o autor dispor de sua obra, cabendo ao editor o ônus da prova.

§ 1º Na vigência do contrato de edição, assiste ao editor o direito de exigir que se retire de circulação edição da mesma obra feita por outrem.

§ 2º Considera-se esgotada a edição quando restarem em estoque, em poder do editor, exemplares em número inferior a dez por centro do total da edição.

Art. 64. Somente decorrido um ano de lançamento da edição, o editor poderá vender, como saldo, os exemplares restantes, desde que o autor seja notificado de que, no prazo de trinta dias, terá prioridade na aquisição dos referidos exemplares pelo preço de saldo.

Art. 65. Esgotada a edição, e o editor com direito a outra, não a publicar, poderá o autor notificá-lo a que o faça em certo prazo, sob pena de perder aquele direito, além de responder por danos.

Art. 66. O autor tem o direito de fazer, nas edições sucessivas de suas obras, as emendas e alterações que bem lhe aprouver.

Parágrafo único. O editor poderá opor-se às alterações que lhe prejudiquem os interesses, ofendam sua reputação ou aumentem sua responsabilidade.

Art. 67. Se, em virtude de sua natureza, for imprescindível a atualização da obra em novas edições, o editor, negando-se o autor a fazê-la, dela poderá encarregar outrem, mencionando o fato na edição.

CAPÍTULO II

DA COMUNICAÇÃO AO PÚBLICO

Art. 68. Sem prévia e expressa autorização do autor ou titular, não poderão ser utilizadas obras teatrais, composições musicais ou lítero-musicais e fonogramas, em representações e execuções públicas.

§ 1º Considera-se representação pública a utilização de obras teatrais no gênero drama, tragédia, comédia, ópera, opereta, balé, pantomimas e assemelhadas, musicadas ou não, mediante a participação de artistas, remunerados ou não, em locais de freqüência coletiva ou pela radiodifusão, transmissão e exibição cinematográfica.

§ 2º Considera-se execução pública a utilização de composições musicais ou lítero-musicais, mediante a participação de artistas, remunerados ou não, ou a utilização de fonogramas e obras audiovisuais, em locais de freqüência coletiva, por quaisquer processos, inclusive a radiodifusão ou transmissão por qualquer modalidade, e a exibição cinematográfica.

§ 3º Consideram-se locais de freqüência coletiva os teatros, cinemas, salões de bailes ou concertos, boates, bares, clubes ou associações de qualquer natureza, lojas, estabelecimentos comerciais e industriais, estádios, circos, feiras, restaurantes, hotéis, motéis, clínicas, hospitais, órgãos públicos da administração direta ou indireta, fundacionais e estatais, meios de transporte de passageiros terrestre, marítimo, fluvial ou aéreo, ou onde quer que se representem, executem ou transmitam obras literárias, artísticas ou científicas.

§ 4º Previamente à realização da execução pública, o empresário deverá apresentar ao escritório central, previsto no art. 99, a comprovação dos recolhimentos relativos aos direitos autorais.

§ 5º Quando a remuneração depender da freqüência do público, poderá o empresário, por convênio com o escritório central, pagar o preço após a realização da execução pública.

§ 6º O empresário entregará ao escritório central, imediatamente após a execução pública ou transmissão, relação completa das obras e fonogramas utilizados, indicando os nomes dos respectivos autores, artistas e produtores.

§ 7º As empresas cinematográficas e de radiodifusão manterão à imediata disposição dos interessados, cópia autêntica dos contratos, ajustes ou acordos, individuais ou coletivos, autorizando e disciplinando a remuneração por execução pública das obras musicais e fonogramas contidas em seus programas ou obras audiovisuais.

Art. 69. O autor, observados os usos locais, notificará o empresário do prazo para a representação ou execução, salvo prévia estipulação convencional.

Art. 70. Ao autor assiste o direito de opor-se à representação ou execução que não seja suficientemente ensaiada, bem como fiscalizá-la, tendo, para isso, livre acesso durante as representações ou execuções, no local onde se realizam.

Art. 71. O autor da obra não pode alterar-lhe a substância, sem acordo com o empresário que a faz representar.

Art. 72. O empresário, sem licença do autor, não pode entregar a obra a pessoa estranha à representação ou à execução.

Art. 73. Os principais intérpretes e os diretores de orquestras ou coro, escolhidos de comum acordo pelo autor e pelo produtor, não podem ser substituídos por ordem deste, sem que aquele consinta.

Art. 74. O autor de obra teatral, ao autorizar a sua tradução ou adaptação, poderá fixar prazo para utilização dela em representações públicas.

Parágrafo único. Após o decurso do prazo a que se refere este artigo, não poderá opor-se o tradutor ou adaptador à utilização de outra tradução ou adaptação autorizada, salvo se for cópia da sua.

Art. 75. Autorizada a representação de obra teatral feita em co-autoria, não poderá qualquer dos co-autores revogar a autorização dada, provocando a suspensão da temporada contratualmente ajustada.

Art. 76. É impenhorável a parte do produto dos espetáculos reservada ao autor e aos artistas.

CAPÍTULO III

DA UTILIZAÇÃO DA OBRA DE ARTE PLÁSTICA

Art. 77. Salvo convenção em contrário, o autor de obra de arte plástica, ao alienar o objeto em que ela se materializa, transmite o direito de expô-la, mas não transmite ao adquirente o direito de reproduzi-la.

Art. 78. A autorização para reproduzir obra de arte plástica, por qualquer processo, deve se fazer por escrito e se presume onerosa.

CAPÍTULO IV

DA UTILIZAÇÃO DA OBRA FOTOGRÁFICA

Art. 79. O autor de obra fotográfica tem direito a reproduzi-la e colocá-la à venda, observadas as restrições à exposição, reprodução e venda de retratos, e sem prejuízo dos direitos de autor sobre a obra fotografada, se de artes plásticas protegidas.

§ 1º A fotografia, quando utilizada por terceiros, indicará de forma legível o nome do seu autor.

§ 2º É vedada a reprodução de obra fotográfica que não esteja em absoluta consonância com o original, salvo prévia autorização do autor.

CAPÍTULO V

DA UTILIZAÇÃO DE FONOGRAMA

Art. 80. Ao publicar o fonograma, o produtor mencionará em cada exemplar:

I — o título da obra incluída e seu autor;

II — o nome ou pseudônimo do intérprete;

III — o ano de publicação;

IV — o seu nome ou marca que o identifique.

CAPÍTULO VI

DA UTILIZAÇÃO DA OBRA AUDIOVISUAL

Art. 81. A autorização do autor e do intérprete de obra literária, artística ou científica para produção audiovisual implica, salvo disposição em contrário, consentimento para sua utilização econômica.

§ 1º A exclusividade da autorização depende de cláusula expressa e cessa 10 (dez) anos após a celebração do contrato.

§ 2º Em cada cópia da obra audiovisual, mencionará o produtor:

I — o título da obra audiovisual;

II — os nomes ou pseudônimos do diretor e dos demais co-autores;

III — o título da obra adaptada e seu autor, se for o caso;

IV — os artistas intérpretes;

V — o ano de publicação;

VI — o seu nome ou marca que o identifique.

Art. 82. O contrato de produção audiovisual deve estabelecer:

I — a remuneração devida pelo produtor aos co-autores da obra e aos artistas intérpretes e executantes, bem como o tempo, lugar e forma de pagamento;

II — o prazo de conclusão da obra;

III — a responsabilidade do produtor para com os co-autores, artistas intérpretes ou executantes, no caso de co-produção.

Art. 83. O participante da produção da obra audiovisual que interromper, temporária ou definitivamente, sua atuação, não poderá opor-se a que esta seja utilizada na obra nem a que terceiro o substitua, resguardados os direitos que adquiriu quanto à parte já executada.

Art. 84. Caso a remuneração dos co-autores da obra audiovisual dependa dos rendimentos de sua utilização econômica, o produtor lhes prestará contas semestralmente, se outro prazo não houver sido pactuado.

Art. 85. Não havendo disposição em contrário, poderão os co-autores da obra audiovisual utilizar-se, em gênero diverso, da parte que constitua sua contribuição pessoal.

Parágrafo único. Se o produtor não concluir a obra audiovisual no prazo ajustado ou não iniciar sua exploração dentro de dois anos, a contar de sua conclusão, a utilização a que se refere este artigo será livre.

Art. 86. Os direitos autorais de execução musical relativos a obras musicais, lítero-musicais e fonogramas incluídos em obras audiovisuais serão devidos aos seus titulares pelos responsáveis dos locais ou estabelecimentos a que alude o § 3º do art. 68 desta Lei, que as exibirem, ou pelas emissoras de televisão que as transmitirem.

CAPÍTULO VII

DA UTILIZAÇÃO DE BASES DE DADOS

Art. 87. O titular do direito patrimonial sobre uma base de dados terá o direito exclusivo, a respeito da forma de expressão da estrutura da referida base, de autorizar ou proibir:

I — sua reprodução total ou parcial, por qualquer meio ou processo;

II — sua tradução, adaptação, reordenação ou qualquer outra modificação;

III — a distribuição do original ou cópia da base de dados ou a sua comunicação ao público;

IV — a reprodução, distribuição ou comunicação ao público dos resultados das operações mencionadas no inciso II deste artigo.

CAPÍTULO VIII

DA UTILIZAÇÃO DA OBRA COLETIVA

Art. 88. Ao publicar a obra coletiva, o organizador mencionará em cada exemplar:

I — o título da obra;

II — a relação de todos os participantes, em ordem alfabética, se outra não houver sido convencionada;

III — o ano de publicação;

IV — o seu nome ou marca que o identifique.

Parágrafo único. Para valer-se do disposto no § 1º do art. 17, deverá o participante notificar o organizador, por escrito, até a entrega de sua participação.

TÍTULO V

DOS DIREITOS CONEXOS

CAPÍTULO I

DISPOSIÇÕES PRELIMINARES

Art. 89. As normas relativas aos direitos de autor aplicam-se, no que couber, aos direitos dos artistas intérpretes ou executantes, dos produtores fonográficos e das empresas de radiodifusão.

Parágrafo único. A proteção desta Lei aos direitos previstos neste artigo deixa intactas e não afeta as garantias asseguradas aos autores das obras literárias, artísticas ou científicas.

CAPÍTULO II

DOS DIREITOS DOS ARTISTAS INTÉRPRETES OU EXECUTANTES

Art. 90. Tem o artista intérprete ou executante o direito exclusivo de, a título oneroso ou gratuito, autorizar ou proibir:

I — a fixação de suas interpretações ou execuções;

II — a reprodução, a execução pública e a locação das suas interpretações ou execuções fixadas;

III — a radiodifusão das suas interpretações ou execuções, fixadas ou não;

IV — a colocação à disposição do público de suas interpretações ou execuções, de maneira que qualquer pessoa a elas possa ter acesso, no tempo e no lugar que individualmente escolherem;

V — qualquer outra modalidade de utilização de suas interpretações ou execuções.

§ 1º Quando na interpretação ou na execução participarem vários artistas, seus direitos serão exercidos pelo diretor do conjunto.

§ 2º A proteção aos artistas intérpretes ou executantes estende-se à reprodução da voz e imagem, quando associadas às suas atuações.

Art. 91. As empresas de radiodifusão poderão realizar fixações de interpretação ou execução de artistas que as tenham permitido para utilização em determinado número de emissões, facultada sua conservação em arquivo público.

Parágrafo único. A reutilização subseqüente da fixação, no País ou no exterior, somente será lícita mediante autorização escrita dos titulares de bens intelectuais incluídos no programa, devida uma remuneração adicional aos titulares para cada nova utilização.

Art. 92. Aos intérpretes cabem os direitos morais de integridade e paternidade de suas interpretações, inclusive depois da cessão dos direitos patrimoniais, sem prejuízo da redução, compactação, edição ou dublagem da obra de que tenham participado, sob a responsabilidade do produtor, que não poderá desfigurar a interpretação do artista.

Parágrafo único. O falecimento de qualquer participante de obra audiovisual, concluída ou não, não obsta sua exibição e aproveitamento econômico, nem exige autorização adicional, sendo a remuneração prevista para o falecido, nos termos do contrato e da lei, efetuada a favor do espólio ou dos sucessores.

CAPÍTULO III

DOS DIREITOS DOS PRODUTORES FONOGRÁFICOS

Art. 93. O produtor de fonogramas tem o direito exclusivo de, a título oneroso ou gratuito, autorizar-lhes ou proibir-lhes:

I — a reprodução direta ou indireta, total ou parcial;

II — a distribuição por meio da venda ou locação de exemplares da reprodução;

III — a comunicação ao público por meio da execução pública, inclusive pela radiodifusão;

IV — (VETADO)

V — quaisquer outras modalidades de utilização, existentes ou que venham a ser inventadas.

Art. 94. Cabe ao produtor fonográfico perceber dos usuários a que se refere o art. 68, e parágrafos, desta Lei os proventos pecuniários resultantes da execução pública dos fonogramas e reparti-los com os artistas, na forma convencionada entre eles ou suas associações.

CAPÍTULO IV

DOS DIREITOS DAS EMPRESAS DE RADIOFUSÃO

Art. 95. Cabe às empresas de radiodifusão o direito exclusivo de autorizar ou proibir a retransmissão, fixação e reprodução de suas emissões, bem como a comunicação ao público, pela televisão, em locais de freqüência coletiva, sem prejuízo dos direitos dos titulares de bens intelectuais incluídos na programação.

CAPÍTULO V

DA DURAÇÃO DOS DIREITOS CONEXOS

Art. 96. É de setenta anos o prazo de proteção aos direitos conexos, contados a partir de 1º de janeiro do ano subseqüente à fixação, para os fonogramas; à transmissão, para as emissões das empresas de radiodifusão; e à execução e representação pública, para os demais casos.

TÍTULO VI

DAS ASSOCIAÇÕES DE TITULARES DE DIREITOS DE AUTOR E DOS QUE LHES SÃO CONEXOS

Art. 97. Para o exercício e defesa de seus direitos, podem os autores e os titulares de direitos conexos associar-se sem intuito de lucro.

§ 1º É vedado pertencer a mais de uma associação para a gestão coletiva de direitos da mesma natureza.

§ 2º Pode o titular transferir-se, a qualquer momento, para outra associação, devendo comunicar o fato, por escrito, à associação de origem.

§ 3º As associações com sede no exterior far-se-ão representar, no País, por associações nacionais constituídas na forma prevista nesta Lei.

Art. 98. Com o ato de filiação, as associações tornam-se mandatárias de seus associados para a prática de todos os atos necessários à defesa judicial ou extrajudicial de seus direitos autorais, bem como para sua cobrança.

Parágrafo único. Os titulares de direitos autorais poderão praticar, pessoalmente, os atos referidos neste artigo, mediante comunicação prévia à associação a que estiverem filiados.

Art. 99. As associações manterão um único escritório central para a arrecadação e distribuição, em comum, dos direitos relativos à execução pública das obras musicais e lítero-musicais e de fonogramas, inclusive por meio da radiodifusão e transmissão por qualquer modalidade, e da exibição de obras audiovisuais.

§ 1º O escritório central organizado na forma prevista neste artigo não terá finalidade de lucro e será dirigido e administrado pelas associações que o integrem.

§ 2º O escritório central e as associações a que se refere este Título atuarão em juízo e fora dele em seus próprios nomes como substitutos processuais dos titulares a eles vinculados.

§ 3º O recolhimento de quaisquer valores pelo escritório central somente se fará por depósito bancário.

§ 4º O escritório central poderá manter fiscais, aos quais é vedado receber do empresário numerário a qualquer título.

§ 5º A inobservância da norma do parágrafo anterior tornará o faltoso inabilitado à função de fiscal, sem prejuízo das sanções civis e penais cabíveis.

Art. 100. O sindicato ou associação profissional que congregue não menos de um terço dos filiados de uma associação autoral poderá, uma vez por ano, após notificação, com oito dias de antecedência, fiscalizar, por intermédio de auditor, a exatidão das contas prestadas a seus representados.

TÍTULO VII

DAS SANÇÕES ÀS VIOLAÇÕES DOS DIREITOS AUTORAIS

CAPÍTULO I

DISPOSIÇÃO PRELIMINAR

Art. 101. As sanções civis de que trata este Capítulo aplicam-se sem prejuízo das penas cabíveis.

CAPÍTULO II

DAS SANÇÕES CIVIS

Art. 102. O titular cuja obra seja fraudulentamente reproduzida, divulgada ou de qualquer forma utilizada, poderá requerer a apreensão dos exemplares reproduzidos ou suspensão da divulgação, sem prejuízo da indenização cabível.

Art. 103. Quem editar obra literária, artística ou científica, sem autorização do titular, perderá para este os exemplares que se apreenderem e pagar-lhe-á o preço dos que tiver vendido.

Parágrafo único. Não se conhecendo o número de exemplares que constituem a edição fraudulenta, pagará o transgressor o valor de três mil exemplares, além dos apreendidos.

Art. 104. Quem vender, expuser a venda, ocultar, adquirir, distribuir, tiver em depósito ou utilizar obra ou fonograma reproduzidos com fraude, com finalidade de vender, obter ganho, vantagem, proveito, lucro direto ou indireto, para si ou para outrem, será solidariamente responsável com o contrafator, nos termos dos artigos precedentes, respondendo como contrafatores o importador e o distribuidor em caso de reprodução no exterior.

Art. 105. A transmissão e a retransmissão, por qualquer meio ou processo, e a comunicação ao público de obras artísticas, literárias e científicas, de interpretações e de fonogramas, realizadas mediante violação aos direitos de seus titulares, deverão ser imediatamente suspensas ou interrompidas pela autoridade judicial competente, sem prejuízo da multa diária pelo descumprimento e das demais indenizações cabíveis, independentemente das sanções penais aplicáveis; caso se comprove que o infrator é reincidente na violação aos direitos dos titulares de direitos de autor e conexos, o valor da multa poderá ser aumentado até o dobro.

Art. 106. A sentença condenatória poderá determinar a destruição de todos os exemplares ilícitos, bem como as matrizes, moldes, negativos e demais elementos utilizados para praticar o ilícito civil, assim como a perda de máquinas, equipamentos e insumos destinados a tal fim ou, servindo eles unicamente para o fim ilícito, sua destruição.

Art. 107. Independentemente da perda dos equipamentos utilizados, responderá por perdas e danos, nunca inferiores ao valor que resultaria da aplicação do disposto no art. 103 e seu parágrafo único, quem:

I — alterar, suprimir, modificar ou inutilizar, de qualquer maneira, dispositivos técnicos introduzidos nos exemplares das obras e produções protegidas para evitar ou restringir sua cópia;

II — alterar, suprimir ou inutilizar, de qualquer maneira, os sinais codificados destinados a restringir a comunicação ao público de obras, produções ou emissões protegidas ou evitar a sua cópia;

III — suprimir ou alterar, sem autorização, qualquer informação sobre a gestão de direitos;

IV — distribuir, importar para distribuição, emitir, comunicar ou puser à disposição do público, sem autorização, obras, interpretações ou execuções, exemplares de interpretações fixadas em fonogramas e emissões, sabendo que a informação sobre a gestão de direitos, sinais codificados e dispositivos técnicos foram suprimidos ou alterados sem autorização.

Art. 108. Quem, na utilização, por qualquer modalidade, de obra intelectual, deixar de indicar ou de anunciar, como tal, o nome, pseudônimo ou sinal convencional do autor e do intérprete, além de responder por danos morais, está obrigado a divulgar-lhes a identidade da seguinte forma:

I — tratando-se de empresa de radiodifusão, no mesmo horário em que tiver ocorrido a infração, por três dias consecutivos;

II — tratando-se de publicação gráfica ou fonográfica, mediante inclusão de errata nos exemplares consecutivos em jornal de grande circulação, dos domicílios do autor, do intérprete e do editor ou produtor;

III — tratando-se de outra forma de utilização, por intermédio da imprensa, na forma a que se refere o inciso anterior.

Art. 109. A execução pública feita em desacordo com os arts. 68, 97, 98 e 99 desta Lei sujeitará os responsáveis a multa de vinte vezes o valor que deveria ser originariamente pago.

Art. 110. Pela violação de direitos autorais nos espetáculos e audições públicas realizados nos locais ou estabelecimentos a que alude o art. 68, seus proprietários, diretores, gerentes, empresários e arrendatários respondem solidariamente com os organizadores dos espetáculos.

CAPÍTULO III

DA PRESCRIÇÃO DA AÇÃO

Art. 111. (VETADO)

TÍTULO VIII

DISPOSIÇÕES FINAIS E TRANSITÓRIAS

Art. 112. Se uma obra, em conseqüência de ter expirado o prazo de proteção que lhe era anteriormente reconhecido pelo § 2º do art. 42 da Lei n. 5.988, de 14 de dezembro de 1973, caiu no domínio público, não terá o prazo de proteção dos direitos patrimoniais ampliado por força do art. 41 desta Lei.

Art. 113. Os fonogramas, os livros e as obras audiovisuais sujeitar-se-ão a selos ou sinais de identificação sob a responsabilidade do produtor, distribuidor ou importador, sem ônus para o consumidor, com o fim de atestar o cumprimento das normas legais vigentes, conforme dispuser o regulamento.

Art. 114. Esta Lei entra em vigor cento e vinte dias após sua publicação.

Art. 115. Ficam revogados os arts. 649 a 673 e 1.346 a 1.362 do Código Civil e as Leis ns. 4.944, de 6 de abril de 1966; 5.988, de 14 de dezembro de 1973, excetuando-se o art. 17 e seus §§ 1º e 2º, 6.800, de 25 de junho de 1980; 7.123, de 12 de setembro de 1983; 9.045, de 18 de maio de 1995, e demais disposições em contrário, mantidas em vigor as Leis ns. 6.533, de 24 de maio de 1978 e 6.615, de 16 de dezembro de 1978.

Brasília, 19 de fevereiro de 1998; 177º da Independência e 110º da República.

FERNANDO HENRIQUE CARDOSO
Francisco Weffort

Anexo V. Lei n. 9.609, de 19 de fevereiro de 1998

Lei n. 9.609, de 19 de fevereiro de 1998

Dispõe sobre a proteção de propriedade intelectual de programa de computador, sua comercialização no País, e dá outras providências.

O PRESIDENTE DA REPÚBLICA

Faço saber que o Congresso Nacional decreta e eu sanciono a seguinte Lei:

CAPÍTULO I

DAS DISPOSIÇÕES PRELIMINARES

Art. 1º Programa de computador é a expressão de um conjunto organizado de instruções em linguagem natural ou codificada, contida em suporte físico de qualquer natureza, de emprego necessário em máquinas automáticas de tratamento da informação, dispositivos, instrumentos ou equipamentos periféricos, baseados em técnica digital ou análoga, para fazê-los funcionar de modo e para fins determinados.

CAPÍTULO II

DA PROTEÇÃO AOS DIREITOS DE AUTOR E DO REGISTRO

Art. 2º O regime de proteção à propriedade intelectual de programa de computador é o conferido às obras literárias pela legislação de direitos autorais e conexos vigentes no País, observado o disposto nesta Lei.

§ 1º Não se aplicam ao programa de computador as disposições relativas aos direitos morais, ressalvado, a qualquer tempo, o direito do autor de reivindicar a paternidade do programa de computador e o direito do autor de opor-se a alterações não-autorizadas, quando estas impliquem em deformação, mutilação ou outra modificação do programa de computador, que prejudiquem a sua honra ou a sua reputação.

§ 2º Fica assegurada a tutela dos direitos relativos a programa de computador pelo prazo de cinqüenta anos, contados a partir de 1º de janeiro do ano subseqüente ao da sua publicação ou, na ausência desta, da sua criação.

§ 3º A proteção aos direitos de que trata esta Lei independe de registro.

§ 4º Os direitos atribuídos por esta Lei ficam assegurados aos estrangeiros domiciliados no exterior, desde que o país de origem do programa conceda, aos brasileiros e estrangeiros domiciliados no Brasil, direitos equivalentes.

§ 5º Inclui-se dentre os direitos assegurados por esta Lei e pela legislação de direitos autorais e conexos vigentes no País aquele direito exclusivo de autorizar ou proibir o aluguel comercial, não sendo esse direito exaurível pela venda, licença ou outra forma de transferência da cópia do programa.

§ 6º O disposto no parágrafo anterior não se aplica aos casos em que o programa em si não seja objeto essencial do aluguel.

Art. 3º Os programas de computador poderão, a critério do titular, ser registrados em órgão ou entidades a ser designada por ato do Poder Executivo, por iniciativa do Ministério responsável pela política de ciência e tecnologia.

§ 1º O pedido de registro estabelecido neste artigo deverá conter, pelo menos, as seguintes informações:

I — os dados referentes ao autor do programa de computador e ao titular, se distinto do autor, sejam pessoas físicas ou jurídicas;

II — a identificação e descrição funcional do programa de computador; e

III — os trechos do programa e outros dados que se considerar suficientes para caracterizar sua criação independente, ressalvando-se os direitos de terceiros e a responsabilidade do Governo.

§ 2º As informações referidas no inciso III do parágrafo anterior são de caráter sigiloso, não podendo ser reveladas, salvo por ordem judicial ou a requerimento do próprio titular.

Art. 4º Salvo estipulação em contrário, pertencerão exclusivamente ao empregador, contratante de serviços ou órgão público, os direitos relativos ao programa de computador, desenvolvido e elaborado durante a vigência de contrato ou de vínculo estatutário, expressamente destinado à pesquisa e desenvolvimento, ou em que a atividade do empregado, contratado de serviço ou servidor seja prevista, ou ainda, que decorra da própria natureza dos encargos concernentes a esses vínculos.

§ 1º Ressalvado ajuste em contrário, a compensação do trabalho ou serviço prestado limitar-se-á à remuneração ou ao salário convencionado.

§ 2º Pertencerão, com exclusividade, ao empregado, contratado de serviço ou servidor os direitos concernentes a programa de computador gerado sem relação com o contrato de trabalho, prestação de serviços ou vínculo estatutário, e sem a utilização de recursos, informações tecnológicas, segredos industriais e de negócios, materiais, instalações ou equipamentos do empregador, da empresa ou entidade com a qual o empregador mantenha contrato de serviços ou órgão público.

§ 3º O tratamento previsto neste artigo será aplicado nos casos em que o programa de computador for desenvolvido por bolsistas, estagiários e assemelhados.

Art. 5º Os direitos sobre as derivações autorizadas pelo titular dos direitos de programas de computador, inclusive sua exploração econômica, pertencerão à pessoa autorizada que as fizer, salvo estipulação contratual em contrário.

Art. 6º Não constituem ofensa aos direitos do titular de programa de computador:

I — reprodução, em um só exemplar, de cópia legitimamente adquirida, desde que se destine à cópia de salvaguarda ou armazenamento eletrônico, hipótese em que o exemplar original servirá de salvaguarda;

II — a citação parcial, para fins didáticos, desde que identificados o programa e o titular dos direitos respectivos;

III — a ocorrência de semelhança de programa a outro, preexistente, quando se der por força das características funcionais de sua aplicação, da observância de preceitos normativos e técnicos, ou de limitação de forma alternativa para a sua expressão;

IV — a integração de um programa, mantendo-se suas características essenciais, a um sistema aplicativo ou operacional, tecnicamente indispensável às necessidades do usuário, desde que para o uso exclusivo de quem a promoveu.

CAPÍTULO III

DAS GARANTIAS AOS USUÁRIOS DE PROGRAMAS DE COMPUTADOR

Art. 7º O contrato de licença de uso de programa de computador, o documento fiscal correspondente, os suportes físicos ou as respectivas embalagens deverão consignar, de forma facilmente legível pelo usuário, o prazo de validade técnica da versão comercializada.

Art. 8º Aquele que comercializar programa de computador quer seja titular dos direitos do programa, quer seja titular dos direitos de comercialização, fica obrigado, no território nacional, durante o prazo de validade técnica da respectiva versão, a assegurar aos respectivos usuários a prestação de serviços técnicos complementares relativos ao adequado funcionamento do programa, consideradas as suas especificações.

Parágrafo único. A obrigação persistirá no caso de retirada de circulação comercial do programa de computador durante o prazo de validade, salvo justa indenização de eventuais prejuízos causados a terceiros.

CAPÍTULO IV

DOS CONTRATOS DE LICENÇA DE USO, DE COMERCIALIZAÇÃO E DE TRANSFERÊNCIA DE TECNOLOGIA

Art. 9º O uso de programa de computador no País será objeto de contrato de licença.

Parágrafo único. Na hipótese de eventual inexistência do contrato referido no *caput* deste artigo, o documento fiscal relativo à aquisição ou licenciamento de cópia servirá para comprovação da regularidade do seu uso.

Art. 10. Os atos e contratos de licença de direitos de comercialização referentes a programas de computador de origem externa deverão fixar, quanto aos tributos e encargos exigíveis, a responsabilidade pelos respectivos pagamentos e estabelecerão a remuneração do titular dos direitos de programa de computador residente ou domiciliado no exterior.

§ 1º Serão nulas as cláusulas que:

I — limitem a produção, a distribuição ou a comercialização, em violação às disposições normativas em vigor;

II — eximam qualquer dos contratantes das responsabilidades por eventuais ações de terceiros, decorrentes de vícios, defeitos ou violação de direito de autor.

§ 2º O remetente do correspondente valor em moeda estrangeira, em pagamento da remuneração de que se trata, conservará em seu poder, pelo prazo de cinco anos, todos os documentos necessários à comprovação de licitude das remessas e da sua conformidade ao *caput* deste artigo.

Art. 11. Nos casos de transferência de tecnologia de programa de computador, o Instituto Nacional da Propriedade Industrial fará o registro dos respectivos contratos, para que produzam efeitos em relação a terceiros.

Parágrafo único. Para o registro de que trata este artigo, é obrigatório a entrega, por parte do fornecedor ao receptor de tecnologia, da documentação completa, em especial do código-fonte comentado, memorial descritivo, especificações funcionais internas, diagramas, fluxogramas e outros dados técnicos necessários à absorção da tecnologia.

CAPÍTULO V
DAS INFRAÇÕES E DAS PENALIDADES

Art.12. Violar direitos de autor de programa de computador:

Pena — Detenção de seis meses a dois anos ou multa.

§ 1º Se a violação consiste na reprodução, por qualquer meio, de programa de computador, no todo ou em parte, para fins de comércio, sem autorização expressa do autor onde quem o represente:

Pena — Reclusão de um a quatro anos e multa.

§ 2º Na mesma pena do parágrafo anterior incorre quem vende, expõe à venda, introduz no País, adquire, oculta ou tem em depósito, para fins de comércio, original ou cópia de programa de computador, produzido com violação de direito autoral.

§ 3º Nos crimes previstos neste artigo, somente se procede mediante queixa, salvo:

I — quando praticados em prejuízo de entidade de direito público, autarquia, empresa pública, sociedade de economia mista ou fundação instituída pelo público;

II — quando, em decorrência de ato delituoso, resultar sonegação fiscal, perda de arrecadação tributária ou prática de quaisquer dos crimes contra a ordem tributária ou contra as relações de consumo.

§ 4º No caso do inciso II do parágrafo anterior, a exigibilidade do tributo, ou contribuição social e qualquer acessório, processar-se-á independentemente de representação.

Art. 13. A ação penal e as diligências preliminares de busca e apreensão, nos casos de violação de direito de autor de programa de computador, serão precedidas de vistoria, podendo o juiz ordenar a apreensão das cópias produzidas ou comercializadas com violação de direito de autor, suas versões e derivações, em poder do infrator ou de quem as esteja expondo, mantendo em depósito, reproduzindo ou comercializando.

Art. 14. Independentemente da ação penal, o prejudicado poderá intentar ação para proibir ao infrator a prática do ato incriminado, com cominação de pena pecuniária para o caso de transgressão do preceito.

§ 1º A ação de abstenção de prática de ato poderá ser cumulada com a de perdas e danos pelos prejuízos decorrentes da infração.

§ 2º Independentemente de ação cautelar preparatória, o juiz poderá conceder medida liminar proibindo ao infrator a prática do ato incriminado, nos termos deste artigo.

§ 3º Nos procedimentos cíveis, as medidas cautelares de busca e apreensão observarão o disposto no artigo anterior.

§ 4º Na hipótese de serem apresentadas, em juízo, para defesa dos interesses de qualquer das partes, informações que se caracterizem como confidenciais, deverá o juiz determinar que o processo prossiga em segredo de justiça, vedado o uso de tais informações à outra parte para outras finalidades.

§ 5º Será responsabilizado por perdas e danos aquele que requerer e promover as medidas previstas neste e no artigo anterior, agindo de má-fé ou por espírito de emulação, capricho ou erro grosseiro, nos termos dos arts. 16, 17 e 18 do Código de Processo Civil.

CAPÍTULO VI

DAS DISPOSIÇÕES FINAIS

Art. 15. Esta Lei entra em vigor na data de sua publicação.

Art. 16. Fica revogada a Lei n. 7.646, de 18 de dezembro de 1987.

Brasília, 16 de fevereiro de 1998; 177º da Independência e 110º da República.

FERNANDO HENRIQUE CARDOSO

José Israel Vargas

Publicado no DOU de 20.2.1998, Seção I, Primeira Página.

Anexo VI. Decreto n. 2.553, de 16 abril de 1998.

Decreto n. 2.553, de 16 de abril de 1998

O PRESIDENTE DA REPÚBLICA, no uso da atribuição que lhe confere o art. 84, inciso IV da Constituição, e tendo em vista o disposto nos arts. 75 e 88 a 93 da Lei n. 9.279, de 14 de maio de 1996,

DECRETA

Art. 1º A Secretaria de Assuntos Estratégicos da Presidência da República é o órgão competente do Poder Executivo para manifestar-se, por iniciativa própria ou a pedido do Instituto Nacional da Propriedade Industrial — INPI, sobre o caráter sigiloso dos processos de pedido de patente originários do Brasil, cujo objeto seja de interesse da defesa nacional.

§ 1º O caráter sigiloso do pedido de patente, cujo objeto seja de natureza militar, será decidido com base em parecer conclusivo emitido pelo Estado-Maior das Forças Armadas, podendo o exame técnico ser delegado aos Ministérios Militares.

§ 2º O caráter sigiloso do pedido de patente de interesse da defesa nacional, cujo objeto seja de natureza civil, será decidido, quando for o caso, com base em parecer conclusivo dos Ministérios a que a matéria esteja afeta.

§ 3º Da patente resultante do pedido a que se refere o *caput* deste artigo, bem como do certificado de adição dela decorrente, será enviada cópia ao Estado-Maior das Forças Armadas e à Secretaria de Assuntos Estratégicos da Presidência da República, onde será, também, conservado o sigilo de que se revestem tais documentos.

Art. 2º O depósito no exterior, a exploração e a cessão do pedido ou da patente, e sua divulgação, cujo objeto tenha sido considerado de interesse da defesa nacional, ficam condicionados a prévia autorização da Secretaria de Assuntos Estratégicos da Presidência da República.

Parágrafo único. Quando houver restrição aos direitos do depositante de pedido ou do titular da patente, considerados de interesse da defesa nacional, nos termos do art. 75, § 3º da Lei n. 9.279, de 1996, o depositante ou titular da patente será indenizado mediante comprovação dos benefícios que teria auferido pela exploração ou cessão.

Art. 3º Ao servidor da Administração Pública direta, indireta e fundacional, que desnvolver invenção, aperfeiçoamento ou modelo de utilidade e desenho industrial, será assegurada, a título de incentivo, durante toda a vigência da patente ou do registro, premiação de parcela do valor das vantagens auferidas pelo órgão ou entidade com a exploração da patente ou do registro.

§ 1º Os órgãos e as entidades da Administração Pública direta, indireta e fundacional promoverão a alteração de seus estatutos ou regimentos internos para inserir normas que definam a forma e as condições de pagamento da premiação de que trata este artigo, a qual vigorará após publicação no Diário Oficial da União, ficando convalidados os acordos firmados anteriormente.

§ 2º A premiação a que se refere o *caput* deste artigo não poderá exceder a um terço do valor das vantagens auferidas pelo órgão ou entidade com a exploração da patente ou do registro.

Art. 4º A premiação de que trata o artigo anterior não se incorpora, a qualquer título, aos salários dos empregados ou aos vencimentos dos servidores.

Art. 5º Na celebração de instrumentos contratuais de que trata o art. 92 da Lei n. 9.279, de 1996, serão estipuladas a titularidade das criações intelectuais e a participação dos criadores.

Art. 6º Este Decreto entra em vigor na data de sua publicação.

Brasília, 16 de abril de 1998; 177º da Independência e 110º da República.

FERNANDO HENRIQUE CARDOSO

Paulo Jobim Filho

Luiz Carlos Bresser Pereira

José Israel Vargas

Benedito Onofre Bezerra Leonel

Publicado no DOU de 20.4.1998, Seção I.

Anexo VII. Acordo do Mercosul sobre a Propriedade Industrial

A Argentina, Brasil, Paraguay e Uruguay, como países contratantes, adotam o presente Acordo para estabelecer em seus territórios regras uniformes sobre patentes, modelos de utilidade, desenhos industriais, revalidação de patentes e certificados de adição; sobre marcas de indústria, comércio, serviço, coletiva e de certificação; expressões de propaganda; nome comercial e a repressão à concorrência desleal.

REGIME COMUM

SOBRE PROPRIEDADE INDUSTRIAL

Art. 1º As patentes e as marcas concedidas mediante este Acordo serão chamadas respectivamente de Patentes do Mercosul e Marcas do Mercosul. A patente ou marca assim conferida, dentro de um dos Estados Membros, terá o mesmo efeito e as mesmas condições como se tivesse sido concedida no outro Estado.

§ 1º Para assegurar essa proteção o pedido deverá ser feito concomitantemente nos outros Estados, além daquele em que houver a proteção primitiva.

§ 2º Nada impede que em futuro próximo seja estabelecido um órgão que passe a receber e processar os pedidos como se fora sede central do Mercosul.

Art. 2º Os idiomas oficiais serão o espanhol e o português e todos os documentos serão sempre impressos nos dois.

TÍTULO I

DAS PATENTES E DIREITOS CONEXOS

CAPÍTULO I

DAS PATENTES

SEÇÃO I

PATENTES DE INVENÇÃO

Art. 3º Os países membros concederão patente às invenções suscetíveis de aplicação industrial, que sejam novas, e resultantes de uma atividade inventiva.

§ 1º Considera-se suscetível de aplicação industrial o objeto da invenção que possa ser usado em qualquer gênero da indústria, inclusive a agricultura.

§ 2º A invenção é considerada nova quando não compreendida pelo estado da técnica. O estado da técnica é constituído por tudo que se tenha tornado acessível ao público, por uma descrição escrita ou oral, por uma utilização ou qualquer outro meio, antes da data da apresentação do pedido ou da prioridade reivindicada.

§ 3º Há atividade inventiva quando, para um técnico no assunto, a invenção não decorra, de maneira evidente ou óbvia, do estado da técnica.

SEÇÃO II

MODELO DE UTILIDADE

Art. 4º É suscetível de proteção como modelo de utilidade o objeto de uso prático e de aplicação industrial que, representando ato inventivo, apresente nova forma ou dispoição que acarretem melhoria em sua função ou em sua fabricação.

§ 1º Considera-se objeto de uso prático qualquer utensílio, instrumento de trabalho, ferramenta, objeto utilitário ou de uso comum, ou partes dos mesmos.

§ 2º A nova forma ou disposição pode resultar de combinação original de elementos construtivos ou de circuitos elétricos.

SEÇÃO III

NÃO SÃO PATENTEÁVEIS

Art. 5º Não se consideram invenção nem modelo de utilidade:

1 — As descobertas, teorias científicas e métodos matemáticos;

2 — As que tenham por objeto matérias que já existem na natureza ou sejam uma réplica das mesmas;

3 — As concepções puramente abstratas;

4 — Os esquemas, planos, princípios ou métodos comerciais, contábeis, financeiros, educativos, publicitários, de sorteio e fiscalização; os métodos para o exercício de atividades intelectuais, para jogos ou para atividades econômico-comerciais, bem como os programas de computadores ou suportes lógicos;

5 — As obras literárias, arquitetônicas, artísticas, e científicas ou qualquer outra criação estética;

6 — As formas de apresentação de informações e bem assim as técnicas operatórias ou cirúrgicas e o método terapêutico ou de diagnóstico, para uso ou emprego humano ou animal.

Art. 6º Não se concederá patente:

1 — Para o que for contrário à lei, à moral, à segurança, à saúde pública, aos bons costumes ou que sejam evidentemente contrárias ao desenvolvimento sustentável do meio ambiente;

2 — Às espécies e raças animais e os processos para sua obtenção;

3 — Às invenções sobre as matérias que compõem o corpo humano e sobre a identidade genética do mesmo;

4 — Às invenções relativas a produtos farmacêuticos que figurem na lista dos medicamentos da Organização Mundial de Saúde;

5 — Às invenções relativas aos materiais físicos e nucleares;

6 — À mudança de forma, dimensões, proporções ou material de um objeto patenteado ou que já esteja no domínio público a não ser que tal mudança modifique as qualidades ou funções desse objeto e portanto produza uma melhor utilização ou resultado na função a que está destinado;

7 — À mera substituição de elementos, em uma combinação conhecida, por outros elementos já conhecidos como de função equivalente e que, portanto, não produza uma melhor utilização ou resultado na função a que estão destinados.

SEÇÃO IV

DESENHOS INDUSTRIAIS

Art. 7º É suscetível de proteção como desenho industrial a forma plástica de um objeto ou o padrão ornamental de linhas e cores que, aplicado a um produto, lhe confira aspecto geral característico e resultado visual novo e original em sua configuração exterior.

§ 1º A forma plástica do objeto deve ser essencialmente determinada por seu caráter ornamental.

§ 2º A novidade do desenho pode resultar da combinação de elementos conhecidos.

CAPÍTULO II

TITULARIDADE E PROCESSAMENTO

SEÇÃO I

TITULARIDADE

Art. 8º Os titulares de patente poderão ser pessoas naturais ou jurídicas.

O direito à patente pertence ao inventor ou aos seus herdeiros, sucessores ou cessionários.

Se várias pessoas naturais ou jurídicas realizam conjuntamente uma invenção, o direito corresponde em comum a todas elas.

§ 1º Salvo prova em contrário, presume-se o requerente do pedido de patente legitimado a sua obtenção.

§ 2º Quando o pedido de patente for requerido em nome de pessoa jurídica, o inventor ou os inventores deverão ser nomeados e qualificados.

§ 3º Se o pedido de uma patente compreender uma invenção que tenha sido subtraída ao inventor ou aos seus herdeiros e sucessores, ou que seja, o resultado do inadimplemento de uma obrigação contratual ou legal, quem tenha legítimo interesse poderá reclamar a qualidade de verdadeiro titular diante da autoridade judicial competente, em qualquer momento depois de publicado o pedido ou até três anos depois de concedida a patente.

§ 4º Sem prejuízo do estabelecido na legislação nacional de cada País Membro, nas invenções ocorridas sob relação de trabalho, o empregador, qualquer que seja a sua forma e natureza, poderá ceder parte dos benefícios econômicos das invenções em favor dos empregados inventores, para estimular a atividade de investigação e pesquisa, de acordo com as normas do respectivo País.

§ 5º O inventor terá direito a ser mencionado como tal na patente e poderá igualmente opor-se a essa menção.

SEÇÃO II

PRIORIDADE

Art. 9º O primeiro pedido de uma patente de invenção, de modelo de utilidade ou de desenho industrial validamente apresentado em um País Membro do Mercosul ou em qualquer outro País que conceda um tratamento recíproco, como por exemplo aqueles que fazem parte da Convenção da União de Paris, conferirá ao solicitante, seus herdeiros, sucessores ou cessionários o direito de prioridade pelo espaço de um ano para as patentes de invenção e de modelo de utilidade, e de seis meses para os desenhos industriais, contados a partir da data desse primeiro pedido, para solicitar uma patente sobre o mesmo objeto em qualquer outro País Membro.

§ 1º A reivindicação de prioridade será comprovada por documento hábil do País de origem e conterá o número, data, título, relatório descritivo, reivindicações e, se for o caso, desenhos.

§ 2º Para efeito de comprovação de prioridade é suficiente a apresentação, quando for o caso, de tradução simples.

SEÇÃO III

PEDIDO DE PATENTE

Art. 10. O pedido de patente de invenção, de modelo de utilidade ou de desenho industrial deverá ser apresentado ao Departamento de Patentes Nacional competente e deverá conter:

1 — Requerimento mediante o preenchimento de formulário próprio;

2 — Identificação do solicitante (pessoa física ou jurídica) e, neste último caso, do inventor ou inventores;

3 — Título ou nome da invenção;

4 — A descrição clara e completa da invenção de forma tal que uma pessoa versada na matéria possa executá-la;

5 — Uma ou mais reivindicações que precisem a matéria para a qual se pede a proteção mediante a patente;

6 — Um resumo do objeto e finalidade da invenção;

7 — Desenhos, se for o caso.

§ 1º Os documentos que integram o pedido deverão ser apresentados no idioma do País Membro, por ocasião de seu depósito.

§ 2º Os pedidos deverão ser acompanhados, no momento de sua apresentação: a) dos poderes necessários, quando não depositados pelos próprios requerentes; b) cópia oficial do primeiro pedido de patente quando houver reivindicação de prioridade; c) os demais requisitos impostos pela legislação interna do País Membro.

§ 3º Quando não efetuada por ocasião de depósito, a comprovação deverá ocorrer: a) a procuração dentro do prazo de um mês; b) o documento comprobatório da prioridade reivindicada no prazo de três meses; c) os demais requisitos terão os mesmos prazos consignados aos nacionais do País Membro.

Art. 11. O pedido de patente de invenção terá por objeto uma invenção única ou um grupo de invenções inter-relacionadas, compreendidas no mesmo conceito inventivo.

§ 1º O pedido de patente de modelo de utilidade terá por objeto um único modelo principal, que poderá, contudo, incluir uma pluralidade de variantes construtivas ou configurativas, desde que mantida a unidade técnica, funcional e estrutural do objeto.

§ 2º O pedido de patente de desenho industrial terá por objeto um único desenho ou uma pluralidade deles, desde que os produtos resultantes se destinem aos mesmos fins ou se refiram a partes de um conjunto em que as variantes guardem entre si a mesma característica preponderante, limitando cada pedido ao máximo de vinte variações.

Art. 12. O requerente poderá modificar seu pedido mas a modificação não poderá implicar numa ampliação da invenção ou da divulgação contida no pedido cuja prioridade se reivindica. A modificação por parte do solicitante deverá efetuar-se antes de sua publicação. O requerente poderá solicitar a qualquer momento, antes da publicação, a transformação do seu pedido em outra modalidade de propriedade industrial, para proteger o mesmo objeto.

§ 1º O Departamento de Patentes Nacional competente, em qualquer momento do pedido, como conseqüência do exame técnico, poderá propor ao requerente a mudança da modalidade do pedido. O requerente poderá aceitar ou rechaçar a proposta, entendendo-se que, se esta for rechaçada, continuará o pedido de patente na modalidade solicitada originalmente.

§ 2º No caso em que se peça a transformação ou seja aceita a proposta de modificação do pedido, serão consignados os documentos e aplicar-se-ão procedimentos que correspondam a nova modalidade.

§ 3º O requerente poderá fracionar o seu pedido em um ou mais, porém nenhum deles poderá implicar numa ampliação da invenção ou da divulgação contida no pedido cuja prioridade se reivindica. Cada pedido fracionário será beneficiado pela data da apresentação do pedido inicial em qualquer País Membro.

A divisão do pedido por parte do requerente deverá efetuar-se antes de sua publicação e a pedido do Departamento de Patentes Nacional correspondente, em qualquer momento da tramitação do pedido. No caso que se peça a divisão ou seja aceita a proposta de fracionamento do pedido, serão consignados os documentos e aplicar-se-á o procedimento que corresponda a sua nova modalidade.

SEÇÃO IV

PUBLICAÇÃO E EXAME

Art. 13. O pedido de patente será mantido em sigilo durante doze meses, contados da data do depósito ou da prioridade mais antiga, após o que será divulgado mediante publicação na Revista Oficial de cada País Membro.

§ 1º A divulgação poderá ser antecipada a requerimento do depositante, não podendo, contudo, ocorrer antes de decorridos três meses da data do depósito.

Art. 14. O exame do pedido de patente deverá ser requerido pelo depositante ou qualquer interessado no prazo de dezoito meses, contados da data da publicação na Revista Oficial de cada País Membro.

§ 1º Publicado o pedido de exame, correrá o prazo de noventa dias para quem se julgar prejudicado apresentar oposição, dando-se-lhe igual prazo à manifestação do requerente do pedido.

§ 2º O não requerimento do exame, no prazo previsto neste artigo, provocará o arquivamento automático e definitivo do pedido de patente.

Art. 15. Decorrido o prazo de oposição será procedido o exame formal e técnico, isto é, se preenche as condições legais, se está tecnicamente bem definido, se há anterioridades e se foi denunciada a sua novidade mediante o oferecimento de elementos hábeis. Nesta oportunidade considerar-se-á: I — patenteabilidade do pedido; II — enquadramento do pedido na categoria reivindicada; III — formulação do pedido ou desdobramento; IV — resultado das pesquisas feitas nos demais Países Membros.

§ 1º Concluído o pedido de exame e havendo necessidade de qualquer esclarecimento ou complemento, será formulada exigência na Revista Oficial para que dentro do prazo de sessenta dias seja regularizado. Haverá, contudo, uma única possibilidade de dilatação desse prazo e findo o qual o pedido será definitivamente arquivado.

§ 2º O pedido será indeferido se não houver atividade inventiva, aplicação industrial ou se o objeto se encontrar no estado da técnica. Dessa decisão correrá o prazo de noventa dias para a interposição do recurso.

§ 3º Para o exame técnico o Departamento de Patentes competente poderá solicitar o concurso de expertos ou de organismos científicos ou tecnológicos, para que emitam opinião sobre a novidade, atividade inventiva e aplicação industrial da invenção, da mesma forma quando julgar conveniente poderão ser requeridos elementos, documentos, informações e outros em quaisquer centros de informações de patentes, de qualquer País, membro ou não.

CAPÍTULO III

EXPEDIÇÃO, VIGÊNCIA E PROTEÇÃO LEGAL

SEÇÃO I

CARTA-PATENTE E VIGÊNCIA

Art. 16. Deferido o pedido de patente para todas as suas reivindicações ou para parte delas, através de publicações na Revista Oficial, correrá o prazo de noventa dias para o recolhimento da contribuição. Haverá, entretanto, um prazo de graça de mais trinta dias para restauração e conseqüente pagamento, findo o qual o pedido será definitivamente arquivado.

§ 1º Comprovado o pagamento de retribuição, será entregue a Carta-Patente e da qual constará: número, data do depósito e da entrega; nome e qualificação do titular, seu sucessor, herdeiro ou cessionário; título e categoria a que pertence; relatório descritivo; reivindicações; resumo e desenhos, se for o caso, e dados relativos à prioridade reivindicada.

§ 2º O prazo de vigência será de vinte anos para a patente de invenção, seus aperfeiçoamentos e melhoramentos; dez anos para o modelo de utilidade e desenho industrial, todos contados da data de seu depósito.

§ 3º Para a melhor ordem e classificação das patentes de invenção, de modelo de utilidade e de desenho industrial os Países Membros utilizarão a classificação Internacional.

§ 4º Os Países Membros comprometem-se a manter-se reciprocamente informados a respeito das patentes concedidas e denegadas pelos respectivos Departamentos de Patentes Nacionais competentes.

§ 5º O alcance da proteção conferida pela patente estará determinado pelo teor de suas reivindicações. O relatório descritivo, o resumo e os desenhos que da mesma fazem parte servirão apenas para interpretá-la.

Art. 17. A Carta-Patente confere ao seu titular o direito de impedir que terceiros, sem seu consentimento, explorem a invenção patenteada.

§ 1º O pedido de patente conferirá proteção provisória de seu objeto a partir da data de seu depósito, legitimando o titular a pleitear indenização pela exploração indevida durante sua tramitação.

§ 2º Os direitos concedidos pela patente não poderão valer contra terceiro que, de boa-fé e antes da data de seu depósito ou da prioridade reivindicada, já se encontrava utilizando em ambiente privado o mesmo objeto ou tenha realizado preparativos efetivos e sérios para a sua realização. Em tal caso terá direito de iniciar processo administrativo ou judicial dentro de cada País Membro para que continue na fabricação do produto ou no emprego do processo.

SEÇÃO II

PROTEÇÃO LEGAL

Art. 18. O titular, ou quem se considere com o direito a uma patente em conformidade com o presente Acordo, poderá iniciar as ações reivindicatórias e indenizatórias que lhe confere a legislação nacional do respectivo País Membro.

CAPÍTULO IV

OBRIGAÇÕES DO TITULAR

SEÇÃO I

USO E LICENÇA

Art. 19. O titular da patente está obrigado a explorar a invenção patenteada em qualquer País Membro, diretamente ou através de comercialização do produto e/ou da exploração do processo, por si ou por terceiros.

§ 1º Todo e qualquer contrato que implique concessão de licença ou qualquer outra forma de exploração da patente por terceiros deverá ser averbado no Departamento de Patentes Nacional correspondente, mediante o preenchimento das formalidades legais impostas.

§ 2º Entende-se por exploração efetiva a fabricação completa e em escala industrial do produto objeto da patente ou o uso integral do processo patenteado, no País Membro, pelo titular ou seu licenciado.

SEÇÃO II

LICENÇA OBRIGATÓRIA

Art. 20. Vencido o prazo de três anos, contados da expedição da Carta-Patente, qualquer interessado poderá requerer uma licença obrigatória se ocorrer uma das seguintes hipóteses: a) que existia falta ou insuficiência de produção industrial da invenção no País Membro onde se solicita a licença; b) que o produto patenteado não seja distribuído, comercializado ou importado pelo País Membro onde se solicita a licença, de modo que satisfaça o mercado respectivo em condições competitivas de qualidade e preço; c) que a exploração da invenção tenha sido suspensa por mais de um ano.

§ 1º A licença compulsória não será concedida se a patente estiver sob oferta de licença ou se o titular, à data do requerimento: a) tiver iniciado a efetiva exploração da patente; b) comprovar a realização de sérios e efetivos preparativos para a exploração; c) justificar a falta de exploração por motivos de força maior; d) quando a suplementação ou substituição da exploração efetiva por importação decorrer de ato internacional ou acordo de complementação do qual o País Membro participe.

§ 2º Em situação de emergência, calamidade pública ou justificado interesse específico do País Membro, poderá ser concedida temporariamente uma licença compulsória para a exploração da patente, sem prejuízo dos direitos do titular. Cessada a emergência, extingue-se a licença compulsória.

CAPÍTULO V

EXTINÇÃO DA PATENTE

SEÇÃO I

CADUCIDADE

Art. 21. Vencido o prazo de três anos, contados da expedição da Carta-Patente, qualquer interessado poderá requerer a sua caducidade, cabendo ao titular, no prazo de noventa dias, comprovar o contrário.

§ 1º Se não ficar comprovado o uso efetivo, por decisão administrativa o seu objeto será colocado no domínio público.

SEÇÃO II

CANCELAMENTO

Art. 22. A autoridade nacional de cada País Membro poderá cancelar administrativamente, mediante pedido de terceiro interessado, dentro do prazo de um ano, contado da data da sua expedição, a patente que for concedida contrariando disposição deste Acordo.

Art. 23. O titular será intimado mediante publicação na Revista Oficial para se manifestar no prazo de noventa dias.

Parágrafo único. A decisão final dessa autoridade encerra a esfera administrativa.

SEÇÃO III

ANULAÇÃO

Art. 24. É anulável a patente concedida contra as disposições deste Acordo.

Art. 25. A argüição de anulação de patente só será apreciada judicialmente no foro do domicílio e/ou sede do titular, podendo o Departamento de Patentes Nacional figurar como assistente.

Art. 26. A ação de anulação poderá ser proposta pelo Estado Membro, pelo Departamento de Patentes local ou por qualquer pessoa que tenha legítimo interesse, em qualquer tempo de vigência da patente.

Art. 27. Tanto o cancelamento administrativo como a anulação judicial da patente poderá incidir total ou parcialmente, sobre qualquer reivindicação, seja ela independente ou não.

CAPÍTULO VI

MANUTENÇÃO

ANUIDADE

Art. 28. As patentes estão sujeitas ao pagamento de retribuição anual, a partir do início do terceiro ano da data do depósito.

§ 1º A comprovação deverá ser feita dentro dos primeiros seis meses de cada período anual.

§ 2º O pagamento da anuidade e sua comprovação poderão também ser feitos dentro dos três meses subseqüentes ao prazo estabelecido no parágrafo anterior, independentemente de notificação e mediante pagamento de retribuição adicional.

§ 3º A falta de pagamento de anuidade, no prazo legal, acarretará a extinção da patente.

CAPÍTULO VII

DIREITOS CONEXOS

SEÇÃO I

REVALIDAÇÃO DE PATENTES ESTRANGEIRAS

Art. 29. As patentes estrangeiras que não estejam em exploração no País Membro poderão ser revalidadas por seus titulares, herdeiros ou sucessores se assim requererem dentro dos três anos, contados da data de sua expedição no País de origem. Não obstará a sua revalidação o fato de que tenham sido publicadas no País.

§ 1º Os pedidos de revalidação ficam sujeitos às mesmas disposições, requisitos e trâmites que as patentes nacionais de cada País Membro. O alcance do reivindicado deverá limitar-se à reivindicação do título original, mas não ampliar-se.

§ 2º O término do prazo para o qual se concede uma patente de revalidação é o estabelecido pelo art. 16, § 2º, deste Acordo, deduzindo-se o prazo de proteção de que já havia sido desfrutado no País de origem.

§ 3º O cancelamento administrativo ou a anulação da patente estrangeira implica no conseqüente cancelamento ou anulação da patente de revalidação, porém, a declaração de caducidade daquela não implica nesta.

SEÇÃO II

CERTIFICADO DE ADIÇÃO

Art. 30. O requerente do pedido ou o titular de patente de invenção poderá requerer, mediante as formalidades do País Membro, certificado de adição destinado a proteger aperfeiçoamento ou desenvolvimento introduzido no objeto da invenção, mesmo que destituído de atividade inventiva e desde que a matéria se inclua no mesmo conceito inventivo.

§ 1º O certificado de adição será expedido apenso à Carta-Patente e conterá os dados desta, o relatório, as reivindicações e desenhos a ela pertinentes.

§ 2º Quando tiver ocorrido a divulgação do pedido principal, o pedido de certificado de adição será imediatamente divulgado.

TÍTULO II

DAS MARCAS DE PRODUTO OU SERVIÇO, COLETIVA, DE CERTIFICAÇÃO E DIREITOS CONEXOS

CAPÍTULO I

DAS MARCAS

SEÇÃO I

ELEMENTOS CONSTITUTIVOS

Art. 31. Poderão ser registrados como marcas os sinais que sejam perceptíveis, suficientemente distintivos e suscetíveis de representação gráfica.

§ 1º Considera-se marca todo sinal perceptível capaz de distinguir no mercado os produtos ou serviços produzidos ou comercializados por uma pessoa dos produtos ou serviços idênticos ou similares de outra pessoa.

SEÇÃO II

SINAIS NÃO REGISTRÁVEIS

Art. 32. Não são registráveis como marca os sinais que:

a) consistam em formas usuais dos produtos ou de suas embalagens, ou em formas ou características impostas pela natureza da função do produto ou serviço a que se refira;

b) consistam em formas que dêem uma vantagem funcional ou técnica ou um valor intrínseco maior ou diferente ao produto ou ao serviço ao qual se aplica;

c) consistam exclusivamente em um sinal ou indicação que possa servir no comércio para designar ou para descrever a espécie, a qualidade, a quantidade, o destino, o valor, o lugar de origem e a época de produção ou outros dados característicos, ou informações dos produtos ou dos serviços;

d) consistam exclusivamente em um sinal ou indicação que, na linguagem corrente ou em uso comercial do país, seja uma designação comum ou usual dos produtos ou serviços;

e) consistam em uma cor isoladamente considerada, sem que se encontre delimitada por uma forma específica;

f) sejam contrários à lei, à moral, à ordem pública ou aos bons costumes e bem assim os que ofendam a honra ou a imagem de pessoas, ou atentem contra a liberdade de consciência, crença, culto religioso ou idéias e sentimentos dignos de respeito e veneração;

g) possam enganar aos meios comerciais ou ao público, em particular sobre a procedência, a natureza, o modo de fabricação, as características ou qualidades ou a aptidão para o emprego dos produtos ou serviços;

h) reproduzam ou imitem uma denominação de origem protegida; consistam em uma indicação geográfica nacional ou estrangeira suscetível de induzir a erro com respeito aos produtos ou serviços a que se aplique; ou que em seu emprego possam induzir o público a erro com respeito a origem, procedência, qualidade ou características dos bens para os quais são usadas as marcas;

i) reproduzam ou imitem o nome, os escudos de armas, bandeiras e outros emblemas; siglas, denominações ou abreviações de denominações de qualquer Estado ou de qualquer Organização Internacional, que sejam conhecidos oficialmente, sem permissão da autoridade competente do Estado ou da Organização Internacional de que se trate. Em todo caso, ditos sinais somente poderão ser registrados quando constituam um elemento acessório do distintivo principal;

j) constituam-se em normas técnicas, a menos que seu registro seja solicitado pelo organismo nacional competente em normas e qualidades nos Países Membros;

k) reproduzam moedas ou bilhetes de uso corrente no País Membro, ou de qualquer país, títulos e valores e outros documentos mercantis, selos, estampilhas, timbres ou espécies fiscais em geral;

l) reproduzam ou imitem monumentos oficiais, públicos nacionais ou estrangeiros bem como a respectiva denominação;

m) consistam em letras, algarismos e sua denominação, salvo quando revestidas ou combinadas com suficiente forma distintiva;

n) constituam na reprodução ou imitação de elemento característico de nome de empresa (nome comercial), suscetível de causar confusão;

o) consistam no nome ou símbolo de evento esportivo, artístico, cultural, social ou político, oficial ou oficialmente reconhecido, bem como nas respectivas imitações, salvo quando autorizados pela autoridade competente ou quando requeridos pela entidade promotora do evento;

p) consistam em nome completo, patronímico, pseudônimo, assinatura, caricatura ou fotografia de uma pessoa natural distinta do requerente ou que seja identificado pela generalidade do público como uma pessoa distinta deste, salvo com o consentimento dessa pessoa, seus herdeiros ou cessionários, de conformidade com as formalidades estabelecidas pela legislação nacional de cada País Membro;

q) consistam nos títulos de obras literárias, artísticas ou científicas e nos personagens fictícios ou simbólicos que sejam objeto de um direito de autor correspondente, salvo mediante expresso consentimento;

r) importem em imitações ou reprodução, no todo ou em parte, ainda que com acréscimo, de marca alheia registrada para distinguir ou certificar produto ou serviço idêntico, semelhante, relativo ou afim, de modo que possam induzir o público a erro;

s) constituam a reprodução, a imitação, a tradução ou a transcrição, total ou parcial de um sinal distintivo notoriamente conhecido no país em que se solicita o registro ou em comércio sub-regional ou internacional sujeito a reciprocidade; pelos setores interessados e que pertençam a um terceiro. Dita proibição será aplicada com independência de classe, tanto que nos casos que o uso do sinal se destine aos mesmos produtos ou serviços amparados pela marca notoriamente conhecida, como naqueles produtos ou serviços distintos. Esta disposição não será aplicada quando o requerente for legítimo titular da marca notoriamente conhecida.

Obs.: A fim de dar perfeito atendimento a esta última proibição os Departamentos de Marcas de cada País Membro estabelecerão um sistema adequado de controle, notificação e informação.

SEÇÃO III

DENOMINAÇÕES DE ORIGEM E INDICAÇÕES DE PROCEDÊNCIA

Art. 33. Considera-se denominação de origem o nome de país, cidade, região ou localidade que designe produto ou serviço daí originário, cujas qualidades ou características se devem exclusiva ou essencialmente ao meio geográfico, incluídos fatores naturais e humanos.

Art. 34. Considera-se indicação de procedência o nome de país, cidade, região ou localidade que se tenha tornado conhecido como centro de extração, produção ou fabricação de determinado produto ou de prestação de determinado serviço.

Art. 35. As denominações de origem e as indicações de procedência, insuscetíveis de registro como marca, pertencem em comum a todos os produtores ou prestadores de serviço do lugar.

Parágrafo único. A proteção se estenderá à representação gráfica ou artística do nome e do lugar.

Art. 36. O nome geográfico que não constitua denominação de origem ou indicação de procedência poderá servir de elemento característico de marca, desde que não induza falsa indicação de origem ou procedência.

CAPÍTULO II

TITULARIDADE E PROCESSAMENTO

SEÇÃO I

TITULARIDADE

Art. 37. Podem requerer registro de marca as pessoas físicas ou jurídicas de direito público ou de direito privado.

§ 1º As pessoas de direito privado só podem requerer registro de marcas em relação à atividade que exerçam, efetiva e licitamente, de modo direto ou indireto, devendo declarar, sob as penas da lei, esta condição. A autoridade competente do País Membro poderá exigir essa comprovação mediante a apresentação do documento hábil.

§ 2º O registro da marca coletiva só poderá ser requerido por entidade ou associação dotada de personalidade jurídica, que represente os interesses de determinada coletividade, podendo esta exercer atividade distinta da de seus membros.

§ 3º O registro da marca de certificação só poderá ser requerido por pessoa sem interesse comercial ou industrial direto no produto ou serviço atestado.

SEÇÃO II

PRIORIDADE

Art. 38. Para efeito deste Acordo, considera-se pedido de registro procedente do exterior aquele que, depositado regularmente em país vinculado a acordo internacional de que o País Membro seja signatário ou partícipe, for também depositado no País Membro com reivindicação e dentro do prazo de prioridade estipulado no respectivo acordo, sob reserva de direitos de terceiros.

§ 1º A prioridade não será invalidada por depósito efetuado por terceiro no prazo desse artigo.

§ 2º A reivindicação de prioridade deverá ser comprovada por ocasião do depósito, ou ainda, no prazo de quatro meses, independentemente de notificação mediante documento hábil do país de origem, acompanhado de tradução simples ou integral, contendo o número, a data e a reprodução do pedido ou do registro, sob pena de perda da prioridade.

SEÇÃO III

PEDIDO DE REGISTRO

Art. 39. O pedido de registro de uma marca deverá ser apresentado ao Departamento de Marcas Nacional competente e deverá conter:

1 — Requerimento mediante o preenchimento de formulário próprio;

2 — Identificação do requerente (pessoa física ou jurídica);

3 — A indicação clara e completa da marca, se nominativa, ou a etiqueta, desenho, emblema, logotipo ou outro se figurativa ou mista;

4 — A indicação clara e precisa dos produtos ou serviços com o enquadramento na classe correspondente;

5 — O comprovante de pagamento da retribuição relativa ao depósito.

§ 1º O requerimento deverá ser apresentado no idioma do País Membro e os documentos que o acompanham, se em língua estrangeira, deverão ser acompanhados de tradução simples.

§ 2º O requerimento deverá ser acompanhado, no momento de sua apresentação, de: a) poderes necessários, quando não depositados pelos próprios requerentes; b) cópia oficial do primeiro pedido de registro, em qualquer País Membro, quando houver requerimento de prioridade; c) demais requisitos impostos pela legislação interna do País Membro; d) certidão oficial do registro de Comércio da origem ou declaração notarial (*affidavit)*, comprobatória da atividade da pessoa física ou jurídica.

§ 3º O requerente poderá modificar seu pedido unicamente com relação aos aspectos secundários. Neste sentido, não poderá modificar seu pedido no que refere ao sinal, classe e aos produtos ou serviços especificados.

SEÇÃO IV

PUBLICAÇÃO E EXAME

Art. 40. Protocolado o pedido mediante a apresentação do documento comprobatório do depósito, o Departamento de Marcas Nacional examinará dentro dos quinze dias que se seguem a sua apresentação se preenche as formalidades, notificando, imediatamente, em caso contrário para, dentro do prazo de sessenta dias, sanar as irregularidades. Se, eventualmente, não atender notificação, o pedido será cancelado.

§ 1º Concomitantemente com esse procedimento, todo e qualquer pedido depositado será oficialmente publicado pela Revista Oficial do País Membro, com o nome ou etiqueta da marca, número e data do depósito, número e data da reivindicação de prioridade, se houver, nome do interessado, indicação da classe de produtos ou serviços.

§ 2º A partir da publicação pela Revista Oficial correrá o prazo de noventa dias, dentro do qual poderão apresentar oposição aqueles que se julgarem prejudicados com o pedido de registro. Da data da notificação da oposição correrá o prazo de noventa dias para apresentação de réplica.

§ 3º Decorridos os prazos estabelecidos, será feito o exame do pedido, tendo-se em vista não só as oposições e réplicas oferecidas, mas ainda se existe anterioridade ou colidência.

§ 4º O Departamento de Marcas Nacional rechaçará a oposição quando: a) for apresentada fora do prazo; b) fundada em pedido posterior à marca que se solicita; c) pelo confronto das marcas resultarem distintas; d) for fundamentada num acordo, tratado, convênio ou outro de que País Membro não faça parte.

§ 5º O pedido será indeferido se contrariar disposições expressas deste Acordo ou houver anterioridade de terceiros. Dessa decisão correrá o prazo de noventa dias para a interposição do recurso, e o julgamento deste último encerra a esfera administrativa.

CAPÍTULO III

EXPEDIÇÃO, VIGÊNCIA E PROTEÇÃO LEGAL

SEÇÃO I

CERTIFICADO DE REGISTRO E VIGÊNCIA

Art. 41. Deferido o pedido de registro, correrá o prazo de noventa dias para a interposição de recurso por parte daqueles que se julgarem prejudicados. Da data da notificação do recurso, haverá o prazo de noventa dias para a apresentação de réplica.

§ 1º Se não houver a interposição de recurso ou, pela decisão deste último, for mantido o deferimento, será notificado o interessado a recolher a taxa final.

§ 2º Comprovado o pagamento da retribuição, será entregue o Certificado de Registro e do qual constará: número, data do depósito e da entrega; nome e qualificação do titular, sucessores ou cessionários; as características da marca; número e data da prioridade estrangeira, se houver.

Art. 42. O registro da marca terá uma duração de dez anos contados da data de sua entrega e poderá ser prorrogado por períodos iguais e sucessivos.

§ 1º O pedido de prorrogação deverá ser solicitado perante o Departamento de Marcas Nacional, dentro dos seis meses anteriores à data de sua proteção. Haverá um prazo de graça de seis meses, contados da vigência do registro, para o pedido de prorrogação mediante o pagamento de uma retribuição adicional. Transcorrido esse prazo, sem o pedido de prorrogação, qualquer pessoa poderá solicitar a mesma marca.

SEÇÃO II

PROTEÇÃO LEGAL

Art. 43. O direito de uso de uma marca adquire-se pelo registro da mesma diante do Departamento de Marcas Nacional competente e permitirá ao interessado iniciar as ações reivindicatórias e indenizatórias que lhe confere a legislação nacional do respectivo País Membro.

Art. 44. O primeiro pedido de registro de uma marca validamente apresentada em qualquer País Membro, ou em outro país que conceda tratamento recíproco aos pedidos provenientes dos Países Membros deste Acordo, conferirá ao solicitante, aos seus sucessores ou cessionários o direito de prioridade pelo término de seis meses, contados da data da apresentação para solicitar o pedido de registro da mesma marca em qualquer dos Países Membros.

Art. 45. O registro da marca confere ao seu titular o direito de agir contra terceiros que sem o seu consentimento realize, com relação aos produtos ou serviços idênticos ou similares para os quais a marca foi registrada, algum dos atos seguintes:

a) usar ou aplicar a marca ou um sinal que se lhe assemelhe de forma que possa induzir o público a erro ou originar situações que possam ocasionar prejuízo ao titular da marca;

b) vender, oferecer, armazenar ou introduzir no comércio produtos com a marca ou oferecer serviços com a mesma;

c) importar ou exportar produtos com a marca;

d) usar no comércio um sinal idêntico ou similar à marca registrada, com relação a produtos ou serviços distintos daqueles para os quais a marca foi registrada, quando o uso desse sinal para esses produtos ou serviços possa induzir o público a erro ou confusão ou venha causar ao seu titular um dano econômico ou comercial injusto, ou, ainda, produza uma diluição da força distintiva ou no valor comercial de dita marca;

e) qualquer outro ato que por sua natureza ou finalidade possa considerar-se como análogo ou assimilável aos indicados neste artigo e respectivos incisos.

Art. 46. O registro da marca confere ao seu titular o direito de utilizá-la no tráfico econômico; designar a marca, os produtos ou serviços; introduzir no mercado, devidamente identificado por ela, os produtos para as quais tenha sido conferido o registro e utilizar a marca em publicidade, sem prejuízo das normas que sobre a publicidade sejam aplicáveis.

CAPÍTULO IV
OBRIGAÇÕES DO TITULAR
Seção I
USO, LICENÇA E CESSÃO

Art. 47. O titular da marca está obrigado a utilizá-la em qualquer País Membro, diretamente ou através da comercialização dos produtos e/ou da prestação de serviços, por si ou por terceiros.

Parágrafo único. Todo e qualquer contrato que implique na concessão de licença ou qualquer outra forma de utilização da marca por terceiros deverá ser averbado no Departamento de Marcas Nacional correspondente, mediante o preenchimento das formalidades legais impostas.

Art. 48. A marca depositada ou registrada poderá ser cedida, desde que o cessionário preencha as condições legais para o pedido de registro, salvo no caso de sucessão legítima ou testamentária.

§ 1º A cessão deverá compreender todos os pedidos ou registros existentes em nome do cedente, de marcas iguais ou semelhantes, relativas a produto ou serviço idêntico, semelhante ou afim, para o que serão notificados cedente e cessionário, sob pena de cancelamento de registro ou de arquivamento do pedido não cedido.

§ 2º A cessão e transferência de marcas serão efetivadas de acordo com a legislação de cada País Membro, cuja averbação será feita pelo Departamento de Marcas Nacional competente.

§ 3º A alteração de nome da empresa, de sede e de endereço do titular serão efetivados de acordo com a legislação de cada País Membro, cuja averbação será feita pelo Departamento de Marcas Nacional competente.

CAPÍTULO V
EXTINÇÃO DA MARCA
CADUCIDADE

Art. 49. O Departamento de Marcas Nacional competente declarará a caducidade do registro de uma marca, a pedido de qualquer interessado e sob prévia manifestação do titular da mesma, quando depois de efetuar-se esta sem motivo justificado, a marca não tiver sido utilizada no País Membro, por seu titular, sucessor ou cessionário ou licenciado, durante os cinco anos consecutivos precedentes à data em que se inicia pelo pedido de caducidade. A caducidade de um registro por falta de uso da marca também poderá ser solicitada como defesa em processo de infração, de oposição, de recurso ou de anulação interposto com base na marca não utilizada.

§ 1º O uso da marca deverá ser feito de acordo com as provas estipuladas por cada País Membro, cabendo ao titular, sucessor, cessionário ou licenciado a sua comprovação.

§ 2º Serão considerados como motivos justificados pela falta de uso de uma marca, os que se entendem como fortuitos e de força maior.

§ 3º Entende-se que uma marca se encontra em uso quando os produtos ou serviços que ela distingue são postos no comércio ou se encontram disponíveis no mercado sob essa marca, em quantidade e de modo que normalmente corresponda, tendo em conta a natureza dos produtos ou serviços e as modalidades sob as quais se efetua a sua comercialização no mercado. Também será considerada como utilizada uma marca que distinga produtos destinados exclusivamente à exportação dentre qualquer dos Países Membros.

§ 4º O uso de uma marca de modo tal que discorde da forma em que foi registrada, no que diz respeito a detalhes ou elementos que não alterem seu caráter distintivo, não motivará a caducidade do registro por falta de uso, e nem afetará a proteção adquirida pela marca.

SEÇÃO II

RENÚNCIA

Art. 50. Será cancelado o registro da marca, quando o titular apresentar por escrito sua renúncia ao direito marcário. A renúncia só terá efeito depois de inscrita no Departamento de Marcas Nacional competente.

SEÇÃO III

ANULAÇÃO

Art. 51. É anulável a marca concedida contra as disposições deste Acordo.

Art. 52. A argüição de anulação da marca só será apreciada judicialmente, no foro do domicílio e/ou sede do titular, podendo o Departamento de Marcas Nacional figurar como assistente.

Art. 53. A ação de anulação poderá ser proposta pelo Estado Membro, pelo Departamento de Marcas Nacional ou por qualquer pessoa que tenha legítimo interesse.

Parágrafo único. A ação de anulação prescreve em cinco anos, contados da data da entrega do certificado de registro da marca.

CAPÍTULO VI

DIREITOS CONEXOS

SEÇÃO I

EXPRESSÕES OU SINAIS DE PROPAGANDA

Art. 54. Entende-se como expressão, sinal de propaganda ou lema comercial, toda legenda, anúncio, frase, combinação de palavras, desenhos, gravura ou qualquer outro meio similar, sempre que seja original e característico, que se empregue com o fim de atrair a atenção dos consumidores ou usuários, sobre um determinado produto, mercadoria, serviço, empresa ou estabelecimento.

§ 1º Os Países Membros poderão registrar, como marca, a expressão, sinal de propaganda ou lema comercial, em conformidade com suas legislações nacionais.

§ 2º O pedido de registro, sempre que for possível, indicará a marca pedida ou registrada com a qual será utilizada.

§ 3º Não poderão ser registradas as expressões, sinais ou lemas comerciais que contenham alusões a produtos ou marcas similares ou expressões que possam prejudicar os produtos ou marcas.

SEÇÃO II

MARCA COLETIVA E DE CERTIFICAÇÃO

Art. 55. Marca coletiva é a que serve para identificar produtos ou serviços provindos de membros de determinado grupo de pessoas físicas ou jurídicas, unidas por um interesse comum.

Parágrafo único. As associações de produtores, fabricantes, prestadores de serviços, organizações ou grupo de pessoas, legalmente estabelecidos, poderão solicitar o registro de marca coletiva para distinguir no mercado os produtos de seus integrantes.

Art. 56. O pedido de registro deverá indicar que se trata de marca coletiva e será acompanhado do seguinte:

a) cópia dos estatutos da associação, organização ou grupo de pessoas;

b) cópia das regras em que a requerente da marca coletiva utiliza para o controle dos produtos ou serviços;

c) indicação das condições e a forma como a marca coletiva deve ser utilizada;

d) a lista dos integrantes;

e) os demais requisitos que estabeleçam as legislações internas dos Países Membros.

§ 1º A marca coletiva poderá ser transferida a terceiros, desde que conte com a autorização da associação, organização ou grupo de pessoas, bem como com o consentimento do Departamento de Marcas Nacional competente. Em qualquer caso seu uso ficará reservado aos integrantes da associação, organização ou grupo de pessoas.

§ 2º A marca coletiva não poderá ser objeto de licença a favor de pessoas distintas daquelas autorizadas a usar a marca, de acordo com o regulamento de emprego da mesma.

Art. 57. Marca de certificação é a que serve para atestar a conformidade de um produto ou serviço com determinadas normas ou especificações técnicas, notadamente quanto a qualidade, natureza, material utilizado e metodologia empregada.

Parágrafo único. O procedimento para o registro desta marca de certificação e bem assim todos os documentos que instruem o pedido serão iguais ou equivalentes ao preconizado pelo art. 56.

SEÇÃO III

NOME COMERCIAL

Art. 58. Entende-se por nome comercial e/ou nome da empresa o nome, denominação, designação, sigla ou sinal com o qual se distingue uma empresa.

§ 1º A proteção se adquire através do Registro do Comércio da sede da empresa e poderá ser ampliada a todo Estado do País membro, Mediante o arquivamento da certidão desse primeiro ato.

§ 2º Os nomes comerciais estarão sujeitos ao disposto no Capítulo de Marcas do presente Acordo, no que for pertinente, não obstante a sua regulamentação esteja sujeita ao que for estabelecido pela legislação do País Membro.

CAPÍTULO VII

SEÇÃO I

CRIMES CONTRA A PROPRIEDADE INDUSTRIAL
E DE CONCORRÊNCIA DESLEAL

Art. 59. Os crimes praticados contra as patentes e as marcas e bem assim aqueles que dizem respeito à concorrência desleal estarão sujeitos às disposições e penalidades impostas pela legislação de cada País Membro.

Art. 60. Toda e qualquer ação judicial de natureza civil que implique na cessação da prática de atos, na cominação de multa, na indenização, perdas e danos estará sujeita às disposições impostas pela legislação de cada País Membro.

TÍTULO III

DISPOSIÇÕES GERAIS

CAPÍTULO I

SEÇÃO I

DISPOSIÇÕES COMPLEMENTARES

Art. 61. Os Países Membros em suas respectivas legislações nacionais ou mediante compromissos adquiridos em relação de Convênios bilaterais, ou aqueloutros celebrados no âmbito de organismos internacionais, poderão fortalecer e ampliar os direitos sobre propriedade industrial conferidos no presente Acordo, quando assim considerarem pertinente.

Art. 62. Os assuntos sobre propriedade industrial não compreendidos no presente Acordo serão regulados pela legislação nacional dos Países Membros.

Art. 63. Os Departamentos de Patentes e Marcas Nacionais competentes poderão estabelecer as taxas que considerem necessárias para a tramitação de todos os procedimentos previstos por este Acordo.

Art. 64. Os Países Membros, com vistas a uma consolidação de um sistema de administração comunitária, comprometem-se a garantir a melhor aplicação das disposições contidas no presente Acordo. Da mesma forma, comprometem-se a fortalecer, prover a autonomia e modernizar os Departamentos Nacionais competentes, os sistemas e os serviços de informação relativos ao estado da técnica.

Art. 65. Os Países Membros comprometem-se a revisar seus procedimentos administrativos a fim de salvaguardar os direitos e obrigações que correspondam aos particulares, de conformidade com o presente Acordo.

SEÇÃO II
DISPOSIÇÕES TRANSITÓRIAS

Art. 66. O Países Membros estabelecerão a modalidade de proteção subregional referente *às variedades vegetais e aos processos de sua obtenção.* Enquanto esta modalidade não for estabelecida, os Países Membros não outorgarão patente de invenção para ditos produtos ou processos.

Art. 67. Os Países Membros estabelecerão a modalidade de proteção dos *demais aspectos da biotecnologia, incluídos os microorganismos e os processos de sua obtenção.* Enquanto não for assim estabelecido, não terão outorgadas patentes para ditos produtos ou processos.

Art. 68. Todo direito de propriedade industrial validamente concedido de conformidade com a legislação nacional existente, antes da vigência do presente Acordo, subsistirá pelo tempo em que foi concedido.

Art. 69. Os Países Membros comprometem-se a revisar a sua classificação de patentes e análogos e de marcas para amoldá-las às classificações internacionais existentes.

Art. 70. Os atos, despachos e decisões relativos aos processos administrativos previstos neste Acordo só produzirão efeito a partir de sua publicação no órgão do Departamento de Patentes e Marcas nacional competente.

Bibliografia

AGRA, Botana Manuel. *La proteccion de las marcas internacionales*, Madrid, Marcel Pons, 1994.

ARITA, Hissão. "Exportações e uso de marcas comerciais", *Informativo CE*, Rio de Janeiro (67): agosto 1983.

BERTRAND, André. *La propriété intellectuelle*, Marques et Brevels Dessins et Wodeles, Paris, 1995

BOLAFFIO, Leon. *Derecho mercantil*, Madrid, Reus, 1935.

CERQUEIRA, João da Gama. *Tratado da Propriedade Industrial*, vol. II, tomo I, parte II, Revista Forense, Rio de Janeiro, 1952.

CHAMBERLIN, Edward H. *Teoria de la competencia monopólica*, México, D. F., Fondo de Cultura Económica, 1956.

CHUDNOUSKY, Daniel. "Las marcas extranjeras en los países en desarrollo". *Comercio exterior*, México, D. F., 29 (12), 1979.

COGORNO, Eduardo Guillermo. *Teoria y técnica de los nuevos contratos comerciales*. Buenos Aires, Meru SRL, 1979, 357 p.

COMO defender sua marca. Comercio exterior. Brasília (73): agosto 1984.

CORRADO, R. *I manchi dei prodotti e dei Servizi*. Turim, Giuffrè, 1972.

DI TELLA, Guido. *La manipulación de la demanda: el problema de las marcas*, México, D. F., UNAM, 1983, 22 p.

DIAZ BRAVO, Arturo. *Contratos Mercantiles*, Harla, México, D. F. 1983.

EFECTOS de las marcas en los países en desarrollo. NN. UU. Comisión de transferencia de tecnologia, Madrid, 1977.

FRANCESCHELLI, R. *Lui marchi d'imprensa*, Milão, Hoepli, 1971.

FRÓES, Carlos Henrique. Alguns aspectos do Novo Código da Propriedade Industrial, São Paulo, *Revista dos Tribunais*, outubro 1970, vol. 420.

GARLAND, Paul Griffith. *Doing Business in and with Brazil*, Publicação do Banco Lar Brasileiro S. A., São Paulo, 1971.

GNOCCHI, Alexandre. *Licenças e Royaltes no Brasil*, Revista dos Tribunais, São Paulo, 1960.

GOMES, Orlando. *Contratos*. Forense, Rio de Janeiro, 1966.

GUERREIRO, Maurício. "El régimen comun de la inversion extranjera en el Grupo Andino", *Derecho de la Integración,* n. 8 — Venezuela, abril 1971.

GUIMARÃES DE ALMEIDA, Carlos. "O novo Código da Propriedade Industrial", *Revista de Direito Mercantil Industrial Econômico Financeiro,* n. 6, Ano XI, Rio de Janeiro, Nova Série 1972.

INTAL, *Manual para la transferencia de tecnologia entre empresas latinoamericanas,* Buenos Aires, BID 1986.

LA VENTA en los mercados extranjeros. Madrid, Ministerio de economia y comercio de España. Dirección General de Exportación, 243 p.

LOS ELEMENTOS tecnológicos del diálogo Norte-Sur. Barcelona, IIED, 1978.

MIRABELLI, Giuseppe. *Der Singoli Contratti,* Torino, UTET, 1968.

MOELLENBERG, Jh. *The question of choice between compyrighting a design,* Londres, TMR, 1964

MOUFANG, R. *Patentability of genetic inventions in animals,* N. York, Present and Future,1989.

MURTA, Roberto de Oliveira. *Contratos no Comércio Exterior.* Rio de Janeiro, Celsus, 1981. 85 p.

NÈGRE, Claude. La franchise aujourd'hui — *Realité Économique — Pratique.* Paris, Prospective, 1988.

NUNES, Celso J. de Almeida. *Marcas e patentes no comércio exterior,* Rio de Janeiro, FUNCEX, 1980. Pag. irregular. Projeto LXXXIII — Relatório final.

O ESTADO DE S. PAULO. "Para as metas de 1980 só falta a tecnologia", artigo publicado em 11.8.1973, p. 16.

PALACIOS, Leopoldo. *Las marcas comerciales en Venezuela,* Caracas, Universidad Centro de Venezuela, 1968, 658 p.

PELLA, R. *Tratado teórico-pratico de las marcas de fábrica e de comercio en España,* Madrid, Villardi, 1912.

PENROSE, Edith T. *La economia del sistema internacional de patentes.* México D. F., Siglo XX, 1974, 253 p.

PERES, Juan B. Sanches. *La propriedad industrial en España,* Bosquejo histórico, "Legislación", 1945.

RANGEL, David. *Tratado de derecho marcario.* México, D. F., Libros de México, 1960.

SANTOS, J. M. de Carvalho. *Código Civil Brasileiro Interpretado,* 25 vols., Rio de Janeiro, 1934.

SANTOS, Theotonio dos. "La tecnologia y la reestructuración capitalista: opciones para America Latina". *Comercio exterior*. México, D. F., 29 (12), dic. 1979.

SIERRALTA RIOS, Anibal. *Patentes y marcas, Régimen Legal, Negociación de contratos*, CICOM, Rio de Janeiro (Brasil), junho de 1986.

Silveira, Newton. "RT informa", n. 205, *Revista dos Tribunais*, São Paulo, 1978.

TINOCO SOARES, José Carlos. *Regime das Patentes e Royalties*, Revista dos Tribunais, São Paulo, 1972.

WEINSTEIN, Z. *Le droit des breves d'invention,* Paris, Economica, 1968.

WAGRET, J. M. *Brevets d'invention et propriété industrielle*, Paris, PUF, 1992.

WIONCZEK, Miguel S. *Comercio de tecnologia y subdesarrollo económico.* México, D. F., UNAM, 1973, 388 p.